Wolfgang J. Linker

Kommunikative Kompetenz:

Weniger ist mehr

*Für meine Kinder*
*Antje, Felix und Sarah*

*und für Alexander*

Wolfgang J. Linker

# Kommunikative Kompetenz: Weniger ist mehr

## Die Mikromuster der Impuls-Kommunikation

GABAL

**Bibliografische Information der Deutschen Nationalbibliothek**

Die Deutsche Nationalbibliothek verzeichnet diese Publikation in der Deutschen Nationalbibliografie; detaillierte bibliografische Daten sind im Internet über http://dnb.d-nb.de abrufbar.

ISBN 978-3-89749-913-3

3. Auflage 2011
Lektorat: Susanne von Ahn, Hasloh
Umschlaggestaltung: Martin Zech, Bremen | www.martinzech.de
Coverfoto: Volker Moehrke / zefa / Corbis
Illustrationen: Kim Fischer, Dollerup
Satz und Layout: Das Herstellungsbüro, Hamburg | www.buch-herstellungsbuero.de
Druck und Bindung: Salzland Druck, Staßfurt



www.gabal-verlag.de
Abonnieren Sie unseren Newsletter unter:
newsletter@gabal-verlag.de

# Inhaltsverzeichnis

# 1 Für den eiligen Leser

*»Das Buch, liebe Leserin, lieber Leser, das du in der Hand hältst, ist ein sehr breites, sehr hohes und sehr dickes Buch. ›Ach‹, höre ich dich nun schon klagen, welch sehr breites, sehr hohes und sehr dickes Buch ich da in der Hand halte! Nie werde ich mich in ihm zurechtfinden! Und falls ich es versuchte, wie viel Zeit würde ich darauf verwenden müssen!*

*Halt! Leben und Lesen müssen einander nicht ausschließen. Schon gar nicht bei einem übersichtlich gegliederten Buch. Und dieses Buch ist übersichtlich gegliedert …«*

Robert Gernhardt, Vorwort zu »*Welt im Spiegel*«[1]

Treffender als Robert Gernhardt kann man kaum ausdrücken, was ich Ihnen in dieser Einführung mit auf den Weg geben möchte. Mir bleibt daher nur die Aufgabe, Sie kurz über Ziele, Inhalt und Aufbau dieses Buches aufzuklären.

**Ziele dieses Buches**

Sie wollen (noch) erfolgreicher kommunizieren. Deshalb besteht mein Hauptziel darin, Ihnen verständlich, detailliert und vor allem direkt umsetzbar zu zeigen, was Sie zu diesem Zweck wann und wie tun sollten.

**Ziel Nummer eins ist das einfache und nachhaltige Verbessern Ihrer kommunikativen Fertigkeiten für Alltag und Beruf.**

Solche Vorschläge gibt es wie Sandkörner am Meer. Um zu begründen, warum die hier empfohlenen besonders wirksam sind, mache ich Sie mit einer Reihe wichtiger Besonderheiten des Kommunizierens vertraut.

> **Darum ist Ziel Nummer zwei, Ihnen wichtiges Hintergrundwissen zu vermitteln, damit Sie später zielsicher entscheiden können, warum was in welcher Situation zu tun oder zu lassen ist.**

Im Vergleich zu diesen Zielen fällt das dritte aus dem Rahmen – obwohl es mindestens ebenso wichtig ist. Einerseits stellte ich als Unternehmer, Vereinspräsident, Trainer und Hochschullehrer stets fest: Selbst sonst eher unlustige Studenten, Mitarbeiter, Vereins- oder Verbandsmitglieder lockt man mit dem Thema Kommunikation hinter dem Ofen hervor. So gut wie kein Gebiet stößt auf breiteres Interesse; deshalb die Sandberge an Vorschlägen dazu in Büchern, Vorträgen und Seminaren. Andererseits gibt es jedoch kaum ein Gebiet, auf dem man so wenig von den praktischen Empfehlungen umsetzt, die Literatur oder Seminare geben. Im Beruf, bei Sport und Hobby – überall eignet man sich gezielt neue Fertigkeiten an. Kaum geht es aber an ein Verändern unserer kommunikativen Gewohnheiten, sinkt die Bereitschaft auf null. Die traurige Wahrheit ist – und ich nehme mich da nicht aus: Der Geist will zwar zunächst, dann aber schwächelt das Fleisch nicht nur, meist verweigert es sogar komplett den Dienst! Unser hehres Ziel Nummer eins könnten wir somit eigentlich in den Wind schreiben. Damit dies jedoch nicht passiert, gibt es Ziel Nummer drei:

> **Ziel Nummer drei: Ich zeige Ihnen einen besonders einfachen und trotzdem wirksamen Weg zum Verändern Ihres kommunikativen Verhaltens. Es geht mir also auch um das Begründen und Beschreiben einer funktionierenden Lernstrategie.**

»Weniger ist mehr« – das gilt in zweierlei Hinsicht: Beim Erlernen erreichen Sie mehr bei sich, beim Anwenden mehr bei anderen. Das Besondere: Sie benutzen unbewusst bereits die meisten hier erläuterten kommunikativen Mikromuster, müssen Sie nur bewusst optimal einsetzen. Das lässt sich wie beiläufig erreichen. Beim Anwenden lernen Sie bereits. Das spart Zeit und Mühe.

Natürlich weiß ich nicht, wonach Ihnen persönlich mehr der Sinn steht – nach Hintergrundwissen oder praktischem Tun. Deshalb erkennen Sie bereits im Inhaltsverzeichnis, worum es jeweils geht. Darum einige Hinweise zu Inhalt und Gebrauch dieses Buches:

**Zum Aufbau dieses Buches**

- Dieses Buch bietet abwechselnd Grundlagen und Praxis – so geht es schneller ans Umsetzen und Sie erfahren sofort die Gründe für das »Warum genau so?«. Wie Paul Ekman – der führende Forscher auf dem Gebiet der Mimik – sagt: *»Fähigkeiten ohne Wissen genügen nicht.«* [2]

- Den Kern bilden 34 kleine, aber hochwirksame kommunikative Muster sowie fünf kleine Musterketten. Geht es um das Anwenden dieser Mini-Tätigkeiten, sehen Sie das im Inhaltsverzeichnis und in den Kapitelüberschriften. Alle Kapitel mit anwendbaren Techniken haben ein Icon in der Überschrift, das auf die jeweils behandelten Muster hinweist. Für den laufenden Text eignen sich diese Abbildungen nicht. Dort verwende ich entsprechende Kurzbezeichnungen:

steht für 11 *verbale Muster* (also für Ihre verwendeten Worte), durch MV abgekürzt, z.B. [MV 07].

weist auf 3 *paraverbale* oder *stimmliche Muster* hin, durch MP abgekürzt, z.B. [MP 03].

kündigt 17 *koverbale Muster* an, also Ihre Gestik und Körperhaltung, durch MK abgekürzt, z.B. [MK 17].

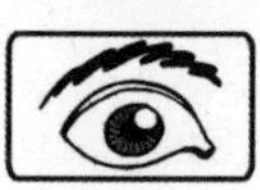
kennzeichnet 2 *Beobachtungsmuster* (schließlich ist Kommunikation keine Einbahnstraße), durch MB abgekürzt, z.B. [MB 01].

markiert ein *Atemmuster* (das Meistermuster), durch MA abgekürzt, z. B. [MA01].

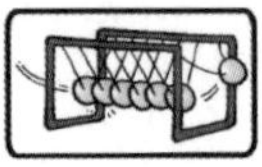

deutet auf 5 *Makromuster* hin, die sich aus mehreren dieser Einzelmuster zusammensetzen, durch MM abgekürzt, z. B. [MM04].

- Je mehr Sie bereits zum Thema Kommunikation wissen, umso eher können Sie zwischen den Kapiteln springen. Um das Springen und spätere Wiederauffinden zu erleichtern, haben die Kapitel eine Zusatzkennung, die obigen Icons.

- Auf jeden Fall können Sie sich mit den vorgestellten Kommunikationstechniken beschäftigen, ohne sich vorher die Grundlagen anzusehen, können also direkt Ziel eins ansteuern. (Im eigenen Interesse sollten Sie die Theorie und damit Ziel zwei aber nachholen.) Zur Lerntechnik (Ziel drei) finden Sie in fast allen Kapiteln etwas.

- Die im Text eingestreuten Boxen enthalten ergänzende und vertiefende Informationen. Haben Sie gerade nur »Machen« im Sinn, können Sie auch diese überspringen.

- So wie Sie es aus guten Kochbüchern kennen, enthält auch dieses Buch im Anhang ein umfangreiches Sachregister, jeweils ein Verzeichnis der Tabellen und Boxen sowie eine Zusammenfassung aller behandelten Muster. Zur besseren Übersicht finden Sie alle erörterten Bereiche und Muster als Mind-Map am Ende dieser Einführung.

**Wer möglichst schnell zur Tat schreiten will, pickt sich die Kapitel heraus, in denen das gewünschte Symbol gefolgt von einer Zahl vorkommt – z. B.**  **12 –, und befasst sich erst später mit den Grundlagen.**

**Für wen ist dieses Buch?**

Der Inhalt dieses Buches ist einerseits für alte »Kommunikationshasen« gedacht – denen ich manchen vielleicht lieb gewonnenen, bei näherer Betrachtung aber störenden »Weisheitszahn«

ziehen möchte. Und denen ich zeige, wie man schon vorhandene Erfahrungen noch besser einsetzt. Andererseits wenden sich meine Erläuterungen aber auch an junge »Kommunikationsfüchse« – denen ich sinnlose und mühevolle Umwege in der Zukunft ersparen will. Besonders aber richtet es sich an diejenigen, die schnell und einfach erfolgreicher kommunizieren und deshalb das eigene Verhalten wirksam verändern wollen.

**Was zeichnet dieses Buch noch aus?**

- Das Wichtigste: Die meisten hier erläuterten Techniken können Sie sofort und ohne Vorbereitung und Risiken einsetzen und ausprobieren. Denn Sie erfahren nicht nur, was genau zu tun ist, sondern auch die Wirkungsvoraussetzungen.

- Daraus leitet sich ein wesentlicher Unterschied zu so gut wie allen Büchern zum Thema »nonverbale Kommunikation« ab: Hier geht es nicht in erster Linie um das Interpretieren nonverbaler Verhaltensweisen anderer; wir beschäftigen uns vor allem mit dem Einsetzen von Mustern zum Steigern Ihres kommunikativen Erfolges. Ich zeige und begründe, warum es viel einfacher und erheblich nützlicher ist, nonverbal »sprechen« zu lernen. Es geht also um das praktische Beantworten der Frage: »Mit welchem Ausdruck erziele ich welchen Eindruck?«

- Die hier beschriebenen Mikromuster wirken als Impulse, die Sie anderen geben, mit denen Sie kommunizieren. Daher sprechen wir auch von *Impuls-Kommunikation*.

**Der kommunikative Werkzeugkasten**

In ihrer Kommunikation handeln Menschen ähnlich wie in ihrem Haushalt: Im Laufe der Jahre schaffen sie sich für die alltäglichen Reparaturen die unterschiedlichsten Werkzeuge an. Allerdings weiß kaum jemand, was sein kommunikativer Werkzeugkasten enthält. Denn unser *Hand- und Mundwerkzeug* des Kommunizierens – die hier behandelten Mikromuster – setzen wir weitgehend unbewusst ein. Wir *können* sie, *kennen* sie aber nicht. Deshalb ist dieses Buch auch eine Art Do-it-yourself-Anleitung. Es basiert auf nahezu 10000 kleinen »Reparaturberichten« von weit über

300 Personen, die bewusste Werkzeugeinsätze schildern – gelungene und weniger gelungene. Dazu einige Anmerkungen:

- Ich hoffe, die Zahl von insgesamt 39 kleinen und größeren Kommunikationsmustern beeindruckt Sie. Aber lassen Sie sich keinesfalls von ihr einschüchtern oder gar entmutigen. Belastet es Sie, dass Sie Ihre Kombizange lange nicht in der Hand hatten? Bereitet Ihnen Ihr Kochbuch ein schlechtes Gewissen, weil Sie noch nie das Rezept für Labskaus ausprobierten? Sicher nicht. Sie reparieren das, was anfällt, und kochen das, was schmeckt. Und so sollten Sie auch mit den Werkzeugen und Rezepten dieses Buches umgehen.

- Deshalb erleichtern Gruppierungen eine sinnvolle Auswahl. Erscheint *»das mächtige Dutzend«* (vgl. Seite 52) zu umfangreich, kann man sich zunächst auf *»das magische Quartett«* beschränken, die vier wirkungsvollsten nonverbalen Muster. Menschen, denen nur Texte wichtig sind, genügen vielleicht die acht *»Faselindikatoren«* zum kunstvollen Zerpflücken oder Formulieren verbaler Botschaften. Es ist wie im Leben: Einer legt Wert auf eine Profi-Werkzeugkiste; einem anderen reicht eine Keksdose mit Hammer, Kombizange und ein paar Schraubenziehern.

- Außerdem können Sie mit jedem Mikromuster sofort loslegen, müssen also die übrigen Muster dieses Buches weder kennen noch können. Das gilt auch für die Kapitel mit Erläuterungen und Begründungen. Wie viele Werkzeuge halten Sie in der Hand, wenn Sie zu Hause etwas reparieren? Fast immer nur eins.

**Alte und neue Methoden**

In diesem Buch geht es um Kommunikationstechniken – und zwar um neue, alte und uralte. Dieser Hinweis ist wichtig, da viele Leser nur an neuen Methoden interessiert sind. Man übersieht dabei jedoch häufig den Unterschied zwischen »alt« und »veraltet« im Sinn von (nur) betagt oder (schon) überholt. Da das Versprechen »neu!« oft zur Enttäuschung führt, beantworte ich in BOX 1 kurz die Frage »Alt oder veraltet?«.

## ■ BOX 1: ALT ODER VERALTET?

Was halten Sie von einem Menschen, der Ihnen erzählt, er fahre kein Auto, weil es rufschädigend sei, sich mit Hilfe der Steinzeittechnik »Rad« fortzubewegen? Sie erklären ihn für verrückt. Verkündet aber jemand, unsere Kommunikationstechnik sei veraltet, denn soeben sei etwas völlig Neues erschienen, findet er sofort begeisterte Anhänger. Ein Grund liegt in Folgendem: Beim Rad wissen oder vermuten wir sofort, warum es in vielen Fällen keine bessere Alternative gibt. Beim Kommunizieren wissen wir dagegen fast nie, worauf die Wirkung beruht. Wir glauben daher den Versprechungen und erhoffen Besseres – und damit geht viel Nützliches als veraltet »den Bach hinunter«. In diesem Buch stoßen Sie auf eine Vielzahl »alter« Techniken. Das *Vier-Ohren-Modell* von Friedemann Schulz von Thun stammt aus dem Jahr 1981[3], die *dreiteilige Ich-Botschaft* von Thomas Gordon von 1977 und das auf Carl Rogers zurückgehende aktive Zuhören sogar aus den 50er-Jahren des letzten Jahrhunderts. Gerade deshalb ist der Unterschied zwischen alt und veraltet wichtig.

Vor einigen Jahren berichtete mir ein als Trainer erfolgreich arbeitender Bekannter, er habe inzwischen das Gordon-Führungstraining aufgegeben: »Gordon entwickelt nichts Neues.« Dieser Satz illustriert das erwähnte Problem: Man trennt nicht zwischen alt und veraltet, weil der Markt nach neuen Lösungen ruft. Unabhängig davon, ob eine Kommunikationstechnik funktioniert oder nicht: Sie kommt als »zu alt« auf den Müll, ohne dass man geprüft hätte, ob sie veraltet ist. Nun bestätigt aber jeder, der nur ein wenig vom Gehirn versteht: Die vor 25 oder 50 Jahren vorhandenen Wirk-Prinzipien gelten noch immer. Denn die Arbeitsweise unserer neuronalen Maschinerie veränderte sich während dieser Zeit nicht. Was damals gut war und funktionierte, klappt auch heute. Und dass Carl Rogers' uraltes aktives Zuhören und Gordons alte dreiteilige Ich-Botschaft noch prächtig funktionieren, sieht und hört man sofort: an den verbalen und nonverbalen Reaktionen des Gesprächspartners.

Hinter dem plakativen Titel »Impuls-Kommunikation« verbirgt sich daher nicht die nächste, bald überholte »Kommunikationsmode«. Unter diesem Begriff befassen wir uns detailliert mit den Ursachen unserer kommunikativen Wirkung. Deshalb überrascht sicher nicht: Das Ersetzen angeblich veralteter Methoden durch vermeintlich neue ist oft überflüssig. Wie wir noch sehen werden, beruhen fehlende oder zu geringe Erfolge fast nie auf der eingesetzten Methode, also auf dem angewendeten »Was«. In der Mehrzahl der Fälle basieren sie auf kleinen handwerklichen Anwendungsfehlern, also auf einem unpassenden »Wie«. Wenn Sie aber wissen, wie man diese Fehler abstellt, besitzen Sie zugleich die Kenntnis, um die Wirkung Ihrer alten oder veralteten Techniken deutlich zu verbessern. Die Ex-und-Hopp-Mentalität bei der Suche nach neuen Lösungen erübrigt sich. So gehen übrigens die Naturwissenschaften vor: Da sie sich mit den wirksamen Details von Prozessen beschäftigen, können sie diese schrittweise verbessern.

**Ihr Wissen und Ihr Können brauchen Sie nicht über Bord zu werfen. Ganz im Gegenteil: Sie lernen, diesen Erfahrungsschatz wirksamer zu nutzen.**

Vielleicht machen Ihnen diese Hinweise Mut und Lust, sich die persönlichen Rosinen-Kapitel herauszupicken, um sofort aktiv zu werden. Das würde mich freuen; andererseits lege ich Ihnen eindringlich ans Herz: Lesen Sie bitte auf jeden Fall den folgenden Teil 2. Er behandelt grundlegende und zum Verständnis wichtige Fragen. Außerdem sollte ein Buch über Kommunikation nicht nur kurz und bündig über dieses Thema *informieren*, sondern auch die ohnehin begrenzten Möglichkeiten nutzen, um mit Ihnen darüber zu *kommunizieren*.

Wie wichtig das sein kann, zeigt die aktuelle globale Finanz- und Wirtschaftskrise: Während ich diese Zeilen im Herbst 2008 schreibe, spielen die Finanzmärkte verrückt. Und zahllose Besitzer von Wertpapieren sehen keiner rosigen Zukunft entgegen. Ich habe daher die mir noch zur Verfügung stehende knappe Zeit genutzt, um zumindest an einigen Stellen kurz zu erläutern: Mit der hier beschriebenen kommunikativen Intelligenz hätten vorsichtige Anleger das Risiko spekulativer Anlagen drastisch verringern können. Unter dem Stichwort »Finanzkrise« im Index finden Sie meine entsprechenden Hinweise.

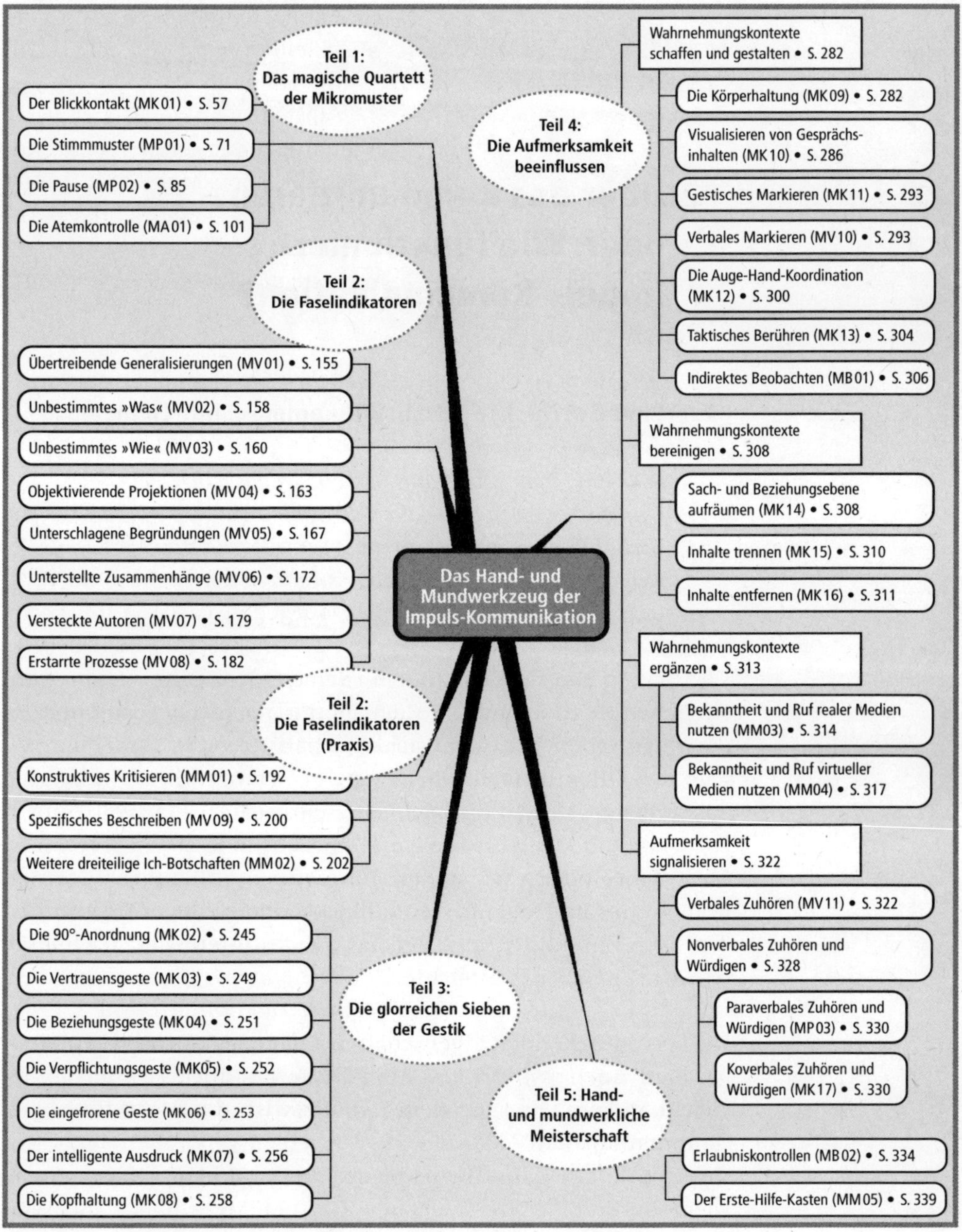


Abbildung 1: Die Mikromuster-Praxisteile

# 2 Über das Kommunizieren – oder: Wie funktioniert Impuls-Kommunikation?

## 2.1 Eine Geschichte vorab: Willkommen, Mr. Chance!

*»›Er hat ja gar nichts an!‹, rief zuletzt das ganze Volk. Und das kroch in den Kaiser, denn ihm schien, sie hätten Recht; aber er dachte: Jetzt muss ich während der Prozession durchhalten. Und dann hielt er sich noch stolzer …«*

Hans Christian Andersen: *»Des Kaisers neue Kleider«* [1]

Was halten Sie von jemandem, der es in nur vier Tagen vom einfachen Gärtner auf eine der einflussreichsten Positionen im amerikanischen Wirtschaftsleben schafft? Der in dieser kurzen Zeit die Öffentlichkeit überzeugt, er sei natürlich, friedfertig, ausgeglichen, furchtlos, sachlich, selbstsicher, kraftvoll, mutig, zurückhaltend, intellektuell und ehrlich. Eine solche Person ist Mr. Chance oder – wie andere ihn nennen – Chauncey Gärtner. Er dient uns im Folgenden zum Illustrieren wichtiger Erkenntnisse. Denn Hand aufs Herz: Jeden von uns interessiert brennend, wie Mr. Chance das erreichte.

Die beeindruckenden Eigenschaften Chauncey Gärtners entnahm ich dem Buch *Willkommen, Mr. Chance*, das auch Grundlage des gleichnamigen Films aus dem Jahr 1979 ist. Buch und Drehbuch stammen aus der Feder des 1933 in Polen geborenen Jerzy Kosinski. Und das Hauptthema beider Werke sind des Kaisers neue Kleider. Peter Sellers spielt den Gärtner Mr. Chance, der von Kindheit an in völliger Abgeschiedenheit auf dem Grundstück eines Millionärs in Washington lebt. Seine einzige Aufgabe ist das Pflegen eines von hohen Mauern umgebenen Gartens. Der Grund für diese Isolation: Chance ist geistig völlig zurückgeblieben und kann weder lesen noch schreiben. Neben der Gartenarbeit und kargen Wortwechseln mit dem Hausherrn und dem farbigen Dienstmädchen Louise lebt er nur vor und mit dem Fernseher. Auch das hinterlässt Spuren. Chance ist ein »Vidiot« – eine Wortschöpfung Kosinskis, die gerade heute hochaktuell ist.[2] Alles zusammen ergibt eine Intelligenzmischung, die Louise drastisch beschreibt: *»Der hat nur Grütze im Kopf bis an die Ohren. Der ist so dumm wie ein toter Esel, wie Bohnenstroh. So was von einem Vollidiot.«*

Bedenken wir die oben aufgezählten Eigenschaften von Mr. Chance und seine Zukunftsaussichten, dann erscheint sein in vier Tagen erworbener Ruf ein Wunder. Aber das ist er nicht. Nur die enorme Beschränktheit von Chance macht dieses »Wunder« möglich. Sie verhindert Verhaltensweisen, die seine Wirkung beeinträchtigen. Denn für Chance gilt der Satz von Wilhelm Buch: *»Das Gute, dieser Satz steht fest, ist stets das Böse, das man lässt.«* Allerdings möchte niemand von uns auf diese verbalen und nonverbalen »Bosheiten« verzichten. Denn auf ihnen beruht etwas, auf das wir uns sehr viel einbilden: unsere Intelligenz. Chance gibt daher einen ungetrübten Blick auf die Wirkung des kommunikativen »Wie«. Da Chance – im wahrsten Sinn des Wortes – nur höchst beschränkt zu einem sinnvollen und beeindruckenden »Was« fähig ist, beruht seine außerordentliche Wirkung weitestgehend auf dem »Wie«. Und das zeigt: Die Form, also das Wie, ist eine Hauptursache unserer kommunikativen Erfolge.

**Die Wirkung von Mr. Chance basiert auf genau beschreibbaren und damit auch lernbaren Verhaltensweisen – auf verbalen und nonverbalen Mikromustern. Mit diesen Mustern beschäftigen wir uns hier. Aber nicht, damit wie bei Chance der äußere Anschein komplett trügt, sondern damit er genau dem entspricht, was tatsächlich ist.**

Sehen wir uns kurz die vermeintliche Wandlung des einfältigen Gärtners Mr. Chance zum Wirtschaftsguru Chauncey Gärtner an: Als sein Hausherr stirbt, muss er sein kleines schützendes Reich verlassen. Er packt einen Koffer, nimmt seinen Schirm und betritt zögernd die reale Welt von Washington D.C. Zum Schutz nimmt er das wichtigste Hilfsmittel seines bisherigen Lebens mit: die Fernbedienung seines Fernsehgerätes. Sie schaltete bislang alles weg, was ihn in seiner Welt störte. Also versucht er, auch reale Störungen dieser Welt wegzuzappen – natürlich vergebens. Chance hat Glück im Unglück. Ein Auto fährt ihn an, in dem Eve sitzt (gespielt von Shirley MacLaine). Sie ist die Ehefrau von Benjamin Turnbull Rand, einem alten steinreichen Industriellen mit enormem Einfluss in Politik und Öffentlichkeit. Rand zieht im Hintergrund auch die Fäden der amerikanischen Präsidentschaftswahlen und ist deshalb geschätzter Berater aller amtierenden Präsidenten. Wie das Schicksal es will: Eve nimmt Chance mit nach Hause, damit der Hausarzt ihres todkranken Mannes sich um die Verletzung kümmert. Ein Missverständnis reiht sich an das andere. Und nach vier Tagen glaubt alle Welt, es mit Chauncey Gärtner zu tun zu haben, einem weisen, tiefgründigen und philosophischen Wirtschaftsguru. Denn hinter all seinen Äußerungen vermutet man tiefen Sinn und weitreichende Bedeutung. Kurz: Mr. Chance webt von früh bis spät ohne jede Absicht an des Kaisers geradezu prächtigen neuen Kleidern – ohne dass jemand ruft: »Aber er hat ja gar nichts an!« Lediglich zwei Personen bemerken seine »Nacktheit«: das Dienstmädchen Louise und der Hausarzt Dr. Robert Allenby. Als Louise den Gärtner in einer Prominenten-Talkshow erkennt, versteht sie die Welt nicht mehr und erläutert ihrer Familie, welchen Vollidioten man gerade interviewt. Für sie ist klar: Das ist eine Verschwörung der Weißen. Im Gegensatz zu Louise, für deren Wissen sich niemand interessiert, stellt Dr. Allenby eine Gefahr dar. Denn der Hausarzt entdeckt aufgrund eigener Recherchen: Chance ist die Einfalt in Person. Doch das behält er für sich. Und so wird aus Mr. Chance am Schluss von Buch und Film der Vorsitzende einer wichtigen Vereinigung, die im Hintergrund die Geschicke der Vereinigten Staaten lenkt.

Für Filmkritiker ist *Willkommen, Mr. Chance* eine herausragende, bissige Satire über die Vordergründigkeit und Dummheit in Politik und Wirtschaft. Das ist sie ohne Zweifel. Für uns ist dieser Film aber mehr. Er zeigt die Rolle der Medien in unserer Gesellschaft. Und – was uns besonders interessiert – beantwortet damit auch die Frage: Warum erkennt niemand die Einfalt von Chance? Das Verhalten seiner Umwelt ist die eine Seite der Medaille, seine unbewusste kommunikative Kompetenz ist die andere. Auch wir formulieren täglich triviale Sätze (ein wichtiges Thema dieses Buches) – aber niemand hält uns deswegen für tiefgründig und bietet uns den Vorsitz mächtiger Vereinigungen an. Der Grund:

**Unsere im Vergleich zu Mr. Chance zahllosen Fertigkeiten sind an sich weder gut noch schlecht – wir haben sie oder haben sie nicht. Erst wenn wir vor einer Aufgabe stehen, entscheidet es sich, welches Verhalten von Vorteil ist. Wir entscheiden das nämlich nicht: Unbewusst setzen wir meist unser gesamtes Können ein. Und das ist häufig auch von Nachteil.**

Einen Hinweis auf die Quelle der außergewöhnlichen Wirkung von Chance gibt die letzte Einstellung des Films: Auf der Beerdigung seines Gönners Rand sondert er sich von den Trauerfeierlichkeiten ab, schlendert durch einen winterlichen Park, verlässt gedankenverloren festen Boden – und geht weiter auf der Oberfläche eines kleinen Sees! (Die Geschichte kennt bislang nur einen berühmten Menschen, der über Wasser ging.) Mitten auf dem Wasser bückt er sich, taucht ruhig seinen Schirm bis zum Griff ein, scheint dies als völlig natürlich zu empfinden und wandert langsam weiter. Für Chance gilt nur das Hier und Jetzt – ohne Furcht, ohne Sorgen. Im Gegensatz zu uns tut er deshalb ohne Zögern stets alles, was er im Augenblick für richtig hält – sogar das für andere scheinbar Unmögliche. Dies vermittelt ihnen das Gefühl, Chance sei stets vollkommen für sie da. *Being there* – da sein – lautet auch der Originaltitel von Film und Buch. Diese überaus seltene Kunst, einfach da zu sein, ist die Grundlage seiner unglaublichen Wirkung. Und sicher erkannte das der Hausarzt, die einzige Person, die Chance durchschaut und trotzdem schützt. Vielleicht nannte Jerzy Kosinski auch deshalb seine Hauptfigur *Chance*: Denn der englische Begriff »chance« verweist nicht nur auf den Zufall, der im gesamten Leben von Mr. Chance eine Hauptrolle spielt. Er spielt auch auf dessen Gabe an, anderen Menschen die außergewöhnliche Chance zu bieten, zu sich selbst zu finden. *»Life is a state of mind«* – das Leben ist ein Geisteszustand. Diesen Satz liest man im Film nicht nur auf dem Grabmal von Benjamin Turnbull Rand; er soll auch auf dem Grabstein von Peter Sellers stehen.

## 2.2 Impuls-Kommunikation: Kommunikation ist Wirkung, nicht Absicht

> *»Warum manche Menschen Führer und andere Anhänger werden, warum einige achtunggebietend auftreten und andere sich ängstlich ducken, hat wenig zu tun mit Kenntnissen und Fähigkeiten, sondern vielmehr mit körperlichen Eigenschaften und der Art und Weise, wie jemand bestimmte emotionale Reaktionen in anderen auslöst.«*
>
> Antonio Damasio[3]

Sicher ahnen Sie nach den Ausführungen zu Mr. Chance, warum dieses Buch von »Impuls-Kommunikation« handelt: Chance vermittelt kaum Inhalte, er gibt seinen Gesprächspartnern Anstöße, Impulse. Und diese lösen Denkprozesse und Reaktionen aus, die nichts mit dem zu tun haben, was Chance meint. Denn Chance denkt so gut wie nie; er reagiert völlig automatisch. Vielleicht wenden Sie nun ein, im Gegensatz zu Mr. Chance dächten Sie sich viel bei dem, was Sie sagen und tun. Davon gehe ich aus, sonst hätte ich dieses Buch nicht geschrieben. Beim Kommunizieren geht es jedoch nicht allein um das von uns geopferte Gehirnschmalz. Es spielt auch eine Rolle, ob und wie unsere Gesprächspartner davon Gebrauch machen. Dazu sagt die Gehirnforschung: Menschen picken sich weitestgehend unbewusst einzelne »Bedeutungsrosinen« aus der auf sie einströmenden Datenflut und ergänzen den erforderlichen Rest anhand ihrer Erfahrungen. Das belegen zahlreiche Forschungsergebnisse, von denen ich zwei Beispiele anführe – ein verbales und ein nonverbales:

**Verbale Impulse**

Robert B. Caldini berichtet über eine Untersuchung, in der es um ein Verhalten geht, das uns wohl alle schon nervte[4]: Wir stehen in einer Warteschlange, da kommt jemand von hinten und drängelt sich vor. In diesem Experiment prüfte man, wie verschiedene Begründungen des Dränglers wirken. Das interessante Ergebnis: Menschen reagieren vor allem auf das Wörtchen »weil« in einer Begründung – selbst wenn darauf kein triftiger Grund folgt. So ließen 93 Prozent der Testpersonen eine Frau am Kopierer vor, die sagte »Entschuldigung, ich habe fünf Seiten. Können Sie mich bitte vorlassen, weil ich Kopien machen muss?« – obwohl alle aus dem gleichen Grund dort standen. Fragte sie ohne eine Begründung mit »weil«, waren nur 60 Prozent dazu bereit; gab sie eine plausible Begründung an (»weil ich es eilig habe«), waren es 94 Prozent. Der verbale Impuls »weil« genügt den meisten Menschen als Indiz, dass danach etwas Wichtiges kommt.

**Nonverbale Impulse**

Unser nonverbales Beispiel betrifft die Frage »Wie erkennen wir Gesichter?«. Früher glaubte man, Gesichter merkten wir uns als Ganzes. Scherzhaft war deshalb die Rede von der »Großmutter-Zelle«, in der das Gehirn einzelne Gesichter speichere. So eine Großmutter-Zelle hat man jedoch bislang nicht gefunden; die Informationen sind im Gehirn verteilt. Es gibt Untersuchungen, die belegen, dass wir uns nur an einzelnen markanten Eigenschaften eines Gesichtes orientieren – also eine »Merkmals-Stichprobe« ziehen – und daraus mit Hilfe unserer Erinnerungen den Rest konstruieren. Hirnforscher aus Tübingen fanden nun bei Affen heraus: Wir scheinen uns aufgrund unserer Erfahrungen ein »Durchschnittsgesicht« zu kreieren. Dieses dient zum Bewerten einzelner Abweichungen bei Gesichtern, die uns begegnen. Und anhand dieser Abweichungen »erkennen« wir ein bekanntes Gesicht.[5]

Unabhängig davon, ob wir einen kurzen Blick oder eine höchst komplexe Information aus Texten und Bildern senden: Der Empfänger dieser Botschaft wählt stets einzelne Impulse aus und konstruiert daraus das aus seiner Sicht benötigte Ganze. Das ist für uns von großem Vorteil, denn:

> **Unsere Kommunikationswirkung lässt sich bereits entscheidend verbessern, konzentrieren wir uns ganz auf diejenigen Impulse, die andere beim Konstruieren ihrer Sicht der Welt bevorzugen.**

Bislang verwendete ich den Begriff Impuls eher illustrativ. Biologen und Psychologen verstehen darunter jedoch einen *Anstoß* oder *Anreiz des zentralen Nervensystems,* dessen Wirkung kurzzeitig ist, vom normalen Wirkungsniveau abweicht und plötzliche Handlungen auslöst. Diese innerlich ausgelösten (internalen) Reaktionen können sich – wie beim impulsiven Handeln – sogar einer Kontrolle des Bewusstseins entziehen. Wir reagieren spontan, intuitiv.

**Äußere und innere Impulse**

Impuls-Kommunikation bedeutet daher: Mit Hilfe bewusst eingesetzter *äußerer Impulse* versuchen wir, bei anderen unbewusste *innere Impulse* auszulösen, zu verändern oder zu verhindern, um den Kommunikationsprozess zielorientiert zu lenken. Damit dies geschieht, müssen die externalen Impulse zwei Voraussetzungen erfüllen:

1. Ihre Wirkung weicht genügend stark vom normalen Wirkungsniveau ab, um überhaupt etwas auszulösen. (Diese Bedingung erfüllen alle hier behandelten Mikromuster.)

2. Diese Wirkung ist jedoch so kurzzeitig und schwach, dass ein Gesprächspartner sie nicht bewusst registriert. (Diese Bedingung lässt sich nicht immer erfüllen, gilt aber für die meisten Mikromuster.)

**Impuls-Kommunikation unter Manipulationsverdacht**

Bei diesen Zielen und Voraussetzungen drängt sich wahrscheinlich sofort ein Verdacht auf: Impuls-Kommunikation diene zum heimlichen Manipulieren von Menschen, also zum Weben perfekt täuschender Kaiser-Kleider. Genau das Gegenteil ist unser Ziel:

**Impuls-Kommunikation soll unseren Botschaften die notwendige Aufmerksamkeit verschaffen und ermöglichen, dass man sie unverfälscht wahrnimmt und mit der erforderlichen Sorgfalt interpretiert und beurteilt. Dazu muss sie störende Reaktionen der Gesprächspartner verhindern oder verringern sowie unterstützende Reaktionen auslösen oder verstärken.**

Jedes Werkzeug lässt sich bekanntlich so oder so einsetzen: Mit einem Hammer kann man Nägel oder Köpfe einschlagen. Dasselbe gilt für die Mikromuster der Impuls-Kommunikation.

**Inhalts- und Prozesssteuerung**

Impuls-Kommunikation beschäftigt sich weniger mit den Inhalten eines Gesprächs – mit dem Was. Vielmehr geht es um die Form des Kommunizierens – um das Wie. Diese häufig angesprochene Trennung zwischen Was und Wie beschreibt für uns nicht nur die beiden Seiten der Medaille »Information«, Inhalt und Form. Aus ihr leiten sich auch zwei grundsätzliche Kommunikationsstrategien ab: Inhalts- und Prozesssteuerung.

- Verfolge ich eine *Inhaltssteuerung*, kommuniziere ich mit meinem Gegenüber durch das Senden von Fakten: Ich übermittle z.B. Informationen auf die Frage »Was ist ein Reprunsator?«, schildere seine Eigenschaften oder erteile Anweisungen, was genau wie mit ihm zu tun ist. Ich beschreibe Sachverhalte. Die klassischen Vorlesungen an unseren Hochschulen sind Inhaltsvermittlung pur (sogar, wenn es um Prozesse geht.) Bei einer Inhaltssteuerung gehen wir davon aus, dass der Empfänger etwas nicht weiß oder nicht kann, und wir versuchen, diese Wissenslücken mit Hilfe geeigneter Informationen direkt zu schließen. Ist das geschehen, ist unser Ziel erreicht.

- Auch die *Prozesssteuerung* übermittelt Inhalte – sonst wüsste niemand, um was es geht. Auch sie setzt voraus, dass jemand etwas nicht weiß oder nicht kann – sonst wäre der übermittelte Inhalt überflüssig. Das Schließen dieser Wissenslücken ist jedoch nur ein erster Schritt. Er soll die Voraussetzung dafür schaffen, dass sich der Empfänger andere nicht gewusste oder gekonnte Sachverhalte anschließend selbst erarbeitet. Man vertraut darauf, dass dessen übriges Wissen und Können für diesen angestoßenen Prozess ausreicht.

Um es auf den Punkt zu bringen: Die Inhaltssteuerung geht davon aus, unser Gesprächspartner sei in bestimmter Hinsicht dumm. Die Prozesssteuerung nimmt an, er brauche eigentlich nur etwas Hilfe, also Impulse, um allein zu Rande zu kommen. Für diese Strategie gibt es ein berühmtes Vorbild. Der griechische Philosoph Sokrates war bekannt für das Stellen von Fragen, die es anderen ermöglichten, den Lösungsweg allein zu finden (vgl. BOX 2). Der Erfolg von Kommunikation zeigt sich stets in deren Wirkung beim Empfänger, nicht in der Absicht des Senders.

### ■ BOX 2: UNBEKANNT, UNBEWUSST, BEKANNT UND BEWUSST

Die Prozesssteuerung geht ein Problem an, das die Praxis trotz weitreichender Konsequenzen oft vergisst: die Unterschiede zwischen *unbekannten, unbewussten, bekannten* und *bewussten* Fakten und Fähigkeiten[6]. Etwas ist mir unbekannt, wenn ich nichts davon weiß. Darum ist mir zwar alles bekannt, was ich weiß. Genau in diesem Moment ist mir davon allerdings nur sehr wenig bewusst, kann also auch nicht in meine Überlegungen einfließen. Von diesem verschwindend kleinen Teil abgesehen ist mir daher mein gesamtes Wissen nie bewusst. Außerdem verfüge ich über etwas, was mir weder bekannt noch bewusst ist: meine zahllosen unbewusst genutzten Fähigkeiten, z.B. zum Regeln von Körpertemperatur oder Blutdruck. Von diesen interessieren uns hier jedoch nur diejenigen, die wir in Alltag und Beruf nutzen: unsere unbewussten kommunikativen Fähigkeiten.

Prozesssteuerung umfasst daher zwei Aufgaben: Sie hilft Menschen so beim Schließen ihrer Wissens- und Fähigkeitslücken, dass sie selbst auf vorhandenes und bekanntes, derzeit aber unbewusstes Wissen zugreifen können. Prozesssteuerung erleichtert das *Wiederfinden* nützlicher, bislang aber übersehener Kenntnisse. Oder sie hilft, sich derzeit unbekannte Eigenschaften bewusst zu machen, um diese gezielt nutzen zu können. Prozesssteuerung erleichtert das *Entdecken* nützlicher, bislang aber unbekannter Eigenschaften. Aufgrund der Fragetechnik des

Sokrates spricht man von der sokratischen Methode. Sokrates selbst bezeichnete dieses Vorgehen als »Mäeutik« – Hebammenkunst: Wie eine Hebamme (das war der Beruf seiner Mutter) hilft der Lehrer mit geschickten Fragen und Hinweisen, das bereits vorhandene Wissen eines Schülers ans Tageslicht zu fördern. Neben zahlreichen großen Vorteilen, auf die ich an anderen Stellen eingehe, besitzt die Prozesssteuerung auch gravierende Nachteile: Im Vergleich zur Inhaltsvermittlung erfordert sie mehr Wissen, mehr Können und vor allem mehr Zeit. Gerade wegen des letzten Punktes bevorzugen die meisten Menschen das Ruck-Zuck-Verfahren per Inhaltsvermittlung.

Vor vielen Jahren erlebte ich am eigenen Leib, wie nervtötend lange eine Prozesssteuerung dauern kann und wie sie funktioniert. Nach meiner Bewerbung auf eine Professorenstelle zeigte die Einladung zu einer Probevorlesung: Die erste Hürde war genommen. Ein Hochschullehrer gab mir den Rat, an Fachhochschulen lege man großen Wert auf das verständliche Vermitteln des Wissens. Zu meiner großen Freude stellte ich schnell fest: Mein Privatarchiv enthielt ausreichend Stoff für einen Vortrag zum vorgegebenen Thema »Szenario-Technik«. Mit diesem Planungsansatz will man das langfristige Verhalten komplexer Wirtschaftssysteme vorhersagen, obwohl keine verlässlichen Zahlen vorliegen. So war der Inhalt nach wenigen Tagen abgehakt – aber Knüller zum verständlichen Vermitteln waren mir nicht eingefallen. Nun weiß ich, die Chance, von der Muse geküsst zu werden, ist bei mir weitaus größer, wenn ich nicht über einem Problem brüte. Also betrieb ich Prozesssteuerung: Ohne groß dabei zu überlegen, blätterte ich Tag für Tag in meinen Büchern, Fachzeitschriften und Stichworten. Die Wochen verstrichen, die Zeit wurde knapp – von einer knüllerartigen Idee keine Spur. So langsam machte ich mir Sorgen, setzte aber mein Blättern und Überfliegen fort. Und tatsächlich, rund eine Woche vor meinem Termin schoss mir ein Gedanke durch den Kopf – mit dem ich allerdings nichts anfangen konnte: »Tante Colonia«. Die meisten Menschen hätten kurz nachgedacht, den Kopf geschüttelt und das unterbrochene Suchen fortgesetzt. Da ich aber meinem Unbewussten vertraue, begab ich mich auf die Suche nach Tante Colonia. Heute wäre das Problem in wenigen Sekunden gelöst: Google liefert sieben Quellenhinweise. Damals gab es das Internet noch nicht. So begann ich nach einiger Zeit, Autoren und Verlage zu verfluchen, die Bücher ohne Stichwortverzeichnis herausbringen. Die Quellen gingen mir langsam aus, ich begann in Büchern zu suchen, die kaum etwas mit der Szenario-Technik zu tun haben konnten, und stieß deshalb auf meine Urlaubslektüre *Gödel, Escher, Bach – ein endloses Geflochtenes Band* von Douglas R. Hofstadter. Dieses Buch besaß sogar einen Index – und in dem wurde ich endlich fündig: Nachdem ich

Seite 337 aufgeschlagen und einige Zeilen gelesen hatte, fühlte ich mich wie Archimedes, als er in der Badewanne sein berühmtes »Heureka« ausrief. Auch Tante Colonia ist ein komplexes System, wie die Szenario-Technik es schildert: Es handelt sich um einen Ameisenhaufen. In *Gödel, Escher, Bach* diskutieren Achilles, eine Schildkröte, ein Krebs und ein Ameisenbär über die Besonderheiten komplexer Systeme. Und der Ameisenbär zeigt an Tante Colonia, wie diese Systeme funktionieren, wie man ihr Verhalten vorhersagt und sie beeinflusst. So baute ich meinen Vortrag auf Tante Colonia auf. Noch heute erinnere ich mich an die Gesichter der Zuhörer, als ich mit den Worten begann: »Ich erlaube mir, den Untertitel meines Vortrags zu ändern. Er lautet nun: Woher kann man wissen, wie sich Tante Colonia verhält?« Aber immer noch rätsele ich, wer oder was mir den Anstoß gab, meine vorhandenen, gut versteckten, nicht bewussten und eigentlich sogar wieder unbekannten Kenntnisse wiederzufinden.

## 2.3 Zum Mikrolernen von Mikromustern

> *»Mit am meisten ärgern mich Gespräche mit Menschen, die Vorträge darüber halten, wie ich mich verhalten soll. Die meisten von uns wissen recht gut, wie wir uns verhalten sollten. Das Problem ist die Umsetzung, nicht Unwissenheit … Wir brauchen Tricks, um unsere Ziele zu erreichen, aber zuerst müssen wir die Tatsache akzeptieren, dass wir nur Tiere sind, die simplere Tricks brauchen, keine Predigten.«*
>
> Nassim Nicholas Taleb[7]

**Mikromuster – die »Moleküle der Kommunikation«**

Unter einem Molekül versteht man in der Chemie die kleinste Anordnung von Atomen zum Bilden einer bestimmten stofflichen Einheit wie Wasser, Gold oder Eisen. Zerlegt man z.B. ein Wassermolekül in seine Atome, zerfällt der Stoff und man erhält zwei Wasserstoffatome und ein Sauerstoffatom (deshalb die chemische Bezeichnung $H_2O$). Auch beim Kommunizieren entstehen durch das Verbinden winziger Elemente solche Einheiten: Allgemein nennt man sie Informationen. Aus Empfängersicht spricht man auch von Eindruck; aus Sendersicht sprechen wir von einem verbalen oder nonverbalen Ausdruck. Und die kleinsten kommunikativen Wirkungseinheiten mit einem bestimmten Eindruck bei anderen nennen wir Mikromuster. Kommunikative Mikromuster sind daher so etwas wie die »Moleküle der Kommunikation«.

Sie entstehen durch das Zerlegen von Handlungen in kleine Verhaltensweisen, einzelne Impulse. Diese Aufgabe hört sich einfacher an, als sie ist. Es handelt sich dabei nämlich nicht um das Ausdenken sinnvoll erscheinender kommunikativer Teilschritte. Es geht vielmehr um das Identifizieren von kleinen Verhaltensmustern in Kommunikationsprozessen, die aufgrund ihrer spezifischen Wirkung eine bestimmte Aufgabe erfüllen. Diese Mikromuster kann man nicht erfinden, man muss sie entdecken. Sie sind bereits natürlicher Bestandteil unseres kommunikativen Verhaltens. Sonst besäßen sie keinerlei Wirkung und wir hätten sie nicht erlernt – beides weitgehend unbewusst.

**Musterarten**

Setzen sich »Kommunikationsmoleküle« nur aus digitalen »Kommunikationsatomen« wie Buchstaben und Zahlen zusammen, entstehen *verbale Mikromuster* (z.B. Begriffe, Namen, Postleitzahlen oder Telefonnummern). Alle Mikromuster aus nicht-digitalen, also analogen Elementen bilden die Gruppe der *nonverbalen Mikromuster*. Bestehen deren Elemente nur aus den hörbaren Eigenschaften der Stimme, handelt es sich um *paraverbale Mikromuster* (z.B. der Klang von Freundlichkeit oder Verärgerung). Setzen sich die Elemente aus Körperbewegungen zusammen, bilden sie *koverbale Mikromuster* (wie unsere Gesten für »Ja«, »Nein«, »Achtung« oder »Verzeihung«). Dabei kennen Sie Veränderungen des Gesichtes als *Mimik,* Bewegungen der Arme und Hände als *Gestik* und die aufgrund von Bewegungen entstehenden Körperstellungen als *Körperhaltung*. Da sich stoffliche Moleküle weitaus exakter bestimmen lassen als kommunikative Moleküle, hier noch ein Hinweis zur Verwendung der Begriffe »Muster« und »Mikromuster«:

> ***Muster* sind typische kommunikative Verhaltensweisen, unabhängig von ihrer Komplexität, Zielsetzung und der Zahl ihrer möglichen Varianten. *Mikromuster* sind dagegen**

**die kleinen und möglichst direkt umsetzbaren verbalen oder nonverbalen Einzelaktionen, mit denen man einen bestimmten Eindruck erzielen will.**

Alle Mikromuster sind darum zugleich Muster, aber nicht alle hier behandelten Muster sind auch Mikromuster: Unser Muster »Blickkontakt« beispielsweise besteht aus den beiden Mikromustern »Blickkontakt suchen und halten« sowie »Blickkontakt vermeiden«, weil beide einen gänzlich anderen Eindruck hervorrufen. Das Muster »Intelligenter Ausdruck« zählt dagegen zu den Mikromustern, weil – wie wir noch sehen werden – alle individuellen Varianten einen gleichartigen Eindruck hervorrufen.

Die verbalen und nonverbalen Mikromuster dieses Buches informieren aber nicht nur allgemein über die wichtigsten Bestandteile jeder kommunikativen Wirkung. Damit erfahren Sie im Detail, wie Sie von Kindesbeinen an Ihre Mitmenschen beeinflussen. Denn alle diese Mikromuster (das ist die gute Nachricht) verwenden wir bereits. Allerdings tun wir das meist unbewusst und deshalb (das ist die schlechte Nachricht) häufig auch in ungeeigneten Situationen mit unbeabsichtigter Wirkung. Vom sinnvollen Einsatz dieser Muster handelt dieses Buch.

Jeder – also auch Sie – erweitert unter zwei Voraussetzungen seine kommunikative Kompetenz: Er muss ihre wirksamen Bestandteile kennen. Und diese müssen sich einfach anwenden lassen. Beide Voraussetzungen erfüllen die hier vorgestellten Mikromuster. Daraus leiten sich acht Vorteile ab:

**Vorteile von Mikromustern**

1. Unser Motto »Micro-Learning by Micro-Doing« reduziert das erforderliche Üben auf kleinste Lernschritte.
2. Mikromuster-Lernen heißt, Dinge tun, die man ohnehin macht – Sie lernen beiläufig, also ohne Zeitverlust.
3. Niemand erkennt, wenn Sie ein Mikromuster üben.
4. Ihr Unbewusstes kombiniert später automatisch die einzeln gelernten Mikromuster.
5. Bereits wenige Mikromuster verbessern Ihre kommunikative Wirkung spürbar.

6. Davon profitieren Sie schon beim ersten Üben.
7. Sogar Anfänger können sich beim Umsetzen der Mikromuster gegenseitig unterstützen.
8. Ihre Fähigkeit, auf das kommunikative Verhalten anderer sinnvoll zu reagieren, wächst von allein.

Schauen wir uns die einzelnen Vorteile genauer an!

### VORTEIL 1: Das Konzentrieren auf Mikromuster ermöglicht Ihnen ein drastisches Vereinfachen der erforderlichen Übungen.

Dass Bücher und Seminare mehr oder weniger komplexe Kommunikationstechniken vermitteln, ist verständlich: Praktische Probleme beseitigt man selten in nur einem Schritt. Darum opfern wir in Fahrschulen viel Zeit, Schweiß, Geld und manchmal sogar Tränen, bis wir so etwas Komplexes wie Autofahren (fast) fehlerfrei beherrschen. Mit anderen Worten: Erst nach einer langen Phase des Lernens und Übens mit einem Coach (Fahrlehrer) stellt man sich vorsichtig den Herausforderungen der Praxis. Beim Kommunizieren dagegen erfolgt das Lernen und Üben bisher leider so: Wir suchen nach neuen Ansätzen, finden eine Lösung wie z.B. die dreiteilige Ich-Botschaft (siehe Seite 193ff.) und versuchen, diese zu verstehen. Im Seminar üben wir sie sogar. Dann aber geschieht meist Folgendes: Sollen wir diese Methode erstmals anwenden, überkommt uns ein Gefühl der Unsicherheit und Beklommenheit – wegen der zahlreichen Schritte und Bedingungen. Außerdem befürchten viele, man könne entdecken, sie setzten eine künstliche (!) Technik ein – in fast jedem meiner Seminare kommt diese Sorge zur Sprache. Diese Gefahr ist zwar äußerst gering, aber jede neue Methode erhöht das Risiko, einen unsicheren oder unnatürlichen Eindruck zu hinterlassen. Wer schon von einem Werbeanruf behelligt wurde, versteht meinen Hinweis: Meist spürt man schon nach wenigen Sätzen eine gewisse Künstlichkeit – und zwar allein aufgrund der Stimme (also wegen eines paraverbalen Mikromusters). Fast alle diese Schwierigkeiten lassen sich vermeiden, konzentriert man sich zunächst auf das systematische Erlernen einzelner Mikromuster. Systematisch bedeutet in diesem Fall, man nimmt sich für eine gewisse Zeit – einen ganzen oder einen halben Tag – nur eines dieser Muster vor. Wir setzen es ein oder beobachten es bei anderen; und wir registrieren und analysieren die Reaktionen. Schnell werden Sie erkennen: Diese Art zu lernen bedeutet nicht das Opfern von Zeit zum Büffeln, um das Gelernte (vielleicht) später anzuwenden.

**VORTEIL 2: Das Erlernen von Mikromustern ist gleichbedeutend mit dem Entschluss, Dinge zu tun, die man ohnehin macht – nur bewusst auf eine andere Art und systematisch. Mit anderen Worten: Sie lernen beiläufig durch »*Micro-Learning by Micro-Doing*«.**

Denn es geht nur um ein kurzes Überlegen kleinster, einfachster Schritte, die wir in anderen Situationen bereits automatisch einsetzen, wie etwa den zugewandten oder abgewandten Blick. Solche Entscheidungen lassen sich sogar unbemerkt in der Hitze einer Diskussion treffen. Und sind die Bedingungen und Nebenwirkungen bekannt, kann man nachträglich in Ruhe bedenken, was an diesen Versuchen gut oder schlecht war.

**VORTEIL 3: Geht man nicht wie ein Tölpel vor, erkennt niemand das bewusste Üben oder falsche Einsetzen eines Mikromusters.**

**Mikromuster gehören zur unbewussten Kompetenz**

Mit anderen Worten, Ihr »Learning by Doing« fällt nicht auf: Wir *können* zwar alle hier behandelten Mikromuster, aber wir *kennen* die meisten nicht! Rein intuitiv registrieren wir sie bei anderen und reagieren darauf. Fällt das Auftreten oder Fehlen auf, liegt das stets am Bewusstwerden einer verletzten Regel oder enttäuschten Erwartung. Darum erkennen wir sofort falsch geschriebene Namen, schlecht gezeichnete Bilder oder Misstöne in Melodien – wir wissen, was richtig wäre. Dieses Wissen fehlt bei den allermeisten Mikromustern, da sie zu unserer unbewussten Kompetenz gehören. Sie lösen zwar automatisch Gefühle und Bewegungen bei anderen aus – deshalb bringe ich sie Ihnen bei. Die Ursache dieser Reaktionen (z.B. ein Stimmmuster oder eine Geste) wird diesen aber nicht bewusst. Sie erfinden sogar Gründe, sobald sie sich oder uns das eigene Reagieren erklären müssen. Nur bei wenigen Mikromustern besteht daher die grundsätzliche Möglichkeit, dass sie auffallen; in diesem Buch stelle ich Ihnen drei vor: den Blickkontakt, die Pause und das Berühren. Allerdings ist ein Bewusstwerden nicht problematisch, wenn anderen dieses Verhalten einleuchtet. Dann ist es sogar von Vorteil. Darum lernen Sie hier auch, Gesprächspartnern vorsorglich einen plausiblen Grund zu übermitteln – und zwar nonverbal und unbewusst.

**VORTEIL 4: Unsere unbewusste Kompetenz kombiniert später von allein die für eine Situation geeigneten, einzeln erlernten Mikromuster. Darum können Sie auf komplizierte Übungen verzichten, müssen jeweils nur einen Schritt trainieren und vermeiden das Risiko eines unnatürlichen Eindrucks.**

Beim Üben von Mikromustern ist weniger das Was ungewohnt als das Wann und Wo. Die Aufgabe besteht nämlich nur darin, einzelne Muster an weitere Situationen oder Aufgaben zu koppeln, also ihre Einsatzmöglichkeiten zu erweitern und eventuell neu zu regeln. Machen wir uns diese Besonderheit an einem Beispiel klar: Jemand möchte beim Begrüßen mehr Aufmerksamkeit erzielen. Das kann er durch eine aufrechte Kopfhaltung, mit seiner Stimme, seiner Armhaltung und Fußstellung sowie mit seinem Blickkontakt erreichen. Die übliche Lernstrategie kennen wir bereits aus der Fahrschule: Zum Aneignen einer Fähigkeit trainiert man das gleichzeitige Einsetzen der verschiedenen zusammengehörenden Verhaltensweisen. Leider hinterlässt das jedoch wegen der dazu erforderlichen Konzentration anfangs einen höchst unsicheren Eindruck. Beim Autofahren bemerkt das zum Glück nur der Fahrlehrer, beim Kommunizieren aber leider der Gesprächspartner. Also stellt man sein kommunikatives Learning by Doing gleich wieder ein – sofern man überhaupt sein Unbehagen überwunden und mit dem Üben begonnen hat. Zum Glück entfällt diese Problematik bei den Mikromustern grundsätzlich: Ankern wir sie einzeln an bestimmte Situationen, übernimmt unsere unbewusste Kompetenz später das sinnvolle Koordinieren der verschiedenen Mikromuster. Denn Stimme, Mimik, Gestik und Köperhaltung setzen wir schon immer intuitiv sinnvoll kombiniert ein. Nur wussten wir bislang nicht, ob diese Kombination unsere Wirkung beeinträchtigte oder verstärkte. Ändern wir nun das Einsetzen eines dieser Muster bewusst, um die Wirkung zu verbessern, folgen die dazu passenden anderen Muster früher oder später per unbewusster Kompetenz.

**VORTEIL 5: Ein deutlich spürbares Verbessern Ihrer kommunikativen Wirkung lässt sich bereits mit wenigen Mikromustern erreichen – und zwar vollkommen unabhängig davon, ob das Kommunizieren zu Ihren Stärken oder Schwächen gehört.**

Eine häufig gestellte Frage lautet: Soll ich mich im Zuge meiner persönlichen Weiterentwicklung um meine Stärken oder um meine Schwächen kümmern? Viele neigen zum Verringern ihrer Schwächen, denn über diese stolpert man häufig, sie fallen auf. Experten aus Theorie und Praxis raten jedoch davon ab: Aufwand und Nutzen ständen in keinem Verhältnis zueinander; man müht sich redlich ab und erreicht – wenn überhaupt – letztendlich doch nur Mittelmaß. Unser Ansatz des Trainierens von Mikromustern umgeht dieses Problem grundsätzlich: Die Begriffe Stärke und Schwäche gehören auf die Fähigkeits- oder Fertigkeitsebene. Gustav Großmann, der Vater der Zeitplantechnik, entwickelte vor über 80 Jahren die Idee des »wirksamen Mangels«. Darunter versteht er eine Eigenschaft oder Fertigkeit, deren Fehlen maßgeblich ein erfolgreiches Weiterentwickeln be- oder verhindert. So wie das schwächste Glied einer Kette ihre maximale Belastbarkeit bestimmt. Beseitigt man diesen Mangel, macht die Entwicklung plötzlich einen großen Satz nach vorn – bis ein anderer wirksamer Mangel bremst. Um eine spürbare Verbesserung der kommunikativen Wirkung zu erreichen, genügt daher meist schon das Verändern einiger weniger Mikromuster. Die wichtigsten habe ich darum unter der Bezeichnung »das magische Quartett« in Kapitel 3 zusammengefasst. Deshalb profitieren Sie auch von einem anderen Vorteil:

**VORTEIL 6: Auch wenn Sie ein Mikromuster noch nicht »blind« beherrschen: Es wirkt, sobald Sie es sinnvoll einsetzen – also bereits beim Üben.**

**VORTEIL 7: Selbst Anfänger können sich mit Hilfe der Mikromuster gegenseitig unterstützen (man nennt das auch »Peer-Coaching«): Übende und Helfer verwenden präzise Begriffe. Diese ermöglichen das eindeutige Beschreiben und Diskutieren des beabsichtigten Verhaltens, der dabei beobachteten Fehler sowie der wirkungsvolleren Alternativen.**

Haben Sie schon einmal an einem Kommunikationstraining teilgenommen? Falls ja, dann wissen Sie wahrscheinlich: Fällt das Wort »Rollenspiel«, erstarren die Teilnehmenden, bei einigen macht sich sogar Panik breit. Der Grund ist verständlich und uns inzwischen auch bekannt: Fast alle fühlen sich überfordert – nur der Trainer darf brillieren. Geht es jedoch um Mikromuster, ändert sich die Situation grundlegend. Nun erhalten alle präzise Anleitungen für ihr Verhalten – die Rollenspieler zum Durchführen und die Zuschauer zum Beobachten, Beurteilen und Korrigieren. Daraus leitet sich ein weiterer großer Vorteil ab, von dem Sie nicht nur in Seminaren profitieren:

**VORTEIL 8: Durch das regelmäßige Üben der Mikromuster wächst von allein Ihre Fähigkeit, die verbalen und nonverbalen Schlüsselreize in Kommunikationsprozessen zu erkennen und sinnvoll darauf zu reagieren.**

Damit kommen wir zum vorläufig letzten Vorteil. In einem Punkt unterscheidet sich dieses Buch von fast allen Ratgebern zur nonverbalen Kommunikation (wobei wir natürlich auch verbale Muster behandeln). Ich behaupte nämlich (und begründe das später ausführlich): Ersparen Sie sich größere Mühen, um zu lernen, was die nonverbalen Signale Ihrer Gesprächspartner bedeuten könnten. Lernen Sie nicht, den Ausdruck anderer zu interpretieren. Lernen Sie, andere nonverbal zu beeindrucken. Das erhöht nicht nur Ihren direkten Einfluss, das erweitert Ihre

Einflussmöglichkeiten auch grundsätzlich. Damit Sie sich die Mikromuster noch schneller einprägen, habe ich dazu Lernkärtchen erstellt, die Sie bestellen können (siehe Seite 447).

**Üben müssen Sie trotzdem**

Nach dem Lesen dieses Buches gibt es kaum eine Ausrede, um nichts von allem zu tun, was ich hier vorschlage. Zu unverständlich ist es nicht – jeder versteht die vorgeschlagene Technik. Zu kompliziert ist es nicht – es handelt sich um einzelne kleine und einfache Schritte. Fehlende Vorbereitungszeit ist kein Argument – Sie können es sofort tun. Fehlende Zeit zum Üben ist kein Argument – das erfolgt beiläufig. Auch fehlende Wirksamkeit ist kein Argument – gerade wegen der Wirkung tun Sie bereits alles. Aber: Das Verändern Ihres kommunikativen Könnens erfordert trotz allem Zeit und Geduld – jedoch nicht, weil es kompliziert oder schwierig wäre. Dies hängt mit der Funktionsweise unseres Gehirns zusammen und den Unterschieden zwischen schnellem Verstehen und zeitaufwändigem Üben: Nur systematisches Wiederholen speichert und vernetzt neues Wissen und neues Verhalten auf Dauer. Daher erfahren Sie im Folgenden etwas zu Ziel drei: Wie sollen Sie das alles lernen?

## 2.4 Über das Lernen: Von der ABC-Methode, vom Autofahren, Nähen, Zeichnen und anderen Fertigkeiten

*»Wenn du etwas so machst, wie du es seit zehn Jahren gemacht hast, dann sind die Chancen groß, dass du es falsch machst.«*

Charles Franklin Kettering

Sie bekommen Post vom Karbunkel-Verlag, der Sie entnehmen: Ihr Herzenswunsch lässt sich erfüllen – durch die »ABC-Methode, der sichere Weg zu **A**nerkennung, **B**estätigung und **C**harisma«. In den prächtigen Unterlagen steht: Langjährige Erfahrungen gepaart mit neusten wissenschaftlichen Erkenntnissen ermöglichen es, dass genau Sie dies alles erreichen, und zwar durch emotionale Impulse! Die tiefsten Geheimnisse wurden entschlüsselt und leicht verständlich dargestellt – endlich. Sie brauchen nur einfachste Anweisungen umzusetzen, alles andere stellt sich von selbst ein. Und da der verlangte Preis selbst bei völliger Nutzlosigkeit zu verschmerzen ist, senden Sie Ihre Bestellung ab.

**Ein Erfolgsversprechen**

Tage später trifft die heiß ersehnte Sendung aus dem Hause Karbunkel ein. Eigentlich erwarteten Sie mindestens ein Päckchen. Der Inhalt besteht aber nur aus einer dünnen Broschüre und einem kurzen Anschreiben. Darin steht: Sie Glückspilz erfahren hier das ultimative Geheimnis der ABC-Methode. Es sind die von jedermann sofort und leicht anzuwendenden emotionalen Impulse, die Menschen willenlos und gefügig machen. Dazu benötigen Sie nur einen Impulsgenerator und Impulsstrategien für die verschiedenen Zielgruppen. Und beides gibt es in verschiedenen Qualitäten und Preislagen. Allen Impulsgeneratoren ist gemeinsam: Sie besitzen – nebeneinander angeordnet – zahlreiche längliche, schmale Brettchen in Schwarz und Weiß. Drückt man ein Brettchen, ertönt ein emotional extrem wirksamer Impuls. Welche Brettchen man wie lange und in welcher Reihenfolge drückt, hängt davon ab, wen man wie beeinflussen möchte. Und das ist einfacher als gedacht: Es steht nicht nur eine Vielzahl bewährter Strategien zur Verfügung – von namhaften Experten entwickelt und in der Praxis erfolgreich getestet. Man hat sie auch im Karbunkel-Verlag für Sie überarbeitet und gedruckt! Und das Gute daran: Sie schlagen sich nicht mit langen Erklärungen herum, denn die einzelnen Schritte wurden mit kleinen Symbolen dargestellt und auf Querlinien angeordnet. Selbst Laien erkennen sofort, welches Brettchen des Impulsgenerators wie lange zu drücken ist.

Der Rest sei ein Kinderspiel: Sie wählen eine für Situation und Zielperson geeignete Impulsstrategie, sorgen für Aufmerksamkeit und drücken die Brettchen genau in der Reihenfolge und so lange, wie es die Symbole vorschreiben. Der Erfolg ist geradezu überwältigend, denn die ABC-Methode funktioniert bei Groß und Klein, bei Alt und Jung, bei Männern und ganz besonders bei Frauen. Schon vielen Menschen ist das gelungen. Um hier nur einige der renommiertesten zu nennen: Fréderic Chopin, Wladimir Horowitz, Glenn Gould, Alfred Brendel, Jelly Roll Morton, Erroll Garner, Oscar Peterson und natürlich – last but not least – die unbestreitbaren Könige der ABC-Methode: der Amerikaner Liberace und der Belgier Richard Claydermann. Sie alle sind der lebende Beweis: Emotionale Impulse bieten die Garantie für Anerkennung, Bestätigung und Charisma.

**Achtung, falsche Voraussetzungen!**

Natürlich bemerken Sie schnell, die ABC-Methode basiert auf falschen Versprechungen – genauer gesagt: auf verschwiegenen Voraussetzungen. Die Methode funktioniert zwar – aber unter welchen Bedingungen! Es dauert – hält man überhaupt durch – viele Jahre, bis die Kompetenz vorhanden ist, »Impulsgeneratoren« wie Keyboard oder Klavier »emotional wirksame Impulse« zu entlocken. Im wahren Leben hätte man bei diesem Verkaufstrick vermutlich bereits nach kurzer Zeit Staats- und Rechtsanwälte auf den Fersen. Oder doch nicht? Ich habe mir die Mühe gemacht und beim Internet-Buchhändler Amazon ähnliche Angebote recherchiert (vgl. BOX 3).

### ▪ BOX 3: ERFOLG IN DREI TAGEN ...

Als ich vor einiger Zeit Amazon nach Titeln suchen ließ, in denen »In drei Tagen« oder »In 3 Tagen« vorkommt, ergab das 56 Treffer. Darunter waren Mehrfachnennungen und Fehlangaben. Eine grobe Prüfung reduzierte die Zahl auf immerhin noch 26 Titel. So sollen sich z.B. die meisten bekannten Computer-Systeme und -Programme in drei Tagen beherrschen lassen: Windows, Word, Excel, PowerPoint, Lotus und vieles mehr. (Programmiersprachen wie Java, Visual Basic oder ABAP/4 scheinen schwieriger zu sein; da braucht man 21 Tage.) Vollkommen überrascht war ich jedoch, dass man nicht nur in drei Tagen Heuschnupfen und Stuhlverstopfung heilen, sondern sogar 30 Kilo abnehmen könne. Das wären Beiträge zur Kostensenkung im Gesundheitswesen!

*Fünf Tage* sind wohl eine ungünstige Zeitspanne zum Lernen; da gab es nur sechs Titel. Aber die hatten es in sich: In dieser Zeit kann man sich nicht nur das Rauchen abgewöhnen, sondern sogar Englisch oder Französisch lernen! Rauchern empfehle ich daher folgende Strategie: Koppeln Sie beide Möglichkeiten. Sie lenken sich dadurch in Ihrer Leidenszeit ab und ernten doppelten Nutzen.

Dass es für *sechs Tage* nur ein Angebot gab, ist verständlich: Wer will schon seine kleinen und vergleichsweise banalen Bemühungen mit der Erschaffung der Welt auf eine Stufe stellen. Darum traut sich auch nur ein Autor, Hilfe anzubieten: Sie können mit einem Seelentraining (?) in dieser Zeit Ihr Gesicht verlieren.

Die gehirngerechteste Lern-Zeitspanne scheint *sieben Tage* zu umfassen: Da gab es 44 Angebote. (Vielleicht liegt das mit daran, dass die Sieben als heilige Zahl geheime Kräfte besitzen soll.) Und was für Knüller: Konzernchef, Top-Manager und Staranwalt – alles in nur sieben Tagen. Sicher hängt das damit zusammen, dass man in der gleichen Zeit magische Kräfte in sich wecken und vedische Astrologie lernen kann. Das erklärt wahrscheinlich auch, warum es nicht länger dauert, Spitzenverkäufer oder Marktforschungsprofi zu werden, soziale Kompetenz, Selbstvertrauen oder ein vollkommenes Gedächtnis zu erwerben und sich sogar sieben Weltsprachen in den Grundzügen anzueignen. Nicht verstanden habe ich das Angebot »Harte Muskeln in sieben Tagen«. Denn das bewirken schon ein paar Stunden falsches Training im Fitnesscenter.

Im Vergleich zu diesen attraktiven Angeboten fiel der Rest deutlich ab: Man kann z.B. *in zehn Tagen* die verschiedensten Sprachen und spielend Maschineschreiben lernen. Frauen können sogar ihren Mann loswerden. (Ich gehe davon aus, dass die Autorin nur juristisch einwandfreie Möglichkeiten vorschlägt – auf ungesetzliche Weise geht das in Minuten.) Dass man *in 30 Tagen* zehn Jahre jünger sein und *in 50 Tagen* ein festes Fundament legen könnte – das alles ist doch ein Nichts im Vergleich zu den 7-Tages-Angeboten. Aber man hat auch den Eindruck, vielen Autoren ist nicht bekannt (vor allem denen, die sich um Raucher oder Computerbesitzer kümmern), dass andere bereits weitaus schnellere Lösungen anbieten. Wie gut also, dass es Amazons Suchmaschine gibt.

Und da es auch zum Thema kommunikative Kompetenz eine Vielzahl zeitsparender Angebote gibt, sollten Sie wirklich überlegen, ob Sie dieses Buch weiterlesen oder – stehen Sie gerade in der Buchhandlung – überhaupt kaufen.

**Keine Blitzangebote für Naturwissenschaften**

Diese Beispiele sind aus zwei Gründen interessant. Erstens: Nur Idioten scheinen sich auf vielen Gebieten mit einer langwierigen Aus- und Weiterbildung abzuplagen. Denn zahlreiche Kenntnisse und Fähigkeiten aus dem Bereich der Sozialwissenschaft lassen sich angeblich in einem Bruchteil der Zeit zu einem Bruchteil der Mühen und Kosten aneignen. Und zweitens: Ich fand kein Angebot, das dies für naturwissenschaftliche Gebiete verspricht. Kein Autor wagt die Ankündigung, er könne in wenigen Tagen die Fähigkeiten zum Entwickeln und Steuern chemischer oder physikalischer Maschinen oder Systeme vermitteln. Die einzige, dann aber auch extreme Ausnahme ist der Computer: Wer länger als drei Tage benötigt, um eine bestimmte Software zu erlernen, ist geistig behindert – entweder beim Auswählen des richtigen Lehrmaterials oder beim Lernen. Woran könnte es liegen, dass man Ihnen öffentlich verspricht, in einer Woche Top-Manager zu werden, aber niemand sich traut, aus Ihnen in – vergleichsweise doch wirklich langen – fünf Wochen einen Top-Konstrukteur oder -Laborassistenten zu machen?

Einem Blitz-Ausbildungsangebot zum Konstrukteur oder Laborassistenten traut kaum jemand: Die meisten Menschen ahnen, dass Physik und Chemie irgendwie große und komplizierte Gebiete sind. Und nur wenige hoffen, diese Riesenarbeit erfolgreich zu bewältigen. Deshalb verspricht auch niemand, er mache aus Ihnen in wenigen Monaten einen Pianisten. Wir alle wissen, wie zeitaufwändig das ist, und nur wenige von uns trauen sich die hierfür erforderliche Ausdauer zu. Damit jemand auf ein solches Angebot hereinfällt, muss es sich – wie beim ABC-Prospekt – durch drei Punkte auszeichnen: Es verschweigt die Wahrheit, sagt trotzdem nichts Falsches und weckt zugleich Interesse.

Diese Technik aus Verschweigen und Interessewecken lässt sich so genau beschreiben, dass jeder sie erlernen kann. Und ich zeige später nicht nur, wie sie funktioniert, sondern auch, wie wir alle sie tagtäglich unbewusst einsetzen – mit guten und schlechten Absichten.

**Methodenkenntnis allein macht nicht den Meister**

Fasst jemand die Möglichkeit ins Auge, ein Top-Konstrukteur, Top-Laborassistent oder Top-Pianist zu werden, kennt er bereits die Hauptursache eines möglichen Scheiterns: Es liegt zum größten Teil an ihm selbst. Darum lassen die meisten gleich die Finger davon. Plant dagegen jemand, ein Top-Kommunikator zu werden, ob als Manager oder Verkäufer, scheint alles nur eine Frage der richtigen Methode zu sein. Trotz zahlreicher Misserfolge geben darum viele das Streben nach *dem* Allheilmittel nie auf. Wie die Ritter von König Artus' Tafelrunde sind sie auf einer niemals endenden Suche nach dem heiligen Gral des Kommunizierens. Wahrscheinlich hängt das auch damit zusammen, dass man über die Möglichkeiten unseres Gehirns viel verschweigt und viel Unsinn verbreitet. Etliche »Experten« versichern uns, wir nutzten bislang nur zehn Prozent unseres Gehirns. Und sie versprechen uns gleichzeitig *die* Methode, um an die restlichen 90 Prozent zu gelangen. Verschwiegen wird dabei meist, welche Rolle Sie selbst dabei übernehmen – genau wie bei unserer ABC-Methode. Um zu erkennen, warum es selten auf die Methode und fast immer auf Sie selbst ankommt, müssen Sie die Arbeitsweise des Gehirns verstehen. Wie es Vera F. Birkenbihl treffend in einem Buchtitel formuliert: Sie müssen vom *Gehirnbesitzer zum Gehirnbenutzer* werden.[8] Sagt man Ihnen, dass wir 90 Prozent davon nicht nutzen, bedeutet das nicht, dass dieser Teil arbeitslos ist und sich durch einen (käuflichen) Trick einschalten lässt wie der Turbolader am Auto. Die Natur ist zu ökonomisch, um derartig große und energiefressende Reserven anzulegen. Es bedeutet vielmehr, dass wir nicht richtig damit umgehen, weil wir die Bedienungsanleitung nicht kennen.

Machen wir uns dies am Beispiel von Michael Schumacher und seinem Ferrari klar. Sitzen Sie oder ich am Steuer seines Wagens und fahren ein paar Runden auf dem Nürburgring, nutzen wir im Vergleich zu ihm vielleicht nur zehn Prozent der Wagen*leistung*. Das heißt aber nicht, dass 90 Prozent der Wagen*ausstattung* überflüssig sind. Selbst bei unserer einfachen Fahrweise sind fast die gesamten 100 Prozent erforderlich: z.B. Bremsen, Motor, Kühlung, Anzeigegeräte, Reifen, Funk zur technischen Betreuung – alles muss einwandfrei arbeiten. Und egal, was man uns an Fahrtricks und Patentrezepten schnell noch mit auf den Weg gibt: Solange wir nicht besser mit dem Auto umgehen können, nützen diese Ratschläge nur wenig. Denn »umgehen« heißt: Um blitzschnell entscheiden und reagieren zu können, müssen wir wissen, in welchen Situationen sich das Auto bei welcher Maßnahme wie verhält. »Schalte vor Kurven in einen niedrigeren Gang« wäre so ein gut gemeinter Hinweis für Anfänger. Dieser Tipp verbessert sicher unsere Chancen, schneller durch eine Kurve zu kommen. Er erhöht aber zugleich unser Risiko, noch langsamer zu werden oder mit Getriebeschaden auszuscheiden. Diese Kehrseite aller »Tipp-Medaillen« hören oder lesen Sie jedoch so gut wie nie. Welcher Tippgeber sagt schon gern »Jetzt besitzen Sie zwar ein Problem weniger, dafür aber ein paar Risiken mehr«? Denn zum Vermeiden dieser neuen Risiken sind Voraussetzungen notwendig, die leider meistens fehlen. Man fasst sie unter einem Begriff zusammen, der besonders gut zu unserem Ferrari-Beispiel passt: »Er-Fahrung«. Und leider macht kein Trick der Welt Erfahrung überflüssig – nicht nur im Autorennen.

**Nichts kann Erfahrung ersetzen**

Denn das, was bei Rennen für das Beherrschen von Rennwagen gilt, trifft beim Kommunizieren auf unser Gehirn zu. Kein Trick der Welt kann in einer realistischen Kommunikationssituation Erfahrung ersetzen. Natürlich können Sie in drei, fünf oder sieben Tagen eine Menge nützlicher Hinweise lesen. Ob Ihnen diese im Ernstfall einfallen und ob Sie dann die notwendige Erfahrung besitzen, die damit verbundenen Risiken zu vermeiden, steht auf einem ganz anderen Blatt – genau wie bei der ABC-Methode. Und wie bei der ABC-Methode wird gern ausgeblendet, dass zum Erwerben von Erfahrung immer zwei Voraussetzungen nötig sind – selbst wenn man nicht die Absicht hat, das Niveau eines Michael Schumacher zu erreichen: Erfahrung setzt Training und damit viel Zeit voraus. Das klingt nicht gerade optimistisch. Denn die erste Voraussetzung scheitert meist an der ständig geringer werdenden Lust und die zweite am bereits randvollen Terminkalender. Trotzdem funktionieren die hier beschriebenen Mikromuster schnell und unkompliziert. Wie das?

**Fähigkeiten und Fertigkeiten**

Kommunikative Kompetenz entspricht keinem Jackett, das man kauft, sondern dem Geschick, es nähen zu können. Dazu gehören grundlegende geistige und handwerkliche *Fähigkeiten* zum Vorbereiten und Machen. Und diese bestehen aus vielen kleinen *Fertigkeiten* wie das Auswählen geeigneter Stoffe, Knöpfe oder Reißverschlüsse, das Zuschneiden von Teilen und ihr Zusammennähen, das Säumen von Knopflöchern oder das Annähen von Knöpfen. Goleman spricht von »emotionaler Intelligenz«. Sie beruht auf den vier Fähigkeiten Selbstwahrnehmung, Selbstmanagement, soziales Bewusstsein und Beziehungsmanagement. Und diese setzen sich aus einzelnen Fertigkeiten zusammen, das soziale Bewusstsein z.B. aus einem Organisationsbewusstsein, der Servicementalität sowie Empathie.[9]

**Verhaltensweisen**

So hilfreich solche Aufstellungen auch sind: Leider finden wir selbst auf der unteren Stufe der Fertigkeiten nichts Handfestes, sondern nur Begriffe, Namen. Denn real – also wahrnehmbar – sind allein die kleinen *Verhaltensweisen,* aus denen Fertigkeiten bestehen: wie wir beim Nähen unsere Finger bewegen, Schere und Nadel ansetzen, den Faden mal fest und mal locker anziehen und vieles mehr. Nur auf dieser Ebene sehen, hören oder fühlen wir gute oder schlechte Arbeitsergebnisse. Darum können wir auch nur auf dieser Ebene lernen. Und genau dieser Ebene entsprechen die kommunikativen Mikromuster. BOX 4 zeigt an zwei Beispielen, dass das Lernen dieser kleinsten Bausteine funktioniert, auch wenn man das Ganze nicht versteht.

### ▪ BOX 4: DA FEHLT MIR EINFACH DIE BEGABUNG!

Es gibt Fähigkeiten, von denen viele glauben, man müsse sie bereits in der Wiege vorfinden – z.B. Zeichnen oder Schreiben. Wer zum Kreis der Begabten zähle, aus dem könne mit viel gutem Willen und Üben etwas werden – ein anerkannter Zeichner oder Autor. Bei allen anderen seien Hopfen und Malz von vornherein verloren. Jeder von uns hörte schon Sätze wie »Ich kann einfach nicht zeichnen« oder »... mir fehlt eben das Talent zum Schreiben«. Natürlich spielt Begabung eine Rolle. Aber Biologie und Gehirnforschung zeigen: Es ist viel Wahres an Thomas Alva Edisons Hinweis, seine Kreativität bestehe zu zehn Prozent aus Inspiration und zu 90 Prozent aus Transpiration. Nicht vorhandene Fähigkeiten sind daher weniger eine Frage von fehlender Begabung. Eher beruhen sie auf unterbliebenen Bemühungen: weil Lust und Interesse fehlten (was manche mit »fehlender Begabung« verwechseln), weil von außen weder Anregungen noch Druck kamen oder – wahrscheinlich der häufigste Grund – weil man sich auch schon einmal vergeblich anstrengte. Zwei Bücher illustrieren anschaulich, wie auch vorgeblich Unbegabte zumindest zu einem gewissen Grade die Technik des Schreibens und des Zeichnens erlernen können.

Eines ist das Taschenbuch *Deutsch!* von Wolf Schneider mit dem bezeichnenden Untertitel *Das Handbuch für attraktive Texte.* Das Ziel dieses Buches, attraktive Texte zu schreiben, ist eine Fähigkeit. Diese besteht aus verschiedenen Fertigkeiten, für die Wolf Schneider die griffige Bezeichnung »Rezepte« verwendet. Von seinen 44 Rezepten besitzt eines den merkwürdigen Namen »Eierkuchen wegwerfen«[10]. Rufen Sie Zuhörern die Worte »Friede, Freude, ...« zu, schallt Ihnen sicher »Eierkuchen« zurück, denn jeder kennt dieses Trio. Wolf Schneider will damit sagen: »Ersetzen Sie verbrauchte Standardfloskeln durch markantere Begriffe mit stärkerer Wirkung auf Ihre Leser.« In der Floskel »wie Pilze aus dem Boden schießen« lässt sich z. B. »Pilze« durch »Pfifferlinge« ersetzen; oder man sagt »Telefonieren für null Komma fast nichts«. Dazu gibt es Übungsbeispiele, um die Fertigkeit »Floskeln ersetzen« zu trainieren. Für die Fertigkeit »Beim Verb die Grammatik überlisten« (das Rezept 4) gibt Schneider neun direkte Handlungsanweisungen, z. B. »Zweiteilungen vermeiden«: *»Versuchen Sie einteilige Tätigkeitsworte zu finden ... Nicht: Das Buch stellt die Zusammenhänge dar, sondern: Das Buch behandelt, beschreibt, erörtert die Zusammenhänge.«*[11]

Mein zweites Beispiel ist *Garantiert zeichnen lernen* von Betty Edwards. Da ich gern zeichne, kenne ich diverse Bücher und Zeichenlehrer, die Ähnliches versprechen. Aber Betty Edwards beweist mit einer einfachen Einstiegsaufgabe: Berücksichtigst du meinen Ansatz, zeichnest du sofort besser. Neben interessanten Informationen über die Arbeit des Gehirns und wertvollen Tipps zum Zeichnen gibt sie detaillierte Anweisungen. Interessant ist z. B. – wie Wolf Schneider sagen würde – ihr Rezept »Beim Zeichnen das Gehirn überlisten«. Betty Edwards setzt nämlich schon beim Beobachten des zu zeichnenden Gegenstandes an und zeigt: Hier liegt eine Hauptursache für die großen Unterschiede zwischen den Arbeitsergebnissen von Zeichnern und deren Vorlagen. Selten bringen wir nämlich nur das zu Papier, was wir sehen; meist zeichnen wir auch, was wir darüber glauben. Darum beschreibt Edwards genau, wie das zu verhindern ist. Ein Rezept lautet: »Zeichne keine Objekte, sondern das sie umgebende Nichts.« Auf meinem Schreibtisch steht ein Bonsai-Bäumchen. Beim Abzeichnen suggeriert mir mein Gehirn laufend seine Kenntnisse über Blatt, Zweig, Stamm oder Schale. Und da im unbewussten Kampf zwischen Glaube und Realität mein Glaube häufiger siegt, sieht man am Ende der Auseinandersetzung auf dem Papier meist deutliche Realitätsverletzungen. Zeichne ich dagegen alle leeren Räume zwischen Blättern, Zweigen, Ästen und

Hintergrund, wird mein Verstand weitgehend arbeitslos: Darüber besitzt er keine »sachdienlichen Hinweise« und stellt sich erst gar nicht zum Kampf. Jetzt kann ich mich ablenkungsfrei darauf konzentrieren, den Umriss aller Leerstellen so gut wie möglich abzuzeichnen. Und wie von Zauberhand entsteht aus vielen »Nichts« mein Bonsai. Zwar noch nicht perfekt (dazu fehlt Übung), aber erstaunlich besser als ohne diesen Rat. Diesen unbewussten Einfluss Ihres Verstandes prüfen Sie mit Betty Edwards' Einstiegsaufgabe leicht nach: Zeichnen Sie das Bild eines etwas aufwändigeren Cartoons oder Comics ab – wobei die Vorlage auf dem Kopf steht. Dies erzwingt ein weitgehend verständnisloses Nachzeichnen von Linien. Und das Ergebnis verblüfft Sie – versprochen!

Beide Beispiele begegnen uns später wieder. Hier illustrieren sie einige zentrale Gedanken zur Frage »Wie erweitere ich meine kommunikative Intelligenz durch Lernen, Verstehen und Üben?«.

**Fünf Thesen zum Verändern und Erweitern Ihrer kommunikativen Intelligenz**

1. Unabhängig davon, um welche Kompetenzen, Fähigkeiten und Fertigkeiten es bei Ihnen geht: Diese lassen sich allein auf der Verhaltensebene verändern und erweitern.

2. Das verlangt (gedankliches) Einordnen, also Verstehen mit Hilfe Ihres Wissens und Könnens (dazu sagt man auch Erfahrung). Und es erfordert (praktisches) Tun, das heißt das Üben dieser Tätigkeiten. Je ungewohnter neues Verhalten ist, umso häufiger muss ich üben, um es endlich zu können (z.B. Betty Edwards' Rat folgen, Leerräume zu zeichnen, weil wir nur selten zeichnen). Je vertrauter es aufgrund meines Könnens ist, umso mehr erleichtert Verstehen diese Arbeit (z.B. beim Rezept »Eierkuchen wegwerfen« von Wolf Schneider, weil Schreiben eine gewohnte Tätigkeit ist).

3. Einmaliges Verstehen kann bei Kenntnissen genügen, die mir nicht ständig präsent sein müssen und bei denen ich Zeit zum Nachschlagen habe (bei meinem *Katalogwissen*). Stets zur Verfügung stehende Kenntnisse (mein *Präsenz-*

*wissen*) und Fähigkeiten – also meine Erfahrungen – muss ich mir durch wiederholtes Üben einprägen. In dieser Beziehung verhält sich unser Gehirn völlig altmodisch.

4. Ergänzen entsprechende Erfahrungen das Verstehen und Üben von neuem Verhalten, beschleunigen sie dessen Erlernen. Widersprechen sie ihm verstandes- oder gefühlsmäßig, be- oder verhindern sie dessen Erlernen.

5. Selbst wenn man nicht beabsichtigt, sich etwas auf Dauer einzuprägen: Von vielen Verhaltensanweisungen profitieren Sie sofort. Denn oft hängt die Wirkung nicht davon ab, ob Sie das noch üben oder schon können.

Sicher sind Ihnen die wirklich guten Nachrichten aufgefallen: Rezepte wie die von Wolf Schneider und Betty Edwards kann man auch nutzen, ohne sie sich vorher einzuprägen. Sie wirken auch, wenn man sie nicht versteht. Ja sie funktionieren sogar bei Menschen, die glauben, keinerlei Talent zum Schreiben oder Zeichnen zu besitzen.

**Auch für die »Rezepte« dieses Buches gilt: Sie wirken bereits beim Üben. Sie nützen, ob man sie versteht oder nicht. Und sie nützen selbst Menschen, die steif und fest von sich behaupten, Kommunizieren gehöre leider zu ihren angeborenen Schwächen.**

## 2.5 Über das Handwerk: Stephen King, Stanley Kubrick, Alfred Hitchcock und der Werkzeugkasten der Impuls-Kommunikation

*»Ich möchte Ihnen ans Herz legen, sich Ihren eigenen Werkzeugkasten zusammenzustellen und so stark zu werden, dass Sie ihn immer bei sich tragen können. Wenn Sie dann vor einem schwierigen Problem stehen, können Sie zum passenden Werkzeug greifen und sich sofort an die Arbeit machen, anstatt entmutigt aufzugeben. Sie werden sehen, dass Sie die meisten Werkzeuge, die Sie brauchen, bereits besitzen, aber ich rate Ihnen, sie beim Einsortieren noch einmal genau zu betrachten. Versuchen Sie, jeden einzelnen Gegenstand mit neuen Augen zu sehen, erinnern Sie sich an seine Aufgabe, und wenn er Rost angesetzt haben sollte (was wahrscheinlich ist, wenn Sie seit langem nicht ordentlich aufgeräumt haben), schmirgeln Sie ihn ab … Das gebräuchlichste Werkzeug kommt nach oben.«*

Stephen King[13]

Die Ansicht, Kommunikation sei Handwerk, hat nicht allzu viele Fans. Zumal viele Menschen gern den Eindruck erwecken (oft mit finanziellen Hintergedanken), Kommunizieren sei eine Art elitärer Kunst, die nur ein kleiner Kreis Auserwählter beherrsche – z. B. Politiker, Unterhaltungskünstler, Manager oder Werbeexperten. Man hat's halt oder hat es nicht. Wir Normalsterbliche dürfen in ehrfürchtigem Staunen vor ihren Leistungen verharren, gutgläubig eventuelle Rechnungen bezahlen, können sie aber nie verstehen. Aber: Auch große Künstler kochen nur mit Wasser. Dies bedeutet jedoch keinesfalls, ehrfürchtiges Staunen sei fehl am Platz – im Gegenteil. Um beim Kochen zu bleiben: Trotz gleicher Grundausbildung, Zutaten und Kochutensilien zaubern manche Köche Menus, von denen wir noch Jahre später schwärmen; andere dagegen schänden damit nur unsere Geschmacksnerven. Es gibt also bei Köchen staunenswerte, ja geradezu geheimnisvolle Unterschiede. Trotzdem kommt niemand auf die Idee, aus deren Ausbildung, Gerätschaften und Hauptzutaten eine Art elitäre Geheimwissenschaft zu machen. Weil jeder weiß: Kochen als erlernbares Handwerk ist zu trennen von Kochen als geheimnisvolle Kunst großer Geschmacksmagier.

Leider können oder wollen viele Menschen nicht sehen: Dies trifft auch auf das Kommunizieren zu. So bewundern wir gegen Ende dieses Buches kommunikative Magier, deren Fähigkeiten uns unerreichbar und geheimnisvoll erscheinen, in manchen Fällen sogar bleiben. Trotzdem bin ich nicht der Ansicht, deren Können basiere auf einer Art Geheimwissen, das nur einem kleinen Kreis Eingeweihter vorbehalten sei. Auch Kommunizieren ist zunächst nur Handwerk. Alle können es erlernen und – im Gegensatz zum Kochen – taten sie das sogar schon, selbst ein Mr. Chance! Dass vielen sogar die alltägliche Kommunikation geheimnisvoll erscheint, hat einen einfachen Grund: Bewusst erkennen wir nicht, was unbewusst vor unserer Nase abläuft. Wie in Edgar Allan Poes Novelle *Der stibitzte Brief:* Dort geht es um ein gestohlenes Dokument, mit dem man eine hochrangige Pariser Persönlichkeit erpressen will. Heimlich durchsucht die Polizei das Haus des Erpressers, entdeckt aber das Versteck trotz aller Anstrengungen nicht. Nun folgt der große Auftritt von C. Auguste Dupin (übrigens der erste Kriminaldetektiv der Weltliteratur). Unter einem Vorwand besucht er den Erpresser, findet den Brief auf Anhieb, entwendet ihn und übergibt ihn der verblüfften Polizei. Dupins Triumph beruht auf zwei Überlegungen. Erstens: Bei einem zu schlichten Geheimnis fällt die Aufklärung oft schwer, weil wir eine zu geheimnisvolle Lösung erwarten. Zweitens: Da das Dokument für den Erpresser stets greifbar sein sollte, kann er es nicht zeitraubend verstecken. Dupin nimmt daher an, die Lösung müsse vor seiner Nase liegen, und entdeckt das Dokument in einem Gestell neben dem Schreibtisch des Erpressers – nur leicht getarnt und für jeden sichtbar.[14] Beide Dupin-Hypothesen helfen auch beim Geheimnis Kommunikation. Erstens: Vieles daran scheint zwar höchst geheimnisvoll zu wirken – trotzdem sollten wir von einfachen Lösungen ausgehen. Zweitens: Um überhaupt wirken zu können, müssen diese Lösungen für alle Beteiligten greif- und sichtbar sein – wir können sie nur unmittelbar vor unserer Nase finden.

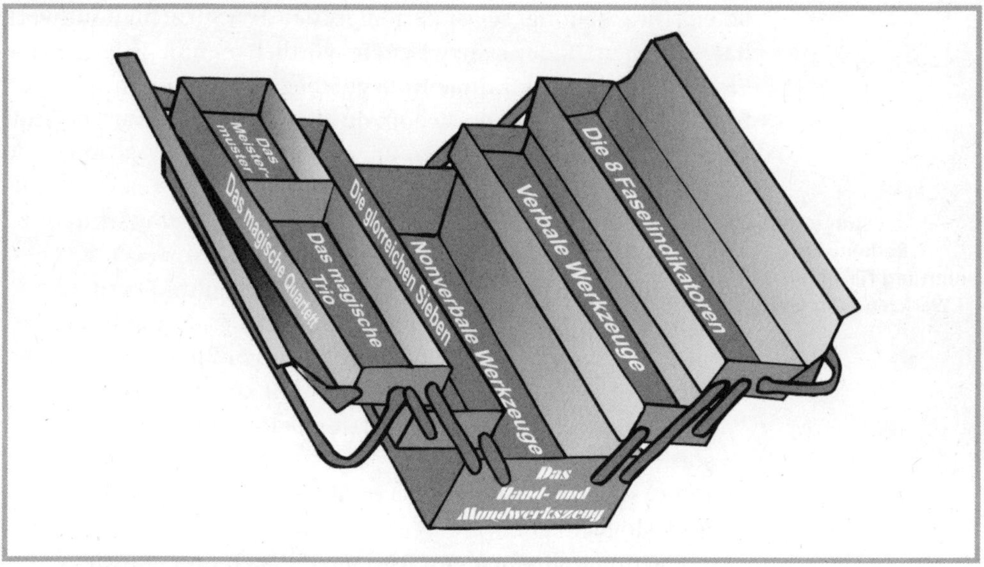


Abbildung 2: Der Werkzeugkasten

**Das, was wirkt, vor unserer Nase liegt, ziemlich einfach sowie greif- und sichtbar ist, sind die Mikromuster. Sie bilden zugleich das Hand- und Mundwerkzeug des Kommunizierens, finden sich also in den Werkzeugkästen aller erfolgreichen kommunikativen Handwerker und sind die Basis ihrer Erfolge.**

Wie schon gesagt: Manchen erscheint die Handwerkersicht zu trivial. Für Verfechter der These »Aber Kommunikation ist doch (m)ein großes Geheimnis!« ist sie geradezu ein Frevel, der dazu dient, große Künstler, große Leistungen und große Rechnungen zu entweihen. Darum war ich erleichtert, bei Stephen King auf ähnliche Gedanken zu stoßen. Man mag zu seinen Werken stehen, wie man will: Verkauft ein Autor mehr als 400 Millionen Bücher, ist er ein Meister des Kommunizierens mit einem für normale Schreiberlinge geheimnisumwitterten Können. Gerade deshalb ist wichtig: Auch ein Stephen King rät in einem Buch über das Schreiben zu einem Werkzeugkasten mit einfachen Werkzeugen und klaren Regeln. Aus eigener Erfahrung weiß er:

So ein Ding benötigt selbst derjenige, der den Spruch »Handwerk hat goldenen Boden« inzwischen wörtlich nehmen darf. Seine Empfehlungen für künftige Kollegen begegneten Ihnen schon im Eingangszitat. Und da sie so gut wie alles enthalten, was auch mir am Herzen liegt, übernehmen wir sie einfach:

**Bau- und Bedienungsanleitung für einen Werkzeugkasten**

- Das wichtigste Hand- und Mundwerkzeug führt man stets in einem Werkzeugkasten griffbereit mit sich.
- Dieser Kasten verfügt über mehrere Ebenen und besitzt Schubladen für die Kleinteile. Wird er zu groß, um ihn bei sich zu tragen, verliert er seinen Hauptvorteil.
- Weil wir fast alle Werkzeuge schon seit langer Zeit besitzen, betrachten wir sie sorgfältig beim erneuten Einsortieren.
- Dabei suchen wir nach bislang übersehenen Eigenschaften und Möglichkeiten.
- Wir schmirgeln auch den Rost ab, der sich im Laufe der Jahre ansetzen konnte.
- Beim Einordnen berücksichtigen wir, was wir regelmäßig, oft oder eher selten benötigen.
- Und nicht zu vergessen: Wir sorgen für ausreichende Kraft, um den Werkzeugkasten immer tragen zu können.

Ihre kommunikative Werkzeugbox bekommen Sie in jedem Heimwerkermarkt: Sie sollte drei übereinanderliegende Fächer besitzen, wobei die beiden oberen geteilt sind und sich stufenartig nach rechts und links aufklappen lassen. Dadurch verfügen wir über fünf Fächer: ein großes Fach ganz unten, darüber links und rechts jeweils zwei kleinere. Beim Einrichten habe ich mich an meinem Werkzeugkasten orientiert, der in unserer Garage steht. Das betagte Stück ist aus Metall, rot lackiert und gut ausgestattet. Ein paar Werkzeuge brauche ich regelmäßig. Andere nehme ich nur selten zur Hand. Einige kaufte ich für nur eine Reparatur. Manche erlebten sogar noch nie einen Ernstfall; ich kaufte sie in der Vorfreude, diese raffinierten Stücke irgendwann einzusetzen. Und keine Anschaffung reute mich bisher. Denn ist Hilfe gefragt, vermittelt ein gut bestückter Werkzeugkasten ein beruhigendes Gefühl von Sicherheit – unter einer Voraussetzung: Die wichtigsten Werkzeuge sollte man immer im Griff haben. Das bedeutet zweierlei: Sie liegen in Reichweite und wir wissen, wie man mit ihnen umgeht. Da Ihnen diese Erfahrungen noch fehlen, kümmerte ich mich bereits um eine zweckmäßige Vorsortierung. Ein mit Mikromustern gefüllter Kasten im Stephen-King-Design sieht folgendermaßen aus (vgl. Abbildung auf Seite 51):

- Öffnet man beide Deckel, fallen sofort zwölf Werkzeuge ins Auge, das *»machtvolle Dutzend«*: Links liegt das *»magische Quartett«*, vier nonverbale Muster, vergleichbar mit Hammer, Zange, Schraubenzieher und – höchst ungewöhnlich – einer Packung Traubenzucker. Rechts finden Sie acht verbale Mikromuster (die *»Faselindikatoren«*), vergleichbar mit einem Satz Inbusschlüssel. Haben Sie diese zwölf im Griff, ist das bereits mehr als die halbe Miete. Sehen wir uns dieses Dutzend näher an:

- In einem kleinen Fach auf der linken Seite liegt das *Meistermuster*, der erste Vertreter des magischen Quartetts. Sein Name ist doppeldeutig: Er macht auf eine wichtige Grundlage zum meisterhaften Kommunizieren aufmerksam. Und er verweist auf ein Muster für den Handwerker selbst, für den Meister. Denn Stephen King legt uns ausreichende Kraft ans Herz, um den Werkzeugkasten stets mit uns führen zu können. Hier liegt also der Traubenzucker – die *Atemkontrolle*.

- Das größere Fach der linken Hälfte enthält die übrigen drei Muster des magischen Quartetts: den *Blickkontakt*, das *Stimmmuster* und die *Pause*. Dieses magische Trio zeichnet sich durch eine besonders große Wirkung aus, bildet daher so etwas wie den Punkt des Archimedes, mit dem er »die Welt aus den Angeln heben« wollte. Wie Hammer, Zange und Schraubenzieher sollten sie darum stets in Reichweite liegen: Sie verbessern unsere kommunikative Wirkung am stärksten und nachhaltigsten.

- Der obere rechte Teil unseres Kastens enthält acht verbale Werkzeuge. Ihr ungewöhnlicher Name *»Faselindikatoren«* deutet bereits an, dass es um Gefasel geht, um ungenaue Formulierungen. Faselindikatoren besitzen zwei Vorteile: Sie zeigen uns das Gefasel anderer an, mit dem diese uns einlullen oder hinters Licht führen. Und sie dienen zum Formulieren unseres Gefasels, mit dem wir eigene, ehrbare Ziele verfolgen. (So ist z.B. Flirten wie auch Werbung ohne Gefasel fast nie erfolgreich.)

- Klappen wir unseren Werkzeugkasten auseinander, erblicken wir im linken Mittelteil mit den *»Glorreichen Sieben der Gestik«* einen weiteren Satz mächtiger nonverbaler Mikromuster. Diese unterstützen die Wirkung der drei magischen Mikromuster oder setzen Impulse zum gezielten direkten Beeinflussen.

- Ihnen gegenüber im rechten Mittelteil liegen die restlichen *verbalen Werkzeuge*. Hier finden Sie neben dem großen Universalwerkzeug *Dreiteilige Ich-Botschaft* – eine Art Schweizer Offiziersmesser – auch diverse raffinierte Kleinwerkzeuge zum täglichen Gebrauch.

- Ganz unten schließlich, also im größten Teil unseres Kastens, liegen die *übrigen nonverbalen Mikromuster*. Dort stoßen Sie auf pfiffige Spezialwerkzeuge, die man sofort versteht und die sich schnell und mühelos einsetzen lassen.

**Ich hoffe, Sie erkennen: Ihr Werkzeugkasten wird gut bestückt und Sie können sich mit ihm sofort an die Arbeit machen. Dazu müssen Sie noch nicht einmal wissen, was sich in den einzelnen Fächern befindet und wozu das gut ist. Brauchen Sie einen Hammer, denken Sie auch nicht an die vielen anderen Werkzeuge, die sich im Laufe der Jahre ansammelten. Sie hämmern einfach los.**

Mit Stephen King vergleichbare geniale Handwerker der Kommunikation waren beispielsweise auch die Starregisseure Stanley Kubrik und Alfred Hitchcock. Sie waren beide enorm erfolgreich, arbeiteten jedoch sehr unterschiedlich. Während Kubrick trotz detaillierter Vorbereitung im Studio unermüdlich probierte, diskutierte, improvisierte, bis er die richtige Einstellung gefunden hatte, und sein Budget gnadenlos überzog, versetzte sich Hitchcock vorher in die Rolle des Zuschauers und plante sorgfältig alle Kameraeinstellungen und Bildausschnitte. Darum passten sämtliche im *Fenster zum Hof* geschnittenen Szenen auf wenige Meter Film.

**Hervorragende Kommunikatoren: Kubrik und Hitchcock**

Leider besitzen wir keine Wahlmöglichkeit. Obwohl wir als Gesprächsregisseur viel von Filmregisseuren lernen können, eine Besonderheit zeichnet uns aus: Wir haben kaum Zeit zum Überlegen und Ausprobieren; wir müssen sofort entscheiden und reagieren. Beim Filmen belastet die Kubrick-Strategie *nur* das Zeit- und Finanzbudget von Studio und Produzent – unbemerkt vom Publikum. In Gesprächen würde sie dagegen Geduld und Aufmerksamkeit des Publikums beträchtlich strapazieren. Beeindruckendes Kommunizieren in persönlichen Gesprächen setzt grundsätzlich die Hitchcock-Strategie voraus: Wir sollten gut vorbereitet zum »Drehen« erscheinen – und zwar nicht nur als Regisseur, sondern auch als Darsteller. Wobei der Darsteller eine entscheidende, meist aber übersehene Zusatzaufgabe besitzt: Er sorgt dafür, dass der »Kameramann« den Regieanweisungen folgt – er lenkt Blickrichtung und -dauer der Gesprächspartner, also deren Aufmerksamkeit.

**Form dominiert Inhalt**

Dabei kommt es vor allem auf die Form an, auf den Einsatz der richtigen Technik. Die Wirkung formaler Details ist umso entscheidender, je geringer die Faszination der übermittelten Inhalte ist. Und wir haben es bei der alltäglichen Kommunikation eben häufig nicht mit dramatischen Filmen zu tun, die Affekte wie Angst oder Rührung ansprechen. Das Handwerkzeug und das Mundwerkzeug des Kommunizierens, das eigentliche Können, behandele ich in fünf Teilen. Dabei enthalten Teil 1 bis 3 das Rüstzeug für den Darsteller. Teil 4 befasst sich mit Techniken zum Planen und Lenken der Kameraeinstellung – also mit dem Beeinflussen von Blickrichtung und -dauer unserer Gesprächspartner, somit ihrer Aufmerksamkeit. Und in Teil 5 geht es schließlich um die Kunst, während eines Gesprächs zu erkennen, ob unser Kameramann überhaupt bei der Sache ist. Dazwischen eingestreut habe ich in weiteren Kapiteln das für erfolgreiche Regisseure erforderliche Hintergrundwissen.

**Was Kamera, Bildausschnitt und Bildführung für einen Regisseur sind, bilden für uns die Augen unserer Gesprächspartner, ihre Blickrichtung und Aufmerksamkeit. Bildlich gesprochen: Dieses Buch vermittelt das handwerkliche Geschick eines Regisseurs zum Beeindrucken anderer mit Hilfe von Darstellern und Kameramann – unabhängig vom Inhalt der Aufführung.**

# 3 Das Hand- und Mundwerkzeug – Teil 1: Das magische Quartett der Mikromuster

## 3.1 Der Blickkontakt 01

### 3.1.1 Können Blicke töten?

> *»Hüten Sie sich davor, Richtigkeit und Verständlichkeit eines Arguments miteinander zu verwechseln.«*
>
> Nassim Nicholas Taleb[1]

Eine der mächtigsten nonverbalen Verhaltensweisen ist der Blickkontakt. Jedes Buch über nonverbale Kommunikation behandelt ihn deshalb ausführlich. Und Autoren und Trainer sind sich einig in einer Forderung: Halten Sie Blickkontakt! Dieser Rat ist nicht schlecht: Menschen, die anderen beim Sprechen in die Augen sehen, kommunizieren erfolgreicher als diejenigen, die das nicht tun – egal, aus welchen Gründen. Darum findet sich diese Regel auch in fast allen Büchern über Verkaufsrhetorik. Aber gibt es wirklich keine Ausnahme? Auch Harry Holzheu, ein bekannter Verkaufs- und Rhetoriktrainer, sagt zunächst: »*Während die andere Person redet, muss unbedingt der Augenkontakt gehalten werden ...*« Dann aber schränkt er ein: »*Es gibt zwei Ausnahmen von dieser Regel ...: wenn man sich Notizen macht oder ein weiterer Kunde das Verkaufslokal betritt.*«[2] Zwei Ausnahmen kennen wir damit bereits und die Frage ist, ob dies die beiden einzigen sind.

| Häufig genannte Gründe, um den Blickkontakt eines Gesprächspartners ... | |
|---|---|
| **... zu suchen:** | **... zu vermeiden:** |
| Um Vertraulichkeit herzustellen | Um Vertraulichkeit zu vermeiden |
| Um Aufmerksamkeit zu erreichen | Um Aufmerksamkeit zu vermeiden |
| Um Erlaubnis für etwas zu erteilen | Um keine Erlaubnis geben zu müssen |
| Zum Prüfen, Analysieren, Begutachten | Um unangenehme Gefühle zu vermeiden |
| Zum Drohen | Beim Lügen |
| Zum Einschüchtern | Wenn man bestraft wird |
| Zum Flirten | Um nicht aufgefordert zu werden |
| Zum Provozieren | Um Konsequenzen zu vermeiden |
| Um jemand in Verlegenheit zu bringen | Um jemand durch Nichtachtung zu strafen |
| Um Hilfe zu suchen | Um Hilfe zu verweigern |
| Um Hilfe anzubieten | Um Desinteresse zu signalisieren |
| Um Macht zu signalisieren | Um sich zu unterwerfen |

Tabelle 1: Gründe, um den Blickkontakt zu suchen oder zu vermeiden

In Trainings lasse ich die Frage beantworten: »Aus welchen Gründen könnte man den Blickkontakt suchen oder vermeiden?« Die häufigsten Antworten finden Sie in Tabelle 1. Wir sehen: Es gibt viele Situationen, in denen man den Blick gern abwenden möchte. Und beobachten Sie einmal Kinder, die man kritisiert: Sie versuchen alles, um den Augenkontakt zu vermeiden. Unsere Erziehung sorgt jedoch dafür, dass wir mit zunehmendem Alter standhaft bleiben – obwohl unser Gefühl vehement das Gegenteil fordert. Wer hat nun Recht – die Experten oder die Kinder und unser Gefühl? Das Patentrezept »Halte beim Sprechen stets Blickkontakt!« scheint zu allgemein. Betrachten Sie noch einmal die Gründe zum An- oder Wegsehen in Tabelle 1, fällt Ihnen sicher auf: Die meisten hängen mit Gefühlen zusammen. Das ist kein Zufall:

**Der Blickkontakt ist eine der wirksamsten nonverbalen Verhaltensweisen, um anzuzeigen: »Jetzt gerade geht es mir nicht (nur) rational um die Sache, jetzt kommuniziere ich (auch) emotional auf der Beziehungsebene.«**

Nun ist der Blickkontakt streng genommen kein Mikromuster, denn ein Mikromuster ist die kleinste typische Verhaltensweise mit spezieller Bedeutung. Das Muster Blickkontakt hat zwei Ausprägungen, daher unterteilen wir es in zwei Mikromuster:

**Koverbales Muster**

| **DER BLICKKONTAKT [MK01]** | |
|---|---|
|  | **Das Suchen und Halten des Blickkontaktes [MK01.1]** baut Beziehungen zu Personen und/oder Themen auf und verankert dabei entstehende Eindrücke. |
|  | **Das Vermeiden des Blickkontaktes [MK01.2]** verhindert oder reduziert das Aufbauen von Beziehungen zu Personen und/oder Themen sowie das Verankern dabei entstehender Eindrücke. |

**Der Kontext beeinflusst die Botschaft**

So signalisiert ein Verkäufer per Blickkontakt, dass es ihm neben den objektiven Größen wie Produktpreis, -ausstattung oder -garantie (das ist die Sachebene) auch um seine persönliche Glaubwürdigkeit geht, also um die andere Person (das ist die Beziehungsebene). Ein Arzt deutet damit an, Hilfe komme nicht nur von einer Pille, sondern auch von ihm. Dies scheint die Forderung nach einem möglichst permanenten Augenkontakt zu unterstützen – aber nur so lange, wie wir uns nicht bewusst machen: Es gibt leider nicht nur angenehme Gespräche, sondern auch eine Fülle unangenehmer – z.B. Hiobsbotschaften, Beschwerden, Reklamationen, Kündigungen, Beleidigungen, Bestrafungen oder

Angriffe. Fragen Sie jetzt einmal Ihr Gefühl: Wollen Sie diese und ähnliche Themen per Blickkontakt auf die Beziehungsebene holen? Sicher antwortet Ihr Gefühl unmissverständlich mit »Nein«. Und es hat Recht. Denn erschwerend kommt hinzu: Der Blickkontakt ist auch eine der wichtigsten Erinnerungsstützen. Und das hat einen Grund: Wir alle nehmen nie nur den reinen Inhalt einer Botschaft auf, sondern stets auch den übrigen Kontext, das Umfeld oder den so genannten Rahmen. Daher erinnern wir uns später meist auch an beides: Der Inhalt lässt uns an den Rahmen denken, der Rahmen an den Inhalt. Menschen kontextualisieren unbewusst Inhalte und Bedeutung ihrer Wahrnehmungen.

### ■ BOX 5: KONTEXTUALISIEREN – DIE 1. CHANCE VON MR. CHANCE

Bereits der erste Schritt von Chance in die Welt von Hochfinanz und Politik ist nur möglich, weil Menschen den Inhalt einer Information nicht von ihrem Rahmen trennen. Chance trägt nur Sachen seines inzwischen verstorbenen Hausherrn. Auf der vergeblichen Suche des amerikanischen Geheimdienstes nach der wahren Identität von Chauncy Gärtner findet man heraus: Unterwäsche, Hemden, Schuhe, Anzüge und Lederkoffer – alles ist handgemacht aus feinsten Materialien von exklusiven, aber bereits verstorbenen Herrenschneidern und Schuhmachern Washingtons. Auch Eve ist tief beeindruckt. Sie erblickt einen zwar altmodisch, aber höchst vornehm und elegant gekleideten Gentleman mit Hut und Schirm. Kleidung dieser Art tragen nicht Hinz und Kunz. Eve, Chauffeur und Diener stufen deshalb Chance sofort als Mitglied der »oberen Zehntausend« ein – er gehört in ihre Welt. Wie es der Titel einer berühmten Novelle von Gottfried Keller ausdrückt: *Kleider machen Leute.* Also darf Chance in den Rolls Royce einsteigen, mit nach Hause kommen und sich vom Hausarzt behandeln lassen. Es ist undenkbar, dass er in anderer Kleidung diese Chance bekommen hätte.

Kaum betritt Chance diese Welt, sieht ihn niemand außerhalb dieses neuen Rahmens. Er lebt im Haus eines der einflussreichsten Männer Amerikas, steht und geht an dessen Seite, wird von ihm gelobt und ins Vertrauen gezogen und begleitet dessen Frau auf wichtige Veranstaltungen. Vom Chefredakteur der Washington Post über den berühmten Talkshow-Master bis hin zum amerikanischen Präsidenten – alle verbinden Chance mit diesem Kontext und verhalten sich entsprechend. Aber nicht nur die Umwelt von Chance kontextualisiert, auch die Zuschauer im Film: Der Regisseur Hal Ashby legte den Hauptschauplatz in das Biltmore House. Dieses schlossartige Anwesen gehörte dem legendären Multimillionär George Vanderbilt und symbolisiert für ganz Amerika Macht und Reichtum. Selbst wenn man das Haus nicht kennt: Allein sein Baustil beeindruckt so, dass Ashby dieses Ziel auch bei deutschen Zuschauern erreicht. Chance trifft den amerikanischen Präsidenten in der Bibliothek von Biltmore House – ein Raum, in den ein kleines Haus hineinpasst. Tritt der Präsident im Film zum ersten Mal auf, sieht man ihn von unten auf einer Galerie vor einer riesigen Bücherwand. Und in diesem Umfeld von enormer Macht und riesigem Reichtum wirkt auf uns selbst ein amerikanischer Präsident klein und abhängig.

**Vor- und Nachteile des Kontextualisierens**

Das Kontextualisieren besitzt Vor- und Nachteile. In bestimmten Situationen stehen uns früher gemachte Erfahrungen sofort zur Verfügung. Nicht nur die Informationen, auch die sie übermittelnden Personen oder Objekte sowie das übrige Umfeld werden zu Ankern, die Assoziationen fördern oder verhindern. Darum lösen bei Kokainsüchtigen die Bilder des Suchtbestecks die gleichen Reaktionen im Gehirn aus wie das Rauschgift selbst[3]. Umgekehrt fallen uns Dinge nicht ein, wenn sie nicht in den Kontext passen. Der Titel eines Buchs von Günther F. Gross, *Beruflich Profi, privat Amateur?*, illustriert sehr gut dieses Phänomen: Die mit dem Umfeld »Arbeitsplatz« verbundenen Fähigkeiten vergisst man im Kontext »zu Hause«. Grundsätzlich gilt daher:

**Je intensiver mein Blickkontakt in einer hoch emotionalen Situation ist, umso nachhaltiger verbindet mein Gesprächspartner das Thema mit meiner Person.**

**Negative Anker**

Bei angenehmen Themen ist das gut für mich, bei unangenehmen schlecht. Deshalb besitzen viele Menschen eine Art Dauerproblem – allerdings ohne es zu wissen: Alle berufsmäßigen Überbringer schlechter Nachrichten wie Vorgesetzte, Richter, Anwälte, Finanzbeamte, Steuerberater, Bankangestellte, besonders aber Ärzte verbindet ihre Umwelt mit eben diesen Nachrichten. Weil man ihnen von Kind an beibrachte »Halte Blickkontakt!«, werden sie für manche Mitarbeiter, Mandanten oder Patienten zu einem wandelnden Impulsgeber für schlechte Gedanken und Gefühle. Als mich mein Hausarzt an einen Facharzt überwies, fragte mich der, was ich beruflich tue. Ich erzählte von meinem Spezialgebiet und erläuterte die mit dem Blickkontakt verbundenen Schwierigkeiten. Darauf sagte er nach kurzem Nachdenken: »Vielleicht ist das der Grund, warum ich einen Teil der Patienten nicht wiedersehe, nachdem ich ihnen eine schlechte Diagnose verkündete.« Die Wirkung dieser Anker geht so weit, dass selbst Vertreter mancher Berufsgruppen mulmige Gefühle auslösen, denen man vorher noch nie begegnet ist.

Damit kommen wir zur Antwort auf unsere Frage in der Kapitelüberschrift: Ja, Blicke können töten – kurzfristig die Atmosphäre eines Gesprächs, langfristig eine Beziehung!

Nachdem wir mit dem Blickkontakt eines der wichtigsten Muster kennen, möchte ich an diesem Beispiel zunächst einige Punkte behandeln, die beim Auswählen und Anwenden von Mikromustern eine Rolle spielen. Deshalb finden Sie in diesem Praxiskapitel ein wenig Theorie. Der nächste Abschnitt beantwortet Fragen nach dem effektiven, effizienten und flexiblen Einsatz von Patentrezepten zum Kommunizieren. Das Unterkapitel gibt Ihnen daher auch grundsätzliche Hinweise zum Erlernen aller Mikromuster.

### 3.1.2 Wenn der Blickkontakt schadet: Effizienz, Effektivität und Flexibilität von Mikromustern

*»Die Werte, an denen die Menschen unter ungeeigneten Bedingungen am hartnäckigsten festhalten, sind genau jene, durch die sie zuvor ihre größten Triumphe über widrige Umstände gefeiert haben.«*

Jared Diamond[4]

Wir betonten: Kommunikative Patentrezepte wie »Halte im Gespräch Blickkontakt« erhöhen aufgrund fehlender Erfahrungen nicht nur Chancen, sondern auch Risiken. Denn die Wirkung des verschriebenen Medikaments hängt nicht allein von dessen Bestandteilen ab. Ob, wann und wie dieses wirkt, bestimmt auch das Umfeld. Und viele Bestandteile von enormer Wirkung fehlen sogar auf der Packung – man unterschlägt sie oder kennt sie nicht. Rudolf Virchow, dem berühmten Chirurgen an der Berliner Charité, wird der Satz zugeschrieben: »Ich kann jemand in vier Stunden beibringen, wie man einen Blinddarm operiert. Aber ich brauche vier Jahre, um ihm zu erläutern, was alles passieren kann.« Die Erwiderung »Es kommt darauf an« ist daher oft mehr als eine Verlegenheitsantwort: Sie besitzt einen weisen Kern. Deshalb unterscheiden wir sorgfältig zwischen »etwas verstanden haben« und »etwas erfolgreich anwenden können« – also zwischen Kennen und Können. Darum ging es schon im Ferrari-Beispiel zu Beginn. Es kommt stets darauf an – besonders auf den Unterschied zwischen *kommunikativer Effektivität* und *Effizienz*. Denn beim Auswählen und Beurteilen von Alternativen sollten wir stets zwei Aspekte berücksichtigen:

Der erste betrifft die Frage, *ob wir die richtigen Dinge tun:* Verfolgen wir die richtigen Absichten, Wünsche und Ziele? Verwenden wir die richtigen Kenntnisse, Erfahrungen Methoden, Techniken, Werkzeuge und Hilfsmittel? Dies sind Fragen nach der *Effektivität*. Der zweite Gesichtspunkt betrifft die Frage, *ob wir die Dinge richtig tun:* Verfolgen wir unsere Absichten, Wünsche und Ziele auch auf die richtige Weise? Setzen wir die dazu erforderlichen Hilfsmittel und Fähigkeiten richtig ein? Dies sind Fragen nach der *Effizienz*.

**Effektives und effizientes Kommunizieren**

Erfolgreiches Planen und Entscheiden basiert auf einem mehr oder weniger systematischen Wechsel beim Stellen und Beantworten der Fragen, was man tun soll, was effektiv ist, und wie man dies tun soll, also was effizient ist. Geht es um kommunikative Kompetenz, könnte sich jemand folgende Fragen stellen:

- Meist beginnt man mit einer Frage nach der *Effektivität:* »Was will ich erreichen?« Die Antworten ergeben eine oder mehrere sinnvolle Ideen – z. B.: »Ich will meine kommunikative Kompetenz erhöhen.«
- Bei jeder Alternative untersucht man nun die *Effizienz* mit einer Wie-Frage: »Wie kann ich das am besten erreichen?« Auch hier fallen wieder eine oder mehrere Ideen an – z. B.: »Ich zerlege meine kommunikative Kompetenz in wichtige Bestandteile.« Und: »Ich lerne diese Bestandteile einzeln.«
- Erneut kommen Was-Fragen zur *Effektivität:* »Was kann ich tun, um die Kompetenz richtig zu zerlegen?«; »Was kann ich tun, um diese Elemente richtig zu lernen?« Als mögliche Antworten bieten sich u. a. an: »Ich untersuche genau, was beim Kommunizieren wirkt.« Und: »Ich analysiere die Chancen und Risiken von Lernprozessen.«
- Die nächste Stufe beschäftigt sich wieder mit der *Effizienz,* dem Wie der Ideen: »Wie untersuche ich am besten, was beim Kommunizieren wirkt?« Und so weiter.
- Diesen Planungs- und Entscheidungsprozess setzt man so lange fort, bis man bei direkt umsetzbaren Handlungsanweisungen angekommen ist.

Ob und wie der Prozess jetzt weitergeht, hängt vom Wissen und Können ab. Was dem einen bereits direktes Handeln ermöglicht, ist für den anderen aufgrund fehlender Erfahrungen noch viel zu allgemein. Darum profitieren die einen von einem Seminar oder Buch und die anderen nicht.

**Geplante und spontane Reaktionen**

Überlegungen zum Was und Wie meiner Kommunikation unterscheiden sich nicht nur hinsichtlich Systematik, Umfang, Geschwindigkeit und Sorgfalt. Wichtig ist auch, ob sie geplant oder spontan erfolgen, bewusst oder unbewusst. Eine Rede kann ich mit zahlreichen Was- und Wie-Fragen in aller Ruhe vorbereiten, auf eine spontane Beleidigung zu reagieren nicht. Hier zählt allein meine Erfahrung, meine überwiegend unbewusst erworbene kommunikative Kompetenz. Und das führt zu der interessanten Frage: Wie entscheiden wir unbewusst, ob ein Verhalten wie der Blickkontakt sinnvoll ist oder nicht? Meine Beobachtung ist folgende:

> **Unbewusst erworbene Kompetenz eigneten wir uns überwiegend aus Effizienzgesichtspunkten an. Dieses Phänomen nenne ich die Effizienzfalle des kommunikativen Erfolgs. Sie ist Hauptursache für das Herausbilden unserer Komfortzone und für die inneren Widerstände, die wir beim Ändern von Gewohnheiten spüren und die kreativen Verbesserungen im Wege stehen.**

Wir sind z. B. fest davon überzeugt, einem Gesprächspartner mit unserem Blick Mitgefühl in einer für ihn peinlichen Situation signalisieren zu müssen. Und dessen Reaktion bestätigt: Er honoriert unsere Absicht; ja er sucht geradezu unseren Blick. Also gewöhnen wir uns dieses Verhalten an – obwohl wir uns dabei nicht wohlfühlen und obwohl es auf Dauer der Beziehung schaden kann.

Unbewusst können wir uns nur Verhaltensweisen aneignen, die im *Moment* erfolgreich sind, also gerade jetzt wirken. Diesen Erfolg registriert unser Unbewusstes. Allerdings kann es nicht entscheiden, ob wir damit auch auf Dauer glücklich sind. Denn grundsätzliche Effektivität lässt sich nur bewusst beurteilen: durch ein Vergleichen mit früheren oder zukünftigen Erfolgen und Misserfolgen. Wenn wir selbst dies aber weder können noch wollen, besorgt das die Umwelt für uns. Und diese zieht erbarmungslos die Konsequenzen. Die Natur lässt sich dazu meist viel Zeit (wie bei den Sauriern); die Gesellschaft, der Markt, der Wettbewerb, unsere Kunden, Kollegen, Nachbarn und unsere Familie reagieren erheblich schneller, bisweilen blitzschnell.

**Effektiv: Den Rost am Werkzeug entfernen**

Stephen Kings Vorschlag, Werkzeuge mit neuen Augen zu sehen und den Rost zu entfernen, bedeutet daher: Nachträglich und bewusst untersucht man die Effektivität seiner kommunikativen Gewohnheiten. Man prüft, ob Verhaltensmuster nicht zu starr an bestimmte Aufgaben gebunden sind und ob diese Bindung grundsätzlich sinnvoll ist. Deshalb gebe ich hier die Empfehlung: Vermeiden Sie grundsätzlich den Blickkontakt bei negativen Gesprächsinhalten, um diese nicht auf der Beziehungsebene zu verankern.

**Bei negativ besetzten Themen verhindert mein konsequentes Wegsehen, dass ich zum wandelnden Impulsgeber für unangenehme Gedanken und Gefühle werde. Deshalb kann ich diesen Effekt bei positiven Inhalten gezielt nutzen, denn nun profitiere ich davon: Ein intensiver Blickkontakt mit meinem Gesprächspartner erhöht die Chance, dass mein Anblick später angenehme Gedanken und Gefühle auslöst.**

Mein Rat hört sich leichter an, als er ist. Denn wie jedes Patentrezept liefert auch er einige Risiken frei Haus:

1. Der Blickkontakt besitzt – wie alle nonverbalen Muster – eine Vielzahl von Vorteilen. Ein Verzicht auf dieses Muster bedeutet einen Verzicht auf diese Vorteile.
2. Verweigern wir den Blickkontakt, schießen unserem Gegenüber wahrscheinlich eine Reihe Vermutungen durch den Kopf. Die Auswahl in Tabelle 1 reicht vom Desinteresse über verweigerte Hilfe bis hin zum Lügen. Dieses Risiko sollten wir vermeiden.
3. Aus meinen Trainings weiß ich: Der Blickkontakt erweist sich als so fest verankert, dass Wegsehen anfangs außerordentlich schwerfällt. Selbst in Übungen, in denen es um nichts geht, scheinen die Augenpaare wie durch ein Gummiband verbunden. Wenn auch nur für Sekundenbruchteile: Man sucht den Blick des anderen. Und vielen ist noch nicht einmal bewusst, dass sie den Kopf kurz drehten.

Vor diesen scheinbaren Schwierigkeiten stehen wir jedoch nur, weil nach dem Rat »Vermeiden Sie bei negativen Gesprächen den Blickkontakt« (den ich für höchst effektiv halte) die Effizienzfrage noch nicht beantwortet wurde: »Wie vermeide ich den Blickkontakt richtig?«

**Effizient: Wie wendet man den Blick ab?**

- **Zu Schwierigkeit 1:** Empfehle ich, den Blickkontakt abzuwenden, bedeutet das nicht, ihn permanent zu vermeiden. Selbstverständlich sollen Sie nonverbal signalisieren, dass man von Ihnen Verständnis, Mitgefühl oder persönliche Hilfe erwarten darf. Sie sollten dabei aber beachten: Sprechen Sie die Sach- und die Beziehungsebene abwechselnd und strikt getrennt an – sowohl verbal als auch nonverbal. Geht es um die negative Sache, vermeiden Sie den Blickkontakt; sprechen Sie Ihre wertvolle Hilfe an, suchen Sie ihn. Wenn Sie dies konsequent tun, profitieren Sie von allen Vorteilen dieses Signals.

- **Zu Schwierigkeit 2:** Der Blickkontakt ist eines der drei Muster, die Gesprächspartnern bewusst werden können. Einfaches Wegsehen kann also schaden; es löst sicher intensives Hellsehen über unsere vermeintlichen Motive aus. Daher müssen wir dies so geschickt tun, dass es vollkommen natürlich wirkt und nicht auffällt. Ein Tipp kam dazu bereits von Harry Holzheu: Beim Notieren dürfen wir den Blick abwenden. Kaum beginnt mein Gegenüber mit einem für mich negativen Thema, bitte ich darum, Notizen machen zu dürfen. Dieses Verhalten schützt nicht nur die Beziehungsebene, es zeigt gleichzeitig nonverbal: »Ich nehme dich wichtig!« Im Kundengespräch ist das nützlich, aber funktioniert es immer? Was machen wir bei einem Gesprächspartner, der sein Zuspätkommen mit einem schweren Unfall entschuldigt? Dieses Thema gehört weder auf die Beziehungsebene, noch soll meine Person damit verbunden werden. Wir sollten also den Blickkontakt abwenden – aber notieren wir deshalb die Unfalleinzelheiten? Sicher nicht. Alltag und Beruf verlangen oft nach weiteren Alternativen. Anstatt zu Block und Kuli zu greifen, setzen wir z. B. eine »intelligente Geste« ein, die uns ebenfalls unauffälliges Wegsehen erlaubt. (Dieses Muster behandele ich später als [MK07] im 3. Teil des Hand- und Mundwerkzeugs.) Werfen Sie noch einmal einen Blick auf die beiden Zeichnungen im Kasten mit der Blickkontakt-Erläuterung: Ist Ihnen dabei aufgefallen, dass sich die untere Zeichnung von der oberen nicht nur dadurch unterscheidet, dass jetzt die Augen geschlossen sind? Wahrscheinlich nicht, denn die zusätzliche Geste – das Legen der Hand an den Mund – wird von uns zusammen mit den geschlossenen Augen als natürliche Einheit empfunden! Diese Geste begründet nonverbal das Abwenden des Blickkontakts, weil sie signalisiert »Ich denke!«. Und dann darf man nicht nur wegsehen, man macht auch einen intelligenten Eindruck. Erfolgreiches Kommunizieren in Alltag und Beruf erfordert vor allem Anpassungsfähigkeit, Flexibilität.

- **Nun zu Schwierigkeit 3:** Hier ist allein etwas Überwindung, Selbstkontrolle und Übung erforderlich. Da Sie jetzt wissen, worauf es ankommt, fällt Ihnen ein ungewollter Blickkontakt häufiger auf. Anfänglich zwar meist zu spät, aber immerhin – früher wussten Sie das noch nicht einmal! Daher ist es nur eine Frage der Zeit, bis Sie den systematischen Wechsel zwischen Hin- und Wegsehen perfekt beherrschen.

**Kommunikative Flexibilität bedeutet: Man entscheidet situationsbezogen zwischen sinnvollen Alternativen für seine Ziele (legt also seine Absicht fest), wählt zwischen effektiven Maßnahmen aus (bestimmt das geeignete Was) und zwischen effizienten Einsatzvarianten (bestimmt das geeignete Wie).**

Leider eignen wir uns diese Flexibilität nur langsam und schrittchenweise an. Ab und zu berücksichtigen wir alternative Absichten, denken häufiger an besser geeignete Lösungen, überlegen öfter wirksamere Spielarten. Trotzdem besteht keinerlei Grund, wegen dieses langsamen Wachstums den Kopf hängen zu lassen – ganz im Gegenteil: Jede auch noch so kleine Veränderung ist eine Verbesserung! Denn worin besteht Ihre Alternative? In mühsamer Kleinarbeit legte sich unser Unbewusstes im Laufe vieler Jahre eine Sammlung von Patentrezepten zu. Diese sind zwar oft hocheffizient, häufig aber nicht effektiv. Sie stehen zwar zum Glück spontan fast immer zur Verfügung. Aber leider verhindern sie bessere Alternativen. Ob ein (nützlicher) Ratschlag oder ein (zu ungenaues) Patentrezept vorliegt, prüfe ich mit Hilfe folgender Kontrollfrage:

**Erfahre ich, 1. in welcher *Situation* ich 2. *was* 3. *wie* tun sollte, um 4. welches *Ziel* zu erreichen?**

Je nützlicher ein Ratschlag ist, umso mehr Punkte berücksichtigt er. Die meisten Faustregeln zeichnen sich dadurch aus, dass sie nur auf zwei Punkte eingehen. So behandelt unser Tipp aus Kapitel 2 »Herunterschalten vor Kurven« nur die Punkte 1 und 2. (Deshalb können wir als Michael-Schumacher-Ersatz zu viel Geschwindigkeit verlieren, den Motor ruinieren oder aus der Kurve fliegen.) Der Tipp »Halten Sie stets Blickkontakt« berücksichtigt sogar nur Punkt 2. Harry Holzheu geht immerhin auf die Punkte 1 und 2 ein. Und der Rat »Flirten ohne Blickkontakt ist nicht möglich« behandelt die Punkte 2 und 4. Aber selbst wenn alle vier Punkte berücksichtigt sind, vereinfachen Ratschläge die Realität. Das müssen Sie stets im Auge behalten.

Bevor wir den Blickkontakt vorläufig verlassen, werfen wir noch einen Blick auf Mr. Chance.

### ■ BOX 6: DER BLICKKONTAKT – DIE 2. CHANCE VON MR. CHANCE

Während des gesamten Films begegnet Chance nur Erwachsenen. Wir erfahren also nicht, wie Kinder auf ihn reagieren. Kurz nach Verlassen seines schützenden Heims trifft er zwar in einem Slumviertel auf eine Gruppe Jugendlicher. Doch diese sehen nur jung aus – es sind Mitglieder einer Bande. Ihr Verhalten ist von starren Ritualen geprägt, es fehlt jede Art kindlicher Offenheit und Neugier. Da man aus Büchern und Filmen und auch aus der Zeitung weiß, was mit normalen Menschen passiert, die in eine solche Situation platzen, erwartet man für Chance das Schlimmste. Aber nichts passiert. Sie reden mit ihm wie mit ihresgleichen, tolerieren ihn (wenn auch widerwillig), bitten ihn sogar, einem Unbekannten etwas mitzuteilen.

Ein Grund für diese Reaktion ist der unerschütterliche Augenkontakt von Chance. Er senkt hier und auch später nie seinen Blick, sieht seine Gesprächspartner beim Sprechen immer an. Denn: »Solange man Leute nicht ansah, existierten sie nicht. Sie begannen, wie im Fernsehen, erst zu existieren, wenn man ihnen den Blick zuwandte.« [5] Chance ist – wie bereits erwähnt – stets »da«, konzentriert sich wie ein Zen-Buddhist auf den Augen-Blick, macht immer nur eine Sache zur Zeit. Spricht er mit jemand, tut er nur das – zu mehr ist sein Gehirn gar nicht in der Lage. Die Fähigkeit von Chance, fast ununterbrochen Augenkontakt zu halten, beruht auf seiner Emotionslosigkeit. Kein Lügendetektor wäre bei ihm erfolgreich: Chance kann nicht lügen (dazu müsste er mehrere Gedanken parallel verarbeiten) und er zeigt keinerlei emotionale Reaktionen. Darum betrachtet er alles und alle in Ruhe und regungslos – seinen soeben gestorbenen Dienstherren, das aggressive Oberhaupt einer Straßengang, eine aufgewühlte Frau, die ihn begehrt, den Moderator einer Talkshow und den amerikanischen Präsidenten. Niemand löst in ihm etwas aus. Alle sind vor seinen Augen gleich. Und alle sehen und fühlen: Bei ihm bewirken sie nichts Besonderes.

Darin unterscheidet er sich radikal von uns. Unser Verhalten hängt davon ab, was wir gerade denken und fühlen. Und diese Gedanken und Emotionen hängen davon ab, was wir sehen. Stehen wir einer Bande krimineller Jugendlicher gegenüber, läuft unser Gehirn auf Hochtouren: Wir haben Angst, unser Körper reagiert und signalisiert das nach außen. Natürlich können wir trainieren, unsere sichtbaren Reaktionen zu unterdrücken – professionelle Pokerspieler leben von dieser Fertigkeit und benötigen nach Turnieren oft Stunden, um wieder normal zu reagieren. Für die üblichen Aufgaben im normalen Leben wäre das jedoch ein zu großer Aufwand. Es ist erheblich einfacher, sich Flexibilität beim Blickkontakt anzueignen.

Leider scheitert das Antrainieren von Flexibilität in der Praxis meist an den unguten Gefühlen beim Verlassen der Komfortzone. Viele beurteilen den Erfolg ihrer Gespräche anhand von lediglich zwei Fragen:

1. Verfolgte ich gerade eine gute Absicht?
2. Fühlte ich mich dabei ganz natürlich?

Diese Haltung klammert aber fast jede Verantwortung aus – für sich selbst und den Gesprächspartner. Will man sich im eigenen und fremden Interesse weiterentwickeln, muss man sich nicht nur bemühen, sondern dabei auch künstlich verhalten und sogar ein Gefühl von Unnatürlichkeit in Kauf nehmen. Will man das Gefühl von Natürlichkeit erhalten, kann man das mit seinen guten Absichten begründen, aber nicht mit Wirkung. Deshalb sagt Gottfried Benn:

> ***»Das Gegenteil von Kunst ist nicht Natur, sondern gut gemeint.«*** [6]

## 3.2 Die Stimmmuster

### 3.2.1 Glaubhafte und zugängliche Stimme

> *»Ich traue dem Wort sehr viel zu, im Wort liegt eine große Kraft ... Aber es kommt dabei auf die Darreichungsform an, wie ich es nenne, auf die Art und Weise, wie ich mit Stimme, Ausdruck, Wortwahl und Gesten den Inhalt vermittle.«*
>
> Tilmann Moser [7]

Kommunikation ist nicht Absicht, sondern Wirkung. Dieser Merksatz passt hervorragend zum Vorstellen unseres zweiten Mikromusters. Denn unter diesem Motto erlebte ich die faszinierende Wirkung des Stimmmusters zum ersten Mal: Bei einem Auftraggeber in Berlin bereiteten meine Frau und ich den Seminarraum für ein Training vor. Gerade hatten wir darüber diskutiert, ob die Stühle für ein viertägiges Training geeignet wären, da öffnete sich die Tür und herein kam eine zierliche, nett aussehende jüngere Frau. Noch heute sehe ich die Situation vor mir: Meine Frau stand direkt neben der Tür, ich am anderen Ende des großen Raums. Unsere Besucherin wandte sich also an meine Frau und erkundigte sich liebenswürdig im Auftrag ihres Chefs, ob alles in Ordnung sei oder ob noch etwas fehle. Meine Frau dankte in wohlgesetzten Worten und fragte formvollendet, ob es möglich sei, andere Stühle zu bekommen. Zu unser beider Verblüffung ging die kleine nette Frau »hoch wie eine Rakete« und entgegnete aufgebracht, sie sei gekommen, um zu helfen, nicht, um sich herumkommandieren zu lassen.

Ein paar Monate früher hätte ich wie die meisten Menschen reagiert, dieser Person im Stillen einige unliebsame Eigenschaften angedichtet, vielleicht sogar entsprechend laut und deutlich geantwortet. Diese Situation zeichnete sich jedoch durch zwei Besonderheiten aus: Inzwischen kannte ich die Geheimnisse des Stimmmusters. Und ich beobachtete das Geschehen aus räumlicher und gefühlsmäßiger Distanz. Dadurch fiel mir auf, was mir während unserer Ehe weder als Beteiligter noch als Betroffener bewusst geworden war: Meine Frau verwendet im Allgemeinen das so genannte glaubhafte Stimmmuster. Aus heutiger Sicht heißt es »verwendete«. Dieses Schlüsselerlebnis war nämlich Anlass für sie, sich eine Stimmmuster-Flexibilität anzutrainieren. (Dazu später mehr.)

01

**Paraverbales Muster**

| **STIMMMUSTER [MP01]** | |
|---|---|
|  | Das **glaubhafte Stimmmuster [MP01.1]** zeichnet sich dadurch aus, dass sich der Tonfall der Stimme während des Sprechens nur wenig verändert und grundsätzlich am Ende jedes Satzes deutlich nach unten geht. |
|  | Das **zugängliche Stimmmuster [MP01.2]** variiert und moduliert demgegenüber den Tonfall während des Sprechens und geht grundsätzlich am Ende fast aller geäußerten Sätze – ausgenommen der letzte Satz – mehr oder weniger deutlich nach oben. |

| Ein glaubhaftes Stimmmuster verbindet man in der Regel mit ... | Ein zugängliches Stimmmuster verbindet man in der Regel mit ... |
|---|---|
| Sachkompetenz<br>Rationalität<br>Ernsthaftigkeit<br>Entschlossenheit<br>Entscheidungsfähigkeit<br>Durchsetzungsvermögen<br>Auf Sendung sein<br>Formalität<br>Eindeutigkeit<br>Geschlossenheit<br>Antworten<br>Anordnungen<br>Verbindlichkeit | Sozialkompetenz<br>Emotionalität<br>Freundlichkeit<br>Flexibilität<br>Vermittlungsfähigkeit<br>Anpassungsvermögen<br>Auf Empfang sein<br>Zwanglosigkeit<br>Mehrdeutigkeit<br>Offenheit<br>Fragen<br>Bitten<br>Möglichkeit |
| **Daraus lassen sich als generelle Aspekte ableiten:** | |
| Sachebene<br>Macht<br>Inhalt | Beziehungsebene<br>Einfluss<br>Prozess |

Tabelle 2: Stimmmuster-Eindrücke

Natürlich ist die Bandbreite menschlicher Stimmmuster hoch. Für unsere Ausführungen reicht es jedoch, wenn wir nur diese beiden Arten unterscheiden. Habe ich in meinen Trainingsveranstaltungen die beiden Stimmmuster-Varianten vorgemacht, frage ich die Teilnehmer stets, welche Eigenschaften sie bei den Trägern dieser Muster erwarten. Klammert man die oft auch genannten negativen Eigenschaften aus (z.B. Arroganz oder Herrschsucht beim glaubhaften und Unsicherheit oder Inkompetenz beim zugänglichen Stimmmuster), lassen sich fast immer wertneutrale Gegensatzpaare bilden (vgl. Tabelle 2). Ein Buch kann diese Muster natürlich nicht vorspielen. Aber jeder von Ihnen hat sicher noch die Stimme unseres Alt-Bundeskanzlers Gerhard Schröder im Ohr – das Musterbeispiel eines glaubhaften Stimmmusters. Und wenn Sie in Zukunft auf die Stimmen der Nachrichtensprecher und -sprecherinnen im Fernsehen achten, stellen Sie fest: Dort dominiert das glaubhafte Stimmmuster eindeutig. Kein Wunder: Schließlich sendet man dort auf der Sachebene. Darum ist es auch schwierig, bekannte Beispiele für das zugängliche Stimmmuster zu nennen. Vielleicht haben Sie die Stimme von Cherno Jobatay im Ohr, der im Frühstücksfernsehen zu sehen ist und eine Weile *Verstehen Sie Spaß?* moderierte? Oder das Stimmmuster von Alfred Biolek? Interessant ist, dass die Stimmen der Nachrichtensprecher und -sprecherinnen in der ARD glaubhafter sind als beim ZDF (eine der Ausnahmen bildet Yve Fehring). Und nicht nur die Stimmen, auch die Körperhaltung ist im ZDF zugänglicher als in der ARD: So dürfte Claus Kleber der einzige Nachrichtensprecher im deutschen Fernsehen sein, der häufig eine leicht geneigte und damit zugänglichere Kopfhaltung annimmt. (Ob der eher zugängliche Eindruck der ZDF-Nachrichtensprecherinnen und -sprecher mit ein Grund dafür ist, dass in der Zuschauerbeurteilung den ARD-Nachrichten seit Jahren mehr Sachkompetenz attestiert wird?)

**Wie inkongruentes Verhalten wirkt**

Mit Tabelle 2 können wir nun den Unterschied erklären, der zwischen der Absicht meiner Frau und ihrer Wirkung bestand: Sie wollte mit ihrem verbal korrekten Wunsch *freundlich* und *zwanglos* eine Bitte auf der *Beziehungsebene* nach der *Möglichkeit* anderer Stühle äußern. Unsere Besucherin hörte aufgrund des Stimmmusters eine *ernste, formale* und *verbindliche Anordnung* auf der *Sachebene*. Widersprechen sich Inhalt oder Sagen und Form oder Tun, spricht man von einem inkongruenten Verhalten. Und bei Inkongruenz bestimmt das Tun die Bedeutung. Oder wie Vera F. Birkenbihl es formuliert: *»Das Sagen übermittelt die Information, das Tun die Information über die Information.«*[8] Das Verhalten der Eltern beeinflusst Kinder daher nachhaltiger als alle Belehrungen. Benutzen Vater und Mutter kein »Danke« und »Bitte«, bewirken selbst Dauerermahnungen meist nichts, denn ihr Verhalten ist inkongruent. Aber allein mit der Inkongruenz meiner Frau lässt sich die heftige Reaktion unserer Besucherin nicht erklären. Es kamen zahlreiche tief enttäuschte unbewusste Erwartungen hinzu: Wir alle glauben fest an die Regel: »Rufe ich zugänglich in den Wald, muss es zugänglich herausschallen.« Besonders erwarten wir das, wenn man uns danach um etwas bittet. Und ganz fest vertrauen wir darauf, dass Frauen sich an diese Regel halten. Denn die Natur schenkt das zugängliche Stimmmuster aus guten Gründen vor allem dem weiblichen Geschlecht. (Oder wollten Sie mit dem Tonfall einer Nachrichtensprecherin auf der Welt begrüßt und anschließend umsorgt werden?) In Sekundenbruchteilen implodierte deshalb die Welt unserer Besucherin – und sie explodierte.

### 3.2.2 Die Wirkung der Stimme

> *»Ich habe keine traditionell weibliche Art zu sprechen ... ich bin ziemlich forsch. Hätte ich mich anders ausgedrückt, so wäre ich nicht als Führungspersönlichkeit wahrgenommen worden. Aber meine Art zu sprechen mag Menschen, die es nicht gewohnt sind, eine Frau so reden zu hören, nicht gepasst haben. Für eine Führungskraft war es die richtige Art zu sprechen. Aber es war nicht so, wie man es von einer Frau erwartet. Es war untypisch.«*
>
> Kim Campbell, Ministerpräsidentin von Kanada[9]

Im Gegensatz zum Blickkontakt ist das Stimmmuster trotz seiner enormen Wirkung weitestgehend unbekannt. Und das erklärt die Chancen und Risiken seiner passenden oder unpassenden Anwendung: Vermeidet jemand im Gespräch den Blickkontakt und wir reagieren darauf gefühlsmäßig, wird uns der Auslöser unserer Reaktion häufig bewusst. Wir können dann darüber nachdenken (ob diese Gedanken zutreffen, steht auf einem anderen Blatt) und entsprechend reagieren. Diese Möglichkeit besteht beim Stimmmuster fast nie: Unsere Besucherin in Berlin erlebt eine heftige emotionale Reaktion. Sie weiß jedoch nicht, was diese Reaktion auslöste. Und darum kann sie sich auch nicht bewusst damit auseinandersetzen. Da sich aber ihr Bewusstsein keine Blöße geben will, liefert es blitzschnell eine plausibel erscheinende Erklärung. Kennen wir keinen Grund für unsere emotionale Reaktion, erfinden wir diesen. Frauen mit glaubhaftem Stimmmuster gelten darum bei anderen Frauen – und auch bei Männern – oft als »Zimtzicke«. Und sobald dieser Interpretationsrahmen feststeht, scheint auch das übrige Verhalten dieser »Zimtzicke« ins Bild zu passen – und schon liegt das Kind im Brunnen.

**Nonverbale Signale sind nie eindeutig**

Gerade das Stimmmuster ist daher gut geeignet, auf eine grundsätzliche Besonderheit der nonverbalen Signale hinzuweisen: Was wir in das Verhalten anderer aufgrund eines höchst subjektiven Bewertungsrahmens hineininterpretieren, muss mit der Realität nicht das Geringste zu tun haben. Manche Menschen zeigen die von uns erwarteten Verhaltensweisen nicht oder ersetzen sie durch andere. Andere haben sich im Laufe ihres Lebens unbewusst ein Täuschungsverhalten zugelegt, das dem entspricht, was der Biologe als Mimikry bezeichnet. So verwenden manche das glaubhafte Stimmmuster gerade dann zum Signalisieren von Entschlossenheit, wenn sie sich unsicher fühlen. Das hat erhebliche Konsequenzen: Sowohl der Eindruck, den wir uns vom anderen aufgrund seines nonverbalen Verhaltens bilden, als auch der Eindruck, den wir bei anderen durch unser nonverbales Verhalten erzeugen, müssen nicht dem entsprechen, was tatsächlich gerade an Gedanken und Gefühlen abläuft.[10] Klammern wir bewusste Täuschungen aus, so bedeutet das: Das Dekodieren nonverbaler Signale läuft völlig anders ab als das Dekodieren verbaler Botschaften. Denn nur unsere gesprochenen und geschriebenen Informationen beruhen auf eindeutigen Regeln über die Bedeutung und Kombination der verwendeten Worte.

Ich kann nicht oft genug darauf hinweisen, dass es keine guten und schlechten, sondern nur passende und unpassende Eigenschaften gibt. Das trifft auch auf die Stimmmuster zu. Unabhängig davon, welches Stimmmuster ich habe: Im privaten und beruflichen Alltag gibt es eine Vielzahl von Situationen, in denen mein natürliches Muster nicht angebracht ist und ungeeignete Reaktionen auslöst. Die Frage ist also, ob der Anteil dieser Situationen so groß ist, dass mir daraus spürbare Nachteile erwachsen. Diese Frage lässt sich mit einem eindeutigen Ja für die vielen Frauen im Beruf beantworten, die ein zugängliches Stimmmuster besitzen. Spiele ich das folgende Beispiel in meinen Trainings vor, sehe ich bei vielen Teilnehmerinnen den berühmten Aha-Effekt: Das erlebten sie schon oft.

**Beispiel: Eine zugängliche Stimme überzeugt nicht in der Sache**

Nehmen wir an, die Kaputnik AG ist Weltmarktführer für Reprunsatoren. Herr Kaputnik, ein vorbildlicher Chef, verankerte sogar die Gleichberechtigung von Mann und Frau im Firmenleitbild. Leider gingen in den letzten Monaten verstärkt Reklamationen ein, so dass Herr Kaputnik eine Sitzung seiner leitenden Mitarbeiter einberuft. Nach längerer Diskussion meldet sich Frau Welle zu Wort. Sie schlägt vor, man solle die Reprunsator-Reklamationen der beiden letzten Monate analysieren. Dann erkenne man sicher Schwerpunkte und könne reagieren. Die Runde nickt freundlich mit dem Kopf, einige äußern sogar »interessant« oder »nicht schlecht« – die Diskussion geht aber weiter. Eine Viertelstunde später meldet sich Herr Ecke mit einem Vorschlag: »Wenn uns die Verkaufsabteilung bis Mitte kommender Woche die Hauptgründe für Reklamationen liefert, können wir hier Nägel mit Köpfen machen und zu Entscheidungen kommen.« Die Runde applaudiert, schließt sich diesem Vorschlag an und vertagt sich. Nur Frau Welle ist wieder einmal frustriert: Genau das sagte sie 15 Minuten vorher. Da sieht man es wieder, Gleichberechtigung existiert für Männer nur auf dem Papier!

Leider übersah Frau Welle zwei Punkte. Der erste hätte ihr auffallen können: Auch die beiden anderen Frauen in der Runde stimmten nicht ihr, sondern sofort Herrn Ecke zu. Dieses Verhalten scheint also nicht nur bei Machos vorzukommen. Den zweiten Punkt konnte sie nicht erkennen: Sie ist sich der Tatsache nicht bewusst, dass sie Vorschläge mit zugänglicher Stimme unterbreitet. Und dieses Stimmmuster signalisiert: »Ich mache euch jetzt einen unverbindlichen Vorschlag, über den ihr vielleicht einmal nachdenken könnt.« Genau das versprachen die anderen mit ihrem »Ja« – und diskutierten folgerichtig weiter. Demgegenüber signalisierte das glaubhafte Stimmmuster von Herr Ecke:

»Hier kommt ein kompetenter Vorschlag. Sollten wir den umsetzen?« Nun führt ein »Ja« zu einer Entscheidung. Natürlich dürfen Sie einwenden, vielleicht habe Frau Welle mit »würde« und »könnte« im Konjunktiv geredet, während Herr Ecke eindeutige Maßnahmen und Termine vorgab. Das trifft sicher nicht nur für unser Beispiel, sondern auch für die vielen anderen Meetings zu, in denen glaubhafte Männer und zugängliche Frauen Vorschläge unterbreiten. Denn Zugänglichkeit und Glaubhaftigkeit drücken sich nicht nur in Stimme, Gestik und Körperhaltung aus, sondern auch in der Wortwahl. Aber selbst wenn Frau Welle die gleichen Worte wie Herr Ecke benutzt hätte: Bei Inkongruenz zwischen Sagen und Tun bestimmt das Tun – in diesem Fall das Stimmmuster – die Bedeutung. Und genau das ist ein Problem vieler Frauen mit zugänglichem Stimmmuster im Beruf. Nicht immer ist also das Macho-Gehabe von Kollegen Grund für fehlende Zustimmung. Senke ich nur beim letzten Satz eines an sich verbindlich gemeinten Vorschlags die Stimme, darf ich mich nicht wundern, wenn meine Zuhörer von einer unverbindlichen Anregung ausgehen. Deshalb haben es Frauen mit glaubhaftem Stimmmuster in einer von Männern dominierten Berufswelt leichter.

Ehe wir uns mit der Frage befassen, wie man seine Stimmmuster-Flexibilität erhöht, werfen wir einen kurzen Blick auf zwei wichtige Gründe, die für das unbewusste Bevorzugen einzelner Stimmmuster verantwortlich sind: die speziellen Aufgaben, die wir gerade lösen, und unsere grundsätzliche Rolle, die eine Art Rahmen für unsere Aktionen und Reaktionen liefert.

**Die Rolle bestimmt das Stimmmuster**

Beginnen wir mit dem Einfluss der *Rolle*. Menschen nehmen je nach Kontext unterschiedliche Rollen und damit zugleich verschiedene Verhaltensmuster an: Zu Hause ordnet sich z.B. die durchsetzungsgewohnte Führungspersönlichkeit entspannt dem Partner unter. Wer sich dagegen beruflich in einer abhängigen Rolle sieht, versucht vielleicht im privaten Bereich zu dominieren (das Bedienungspersonal in Restaurants kann davon ein Lied singen). Wichtig ist daher die Position, in der wir uns zu befinden glauben: Fühlen wir uns über-, gleich oder untergeordnet? Im ersten Fall dominiert das glaubhafte, im letzten das zugängliche

Stimmmuster. Mitarbeiter, die zum Chef gehen, Studenten, die ihren Professor aufsuchen, Asylbewerber, die zur Behörde gehen, sie alle sprechen zu Beginn nicht nur mit deutlich zugänglicher Stimme. Sie zeigen auch eine zugängliche Haltung und gestikulieren zugänglich. Und je länger man sich in einer bestimmten Rolle befindet, umso regelmäßiger wendet man das entsprechende Stimmmuster an.

**Die Aufgabe beeinflusst das Stimmmuster**

Neben unserer Rolle beeinflusst auch die gerade anstehende *Aufgabe* unsere Stimme. Am deutlichsten zeigt sich das beim Bitten und Fragen: Fast alle Menschen heben dabei am Satzende ihre Stimme an. Es kommt also stets darauf an, ob wir z.B. anordnen oder bitten, fragen oder informieren, loben oder tadeln, über Sachverhalte oder Beziehungen sprechen, über ernste oder heitere Dinge reden. Je nach Art der Aufgabe verändert sich unsere Stimme. Man kann jedoch davon ausgehen, dass die Rolle normalerweise den stärkeren Einfluss ausübt, sozusagen das Grundniveau bestimmt.

## ■ BOX 7: ROLLEN- UND AUFGABENABHÄNGIGKEIT DER STIMME

Um die unbewussten Einflüsse des Kontextes auf die Wahl des Stimmmusters zu zeigen, schildere ich Ihnen zwei Beispiele:

Einen Tag nach Abgabe meines Berichtes über die Ergebnisse von zwei Gruppendiskussionen mit den Kunden eines Unternehmens rief mich dessen Chef an und bat, ich solle doch sofort zu ihm kommen. Zum Glück stellten sich alle Befürchtungen als gegenstandslos heraus. Nur ein Punkt brannte ihm auf den Nägeln: Viele meiner Fragen stelle auch er regelmäßig seinen Kunden; im Gegensatz zu mir bekomme er aber nur selten brauchbare Antworten. Warum antwortete man mir ehrlich und ausführlich? Ein Grund bestand sicher darin, dass ich diese Fragen als neutrale Person stellte. In diesem speziellen Fall gab es jedoch noch einen anderen. Sollte ein Synchronstudio die markante Stimme eines Generals benötigen: Hier ist sie; ich kenne keine glaubhaftere Stimme. Sagen Sie jetzt einmal laut oder auch im Stillen mit dieser Stimme folgende Sätze: »Sind Sie zufrieden mit unserer Leistung? Sie können mir alles sagen. Seien Sie ganz offen!« Wahrscheinlich fällt auch Ihnen dann der Spruch ein: »Die Botschaft hör' ich wohl, allein mir fehlt der Glaube.« Das war für mich der Grund, meinen Auftraggeber über dessen Stimmmuster aufzuklären. Da wir uns zu Beginn des Gesprächs über seine neue Rolle als Großvater unterhalten hatten, konnte ich ihn beruhigen. Ich wies darauf hin, dass er mit seinem Enkel sicher anders spräche als mit seinen Kunden. Er müsse also nichts Neues lernen. Es ginge »nur« darum, diese bereits vorhandene Fertigkeit in Kundengesprächen einzusetzen. (Nicht angesprochen habe ich, dass dieses »nur« stark davon abhängt, in welcher Rolle er sich bei seinen Kunden sieht.)

Bei Gruppendiskussionen lasse ich stets ein Tonband mitlaufen. Das nimmt zwangsläufig nicht nur die Stimmen der Gäste auf, sondern auch meine eigene. Und dadurch wurde ich mir bewusst, wie stark sich in dieser Situation mein Stimmmuster verändert. Seit dieser Zeit lasse ich in meinen Veranstaltungen mein normales Stimmmuster erraten. Die Ergebnisse sind interessant: Handelt es sich um Seminare für die Wirtschaft, plädiert stets eine deutliche Mehrheit der Teilnehmer für »zugänglich«. Auf Veranstaltungen mit meinen Studenten ist der Unterschied zwischen »zugänglich« und »glaubhaft« geringer. Manchmal ergibt sich sogar eine knappe Mehrheit für »glaubhaft«. (Das Interpretieren überlasse ich Ihnen.)

### 3.2.3 Wie lassen sich Stimmmuster trainieren?

*»Wenn man einen Manager auffordert, seine Lieblingsstrategie aufzugeben, kann das die gleiche Wirkung haben, als würde man von ihm verlangen, seinen Hund zu erschießen.«*

Bob Frisch und Logan Chandler[11]

**Am Telefon üben**

Wie flexibilisiert man den Einsatz seiner Stimme, die man seit Jahrzehnten nach unbewussten Regeln einsetzt? Dafür gibt es keine Patentmethode, aber einen Patentort: das Telefon. Dort trainiert man quasi unter erleichterten Bedingungen, nämlich nicht unter den wachsamen Augen des Gesprächspartners. Das gibt mehr Mut und bietet gerade in der Anfangszeit die Gelegenheit, unterstützende Gesten überdeutlich, aber unbemerkt einzusetzen. Fertigen Sie sich zunächst zwei Kärtchen an mit den Icons der oben beschriebenen Muster: das eine mit einem geraden Pfeil, der kurz vor Ende im rechten Winkel nach unten abknickt, das andere mit einem wellenartigen Pfeil, dessen Ende sich nach oben biegt. Diese Kärtchen platzieren Sie neben dem Telefon, um sich abwechselnd an das Einsetzen der Muster zu erinnern.

Wie der Blickkontakt, so codiert auch das Stimmmuster unsere verbale Botschaft, färbt sie ein. Normalerweise verwenden wir unseren persönlichen Standardcode; der eher Glaubhafte codiert tendenziell Sachkompetenz und Verbindlichkeit, der eher Zugängliche codiert mehr oder weniger deutlich Sozialkompetenz und Möglichkeit. Unser Ziel ist, das Stimmmuster passend zur jeweiligen Situation einzusetzen. Das bedeutet nicht, von einem Extrem ins andere zu fallen und dadurch die Aufmerksamkeit unseres Gesprächspartners auf unsere Stimmänderung zu lenken. Diese Veränderung soll unseren Gesprächspartner möglichst unbewusst spüren lassen: Jetzt ist etwas anders. Wir bezwecken eine Musterunterbrechung.

**Musterunterbrechung – enttäuschte Erwartung**

Die Musterunterbrechung stellt einen Schlüsselbegriff der Impuls-Kommunikation dar; wir begegnen ihr daher in Zukunft noch oft. Muster bilden sich durch Wiederholungen – Teppich- oder Tapetenmuster entstehen durch das Wiederholen grafischer Elemente, Verhaltensmuster durch das Wiederholen von Verhaltensweisen. Für uns bedeutet eine Musterunterbrechung den Abbruch oder Wechsel eines Verhaltensmusters. Da wir – bewusst oder unbewusst – bei Mustern stets davon ausgehen, dass die Wiederholungen andauern, steht hinter jedem Muster eine Erwartungshaltung und hinter jeder Musterunterbrechung eine Ent-Täuschung. Im Zusammenhang mit seinem Rezept »Eierkuchen wegwerfen« schreibt Wolf Schneider über das Auswählen wirksamerer Begriffe: *»Die höhere Kunst besteht darin, eingerastete Erwartungen absichtlich, aber mäßig zu verletzen.«* [12] Dies ist eine schöne Definition für Musterunterbrechung. Wir sollten allerdings klären, was »mäßig« genau bedeutet. Eine »unmäßige« Verletzung liegt vor, wenn mein neues Verhalten meinem Gesprächspartner auffällt und er nach dessen Bedeutung fragt – mich laut oder sich im Stillen. Von einer mäßigen Verletzung oder Musterunterbrechung sprechen wir daher in den folgenden Fällen:

- Der andere spürt unbewusst, dass sich die Situation für ihn geändert hat.
- Er registriert zwar bewusst, dass sich die Situation für ihn änderte; er weiß aber nicht, woran das liegt.
- Er erkennt mein geändertes Verhalten; er hinterfragt allerdings nicht dessen Bedeutung, da ihm das neue Verhalten vollkommen plausibel erscheint.

Ideale Auslöser für Musterunterbrechungen sind daher Impulse. Und das erleichtert unsere Trainingsaufgaben erheblich: Es geht nämlich nicht um das Erreichen eines bestimmten Glaubhaftigkeits- oder Zugänglichkeitsniveaus der Stimme und damit auch nicht um eine bühnenreife Aufführung. Wir sollten unser übliches Stimmmuster nur in so kleinen Schritten variieren, dass unser Gesprächspartner fühlt, es änderte sich etwas. Bei diesem Training kommt es darauf an, welches Muster Sie normalerweise verwenden. Denn es ist leichter, eine von Haus aus glaubhafte Stimme in Richtung Zugänglichkeit zu flexibilisieren als eine generell zugängliche Stimme in Richtung Glaubhaftigkeit.

**Von glaubhaft zu zugänglich**

Menschen mit *glaubhaftem Stimmmuster* sollten sich beim Sprechen mehr bewegen. Bewegen Sie die Hände und vor allem den Kopf und – was sehr wichtig ist – entspannen Sie sich dabei. Da wir anfangs am Telefon üben, können Sie das alles stark übertreiben, um mehr Beweglichkeit in die Stimme zu bekommen – niemand sieht Sie. (Auf diese Weise trainierte sich meine Frau das Einsetzen des zugänglichen Stimmmusters an.) Dies ist ein Hauptvorteil von Headsets und Spiegeln in Callcentern: Die Mitarbeiter haben die Hände frei und kontrollieren die eigene Mimik – und schon klingt die Stimme freier und gelöster.

**Von zugänglich zu glaubhaft**

Menschen mit *zugänglichem Stimmmuster* haben es schwerer. Nie haben sie Schwierigkeiten, am Ende ihrer Ausführungen die Stimme deutlich zu senken, also beim letzten Satz; sie beherrschen also das glaubhafte Muster perfekt. Schwierig sind die Sätze davor, aber genau das bestimmt deren Wirkung. Formuliert Frau Welle ihren Vorschlag in zehn Sätzen, dann signalisiert die Stimme bei neun Satzenden »unverbindlich« und zum Schluss einmal »verbindlich« – und das interpretiert man wahrscheinlich nur als »Jetzt bin ich fertig«. Leider – das zeigt sich in allen meinen Trainings – haben viele Zugängliche enorme Schwierigkeiten, dieses Anheben zu unterdrücken, oft sogar, es zu erkennen. Um das zu beheben, können Sie drei Tipps beachten. Menschen mit zugänglichem Stimmmuster bewegen sich meist auch mehr. Tipp Nummer eins lautet daher: Schränken Sie Ihre Bewegungen beim Sprechen ein, vor allem die des Kopfes. Nur für das Telefon und gerade zu Beginn des Trainings eignet sich Tipp zwei: Heben Sie beim Sprechen den Kopf höher als normal, frieren Sie ihn leicht ein und senken Sie ihn bei jedem Satzende kurz und schnell etwas nach unten. Tipp Nummer drei geht zwar am Telefon am leichtesten, er lässt sich jedoch gut auf andere Gespräche übertragen. Da es nahezu unmöglich ist, in angespannter Haltung zugänglich zu sprechen, presst man den Telefonhörer fest mit der Hand, wenn man glaubhafter sprechen will. In anderen Situationen nehmen Sie dazu Kugelschreiber, Stuhllehne, Tischkante oder Sie ballen heimlich eine Faust. Jede Anspannung verändert die Stimme ganz natürlich in Richtung glaubhaft.

Lassen Sie bei allen diesen Übungen aber nicht außer Acht: Das Ziel besteht lediglich darin, bei unserem Gesprächspartner eine Musterunterbrechung zu erreichen, die signalisiert: Ich habe mich soeben geändert. Es geht um Impulse, um kleine, relative Veränderungen, nicht um das Erzielen eines absoluten Eindrucks. Später werden wir sehen: Auch Gesten und Körperhaltung kann man den beiden Hauptrichtungen glaubhaft und zugänglich zuordnen. Daher verringern sich die anfänglichen Schwierigkeiten beim bewussten Variieren der Stimme, wenn man dazu entsprechende Gesten einsetzt. Und da Stimme und Gesten die gleiche Absicht verfolgen, fällt uns der kombinierte Einsatz sogar meist leichter.

**Die Beziehung bestimmt das Muster**

Beginnt man, das Stimmmuster schrittweise zu verändern, hängt die Wirkung auch ab von der Beziehung zum Gegenüber. Darum fällt das Trainieren mit Wildfremden in eher belanglosen Gesprächen leichter als mit Personen, zu denen bereits eine Beziehung besteht. Andererseits lohnt das erfolgreiche Einsetzen neuer Techniken besonders in engen Beziehungen – obwohl wir dort mit einer Schwierigkeit rechnen müssen: Man »musterte« uns bereits als glaubhaft oder zugänglich. Das trifft besonders bei Ehen und anderen engen langjährigen Beziehungen zu. Denn beide Partner besitzen ein enormes Wissen über das wechselseitige Agieren und Reagieren. Das Risiko ist also hoch, dass man neue Techniken erkennt. »Na, probierst du gerade deinen Seminarkram an mir aus?« – diese Frage an Seminarheimkehrer ist keine Seltenheit. Allerdings bieten diese Beziehungen auch eine Chance: Man kann über das reden, was man warum einsetzt. Denn es geht um ein kongruentes und damit weitgehend störungsfreies Übermitteln und Verarbeiten legitimer Botschaften – im beiderseitigen Interesse.

Anders sieht es am Arbeitsplatz aus. Von wenigen Ausnahmen abgesehen ist Offenheit kontraproduktiv. Nur selten hat man es mit einzelnen, vertrauenswürdigen Person zu tun; meist geht es direkt oder indirekt um Gruppen mit unterschiedlichen Mitgliederinteressen und übergeordneten Gesetzmäßigkeiten. Deshalb spielt Zeit eine große Rolle: Niemand darf erwarten, durch gezieltes Einsetzen eines anderen Stimmmusters in ein paar Gesprächen sein Image als »Glaubhafter« oder »Zugänglicher« zu ändern. Dies erfordert neben der Kongruenz auch Konsistenz: ein identisches Verhalten über einen längeren Zeitraum. Da Ihnen aber jetzt bewusst ist, warum Sie ein anderes Stimmmuster einsetzen, bietet sich eine hilfreiche Variante an: Sie leiten Ihr neues Verhalten durch das direkte Ansprechen der damit verbundenen Absicht ein (z.B. »Hier kommt meine Lösung/Anordnung/Entscheidung: ...« oder »Dies ist nur eine Bitte/ein unverbindlicher Vorschlag von mir ...«). Nach dem Motto »Doppelt genäht hält besser« verkünden Sie Ihre Absicht sowohl verbal als auch nonverbal. Diese Eselsbrücke erleichtert Ihnen das Ändern des Stimmmusters und den anderen das Korrigieren der bisher mit Ihrer Person verknüpften Erwartungen.

Im Gegensatz zur zugänglichen Stimme besitzt das glaubhafte Stimmmuster einen grundsätzlichen Haken: Glaubhafte Sprecher wirken oft monoton. Auf meine Frage zu Tabelle 2, welche Eigenschaften man mit dem glaubhaften Stimmmuster verbindet, erhalte ich daher auch stets als Antwort »Monotonie«. Dieser Eindruck beruht vor allem darauf, dass fast jede Modulation der Stimme fehlt und dass zu wenig Pausen gemacht werden. Das erste Problem, die fehlende Modulation, beseitigt oder verringert man leicht durch sparsame Gesten. (Die von Haus aus Zugänglichen haben diesbezüglich kaum Schwierigkeiten.) Das zweite Problem führt uns direkt zum nächsten Vertreter des magischen Quartetts, der Pause.

## 3.3 Die Pause

### 3.3.1 Bedeutung und Arten von Gesprächspausen

> *»Wie spielt man einen König oder eine Königin, worauf kommt es an? Auf die Körperhaltung? Das würdevolle Auftreten, die Selbstsicherheit? Auf all das ... vor allem aber auf die Mühelosigkeit. Jeder kann ein König sein, wenn er es schafft, die ungeteilte Aufmerksamkeit auf sich zu ziehen, sobald er einen Raum betritt, ohne sich anstrengen zu müssen.«*
>
> Meryl Streep in einem Interview über ihre Rolle in *Der Teufel trägt Prada* [13]

Pausen, also mehr oder weniger lange Unterbrechungen von Tätigkeiten, zählen zu den machtvollsten Mustern. Wie die beiden anderen magischen Muster besitzt auch die Pause ein ungewöhnlich breites Wirkungsspektrum. Tabelle 3 enthält wieder Antworten meiner Seminarteilnehmer auf die Frage, was man alles mit diesem Muster bezweckt.

| Gründe für Pausen in Gesprächen |
|---|
| Man möchte andere beobachten.<br>Man braucht Zeit zum Nachdenken.<br>Man gibt anderen Zeit zum Nachdenken.<br>Man möchte etwas bei sich wirken lassen.<br>Man möchte etwas bei anderen wirken lassen.<br>Man will sich erholen, ausruhen.<br>Andere wollen sich erholen, ausruhen.<br>Man möchte etwas betonen.<br>Man will die Aufmerksamkeit auf etwas lenken.<br>Man signalisiert dem anderen, man ist fertig.<br>Man signalisiert dem anderen, jetzt ist er dran. |
| Tabelle 3: Gründe für Gesprächspausen |

Zusammenfassend lässt sich schon einmal festhalten:

**Pausen trennen, schaffen Ordnung, verleihen Bedeutung und erzeugen Spannung.**

**Pausen schaffen Bedeutung**

Diesen Satz unterstreicht jeder, der schon einmal einen monotonen Vortrag ertragen hat. Monotonie beruht zwar auch auf einer gleichmäßigen, deshalb mono-tonen Stimme. Verstärkt wird dieser Eindruck jedoch durch einheitliche Pausen – alles hört sich gleich an und damit gleich wichtig. Das gilt auch für die »Ohne-Punkt-und-Komma-Sprecher«, also für Redner, die so gut wie keine Pausen machen. Selbst wenn diese ihre Stimme modulieren, vermitteln sie den Eindruck von »Einheitsbrei«. Aus der Musik wissen wir, wie wichtig allerkleinste Pausen sind. Einerseits bestimmen sie den Rhythmus und damit die Musikform: Beim Takt-Mitzählen erkennt man einen Walzer an der kleinen Verzögerung nach »drei«, einen Foxtrott an der kleinen Verzögerung nach »vier«. Andererseits sind Pausen die Grundlage der Phrasierung, die das Charakteristische der Stile von Musikrichtungen und Musikern bildet. Nach nur wenigen Takten erkennen Jazzfans an den minimalen Verzögerungen der rechten Hand: Hier sitzt Erroll Garner am Klavier. Musizieren und Kommunizieren haben viel gemeinsam. Die Pause ist nicht nur für die Stimme von Bedeutung, sondern für die gesamte Mikromuster-Palette. Pausen verwenden wir beim Sprechen, Gestikulieren und Verändern der Körperhaltung. Da wir jedoch nur selten als sprachloser Pantomime auftreten, interessieren hier nur unsere Pausen zum Trennen von (verbalen) Satzteilen, Sätzen oder Themen. Deshalb zählen wir sie zu den paraverbalen Mustern.

Die Länge einer Pause hängt vom angestrebten Ziel und den zu trennenden Informationspaketen ab. Grundsätzlich gilt: Je größer die zu trennenden Pakete, umso größer die Pause. Auch das veranschaulicht die Musik: Die Pausen zwischen den Motiven eines aufgeführten Stückes sind meist größer als zwischen den einzelnen Noten. Deutlich größer sind die Pausen zwischen den verschiedenen Stücken und am größten ist die Pause zwischen dem ersten und zweiten Teil eines Konzerts. Unter Anlehnung an die musikalischen Pausenprinzipien unterscheiden wir beim Kommunizieren drei Pausenarten:

**Paraverbales Muster**

**DIE PAUSE [MP02]**

**Modulationspausen [MP02.1]** dienen dem Phrasieren meiner Ausführungen. Es handelt sich um kleine Verzögerungen während des Sprechens, die einzelne Worte, Satzteile oder Sätze betonen. Dadurch entsteht ein natürlicher, nicht monotoner, vielleicht sogar charakteristischer Sprechrhythmus sowie eine Grundspannung zum Erhalten der Aufmerksamkeit.

**Aufmerksamkeitspausen [MP 02.2]** sind deutlich längere Pausen, die je nach Aufgabe sogar mehrere Sekunden dauern. Ihre Hauptaufgabe besteht im gezielten Fokussieren der Aufmerksamkeit von Gesprächspartnern – auf etwas, was gerade war, oder auf etwas, was gleich kommt. Die Länge dieser Pausen hängt von der Zahl der Gesprächspartner ab. Bei Kleingruppen benötigt man weniger Zeit zum Erzielen von Aufmerksamkeit als bei Großgruppen. Aufmerksamkeitspausen bei nur einem Gegenüber sind daher meist am kürzesten.

**Wartepausen [MP 02.3]** sind Unterbrechungen, in denen man aus den verschiedensten Anlässen und teilweise sogar lange auf das Fortsetzen des Kommunikationsprozesses wartet. Oft ist die Wartezeit so groß, dass man von zwei getrennten Situationen mit vollkommen neuen Rahmenbedingungen ausgehen kann (z. B. beim Warten auf einen Antwortbrief). Von den vielen Möglichkeiten wie Denkpausen, Verschnauf- und Erholungspausen, Pausen zum Abreagieren oder zum Warten auf Unterlagen oder Antwort interessiert uns hier aber nur eine Variante: Pausen während eines Gesprächs zum Warten auf eigene oder fremde Aktionen und Reaktionen.

### 3.3.2 Wirkung und Training von Pausen

*»Es war einmal ein Lattenzaun,*
*mit Zwischenraum, hindurchzuschaun.*

*Ein Architekt, der dieses sah,*
*stand eines Abends plötzlich da*

*und nahm den Zwischenraum heraus*
*und baute draus ein großes Haus.*

*Der Zaun indessen stand ganz dumm*
*mit Latten ohne was herum.*

*Ein Anblick grässlich und gemein,*
*drum zog ihn der Senat auch ein.*

*Der Architekt jedoch entfloh*
*nach Afri- od. Ameriko.«*

Christian Morgenstern

Interessant an der Pause ist für viele die Frage »Wieso kann ein Zwischenraum – also ein Nichts – eine so große Wirkung in einem Gespräch ausüben?« Wie so oft, so heißt auch hier die Antwort: Es kommt darauf an. Es hängt davon ab, ob Pausen Ordnung und Bedeutung schaffen, wobei Ordnung die Voraussetzung für Bedeutung ist. Dies gleich zu Beginn als wichtiger Hinweis für alle, die für zu schnelles Sprechen bekannt oder berüchtigt sind.

Dass Pausen Ordnung und damit Bedeutung schaffen, illustriert ein einfaches Beispiel: Beginnen wir, eine Fremdsprache zu erlernen, bereitet es anfangs enorme Schwierigkeiten, während eines Gesprächs zu erkennen, was überhaupt gesprochen wird. Meist müht man sich mit einem langen Strom verbaler Geräusche ab, in dem man vergeblich nach kleinen Unterbrechungen sucht. Denn diese benötigen wir zum Identifizieren einzelner Worte. Da wir diese Aufgabe in unserer Muttersprache selbst unter schwierigsten Bedingungen mühelos meistern, haben wir jedes Gefühl für die Ordnungsfunktion dieser kleinen Pausen verloren. Und für den folgenden Tatbestand:

**Pausen schaffen Informationen.**

Dies trifft nicht nur auf das gesprochene Wort, also das Hören zu. Es gilt für das gesamte Spektrum der menschlichen Wahrnehmung (vgl. BOX 8).

### ▪ BOX 8: PAUSEN SCHAFFEN INFORMATIONEN

Von unseren fünf Sinnen beschränke ich mich hier auf das Sehen. Bei der grafischen Gestaltung von Anzeigen, Prospekten, Websites und vielem mehr übersehen Anfänger häufig, dass der Leerraum keine Verschwendung, sondern Gestaltungsmittel ist. In Veröffentlichungen zum Thema Design finden Sie daher auch den Hinweis: Leerräume sind das, was Pausen in der Musik sind. Geben Sie bei einer Suchmaschine »Design« zusammen mit »Pausen in der Musik« ein, erhalten Sie diverse Fundstellen, unter anderem auch eine Kurzanleitung zum Web-Design mit Stichworten zum Thema Leerraum.

In BOX 4 erfuhren Sie: Auch Betty Edwards beschäftigt sich in ihrem Buch *Garantiert zeichnen lernen* mit dem Leerraum, dem Nichts oder der Pause. Sie geht der Frage nach, warum Menschen nicht zeichnen können, und kommt zu dem interessanten Ergebnis: Menschen zeichnen nicht ab, was sie sehen; sie bringen ihre bildliche Vorstellung von Begriffsinhalten zu Papier – sie konstruieren Realität. Mit Hilfe unseres Bonsai-Bäumchen-Beispiels können wir dieses Phänomen und sein Gegenmittel neu formulieren. Die meisten Menschen sind unfähig, die Gestalt eines Bonsais naturgetreu zu zeichnen. Denn sie sind nicht in der Lage, die Teilinformationen exakt zu erkennen und zeichnerisch abzubilden. Sie trennen nicht zwischen den äußeren und bewusst wahrgenommenen und den inneren, unbewusst einfließenden Bildern. Wie Sie wissen, schlägt Betty Edwards vor, sich nicht auf das Sichtbare zu konzentrieren, sondern auf das Nicht-Sichtbare, auf die visuellen Pausen – wie Christian Morgensterns Architekt in unserem Eingangszitat. Zeichnen wir nur diese Bedeutung schaffenden Zwischenräume, entstehen die durch sie definierten Teilinformationen. Und so wächst auf unserem Zeichenblatt die Gestalt unseres Bonsai-Bäumchens wie von selbst. Aus vielen Nichts – also aus Zwischenräumen, Unterbrechungen oder Pausen – entsteht Information. (Zum Leidwesen unseres Zwischenraum-Architekten bleibt zu ergänzen: Zeichnen wir die Zwischenräume des Lattenzauns, entsteht dessen Gestalt auf dem Papier. Im Gegensatz zu den immateriellen Zwischenraum-Informationen sind Häuser leider materiell. Und materiell bleibt nichts plus nichts leider nichts.)

Nachdem ich mit meinen Pausen in einem ersten Schritt Informationen bildete, bewerten andere diese in einem zweiten Schritt. Auch dazu sind Pausen notwendig: Je bekannter und vertrauter die von uns gesendeten Informationen dem Empfänger sind, umso eher fallen beide Schritte zusammen: das Identifizieren einer Information und das Erkennen ihrer subjektiven Bedeutung. Je unbekannter oder fremder unsere Informationen sind, umso mehr Pausen benötigt ein Zuhörer, um die individuelle Bedeutung für sich zu ermitteln. Er braucht Zeit, um unsere Impulse wirken zu lassen. Pausen ermöglichen das Ermitteln der subjektiven Bedeutung von Informationen. Schnell sprechende, pausen-lose Lehrer, Professoren, Trainer, Ärzte, Verkäufer, Berater, Vorgesetzte und all die anderen Vielsprecher zerstören daher ihre Wirkung in zweifacher Hinsicht: Sie verhindern das Identifizieren von Informationen und das Erkennen der subjektiven Bedeutung. Sie sollten sich daher einprägen:

**Pausen ermöglichen das Einordnen von Botschaften**

**Kommunikative Wirkung ist ohne Pausen unmöglich.**

**Modulationspausen**

Sehen wir uns zunächst an, welche Aufgaben den *Modulationspausen* zukommen. Das Modulieren der Stimme hat zwei Vorteile: Die von uns übermittelten Teilinformationen lassen sich eindeutiger identifizieren und die Aufmerksamkeit unseres Gesprächspartners bleibt erhalten. Wie trainiert man das, wie setzt man es um? Dies ist einfacher, als Sie denken: Es genügt, wenn Sie beim Setzen von Modulationspausen auf Ihr natürliches Sprachgefühl achten. Viele Menschen haben zwar Schwierigkeiten mit der Zeichensetzung. Nach meinen Erfahrungen machen jedoch fast alle unbewusst dort minimale Pausen beim Sprechen, wo nach den Regeln der deutschen Zeichensetzung ein Komma oder ein Punkt hingehört. (Und sollte das laut Duden nicht erlaubt sein: Vertrauen Sie Ihrem Gefühl – machen Sie diese Pause trotzdem.) Sie müssen also nur Ihren natürlichen Impulsen zum Verzögern nachgeben, die sich von selbst einstellen, wenn Sie ruhig sprechen. Dies bewirkt außerdem, dass Ihre Stimme melodiöser klingt.

Im Gegensatz zu den Modulationspausen verfolgen wir mit den *Aufmerksamkeits-* und *Wartepausen* spezielle, aufgabenabhängige

Ziele. Tabelle 3 entnahmen Sie bereits: Pausen helfen sowohl mir als auch meinem Gesprächspartner. Folgende Hauptgründe stehen hinter diesen beiden Pausenarten:

**Gründe für Aufmerksamkeits- und Wartepausen**

1. Ich signalisiere anderen: *»Jetzt kommt ein besonders wichtiger Teilaspekt«*, um z.B. mein letztes und alles entscheidendes Argument zu betonen.
2. Ich signalisiere anderen: *»Jetzt beende ich ein Thema, beginne aber gleich mit dem nächsten«*, wenn ich z.B. nach den Nachteilen die Vorteile aufzähle.
3. Ich signalisiere anderen: *»Jetzt bin ich fertig und warte auf eine Reaktion«*, etwa am Schluss einer längeren Erläuterung.
4. Ich signalisiere anderen: *»Ich möchte in Ruhe überlegen«*, z.B. bei Antworten, Konsequenzen, Argumenten, Ideen oder Entscheidungen.
5. Ich signalisiere anderen: *»Du kannst in Ruhe überlegen.«*
6. Ich signalisiere anderen: *»Ich warte in Ruhe auf dich, nimm dir für andere Aufgaben die Zeit, die du benötigst«*, z.B. bei Unterbrechungen durch Telefonanrufe oder Besucher.
7. Ich benötige eine Pause, um mich wieder zu beruhigen, beispielsweise bei unerwarteten Ereignissen, unangenehmen Störungen oder überraschenden Angriffen.
8. Ich gewähre anderen eine Pause, damit diese sich wieder beruhigen.

**Missverständnisse bei Pausen**

Von diesen acht Fällen sind die ersten beiden Aufmerksamkeitspausen, alle anderen Wartepausen. Ein weiterer Unterschied: In den ersten sechs Fällen soll die Pause eine bestimmte Bedeutung signalisieren; in den letzten beiden Fällen steht diese Bedeutung noch nicht fest. Gerade bei Pausen besteht jedoch stets das Risiko, dass sich kommunikative Absicht und Wirkung nicht decken. Mein Gesprächspartner reagiert anders als erwartet. Ich möchte z.B. nach einer kurzen Aufmerksamkeitspause meine Ausführungen fortsetzen; mein Gesprächspartner fasst sie aber als Aufforderung zum Antworten auf. Das kann auch passieren, wenn wir anderen Zeit zum Überlegen geben. Und soll eine Pause darauf hinweisen, dass nun der andere an der Reihe ist, kann dieser schweigend warten, weil er sie als Pause zum Nachdenken interpretiert.

Anders gelagert ist das Problem in den letzten beiden Fällen. Im Fall des Pausenmotivs 7 will man mitunter den wahren Grund kaschieren: Nach einer unerwarteten, heftigen Kritik benötigen wir dringend Zeit, um uns abzureagieren. Wir möchten aber verbergen, dass uns die Kritik traf und wir nicht nur verzweifelt nach Fassung suchen, sondern auch nach Argumenten. Das ist besonders wichtig, wenn die Kritik im Beisein Dritter vorgebracht wurde. Jetzt geht es darum, das wahre Motiv dieser Pause zu kaschieren und einen Grund vorzuschieben, der allen Anwesenden unverfänglich und plausibel erscheint. Auch bei Grund 8 geht es um ein Verbergen. Manchmal möchte man Gesprächspartnern nicht zeigen, dass man den wahren Grund ihrer Pause kennt. Vielleicht wäre ihnen dies peinlich. Vor einer ähnlichen Aufgabe stehen wir im Berufsalltag bei Pausenmotiv 6: Ein Gespräch wird unterbrochen und mein Gegenüber durch etwas anderes abgelenkt. Gut ist dann das Signal: »Du hast dafür Zeit, denn auch ich mache gerade eine Pause.« Dehnt sich diese Ablenkung jedoch über Gebühr aus, könnte mein Gesprächspartner unruhig werden, sich unter Druck gesetzt oder sich sogar durch mich gestört fühlen. Besser wäre dann das zusätzliche Signal: »... und du kannst so tun, als wäre ich gar nicht hier.«

**Pausen können unbeabsichtigte und ungeeignete Reaktionen auslösen. Das trifft besonders auf längere Pausen zu, die Gesprächspartnern bewusst werden und ihnen Zeit zum Nachdenken geben. Diese unpassenden Reaktionen verhindert oder verringert man durch das Einsetzen zusätzlicher Mikromuster.**

**Zusätzliche Aufmerksamkeitssignale: die Columbo-Technik**

Sehen wir uns diese wichtigen Ergänzungen zunächst bei der Aufmerksamkeitspause an. Ein wahrer Meister dieser Technik ist weltberühmt geworden und jeder, der ihn im Fernsehen sah, erinnert sich an seine Gestik. Er bereitet diese Pause sorgfältig vor: Zunächst lässt er seinen oder seine Gesprächspartner (unter denen er stets den Täter vermutet) glauben, das Gespräch sei beendet; er geht zur Tür und die anderen entspannen sich. Kurz vor der Tür hält er jedoch inne, macht eine Pause, fokussiert die Aufmerksamkeit erneut auf sich – und schlagartig ist die Spannung wieder da. Mit einer Pause allein erreicht er das aber nicht. Meist ist er schon zu weit weg von den anderen, diese unterhalten sich bereits oder sind mit anderen Dingen beschäftigt. Selbst wenn sie hinsehen würden: Macht jemand nur eine Pause, sieht das nicht so aus, als hätte er Wichtiges vor. Darum verwendet er drei zusätzliche Mikromuster. Um erneut auf sich aufmerksam zu machen, ruft er zunächst etwas. Es genügt ein deutlich vernehmbares »Ach, übrigens ...« oder »Oh, da wäre doch noch was ...«. Gleich richten sich alle Augen wieder auf ihn. Und sofort folgt das zweite Muster: Deutlich sichtbar hebt er seinen rechten Arm nach oben und bleibt kurz in dieser Haltung. Dies signalisiert: »Ich habe noch etwas; hört mir jetzt zu.« (An dieser Geste erkannten sicher die meisten Leser: An der Tür steht Kommissar Columbo.) Und noch ein Mikromuster zeichnet ihn dabei aus: Er vermeidet den Blickkontakt und verhindert damit Fragen wie etwa »Ja, um was geht's denn?«. Columbo verwendet also bei seinen Aufmerksamkeitspausen fünf Muster: Er scheint den Raum zu verlassen und signalisiert dadurch Entspannung; ein lauter Ruf fokussiert die Aufmerksamkeit erneut auf ihn; eine Geste kündigt neue und wichtige Informationen an; die Pause lässt die Spannung steigen; sein abgewendeter Blick verhindert zu frühe und störende Rückfragen.

Diese Columbo-Gestik und ihre Besonderheiten behandele ich später ausführlich unter der Bezeichnung *eingefrorene Geste* [MK06] im 3. Teil des Hand- und Mundwerkzeugs. Sie verhindert bei Aufmerksamkeitspausen, dass andere voreilig reagieren. Ob man diese Geste mit oder ohne Blickkontakt durchführt, hängt von verschiedenen Punkten ab, z.B. vom anzusprechenden Thema. Kommt nach der Pause ein Satz wie »... denn ich liebe dich«, suche ich den Blickkontakt; kommt danach ein unangenehmes Thema, vermeide ich ihn. Außerdem vermeide ich den Blickkontakt, wenn ich verhindern will, dass andere meinen Blick trotz eingefrorener Geste als Aufforderung verstehen, darauf zu reagieren.

## ■ BOX 9: BRINGT'S EIN »ÄH« WIRKLICH RÜBER?

Unter dem Titel *Ein »Äh« bringt's rüber* berichtet Anika Fiebich über drei Studien, die sich mit der Wirkung von kleinen Sprechpausen, Fülllauten wie »Äh« oder »Ähm« und anderen Sprechfehlern beschäftigen.[14] Die für uns interessanteste stammt aus Schottland und verkündet: »Äh«-Laute steigern das Erinnerungsvermögen. Denn diese und ähnliche Laute weisen Zuhörer darauf hin, dass nun etwas Ausgefallenes kommt. Anika Fiebich schreibt dazu: *»Die Klischees und Vorurteile über unsichere und unkonzentrierte Leute, die nicht fehlerfrei sprechen können, haben also ausgedient. Versprecher sind, solange sie nicht in starkes Stottern ausarten, gewissermaßen das Salz in der Suppe des Sprachflusses. Wenn der Sprecher zögert, erwartet der Zuhörer, dass es sich um etwas Schwieriges und Ungewöhnliches handelt, was der andere ausdrücken möchte. Er hört mit gesteigerter Aufmerksamkeit zu und merkt sich die Wörter nach den Sprechfehlern besonders gut. Fazit: Es kommt nicht nur darauf an, was man sagt, sondern auch – äh – wie man es sagt.«* Diese Botschaft stieß auf große Resonanz, denn viele deutsche Zeitungen und elektronische Mitteilungsdienste reichten sie ihren Lesern weiter. Ich rate dringend davon ab, diesen Ratschlag zu beherzigen.

Zunächst einmal sind zwei Dinge zu trennen: die Wirkung dieser Laute auf das Erinnerungsvermögen im Laborversuch und ihr Einfluss auf das Prestige des Sprechers in Beruf und Alltag. Ein Beispiel soll das verdeutlichen: Halten Sie einen Vortrag mit einem Riesenfleck auf dem Jackett, erinnert man sich viel besser an Sie und das Gesagte als ohne Fleck. Niemand rät jedoch deshalb zum Tragen unsauberer Kleidung bei Vorträgen. Schließlich gibt es eine Fülle von Techniken, mit denen man diese Wirkung auch ohne Nachteile für sein Image erzielt. Und nicht nur Sprachwissenschaftler rechnen Fülllaute zu den Sprech*fehlern*. Auch die breite Masse beurteilt sie so, macht sich über ein gehäuftes Auftreten lustig und kennt Sprecher mit dieser »komischen« Eigenschaft. (Darum wohl auch die große Resonanz der Medien auf Fiebigs Artikel mit Hinweisen auf Edmund Stoiber.) Die Untersuchungen bestätigen: Eigentlich beeinflussen Verzögerungen unsere Aufmerksamkeit. Ein »Äh« wirkt ohne vorangehende Verzögerung nicht als Fülllaut oder Sprechfehler. Es klingt dann wie ein normaler, wenn auch ungewöhnlicher Satzteil. Erst die Verzögerung erhöht die Aufmerksamkeit! Und die Frage ist: Wäre die im Labor nachgewiesene Wirkung ohne »Äh« nicht vielleicht sogar größer? Meine Vermutung: »Ähs« sind nicht das Salz in der Suppe, wie Anika Fiebich vermutet, sondern im Pudding. Ergänzen Sie daher Ihre wirksamen Verzögerungen nicht durch Ähs, die vielleicht effizient sind, keinesfalls aber effektiv. Erhöhen Sie den Effekt kleiner Aufmerksamkeitspausen durch sicher wirkende Gesten. Diese sind effizient und effektiv.

**Besonderheiten der Wartepause**

Kommen wir zur *Wartepause*. Sie entsteht, wenn jemand auf den Beginn einer für das Gespräch wichtigen Aktion oder Reaktion warten muss oder will. Das können wir sein, aber auch unser Gesprächspartner. Deshalb unterscheiden wir drei Hauptsituationen:

1. Andere warten auf mich, weil ich Zeit benötige, um zu reagieren (das sind die Fälle 4 und 7).
2. Ich warte auf andere, weil diese Zeit benötigen, um zu reagieren (das sind die Fälle 3, 5 und 8).
3. Ich warte auf andere, weil diese mit etwas anderem beschäftigt sind (das ist der Fall 6).

Grundsätzlich stellten wir bereits für alle sechs Fälle fest: Einfaches Nichtstun ist riskant. Es kann zu störenden Überlegungen bei unserem Gegenüber führen, besonders wenn sich eine Pause unerwartet ausdehnt. Selbst eine nur gedachte Frage wie »Was macht der da eigentlich gerade?« lenkt bereits ab und löst für uns nachteilige Gedankenketten aus. Das bedeutet: In Wartepausen sollte ich mich so verhalten, dass mein Warten auf Dritte einen natürlichen Eindruck macht und keinen Anlass zu Fragen oder störenden Überlegungen gibt.

**Der intelligente Ausdruck**

Zum Erreichen dieses hoch gesteckten Ziels gibt es zum Glück eine einfache und sogar überaus beliebte Geste. Sobald man weiß, um was es sich handelt, entdeckt man diese laufend bei anderen. Weise ich in Seminaren darauf hin und frage, was jemand tut, der sich so verhält, kommt die übereinstimmende Antwort »Er denkt (nach).« Da der *intelligente Ausdruck* [MK07] eine Vielzahl zusätzlicher Verhaltensmöglichkeiten eröffnet, gehe ich später ausführlich auf ihn ein (vgl. Kapitel 7). Hier will ich jedoch bereits das Geheimnis lüften, wie man in Wartepausen nachdenklich wirkt. Kommissar Columbo setzt dazu vor allem zwei Gesten ein. Die erste – ein leichtes Kratzen mit den Fingern seiner rechten Hand auf dem Kopf – empfehle ich nur dem, der unterschätzt werden möchte wie Columbo. Diese Geste bedeutet zwar allgemein, dass man nachdenkt; sie vermittelt jedoch den Eindruck, dass einem das schwerfällt, lästig ist oder sogar unangenehm. Darum eignet sie sich grundsätzlich nicht in Situationen, in denen wir auf andere warten. Dagegen ist Columbos zweite Geste universell einsetzbar. Sie zeigt ein tiefes, angestrengtes Grübeln an: Er legt den Zeigefinger der rechten Hand senkrecht an seine Nasenspitze, den Daumen unter sein Kinn und umfasst mit der linken Hand den Ellenbogen seines rechten Arms. (Um die Wirkung aller hier behandelten Gesten nachzuvollziehen, genügt Lesen nicht. Sie sollten diese Bewegungen daher nachmachen – Linkshänder natürlich mit der jeweils anderen Hand.) In beiden Fällen ist bei Columbo noch etwas zu beobachten: Er blickt zu Boden – denn beim Denken darf man andere nicht ansehen. (Studenten oder Lehrgangsteilnehmer reduzieren daher mit diesem Verhalten das Risiko, dass ein Professor oder Trainer sie anspricht und aus tiefen Träumen reißt.)

Ein nachdenklicher Eindruck lässt sich auf zahlreiche Arten erzielen. Den berühmtesten intelligenten Ausdruck zeigt Auguste Rodins Statue *Der Denker*. Für uns Normalsterbliche eignen sich folgende Gesten allerdings besser: Daumen und Zeigefinger umfassen das Kinn; der gestreckte Zeigefinger liegt an den Lippen und der Daumen unter dem Kinn; der gerade oder auch nur leicht gebogene Zeigefinger berührt sanft mit der Spitze die Unterlippe oder das Kinn; man legt den gekrümmten Zeigefinger quer über das Kinn und den Daumen darunter; man nimmt das Ende eines Brillenbügels in den Mund oder legt einen Kugelschreiber an die Unterlippe oder das Kinn. Besitzen Sie für Ihren Computer eine Clipart-Sammlung mit Personenabbildungen? Dies ist das einzige Mikromuster, zu dem es eine Fülle von Abbildungen gibt, auch Rodins Denker. Berücksichtigen Sie aber beim Anwenden zwei Punkte: Versuchen Sie zunächst, sich an die Geste zu erinnern, die Sie bereits einsetzen. Da das wahrscheinlich vergeblich ist (wir tun das unbewusst), fragen Sie Ihren Partner oder Ihre Partnerin. Außerdem kommt es bei dieser Geste auf das Geschlecht an: Manche Männer können dabei die ganze Hand einsetzen (z.B. beim Umfassen des Kinns) oder den ganzen Finger (z.B. beim Anlegen an die Lippe oder Nase). Das wirkt bei Frauen meist unnatürlich; sie nehmen dazu fast immer nur Finger- und Daumenspitze.

**Der intelligente Ausdruck zeigt eine Denkpause an: Er signalisiert, dass ich gedanklich beschäftigt bin und daher weder reden noch Fragen beantworten möchte. Er verschafft mir Ruhe und Zeit. Außerdem erteilt er die grundsätzliche Erlaubnis, den Blickkontakt abzuwenden, ohne dass dies anderen bewusst wird.**

Kehren wir zu unseren drei Warte-Situationen zurück: Grundsätzlich besteht unser Verhalten in allen drei Fällen aus dem intelligenten Ausdruck. Eine Geste und der abgewandte Blick signalisieren, dass wir gerade nachdenken. Im Einzelfall berücksichtigen wir jedoch Folgendes:

- **Situation 1** – *andere warten auf das Ergebnis meines Nachdenkens* – besprechen wir später im Zusammenhang mit dem intelligenten Ausdruck (vgl. Kapitel 7). Dort erfahren Sie auch eine zusätzliche Variante: Mit einem intelligenten Ausdruck dürfen wir unseren Platz verlassen und uns bewegen, z.B. auf und ab gehen. Das ist eine ideale Technik, wenn wir unsere Fassung wiedergewinnen müssen.

- **In Situation 2** – *wir warten auf die Reaktion eines Gesprächspartners* – ergeben sich häufig interessante Konstellationen. Im Normalfall dürfen Sie Ihrem Gesprächspartner ab und zu einen aufmunternden Blick zuwerfen oder beruhigend etwas sagen (z.B. »Lassen Sie sich ruhig Zeit«), sofern es Ihre Position und die Situation erlauben. Dehnt sich eine Denkpause jedoch weit über Gebühr aus, wird vielleicht sogar peinlich, stehen Sie vor einer wichtigen Frage: Sollen Sie diese Pause unterbrechen, vielleicht sogar abbrechen? Die Antwort hängt von den Rahmenbedingungen des Gesprächs ab, lässt sich also nicht grundsätzlich geben. Trotzdem sind einige Hinweise möglich: Viele Menschen halten lange Pausen nicht aus; sie müssen ihre Spannung abbauen und deshalb irgendetwas tun. Also unterbrechen sie die Pause und beginnen zu reden. Damit befreien sie jedoch den Gesprächspartner vom Druck zum Nachdenken und Reagieren. Denn je länger man schweigend und äußerlich weitgehend untätig auf eine Reaktion wartet, umso stärker empfindet der Gesprächspartner den Zwang, irgendwie reagieren zu müssen. Nicht nur Eltern, Vorgesetzte und Verkäufer zerreden allerdings diesen Druck in Gesprächen mit ihren Kindern, Mitarbeitern oder Kunden. Sie selbst ertragen die wachsende Spannung nicht und geben damit eine der wirksamsten Techniken der Prozesssteuerung aus der Hand.

**Wartepausen lassen sich gezielt einsetzen, um Druck auf Gesprächspartner auszuüben.**

- **In Situation 3** – *wir warten auf unseren Gesprächspartner, der das Gespräch unterbrochen hat* – besteht das Risiko, dass der abgelenkte Gesprächspartner bei längeren Unterbrechungen darüber nachdenkt, ob er uns weiter warten lassen darf. Grundsätzlich gehen wir davon aus: Diese Überlegungen beeinflussen seine Stimmung und damit das Gesprächsergebnis negativ. Darum zeigen wir mit dem intelligenten Ausdruck nicht nur, dass wir nachdenken. Wir zeigen auch, dass wir nicht über ihn nachdenken! Da eine Hand mit der intelligenten Geste beschäftigt ist, nehmen wir eine Unterlage in die andere Hand und signalisieren: »Ich denke darüber nach, warte eigentlich gar nicht auf dich.« Sie können auch in der einen Hand ein Schriftstück halten und mit dem Zeigefinger oder mit einem Kugelschreibe so tun, als gingen Sie konzentriert dort einzelne Punkte durch.

Nach dem bisher Gesagten ist für die Pause ein Platz im magischen Quartett sicher gerechtfertigt.

## ■ BOX 10: GLAUBHAFTES PAUSIEREN – DIE 3. CHANCE VON MR. CHANCE

Mr. Chance hatten wir beim ersten Vertreter des magischen Quartetts verlassen – beim Blickkontakt. Wie sieht es nun mit seinem Stimmmuster und der Pause aus? Alle in den beiden letzten Kapiteln behandelten Möglichkeiten zum Beeinflussen übersteigen die Fähigkeiten von Mr. Chance. Als emotionsloser Mensch besitzt er nur ein einziges Stimmmuster – das glaubhafte. Und da er dieses Muster ohne jede Erregung einsetzt, wirkt seine Stimme stets ruhig und gelassen. Eigentlich müsste er deshalb einen monotonen, einschläfernden Eindruck machen. Dass dies nicht geschieht, hat zwei Ursachen: Chance kann keine langen Sätze formulieren, dazu fehlt ihm die Intelligenz. Und er macht kleinere Pausen zwischen seinen Sätzen, weil er nachdenken muss. Seine Redebeiträge sind zu kurz, um monoton zu wirken.

Das zeigt sich auch an seiner Mimik, Gestik und Körperhaltung: Diese verändern sich nur selten, vermitteln stets einen glaubhaften Eindruck; Chance bewegt sich kaum und sitzt oder steht stets vollkommen aufrecht. Dies hat zur Folge, dass sein gesamtes nonverbales Verhalten nicht von seinen Worten ablenkt. Sein Sagen und Tun ist stets deckungsgleich – Mr. Chance ist die verkörperte Kongruenz. Und das erhöht die Wirkung seiner Aussagen.

Dieses Nicht-Verhalten zeigt er selbstverständlich auch in den Pausen, in denen er wartet, weil er sich nicht angesprochen fühlt – mit einer Ausnahme: Chance richtet seinen Blick stets dorthin, wo die für ihn interessanteren Impulse herkommen. Denn er lebt nur von den Eindrücken, die er von außen bekommt. (Hat er z.B. die Wahl zwischen einer Fernsehsendung und Eve, verliert Eve diesen Wettbewerb um seine Aufmerksamkeit!) Dieser ständige Blickkontakt und sein aufrechtes, regungsloses Sitzen in den Wartepausen führen dazu, dass sich seine Gesprächspartner ständig aufgefordert fühlen zu reagieren. Chance ist ein Meister im Ausüben von Druck oder Macht per Prozesssteuerung.

## 3.4 Das Meistermuster: die Atemkontrolle 01

*»Auf die Atmung achten!«*

Regelmäßige Regieanweisung von Guillermo del Toro während der Dreharbeiten zu *Pans Labyrinth*

Das letzte Mitglied des magischen Quartetts fällt etwas aus dem Rahmen. Dieses Kapitel ist das kürzeste, obwohl das *Meistermuster* eine interessante Doppelfunktion besitzt. Einerseits deutete unser Vergleich mit einem Päckchen Traubenzucker an: Es ist ein Muster für den Handwerker, für den Meister selbst, scheint direkt also keinerlei Wirkung auf andere zu besitzen. Andererseits betonten wir aber: Es stellt eine wichtige Grundlage zum meisterhaften Kommunizieren dar; irgendwie scheint es also doch etwas zu signalisieren. Dieser scheinbare Widerspruch löst sich schnell auf: Die ausreichende Kraft, die uns Stephen King empfiehlt, dient nämlich nicht nur zum Tragen unseres Werkzeugkastens. Wir benötigen sie auch zum Durchstöbern nach geeigneten Werkzeugen und zum fachmännischen Einsetzen. Mit anderen Worten: Wie ein Stück Traubenzucker verbessert das Meistermuster zunächst einmal unseren körperlichen Zustand. Dieser erleichtert aber nicht nur das Suchen und Finden geeigneter verbaler und nonverbaler Muster. Er hilft auch beim Einsetzen dieser Muster, ja verändert sogar deren Wirkung. Für andere strahlen wir dann mehr Ruhe und Sicherheit aus. Und dieser Gesamteindruck schafft einen für uns positiven Rahmen zum Beurteilen aller unserer Aktionen und Reaktionen. Das Meistermuster ist daher so etwas wie die »Eier legende Wollmilchsau des Kommunizierens«.

Häufig führen wir Gespräche, in denen es um etwas geht, wobei wir nervös werden oder uns aufregen. Für solche Situationen haben viele Menschen eine Fülle von Ratschlägen auf der Zunge: Man solle das doch lockerer nehmen, den Kopf hochnehmen, sich entspannen oder beruhigen, sich abreagieren oder zusammennehmen, sich wieder konzentrieren, eine Pause einlegen, eine Zigarette rauchen, eine Tasse Kaffee oder Tee trinken, sich bewegen und so weiter. Sehen wir uns jedoch an, was diese vertraut klingenden Tipps bezwecken, dann verfolgen alle letztendlich nur ein Ziel: Man soll wieder tiefer atmen. Als sparsamer Mensch schlage ich Ihnen darum vor: Ersparen Sie sich alle diese Umwege, achten Sie einfach stets darauf, tief zu atmen:

**Eine tiefe Atmung – das ist unser Meistermuster – bietet zwei Hauptvorteile: Sie versorgt uns mit Sauerstoff, liefert also die erforderliche Energie zum Denken und Handeln, und sie bewirkt eine Entspannung des Körpers. Beides sehen und hören unsere Gesprächspartner – bewusst und unbewusst.**

**Wichtig für die Konzentration: tiefe Atmung**

Unter einer tiefen Atmung verstehen wir die so genannte Bauchatmung: Man atmet ruhig, gleichmäßig, langsam und in so tiefen Zügen ein, dass sich die Lunge in den Bauchraum ausdehnt. Das Gegenteil, die hohe Atmung, spielt sich fast nur im Brustraum ab. Darum spricht man auch von flacher Atmung. Da die aufgenommene Sauerstoffmenge geringer ist als bei der tiefen Atmung, holt man häufiger Luft. Kommen Nervosität oder Stress hinzu, steigt die Atemfrequenz wegen des höheren Sauerstoffverbrauchs, in Extremfällen schnappt man geradezu nach Luft. Trotzdem sinkt unsere Energie zum Denken und Handeln und wir machen auf andere einen hektischen Eindruck. Ein permanent tiefes Atmen sollte daher Dauerziel bei allen unseren Gesprächen sein. Trotz der enormen Bedeutung der Atmung beschäftigen uns aber nur zwei Aspekte: Wie verändert mein Atmen den Eindruck auf andere und was bedeutet das Atmen anderer für mich? Auf den ersten Aspekt gehen wir hier ein, auf den zweiten später ausführlich, wenn es um die Aufmerksamkeit unserer Gesprächspartner geht (vgl. Kapitel 9).

**Die Atmung beeinflusst unser ganzes nonverbales Repertoire**

Grundsätzlich beeinflusst unsere Atmung den Charakter aller nonverbalen Muster: Stimme, Gestik, Mimik und Haltung verändern ihren Ausdruck und damit den Eindruck auf andere. Wir können davon ausgehen, dass das magische Trio bei flacher Atmung entsprechend negativ wirkt: Der Blickkontakt wirkt fahrig, unruhig; das Wegsehen löst negative Assoziationen aus, wie sie in der rechten Spalte von Tabelle 1 stehen. Das Gleiche trifft auf unsere Pausen zu: Modulationspausen verändern sich mit der Stimme, Aufmerksamkeitspausen fallen der Hektik zum Opfer und Wartepausen wirken wie dringend erforderliche Erholungszeiten. Den stärksten, weil unmittelbarsten Einfluss übt die Atmung jedoch auf unsere Stimme aus: Alle Eindrücke, die wir mit einem glaubhaften oder zugänglichen Stimmmuster verbinden und die in Tabelle 2 aufgeführt sind, setzen voraus: Wir atmen tief. Bei hoher Atmung verändert sich der Charakter der Botschaft und – aufgrund der unbewussten Wirkung der Stimme – auch des Botschafters! Das illustrieren die oben genannten negativen Eindrücke von Arroganz oder Herrschsucht beim glaubhaften und Unsicherheit oder Inkompetenz beim zugänglichen Stimmmuster. Diese Einschätzung beruht nicht allein auf den Stimmmustern. Sie beruht auf einer negativen Einfärbung der Stimme – durch grundsätzliche Einstellungen und Werte oder durch den augenblicklichen Zustand, etwa durch die Atmung. Denn schon ein leichtes Erhöhen der Atemfrequenz beeinflusst unsere Tonalität und deren Eindruck. Eine glaubhafte Stimme wirkt dann drängend, überheblich, ja sogar unbarmherzig; eine zugängliche Stimme bekommt unsichere, weinerliche, ja sogar flehende Untertöne.

Guillermo del Toro, Regisseur des mehrfach Oscar-prämierten Films *Pans Labyrinth*, berichtet über Unterschiede bei den Dreharbeiten zwischen der Arbeit mit Erwachsenen und Kindern: Im Gegensatz zu langjährigen Schauspielern muss er Kindern dabei helfen, die angemessenen Emotionen zu zeigen. Er erzählt, dass er in einem kleinen Yogabuch auf die Zusammenhänge zwischen Atmung und Emotionen gestoßen sei. Seitdem erklärt er Kindern beim Drehen, wie sie in den verschiedenen Szenen zu atmen haben.[15] Für Ivana Bequero, die elfjährige Darstellerin der Ofélia, gehörte daher der Ruf del Toros »Auf die Atmung achten!« zu den häufigsten Regieanweisungen. Diesen Ruf sollten Sie sich einprägen – allerdings mit einem anderen Ziel: Sie sollen nicht – wie Ivana – höher atmen, um erregter zu wirken; Sie sollen tiefer atmen, um sich zu beruhigen und ruhiger zu wirken. Gewöhnen Sie sich deshalb die folgenden beiden Muster schon in stressfreien Zeiten an! Ist Not am Mann oder an der Frau, sollte man diese Hilfen verinnerlicht haben. Bei uns steht leider niemand im Hintergrund, um uns mit einem Ruf an die richtige Atmung zu erinnern.

01

**Atemmuster**

| **SELBSTCONTROLLING [MA 01]** | |
|---|---|
|  | Unter der **direkten Atemberuhigung [MA 01.1]** verstehen wir das bewusste Kontrollieren und Steuern der eigenen Atemfrequenz mit dem Ziel, während eines Gesprächs langsam und tief in den Bauch zu atmen. |
|  | Unter der **indirekten Atemberuhigung [MA 01.2]** verstehen wir das bewusste Kontrollieren und Steuern unserer Körperhaltung, um die während eines Gesprächs unbewusst angespannten Körperteile wieder zu entspannen. |

**Atemkontrolle ist Selbstkontrolle**

Das *direkte Beruhigen des eigenen Atems* ist eine Technik, die schnell und sicher wirkt. Natürlich lässt sich durch ein Umschalten auf Bauchatmung nicht das Adrenalin beseitigen, das unser Körper in Stresssituationen ausschüttet. Sie verspüren jedoch eine nicht nur körperliche, sondern auch mentale Beruhigung, weil Sie etwas für sich tun und damit das Heft in die Hand nehmen. Von meinen Studenten bekomme ich oft die Rückmeldung, dass diese Technik bei mündlichen Prüfungen und Vorstellungsgesprächen gute Dienste leistet. Die *indirekte Atemberuhigung* durch Körperentspannung lässt sich nicht nur in Gesprächen anwenden: Man merkt meist nicht, wie angespannt man am eigenen Schreibtisch, im Wartezimmer des Arztes, ja sogar abends vor dem Fernseher sitzt. Sehr beliebt ist bei vielen Menschen das unbewusste Hochziehen der Schultern. Ich wende die Körperentspannung an, wenn ich auf dem Behandlungsstuhl beim Zahnarzt sitze. Dann gehe ich meinen Körper regelmäßig und systematisch von unten nach oben durch. Und bei jedem Durchgang bin ich erneut überrascht, wie ein vor kurzem entspannter Arm schon wieder angespannt ist. Das hat außerdem den Vorteil, dass ich mit etwas beschäftigt bin und meine Aufmerksamkeit vom Zahnarzt ablenke. Der Fachausdruck für diese Entspannungsübung heißt *Bodyscanning;* im Internet werden Sie schnell dazu fündig.

**■ BOX 11: TIEFES ATMEN – DIE 4. CHANCE VON MR. CHANCE**

Mr. Chance wirkt wie die Ruhe in Person, weil er stets tief und langsam atmet – von einer Ausnahme abgesehen: Als der amerikanische Präsident ihn in der Bibliothek anspricht, verliert er für einen kurzen Moment die Fassung, was sicher auch sein Atemmuster beeinflusst. Ansonsten führt sein permanent tiefes und ruhiges Atmen dazu, dass sein gesamtes nonverbales Verhalten entspannt wirkt: seine Stimme, seine Mimik, seine Gesten und seine Körperhaltung. Chance benötigt keine Techniken zum Selbstcontrolling; er ist ruhig. Und er bleibt auch ruhig. Denn Chance ergreift nie die Initiative – außer beim Einschalten des Fernsehers. Er wartet in aller Ruhe und reagiert nur auf eine direkte Ansprache.

Mit dem Meistermuster, den beiden Techniken zur Atemkontrolle, kennen Sie das letzte Mitglied des magischen Quartetts. Und ich hoffe nun, meine Versprechungen weiter vorn kommen Ihnen nicht übertrieben vor: Mit diesen vier Mustern haben Sie es in der Hand, Ihren nonverbalen Ausdruck so gezielt einzusetzen, dass sich Ihr Eindruck auf andere entscheidend verbessert. Und es funktioniert sofort. Allein der Entschluss fehlt, es ab jetzt zu tun. Mehr können müssen Sie nicht, mehr wissen müssen Sie nicht. Auch nicht die Erläuterungen zur Kommunikation im nächsten Kapitel. Die helfen aber beim Durchhalten. Denn je mehr Sie vom Kommunizieren verstehen, umso leichter fällt Ihnen das Entrosten Ihrer Werkzeuge und das bewusste neuartige Anwenden. Das gilt besonders für die Werkzeuge, die ich im übernächsten Teil vorstelle: die acht Faselindikatoren.

HINTERGRUND

# 4 Kommunikation im Modell

## 4.1 Sagen wir es durch die K-Röhre

*»Information ist nicht sehr interessant. Interessant ist an einer Aussage, was geschieht, bevor sie formuliert wird und nachdem sie gehört wurde, nicht der Informationsgehalt.«*

Tor Nørretranders[1]

### 4.1.1 Von Daten, Informationen und Exformationen

**Das Röhren-Modell**

Die herrschende Meinung zur Kommunikation ist bekannt: Ein Sender und ein Empfänger tauschen Informationen aus. In ihrem Buch *Der Baum der Erkenntnis* bezeichnen Umberto Maturana und Francisco Varela die hinter diesem Kommunikationsmodell stehende Denkweise als *»Röhrenmetapher«*[2]: Der Sender gestaltet eine Botschaft für den Empfänger und steckt sie in eine Röhre, die sie zum Empfänger transportiert. Der Empfänger entschlüsselt die Bedeutung des Röhreninhaltes und sendet seinerseits eine an den Sender gerichtete Botschaft per Röhre zurück. Das, was in dieser Röhre hin und her wandert, stellt die Informationen dar. Und eine »Kommunikations- oder K-Röhre« ist alles, was Informationen transportiert.

**Der Unterschied zwischen Daten und Informationen**

Leider verhindert die landläufige Verwendung des Informationsbegriffs, dass ich in diesem Buch einen wichtigen Unterschied sprachlich konsequent verwende: den Unterschied zwischen Daten und Informationen. Bezeichnen wir alle uns zugänglichen Fakten als Daten, dann besteht der kleine, für uns sinnvolle Datenanteil aus Informationen.

**Informationen sind nützliche oder entscheidungsrelevante Daten.**

Nun heißt das, was man früher EDV (elektronische Datenverarbeitung) nannte, heute Informatik; es ist darum zwecklos, den Informationsbegriff neu zu definieren. Allerdings sollten wir diese enorm wichtige Unterscheidung stets im Hinterkopf parat haben. Dann wird z.B. klar: Wir haben weder – wie oft behauptet – eine Informationsgesellschaft, noch quillt das Internet über von Informationen. Wir leben in einer Datengesellschaft und die permanent wachsende Datenflut macht es von Jahr zu Jahr schwieriger, an die nützlichen Daten zu gelangen, an die Informationen. Alle, die mit Suchmaschinen das Internet durchforsten, unterschreiben das sofort.

Diese Sichtweise weist noch auf etwas anderes hin: In BOX 4 stellte ich den Ratschlag von Betty Edwards vor, sich beim Zeichnen auf die Zwischenräume zu konzentrieren. Dieser Trick verhindert, dass sich das, was vor uns liegt, unbewusst mit den Vorstellungen vermischt, die sich bereits in uns befinden. Mit anderen Worten: Betty Edwards verhütet, dass wir unbewusst aus (äußeren) Daten (innere) Informationen machen. Vor diesem Problem stehen wir grundsätzlich immer beim Kommunizieren – und alle Betrüger nutzen das aus. Nehmen Sie den Prospekt der ABC-Methode: Dieser enthält nur Daten; wir allein machen daraus beim Lesen Informationen. Da das blitzartig geschieht, scheinen diese Informationen für uns im Prospekt zu stehen – und schon geht der Bestellschein ab zur Post. Dazu sagt der Volksmund nachsichtig »Der Wunsch ist der Vater des Gedankens« oder bissig »Gier frisst Hirn«. Um sich auf die reinen Daten einer Zeichnung konzentrieren zu können, schlägt Betty Edwards vor, sie beim Abzeichnen auf den Kopf zu stellen. Wäre es nicht toll, wenn es auch beim Kommunizieren eine Methode gäbe, um die Daten glasklar zu erfassen? Da das Auf-den-Kopf-Stellen eines Prospektes kaum hilft und bei Gesprächen höchst schwierig sein dürfte, schlage ich zur reinen Datenerfassung etwas anderes vor: die acht *Faselindikatoren*. (Sie werden im nächsten Kapitel behandelt.) Der Name deutet bereits an: Mit ihrer Hilfe entlarven wir angebliche

Informationen in mündlichen oder schriftlichen Mitteilungen als informationsloses Gefasel – wir erfassen das, was eigentlich durch die K-Röhre wandert. Und das bedeutet: Durch die K-Röhre wandern keine Informationen, sondern nur Daten.

**Empfänger verleihen Bedeutung**

Werfen wir nun einen Blick auf das Entschlüsseln der Röhreninhalte. Darunter versteht man das Interpretieren von Botschaften hinsichtlich Sinn und Bedeutung oder das Herausfinden der darin versteckten Informationen. Das klingt so, als ob man wie ein Trüffelschwein die aus der Röhre kommenden Informationen nach Schätzen durchwühlt. Nun sahen wir aber gerade: Austauschen können wir nur Daten. Und in diesen Daten finden wir keine Bedeutung; wir selbst verleihen Daten Bedeutung und machen aus ihnen unsere Informationen. Ab und zu läuft dieser Prozess bewusst und langsam ab; wir denken z.B. über eine Bemerkung oder einen Brieftext nach. Im Normalfall geschieht das jedoch unbewusst und blitzschnell – und leider nach höchst unterschiedlichen Regeln.

- *Verbale Botschaften* basieren fast immer auf offiziell anerkannten Regeln und Bestandteilen einer Muttersprache. Diese findet man in Grammatikbüchern und Lexika. Klammern wir Formulierungsfehler oder Betrug aus, lässt sich der Sinn von Texten meist entschlüsseln.

- *Nonverbalen Botschaften* liegen dagegen meist unbewusste, oft sogar höchst subjektive Regeln zugrunde. Ich habe auch damit zu rechen, dass der Ausdruck meines Gesprächspartners etwas vortäuschen soll – und zwar ohne dass es ihm bewusst ist. Davon profitiert nicht nur Mr. Chance laufend. Viele Menschen haben sich z.B. angewöhnt, mit einer glaubhaften Stimme ihre Unsicherheit zu kaschieren. Und um dem Ganzen die Krone aufzusetzen: Unbewusst verändert sich dadurch beim Empfänger sogar die Bedeutung der verbalen Botschaft. Da er aber nicht erkennt, wie stark der Gesamteindruck vom nonverbalen Signal abhängt, führt er ihn auf den Sprecher zurück, auf sein Wesen, seinen Charakter. (Ich erinnere an den Eindruck, den das glaubhafte Stimmmuster meiner Frau hervorrief.)

Verbale und nonverbale Botschaften lassen sich also nicht sauber trennen. Ein Weiteres kommt hinzu: Der Empfänger hört und sieht lediglich die Oberfläche einer Botschaft, er kann nie genau wissen, was der Sender gemeint hat.

**Oberflächen- und Tiefenstruktur der Sprache**

Noam Chomsky, der international wohl berühmteste Sprachwissenschaftler, er gehört zu den zehn meistzitierten Geisteswissenschaftlern der Welt[3], hat die Trennung zwischen Oberflächen- und Tiefenstruktur einer Sprache eingeführt.[4]

> **Die sprachliche *Oberflächenstruktur* ist das, was wir sehen, hören und fühlen können, also z. B. diesen Text, die Ansage eines Nachrichtensprechers im Fernsehen oder eine Mitteilung in Blindenschrift. Die *Tiefenstruktur* ist das, was die gedankliche Grundlage dieser Botschaften ausmacht, also die »zwischen den Ohren« des Senders vorhandenen Überlegungen.**

Kein Sender ist in der Lage, alles explizit auszudrücken, es bleibt stets ein ausgeklammerter Rest. Tor Nørretranders spricht von *Exformation*. Der Empfänger behilft sich mit »Hellsehen«.

### ■ BOX 12: INFORMATIKER, EXFORMATIKER, PROZESSSTEUERUNG UND HELLSEHEN

Informatiker sind Personen, die sich vor allem mit der technischen Seite des Informierens beschäftigen, unabhängig vom Sinn für den Empfänger. Um auf den entscheidenden Unterschied zwischen dem Mitteilen und dem Interpretieren von Informationen hinzuweisen, führt Tor Nørretranders den Begriff der *Exformation* ein und illustriert ihn mit dem »Baum der Rede«[5] auf der folgenden Seite. (Die erläuternden Zeichnungen und Beschriftungen in der folgenden Abbildung fügte ich ein.)

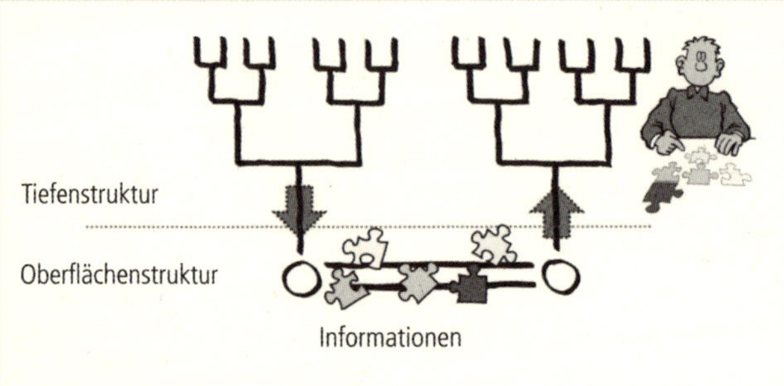


Abbildung 3: Der Baum der Rede

Diese Abbildung veranschaulicht zwei Punkte: Zunächst verdichtet der Sender in seinem Kopf eine Vielzahl von Informationen zu dem, was er dem Empfänger dann schließlich mündlich oder schriftlich übermittelt. Das, was er dabei aussortiert und nicht übertragen will oder kann, sind die Exformationen. *»Soll die Kommunikation gelingen, muss der Absender nicht nur an sich selbst, sondern auch daran denken, was der Empfänger im Kopf hat ... Im Geist des Empfängers soll innere Information entstehen, die mit der Exformation verwandt ist, welche der Absender im Kopf hat. Die übermittelte Information soll beim Empfänger eine bestimmte Assoziation wecken.«*[6] Im Gegensatz zu Informatikern sind Exformatiker daher Personen, die beim Senden ihrer Informationen berücksichtigen, was »alles im Geiste des Empfängers« entstehen soll. Nørretranders »Baum der Rede« unterstreicht daher auch, dass die Oberflächenstruktur stets ärmer ist als die Tiefenstruktur. Was wir als Prozesssteuerung (vgl. Einführung zur Impuls-Kommunikation in Kapitel 2) bezeichnen, ist deshalb in der Terminologie Nørretranders' das Auslösen einer Suche nach fehlender Exformationen beim Empfänger. Und Hellsehen wäre das stille Überlegen, welche Exformationen im Kopf des Senders ausgesondert wurden. Sehen wir uns anhand dieser Abbildung die Möglichkeiten des Empfängers an. Er sollte sich zunächst fragen: Soll ich mich überhaupt um die Exformationen des anderen kümmern oder nicht? Wird diese Frage bejaht, weil man neugierig ist oder Vorsicht angebracht erscheint, besteht die Aufgabe darin, herauszufinden, welche der folgenden vier Situationen vorliegt: 1. Es liegt die übliche Sender-Schludrigkeit vor. 2. Dem Sender fehlt es an Wissen. Oder er spricht vorsätzlich schludrig, um 3. mir zu schaden oder um 4. mir zu helfen (z.B. per Prozesssteuerung). Zu allen Punkten erfahren Sie im Folgenden mehr.

### 4.1.2 Eine Bedienungsanleitung für die K-Röhre: Watzlawicks Axiome

Auch Modelle sind – wie Eigenschaften – an sich weder richtig noch falsch. In manchen Situationen sind sie nützlich, in anderen nicht. Das trifft auch auf das Röhrenmodell der Kommunikation zu. Die einfache Version klammert viele wichtige Fragen aus. Aber Hand aufs Herz: Wir alle sind damit bislang ganz gut durchs Leben gekommen. Allerdings dürfte es dem einen oder anderen bereits dämmern: Viele Gespräche wären sicher anders verlaufen, hätte man einige dieser ausgeklammerten Aspekte berücksichtigt. Und darum fragt er sich vielleicht: Gibt es einfache Regeln, die das Hantieren mit der K-Röhre erleichtern? Ja, die gibt es. Eine der bekanntesten »Bedienungsanleitungen« stammt von Watzlawick / Beavin / Jackson und hat den kompliziert klingenden Namen *»die pragmatischen Axiome menschlicher Kommunikation«*[7]. (Als Axiom bezeichnet man eine unmittelbar einsichtige Annahme, die man nicht ausdrücklich beweisen kann oder will.) Sehen wir uns diese Bedienungsanleitung am Beispiel der bisher besprochenen Muster an:

**Die Unmöglichkeit, nicht zu kommunizieren**

**Axiom 1** enthält die weltweit wohl bekannteste These zum Thema Kommunikation: *»Man kann nicht nicht kommunizieren.«* Wie Tabelle 1 zeigt: Selbst wenn wir nichts sagen und den Blickkontakt vermeiden, signalisieren wir etwas. Auch Wegsehen ist kommunikatives Verhalten. Mit anderen Worten: Die K-Röhre ist nie leer.

**Die Beziehungsebene dominiert die Sachebene**

**Axiom 2** lernten Sie bereits teilweise kennen: Jede Kommunikation hat einen *Inhalts-* und einen *Beziehungsaspekt,* wobei der Beziehungsaspekt den Inhaltsaspekt bestimmt. Mit anderen Worten: K-Röhren enthalten stets zwei Informationen. Eine betrifft die Sachebene, das eigentliche Gesprächsthema; eine betrifft die Beziehungsebene, die zwischenmenschliche Komponente. Und Letztere entscheidet darüber, ob und wie wir die Inhaltskomponente interpretieren. Vera F. Birkenbihl drückt dies kurz und treffend aus: *»Das ist die Information über die Information.«*[8] Sagen wir »Ich helfe Ihnen« und vermeiden dabei den Blickkontakt, weckt das bei vielen Menschen Zweifel an der geäußerten Zusage. Äußern wir eine höfliche Bitte mit glaubhafter Stimme, ähnelt sie einem Befehl.

**Signale erteilen und entziehen Sendeerlaubnis**

**Axiom 3** hört sich höchst kompliziert an: *»Die Natur einer Beziehung ist durch die Interpunktion der Kommunikationsabläufe seitens der Partner bedingt.«*[9] Übersetzt in die Sprache der K-Röhre heißt das aber nur: Mit Hilfe bewusster und unbewusster Regeln und Signale zeigen wir an, wer die Röhre wann zum Senden seiner Informationen benutzen will, darf oder muss. Verbal teilt man das durch entsprechende Hinweise mit. Nonverbal signalisieren z.B. das Heben der Stimme am Satzende, ein deutlicher Blick oder eine Pause »Du bist jetzt dran«; ein intelligenter Ausdruck mit gesenktem Blick verkündet dagegen: »Lass mich im Moment in Frieden.« Über *kommunikative Erlaubnis* erfahren Sie am Ende dieses Kapitels Näheres. Die dazu eingesetzten Muster behandeln wir in Kapitel 10.

**Es gibt digitale und analoge Kommunikation**

**Axiom 4:** Menschliche Kommunikation bedient sich *digitaler* und *analoger* Informationen. Oder: Jede Röhre besitzt zwei Informationskanäle. Digitale Informationen bestehen aus Zeichen oder Ziffern (wie der Text dieses Buches). Verbale Mikromuster übermitteln demzufolge digitale Informationen. Analoge Informationen bestehen dagegen aus Bildern (wie die Abbildung des Baums der Rede oben) oder aus Prozessveränderungen (wie die Ausdehnung der Quecksilbersäule im Fieberthermometer, die Zeigerbewegung einer Uhr oder Gesten meiner Hand). Nonverbale Mikromuster übermitteln demzufolge analoge Informationen. Dabei sind zwei Aspekte wichtig: die zugrunde liegenden Regeln und die Eignung für den Inhalts- oder Beziehungsaspekt gemäß Axiom 2.

**Der *digitale Kanal* unterliegt einem komplexen und offiziell verbindlichen Regelwerk (bei Worten nennt man es Grammatik, bei Zahlen Mathematik), das ein weitgehend sicheres Interpretieren seiner Inhalte ermöglicht. Allerdings eignet er sich fast nur zum Übertragen sachlicher Inhalte. Demgegenüber unterliegt der**

***analoge Kanal* vergleichsweise einfachen und lediglich inoffiziell akzeptierten, teilweise sogar nur individuell festgesetzten Regeln, die ein Interpretieren seiner Inhalte erschweren oder verhindern. Dafür eignet er sich besonders zum Übertragen emotionaler Inhalte.**

Unser Beispiel zu Axiom 2 zeigt einen wichtigen Unterschied, wenn es um Verbindlichkeit geht: Das (digitale) Versprechen »Ich helfe Ihnen« stellt auch für Dritte eine eindeutige Aussage dar, die sich aufgrund ihrer inhaltlichen Klarheit sogar vor Gericht einklagen lässt. Dagegen signalisiert der (analoge) Blick diese Hilfe zwar emotional deutlich wirkungsvoller; er lässt jedoch eine breite Palette von Interpretationen zu und gilt deshalb vor Gericht kaum als Beweis für ein verbindliches Hilfe-Versprechen. Den Wirkungsunterschied zwischen digitalen und analogen Informationen durfte ich vor vielen Jahren im wahrsten Sinn des Wortes am eigenen Leib verspüren: Als die ersten digitalen Uhren auf den Markt kamen und preislich zu verschmerzen waren, wurde wie viele auch ich zum stolzen Besitzer. Es war ganz einfach »in«, so ein Ding am Handgelenk zu tragen. Inzwischen haben sich die altmodischen Zeiger-Uhren wieder durchgesetzt. Ich nehme an, aus dem gleichen Grund, aus dem meine alte Uhr wieder zu Ehren kam: Im Gegensatz zu einer Zahlenveränderung appelliert eine Zeigerbewegung auf einer Zeitskala an unser Zeit*gefühl:* Man *sieht* und *spürt*, wie viel Zeit noch bleibt, und stellt sich innerlich darauf ein. Bei einer Digitaluhr läuft das rein verstandesmäßig ab: Man *rechnet* die Zeitspanne aus und *denkt* an die noch verbleibende Zeit. Ich zumindest fühlte mich dabei unsicherer, schaute häufiger zur Uhr, verpasste aber trotzdem den einen oder anderen Termin.

## ▪ BOX 13: ANALOGE UND DIGITALE INFORMATIONEN IN DER WERBUNG

Diese Regel- und Wirkungsunterschiede spielen im Marketing eine große Rolle. Nicht ohne Grund verwendet z.B. die Werbung für Haushaltsreiniger überwiegend digitale Informationen wie aprilfrisch, frühlingsfrisch, gletscherfrisch usw. Denn ohne allzu große Kreativität lassen sich neue Begriffe bilden, die vom Wettbewerb noch nicht verwendet und juristisch nicht anfechtbar sind. Die emotionale Wirkung auf Hausfrauen ist allerdings gering. Bei analogen Botschaften sieht es genau umgekehrt aus: Bilder sprechen zwar die Gefühle der Hausfrauen direkt an. Man kann sie jedoch nur schwer so variieren, dass die Verbraucher sofort die Unterschiede registrieren und mit der beworbenen Marke verbinden. Natürlich erkennt jeder Werbefotograf in seiner Fotografie eines Bierglases mit herabrinnenden Tropfen zahlreiche eindeutige Besonderheiten. Für die Masse der Konsumenten sieht trotzdem ein Plakat wie das andere aus, sobald man die Biermarke verdeckt. Sind – wie auch beim Darstellen weißer Wäsche – keine eindeutigen Bildunterschiede möglich, weicht man auf die digitalen Abgrenzungen aus und entwickelt Begriffe wie blütenweiß, schneeweiß, ...

Eine besondere Variante der digitalen Botschaften stellen die neuerdings so beliebten Anglizismen dar (z.B. *»Ellen Betrix – the Care Company«*). Wie Untersuchungen belegen, schießen sie oft weit am Ziel vorbei, da man den Sinn infolge fehlender Englischkenntnisse häufig nicht versteht, teilweise sogar falsch und geschäftsschädigend interpretiert. Das berühmteste Beispiel ist wohl der Douglas-Slogan *»Come in and find out«*. Diesen übersetzte man auch mit »Komm herein und finde wieder heraus«. Die schädlichste Übersetzung betraf Mitsubishi: »Die Fahrt überleben« für *»Drive alive«*[10]

Anglizismen stellen für viele Menschen – wie ich sie nenne – semantische Geräusche dar: Lautfolgen, die für andere sinnvoll sein könnten. Damit gehören sie aber eigentlich zu den analogen Botschaften – allerdings ohne deren Vorteile: Sie lösen keine emotionalen Assoziationen aus, weil entsprechende Erfahrungen fehlen (das zeigt auch die genannte Studie). Ließe man per Marktforschung diese Sprüche beurteilen, würden sie sicher als modern, international oder global eingestuft. (Wer viel fragt, bekommt viele Antworten.) Die Kernfrage lautet allerdings: Erreicht man durch ein »modernes« Geräusch mehr als durch einen Spruch in der Muttersprache, der Impulse zum Auslösen emotionaler Erfahrungen enthält? Ende 2006 veröffentlichte die Endmark GmbH Ergebnisse einer weiteren Umfrage zum Thema Anglizismen in der Werbung. Diese bestätigten nicht nur die bereits erwähnten Befunde aus dem Jahre 2003, sondern auch meine These, dass viele diese Slogans nur als semantische Geräusche wahrnehmen – also als analoge Signale. Der Endmark-Geschäftsführer Bernd Samland spricht deshalb von einem »Popmusik-Effekt«: Man kauft Songs, obwohl man deren Text nicht versteht.[11]

Auch **Axiom 5** klingt recht wissenschaftlich: Zwischenmenschliche Kommunikationsabläufe sind entweder *symmetrisch* oder *komplementär*, je nachdem, ob die Beziehung zwischen den Partnern auf Gleichheit oder Unterschiedlichkeit beruht. Das bedeutet: Da die Rangstellung der Gesprächspartner gleich oder ungleich sein kann, befinden sich die Enden einer K-Röhre entweder auf gleicher oder unterschiedlicher Höhe. Im ersten Fall liegt die K-Röhre waagerecht, im zweiten Fall je nach Rangunterschied mehr oder weniger geneigt. Besonders interessant sind geneigte Röhren. Am oberen Ende dürfte die glaubhaftere Stimme und das Suchen des Blickkontaktes vorherrschen, es wird Macht ausgeübt. Von unten ertönt normalerweise die zugängliche Stimme und man vermeidet häufiger den Blickkontakt.

**Kommunikation verläuft symmetrisch oder komplementär**

## ■ BOX 14: DIE REGELN DER K-RÖHRE – DIE 5. CHANCE VON MR. CHANCE

Chance ist im Zentrum der Macht angekommen und hat seinen ersten öffentlichen Auftritt: Der amerikanische Präsident besucht seinen väterlichen Berater Ben in dessen Bibliothek. Es geht um seine Rede in einer wirtschaftlich unsicheren Zeit. Der Präsident meint unter anderem, »das Wachstum ließe sich durch zeitlich begrenzte Hilfsmaßnahmen fördern«. Chance versteht als ehemaliger Gärtner nur die Worte »Wachstum« und »fördern«. Auf Bens Bitte, etwas dazu zu sagen, antwortet er: *»Solange die Wurzeln nicht gekappt oder verletzt werden, so lange wird alles im Garten in Ordnung bleiben.«* Der Präsident – wegen der unbewegten Haltung von Chance leicht verunsichert – fragt nach: *»Im Garten?«* Chance erwidert ruhig: *»Ja, in einem Garten hat alles Wachstum seine Zeit. Erst kommen Frühling und Sommer, dann folgen Herbst und Winter und dann schließen sich wieder Frühling und Sommer an.«* Der Präsident (noch immer leicht verunsichert): *»Frühling und Sommer?«* Chance ruhig: *»Ja.«* Darauf der Präsident (etwas ratlos): *»Und dann kommen wieder Herbst und Winter?«* Nun springt Ben ein: *»Ich glaube, dass unser einsichtsvoller junger Freund meint, wir sollten den unvermeidlichen Wechsel der Jahreszeiten als willkommen hinnehmen, wie das Auf und Ab der Wirtschaft auch, statt darüber in Panik zu geraten.«* Chance fühlt sich angesprochen und wiederholt seine Gärtnererfahrungen: *»Ja, im Frühling beginnt alles wieder zu wachsen.«* Nun endlich hat auch der Präsident das Gefühl, den tieferen Sinn verstanden zu haben: *»Tja, Mr. Gärtner, das ist sehr optimistisch und die erfri-*

*schendste Äußerung, die ich seit langer Zeit gehört habe. Ich bewundere Ihre klare, solide Sicht der Dinge. Das genau ist es, was uns im Capitol fehlt.«* In der Rede des Präsidenten ist dann später im Fernsehen zu hören: *»Solange die Wurzeln der Industrie fest im Boden der Nation verankert sind, so lange sind die wirtschaftlichen Aussichten ohne Zweifel sonnig.«* Und da er Chauncey Gärtner als Verfasser dieser Weisheit nennt, löst er eine Kettenreaktion aus.

Chance ist ein wandelndes Beispiel für das berühmte Axiom 1 »Man kann nicht nicht kommunizieren«: Er will nicht kommunizieren – er ist vollkommen passiv und reagiert nur auf Aufforderungen oder Fragen. Er kann nicht kommunizieren – er versteht nie, was andere meinen, weil er alles wörtlich nimmt, liest nicht zwischen den Zeilen und antwortet daher auch nie sinnvoll. Und trotzdem kommuniziert er ununterbrochen – denn alle seine Gesprächspartner glauben, bedeutungsvolle Informationen zu erhalten.

Gleichzeitig kommt aber durch die K-Röhre von Chance erheblich weniger als bei uns: Ihr fehlt z.B. der Beziehungsaspekt aus Axiom 2, denn Chance kommuniziert ausschließlich auf der Inhaltsebene. Alles, was er verbal von sich gibt, sind Beschreibungen wahrnehmbarer Fakten, er verwendet weder Sinnbilder noch Gleichnisse oder Symbole. Sogar Beziehungen reduzieren sich bei ihm auf das, was augenblicklich zu sehen, zu hören und zu fühlen ist. Inhalts- und Beziehungsebene fallen bei Chance zusammen, können sich also auch nicht widersprechen und inkongruent wirken.

Seine analoge oder nonverbale Kommunikation (von der Axiom 4 handelt) ist auf ein Mindestmaß reduziert. Wir setzen Gestik und Mimik ein, um unsere Emotionen auszudrücken. Chance hat so gut wie keine Emotionen, also kennt er diese Verhaltensmuster nicht, weder bei sich noch bei anderen. So ist auch sein außergewöhnlich wirkender Blickkontakt kein Kommunikationsmittel. Im Gegensatz zu uns teilt Chance damit nichts mit. Die Augen sind seine Hauptinformationsquelle. Was er nicht sieht, gibt es nicht für ihn. Chance lebt im Augen-Blick und dadurch stets auf Augenhöhe: Er fühlt sich anderen weder unter- noch überlegen, seine K-Röhre ist im Sinn von Axiom 5 stets waagerecht. Das registrieren auch seine Gesprächspartner, zumal er sich weder vordrängt noch ziert. Chance macht sich nie Gedanken darüber, wer nun »dran« sein könnte (Axiom 3). Er wartet stets mit Blickkontakt auf eine direkte Aufforderung, um etwas zu sagen. Schließlich weiß er aus dem Fernsehen: Es gibt immer eine Fortsetzung; immer geht es irgendwie weiter. Es gibt keinen Anlass, unruhig zu werden, denn amerikanische Filme gehen grundsätzlich gut aus.

Diese fünf Axiome fanden in den letzten Jahrzehnten eine weite Verbreitung und zogen eine Flut ergänzender Überlegungen nach sich, in Deutschland z. B. das in Abschnitt 4.2 erläuterte Vier-Ohren-Modell.[12] Denn sie helfen bei der Beschreibung und Erklärung kommunikativer Inhalte und ihrer Besonderheiten. Verbale und nonverbale Botschaften zeichnen sich nämlich durch Folgendes aus:

**Typische Eigenschaften kommunikativer Inhalte**

- Indirektheit,
- Mehrdeutigkeit,
- Ungenauigkeit und Unvollständigkeit,
- Widersprüchlichkeit,
- Parallelität.

**Indirekte Kommunikation**

Man kann die Sach- oder Beziehungsebene direkt oder indirekt ansprechen: »Ihr Angebot enthält einen Fehler bei der Mehrwertsteuer-Berechnung« oder »Durch Ihre Weigerung fühle ich mich von Ihnen getäuscht« ist direkter als »Ich glaube, man sollte alles noch einmal nachrechnen« oder »Ich bin verunsichert«. Prinzipien, Gewohnheiten, Angst, Zurückhaltung, Vorsicht, Mut, Ärger, Frust, Zeitmangel, Unkenntnis – es gibt viele Gründe, warum wir die direkte oder die indirekte Variante wählen. Ähnliche Gründe spielen auch eine Rolle beim direkten oder indirekten Adressieren von Bitten und Aufforderungen: Mit »Machen Sie bitte das Fenster auf« oder »Haben Sie jetzt Zeit, mir zu helfen?« wende ich mich direkt an eine Person. Sicher kennen auch Sie Menschen, denen das schwerfällt und die gezielt vor sich hinmurmeln »Hier ist aber sehr schlechte Luft« oder »Ich weiß gar nicht, wie ich das schaffen soll«. So etwas geht nicht nur verbal, sondern auch nonverbal: Die Geste in Richtung einer Person oder eines Objektes kann mit Blickkontakt zum anderen direkt erfolgen oder ohne Blickkontakt indirekt.

**Mehrdeutige Kommunikation**

Wie diese Beispiele zeigen, sind Aussagen umso mehrdeutiger, je indirekter ich spreche oder mich verhalte. Für eindeutige und mehrdeutige Botschaften gibt es aber noch andere Gründe: Nonverbale Botschaften sind fast immer mehrdeutig, das sahen Sie bereits an vielen Beispielen in Kapitel 3. (Auch wenn ein Gericht den einem Polizisten gezeigten berüchtigten Stinkefinger »eindeutig« bestraft: Nur der grundsätzliche Eindruck dieser Geste gilt als eindeutig negativ; das, was man damit zum Ausdruck bringen will, ist von Fall zu Fall sehr unterschiedlich.)

**Ungenaue Kommunikation**

Klammern wir die Fälle aus, bei denen Mehrdeutigkeit durch Unkenntnis oder Hörfehler entsteht, dann beruht sie vor allem auf unvollständigen oder ungenau formulierten Sätzen. Der Äußerung »Ich mache mir Sorgen« fehlt einerseits die Angabe, über was, und andererseits ein genauerer Hinweis darauf, wie schwer die Sorgen sind.

**Inkongruente Kommunikation**

Da K-Röhren gleichzeitig mehrere Informationen enthalten, können sich diese ergänzen oder widersprechen, demnach kongruent oder inkongruent sein. Das bedeutet: Soll eine Behauptung wie »Meine Lösung ist die beste« überzeugen, muss das dabei gezeigte nonverbale Verhalten dazu passen – z.B. fester Blickkontakt, glaubhafte Stimme, deutliche Aufmerksamkeitspausen, aufrechte Körperhaltung. Klingt die Stimme nicht fest genug, entsteht Inkongruenz. Diese löst Zweifel aus und führt gemäß Axiom 2 dazu, dass man der verbalen Botschaft weniger oder nicht traut. Neuere Untersuchungen bescheinigen: Derartige Inkongruenzen spüren wir innerhalb von Sekundenbruchteilen.

**Parallele Informationen**

Kommen aus der K-Röhre gleichzeitig Informationen, die nichts miteinander zu tun haben, handelt es sich um unabhängige oder parallele Informationen. Manche Fernsehsender beglücken die Zuschauer mit Zusatzinformationen am unteren Bildrand. Man bietet Alternativen an, diese lenken jedoch die Aufmerksamkeit ab: Entweder liest man den durchlaufenden Text oder man verfolgt die Sendung. Auch beim Einsetzen eines Beamers oder Overhead-Projektors vergessen Referenten oft, dass die auf der Leinwand zu lesenden Informationen nach einiger Zeit überholt sind, ablenken und stören (vgl. dazu Box 34).

## ■ BOX 15: PARALLELE INFORMATIONEN – LUST ODER LAST

Mein frustrierendstes Erlebnis paralleler Informationen illustriert zugleich, dass es von Ohr und Auge des Empfängers abhängt, was sinnvolle Ergänzung ist und was empfindliche Störung. 2005 – nach fast zehn Jahren geduldigen Wartens – teilte man auch mir Karten für die Bayreuther Festspiele zu, unter anderem für die Schlingensief-Inszenierung des *Parzival*. Obwohl ich vorgewarnt war: Dass man nichts unversucht ließ, mich mit einer verwirrenden Fülle an Doppelgängern der Hauptfiguren, parallelen Geschehnissen und geschmacklich diskussionswürdigen Filmdarbietungen von der Musik abzulenken, damit rechnete ich nicht. Trotzdem musste ich den für eine Bayreuther Wagner-Oper üblichen Preis zahlen und nicht etwa nur den Betrag, der für ein Schlingensief-Happening mit Hintergrundmusik von Wagner aus meiner Sicht angemessen wäre. Es gab zwar auch einige Bravo-Rufe. Gemessen an den Buh-Rufen teilte die Mehrheit der Zuschauer allerdings meine Meinung (und bereits 2008 kam eine Neuinszenierung heraus). Nun besteht jedoch zwischen mir und sicher auch Ihnen auf der einen Seite und Wolfgang Wagner und Christoph Schlingensief auf der anderen ein feiner Unterschied: Uns subventioniert man nicht; wir beide müssen sorgfältig überlegen, ob die Vielzahl unterschiedlicher paralleler Informationen unsere Brötchengeber stört oder nicht. Mit Stolz darf ich aber berichten: Bei mir erreichte Schlingensief sein Ziel nicht. Nach einer Viertelstunde fasste ich den Entschluss, meinen Blick fest auf immer nur eine der singenden (!) Hauptfiguren zu richten, um die übrigen visuellen Ablenkungen auszublenden. Das funktionierte gut. Von meiner Frau erfuhr ich in den Pausen, was mir dadurch entgangen war.

## 4.2 Wirkung: Der Eindruck vom Ausdruck

*»Nichts hindert uns mehr daran, natürlich zu sein, als das Bestreben, so zu erscheinen.«*

François La Rochefoucauld

### 4.2.1 Absicht und Wirkung im Vier-Ohren-Modell

Der in Deutschland zum Thema Kommunikation am häufigsten zitierte Beispielsatz lautet sicher *»Du, da vorn ist Grün«*. Er stammt aus dem Buch *Miteinander reden* von Friedemann Schulz von Thun und dient zur Illustration seines berühmten Vier-Ohren-Modells. Schulz von Thun trennt nicht nur zwischen Sach- und Beziehungsebene, sondern zwischen Sachinhalt einerseits und Beziehung, Appell und Selbstoffenbarung andererseits. Nehmen wir an, jemand ist bei einer neuen Bekannten zum Mittagessen eingeladen und fragt ohne Hintergedanken: »Wie spät ist es eigentlich?« Er will damit das *Sachohr* ansprechen und erwartet eine Antwort wie »Kurz nach zwei«. Kommt jedoch als Reaktion »Schmeckt es dir etwa nicht?«, hörte sie auf dem *Beziehungsohr* zu und fragte sich: »Gefallen ihm etwa meine Kochkünste nicht?« Die Gegenfrage »Soll ich schon das Dessert bringen« beruht auf der Vermutung »Er will etwas von mir« und betrifft das *Appellohr*. Und falls seine Bekannte zurückfragt »Hast du es eilig?«, beschäftigt sie der Gedanke »Was ist denn nur mit ihm los?«, der vom *Selbstoffenbarungsohr* ausgelöst wurde.

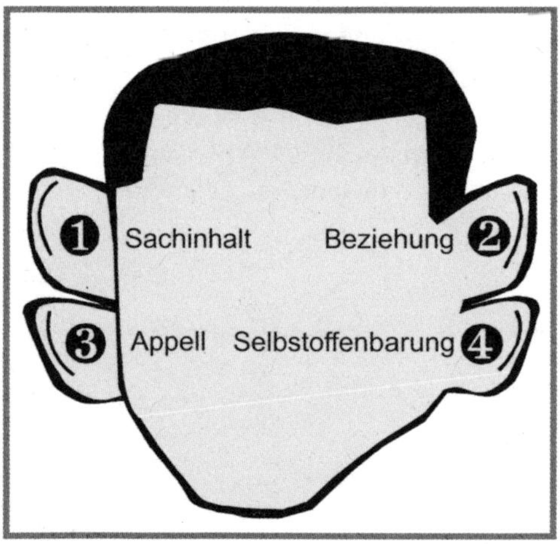


Abbildung 4:
Das Vier-Ohren-Modell

An dieser Stelle will ich nicht das verkürzt wiedergeben, was Schulz von Thun zum Vier-Ohren-Modell geschrieben hat[13]. Mir geht es darum, mit seiner Hilfe das Auseinanderklaffen von Senderabsicht und Empfängerwirkung zu erläutern. Anders gefragt: Warum sind Ausdruck und Eindruck nicht identisch? Lo-

**Kommunikation ist Wirkung**

gischerweise hängen die Reaktionen eines Empfängers von zwei Einflussgrößen ab: von Inhalt und Form der vom Sender übermittelten Informationen und von ihrer Interpretation durch den Empfänger. Nun machen wir alle tagtäglich am eigenen Leib die Erfahrung, dass Mitteilungen kümmerlicher sind als die dahinterstehenden Überlegungen. Darum ist es eine ganz natürliche Reaktion, sich beim Interpretieren auf die Suche nach aussortierten Exformationen zu begeben (vgl. BOX 12).

Beginnen wir beim Sender, im Beispiel oben der Gast. Seine Botschaft kann er verbal – bewusst oder unbewusst – eindeutig oder mehrdeutig formulieren und nonverbal kongruent oder inkongruent übermitteln. So ist die Frage »Wie spät ist es eigentlich?« eindeutiger als der Hinweis »Du, da vorn ist Grün«, der sich, wie wir noch sehen werden, durch zwei »Faselindikatoren« auszeichnet: ein unbestimmtes Subjekt (was genau ist grün?) und eine unspezifizierte Präposition (wo genau ist »da vorn«). Inkongruenz könnte dadurch entstehen, dass das Verhalten des Gastes andeutet, hinter seinem Erkundigen nach der Uhrzeit verberge sich mehr als eine reine Sachfrage: Vielleicht weisen ein unruhiger Blick, schnelles Essen oder hastige Bewegungen auf mögliche Eile hin. Wie die Gastgeberin die Frage interpretiert und darauf reagiert, hängt davon ab, ob sie sich auf der Sach- oder der Beziehungsebene bewegt und ob sie von objektiven Fakten oder subjektiven Vermutungen ausgeht. Lassen wir die mögliche verbale Mehrdeutigkeit einer Botschaft beiseite, ergeben sich vier idealtypische Situationen:

| | Objektive Empfängerinterpretation | Subjektive Empfängerinterpretation |
|---|---|---|
| Kongruente Botschaft | 1 | 2 |
| Inkongruente Botschaft | 3 | 4 |

Tabelle 4: Idealtypische Kommunikationssituationen

**Vier denkbare Interpretationsmöglichkeiten**

Ein neutraler Beobachter würde diese vier Situationen folgendermaßen beschreiben: In Situation 1 kann die Antwort auf die Frage »Wie spät ist es eigentlich?« nur lauten »Kurz nach zwei Uhr«. Eine Sachfrage wird vom Sachohr aufgenommen – die nonverbalen Signale eines Senders bestätigen seine verbale Botschaft und dieser Gesamtausdruck entspricht dem Eindruck des Empfängers. In Situation 2 unterscheiden sich Ausdruck und Eindruck, weil die Gastgeberin die an sich stimmige Botschaft umdeutet: Aufgrund subjektiver Erfahrungen glaubt sie, der Gast meine eigentlich sie (Beziehungsohr), will etwas von ihr (Appellohr) oder teilt etwas über sich mit (Selbstoffenbarungsohr). In Situation 3 appelliert der Gast zwar verbal an das Sachohr, durch sein nonverbales Verhalten entsteht jedoch ein inkongruenter Eindruck, der die anderen drei Ohren anspricht. Situation 4 erlaubt keine verbindliche Aussage: Welcher Eindruck entsteht, wenn ein Gast nach der Uhrzeit fragt, hängt von den weitgehend unbewussten Kommunikationsgewohnheiten des Gastes ab sowie von den ebenfalls weitgehend unbewussten Interpretationsgewohnheiten der Gastgeberin.

Leider gibt es keinen neutralen Beobachter. Menschen können sich zwar um Neutralität bemühen, sind jedoch letztlich sowohl als Sender wie als Empfänger in subjektive Vorannahmen verstrickt. Und selbst wenn es diesen Super-Beobachter gäbe: Von den seltenen Ausnahmen eines Vermittlungs- oder Schlichtungsgesprächs abgesehen, ist nie ein Beobachter vorhanden. Wir stehen unserem Gesprächspartner im täglichen Leben mutterseelenallein gegenüber – niemand greift korrigierend ein. Blitzschnell ist ohne Hilfe zu entscheiden, was man mit dessen verbalen und nonverbalen Aktionen und Reaktionen anfangen soll.

**Kommunikative Wirkung basiert auf dem Eindruck eines Ausdrucks.**

Daher ist bei unerwarteten Reaktionen in Gesprächen fast nie zu entscheiden: Entstand trotz richtigen Ausdrucks ein falscher Eindruck? Führte ein falscher Ausdruck zu einem zwangsläufig unpassenden Eindruck? Oder addierte sich zu einem fehlerhaften

Ausdruck noch eine ungeeignete Interpretation? Und selbst wenn man das entscheiden könnte: Dazu fehlt die Zeit. Deshalb ist nur eine Fähigkeit gefragt: schnelles und flexibles Reagieren. Grundsätzlich gilt dabei: Ob und wie ich Fehlreaktionen aufgreife, hängt davon ab, was dem Realisieren meiner Absichten dient.

**Interessengeleitete Reaktion**

- Stehen meine Interessen im Vordergrund, beseitige ich die negativen Folgen für meine Sendeerlaubnis, gehe aber nicht näher auf das Missverständnis ein. Darum beruhigt man seinen Gesprächspartner bei einer falsch verstandenen Botschaft, beschäftigt sich aber nicht mit seinen Argumenten. Interpretiert jemand meine Frage nach der Uhrzeit falsch, korrigiere ich diesen Eindruck und wiederhole meine Frage.

- Stehen die Interessen des anderen oder die Beziehung im Vordergrund, akzeptiert man das Missverständnis oder den Themenwechsel als neues Gesprächsthema. Nun will z.B. der Gast beweisen, dass er tatsächlich nur in das Sachohr sprechen wollte. Manchmal möchte man sogar verhindern, dass sich dies in Zukunft wiederholt, und erkundet die Ursachen dieser Fehlinterpretation.

Häufig meint man fälschlicherweise, das Aufgreifen einer Fehlreaktion sei die einzige Möglichkeit, um die Erlaubnis für ein erfolgreiches Fortsetzen des Gesprächs zu bekommen. Dabei unterschätzt man jedoch die Länge dieses Umwegs und die Schwierigkeit, auf das Ausgangsthema zurückzukommen. Oft verliert man dabei sogar die eigene Absicht aus den Augen.

**Der Grund für viele versandete Gespräche ist das unbewusste und überflüssige Eingehen auf die Inhalte unpassender Erwiderungen.**

### 4.2.2 Wie unterschiedlich verbale und nonverbale Signale wirken

**Verbale Signale existieren nicht in Reinform**

Daten kommen nicht per Gedankenübertragung in unser Gehirn, sondern durch K-Röhren wie Menschen, Radios, Fernsehgeräte, Bücher, Zeitschriften und vieles mehr. Dabei sind sie an die jeweils geltenden Übermittlungsformen gebunden: Die Aufmerksamkeitspause beim Sprechen entspricht dem Absatz beim Schreiben, das Heben der Stimme am Satzende einem getippten Fragezeichen, die eingefrorene Geste einem Jingle im Fernsehen oder Radio. Daten besitzen also immer eine dem übermittelnden Medium entsprechende materielle Form. Und deshalb gibt es zwar rein nonverbale, aber keine rein verbalen Botschaften. Selbst wenn wir kein Wort sagen, die koverbalen Signale (unsere Form) übermitteln immer irgendetwas. Wir lösen uns nicht in Luft auf und können deshalb eben nicht nicht kommunizieren. Rein verbale Botschaften sind dagegen unmöglich: Diese werden stets durch irgendetwas transportiert oder in irgendeiner Form übermittelt (durch paraverbale Signale). Mündliche Mitteilungen ohne eine Stimme mit ihren individuellen Eigenschaften, schriftliche Nachrichten ohne Papier in bestimmter Qualität sind ein Widerspruch in sich selbst: Verbale Inhalte lassen sich ohne eine paraverbale Form nicht übermitteln.

Über die Bedeutung der nonverbalen Kommunikation sind sich alle einig. Jeder kennt den Spruch: »Ein Bild sagt mehr als tausend Worte.« Es schwirren ohne nähere Begründung Werte durch die Literatur wie »80 Prozent (manchmal auch 75 oder 90 Prozent) Ihrer kommunikativen Wirkung sind nonverbal«. Die Forschungsergebnisse von Siegfried Frey illustrieren beeindruckend, ja fast schon beängstigend, wie wir alle uns anhand nonverbaler Signale in wenigen Sekunden ein Bild von den Charakterzügen und Absichten einer Person machen.[14] Und immer häufiger stößt man auf die Zahlen von Mehrabian und Ferris: Bereits 1967 ermittelten diese, dass sieben Prozent der kommunikativen Wirkung auf den Inhalt, 38 Prozent auf die Stimme und 55 Prozent auf Mimik und Gestik entfallen.[15] Mit anderen Worten: Sieben Prozent unserer Wirkung sollen auf dem Sagen, also dem Inhalt beruhen, 93 Prozent auf dem Tun, mithin der Form! Diese Werte zieht man häufig heran, um die vergleichsweise herausragende Bedeutung der nonverbalen Kommunikation zu belegen. Aber darf man diese Zahlen tatsächlich so interpretieren? Wir sollten nämlich etwas berücksichtigen, was bislang unterschlagen wurde: Die sieben Prozent Inhaltswirkung gelten nicht für jedes Gespräch!

**Nonverbale Signale dominieren bei Inkongruenz**

Der erstaunlich niedrige Wert für die Wirkung des Inhalts trifft nur für Situationen zu, in denen sich jemand extrem inkongruent verhält. Die verbalen und nonverbalen Botschaften empfinden Gesprächspartner deutlich als nicht inhaltsgleich, somit als widersprüchlich. Das Zahlentrio 7 – 38 – 55 besitzt also keine grundsätzliche Bedeutung. Es zeigt die Wirkungsanteile in einer speziellen Gesprächssituation und beweist die Behauptung von Watzlawicks Axiom 2, nach der in manchen Situationen nonverbale Informationen mehr Wirkung besitzen *können* als verbale. Das hängt insbesondere davon ab, wie stark emotional aufgeladen der Botschaftsinhalt ist. Um wirken zu können, muss Inkongruenz erst einmal – zumindest unterbewusst – erkannt werden. Starke Emotionen verdrängen leicht die Wahrnehmung von Unstimmigkeiten. Lassen Sie mich das mit meinen Lieblingsbeispielen erläutern:

**Beispiel 1:** Weil ihn seine Frau regelmäßig bittet, am Frühstückstisch nicht dauernd hinter der Zeitung zu verschwinden, beschließt ein Ehemann, es sei Zeit, die Beziehungsebene zu pflegen, und schreibt deshalb »Ich liebe Dich!« auf einen Zettel. Sobald sich seine Frau morgens beschwert, hält er den Zettel hoch über die Zeitung und liest in Ruhe weiter. In diesem Fall dürfte die Wirkung des (digitalen) Botschaftsinhalts null Prozent betragen – Sagen und Tun oder Inhalt und Form sind (erkennbar) vollkommen inkongruent.

**Beispiel 2:** Der Inhaber eines Handwerksbetriebs ruft alle Mitarbeiter zusammen, um ihnen die drohende Insolvenz und Firmenschließung anzukündigen. Obwohl er stottert, undeutlich und mit fahrigen Bewegungen spricht: Die Wirkung seiner Worte dürfte in dieser Situation an die 100 Prozent erreichen. Die persönliche (emotionale) Bedeutung des Inhalts ist so wichtig, dass seine Form keine Rolle spielt. (In einer solchen Situation sehen manche dieses Verhalten sogar als kongruent an.)

**Beispiel 3:** Nach dem Motto »Gier frisst Hirn« nutzen Betrüger die Wirkung der persönlichen Bedeutung von Daten aus. Sie gestalten den Inhalt derartig attraktiv, dass ein Teil ihrer potenziellen Opfer alle Warnsignale verdrängt oder ganz übersieht, die Inkongruenz zwischen Form und Inhalt also gar nicht bemerkt. Und man weiß: Nonverbale Warnsignale gibt es fast immer ...

**Emotionen verdrängen formale Signale**

Diese drei Beispiele bestätigen nicht nur den bereits in Kapitel 2 erläuterten Zusammenhang zwischen Form und Inhalt. Sie illustrieren auch, dass unser nonverbales Verhalten gerade dann an Bedeutung gewinnt, wenn es um das ganz normale zwischenmenschliche Kommunizieren geht. Wolfgang »Woolie« Reitherman, Mitglied der berühmten neun alten Männer des Zeichentrick-Studios von Walt Disney und Direktor vieler legendärer Filme wie z.B. *Das Dschungelbuch*, hinterließ seinem Sohn Bruce, ebenfalls Filmproduzent, eine Art künstlerisches Testament. Dort zählt er ihm detailliert in der Reihenfolge ihrer Bedeutung alle Punkte auf, die einen beeindruckenden Film ausmachen – und führt erst an elfter Stelle die formale Umsetzung an.[16] Betrachten wir jedoch, was er für wichtiger hält, ist sofort zu erkennen: Dies alles fehlt weitgehend in unseren normalen Gesprächen! Unsere Botschaften sprechen selten die Entdeckerlust an, bereiten kaum Vergnügen, zeigen nur selten Humor, erwecken kein Mitleid, lösen keine Rührung oder Angst aus und es mangelt an Dramatik und überraschenden Effekten. Nur bei emotionalen Botschaften wie unseren drei Beispielen ist also der Einfluss der Übermittlungsform gering: In Beispiel 1 wäre der Gesamteindruck auch dann negativ, ersetzte der Ehemann den handgeschriebenen Zettel durch einen farblich gestalteten Computerausdruck. In den anderen beiden Beispielen führt der emotionale Inhalt sogar zum weitgehenden Ausblenden der Übermittlungsform. Was in Beispiel 3 zudem höchst schädlich ist: Die Empfänger übersehen auch diejenigen nonverbalen Signale, die auf Inkongruenz schließen lassen. Auf der anderen Seite lässt sich eine (sachliche)

Botschaft eben auch durch eine ansprechende Form emotional aufladen und so beim Empfänger verankern. Hierzu erfahren Sie vieles in Kapitel 9.

**Je emotionsloser unsere Mitteilungen sind, umso wichtiger ist es daher, mit Hilfe der Übermittlungsform – also mit unserem nonverbalen Verhalten – zu beeindrucken.**

## ■ BOX 16: ABSICHT UND WIRKUNG – DIE 6. CHANCE VON MR. CHANCE

Dass Kommunikation nicht Absicht, sondern Wirkung ist, demonstriert Chance in allen Gesprächen: Er hat keine Absichten, verfolgt keine Ziele, reagiert nur auf das, was er unmittelbar wahrnimmt. Trotzdem übt er eine enorme Wirkung auf andere aus. Denn wer kann sich vorstellen, dass sein Gesprächspartner vollkommen planlos reagiert? Also wird Chance von jedermann wie jedermann beobachtet, beurteilt und behandelt. Interessant daran ist: Keiner kommt auf den Gedanken, Chance verfolge egoistische, unehrenhafte oder gar kriminelle Absichten. Ganz im Gegenteil, wie sein väterlicher Freund Ben es formuliert: *»Sie haben die Gabe, so natürlich zu sein«* Und: *»Irgendetwas an ihm gibt mir absolutes Vertrauen.«* Am Was seiner Aussagen liegt das nicht: Diese sind ganz einfach trivial, können sich daher niemals widersprechen und bei anderen Zweifel auslösen. Es kann also nur am Wie liegen.

Donald Lynam – Professor an der Universität von Kentucky – ist der Meinung, den absolut gefährlichsten Menschen zeichneten sechs Eigenschaften aus: Ihm fehlten jede Art von Mitgefühl, Reue und Furcht, dafür demonstriere er Selbstbewusstsein, Impulsivität und Aggressivität.[17] Einen solchen Charakter verkörpert Heath Ledger als Batmans Gegenspieler Joker in dem Film *The Dark Knight.* Die Medienresonanz auf diese Interpretation der Rolle unterstreicht ihre Ausnahmewirkung. Betrachten wir unter diesem Aspekt Mr. Chance, stechen sofort die beiden Schlüssel-Eigenschaften ins Auge, die für seinen »natürlichen« und »vertrauensvollen« Eindruck verantwortlich sind: Wie der gefährlichste Mensch, so zeigt auch Chance weder Mitgefühl noch Reue noch Furcht. Wie dieser signalisiert auch er Selbstbewusstsein (denn für Selbstzweifel ist er zu dumm). Was ihm jedoch in wirklich jeder Hinsicht fehlt, sind Aggressivität und Impulsivität. Dadurch wirkt Chance selbst bei den heikelsten Themen und in den riskantesten Situationen souverän und gelassen: Ben äußert sich respektvoll über *»Ihre bewundernswerte Ausgeglichenheit; Sie scheinen absolut Ihren Frieden gefunden zu haben«*. Und für Eve ist Chance *»so ein netter, feinfühliger Mann«*, obwohl ihre eindeutigen Anträge emotionslos an ihm abprallen.

## 4.3 Kommunikative Erlaubnis

*»Gott gebe mir die Gelassenheit, Dinge hinzunehmen,*
*die ich nicht ändern kann,*
*den Mut, Dinge zu ändern, die ich ändern kann,*
*und die Weisheit, das eine vom anderen zu unterscheiden.«*

Reinhold Niebuhr[18]

### 4.3.1 Erlaubnis und Aufmerksamkeit

»Na, schieß los. Wo brennt's denn?«; »Bitte nehmen Sie Platz. Womit kann ich dienen?«oder »Das Wort hat der Abgeordnete Kerlin« – diese Hinweise erteilen Erlaubnis zum Sprechen. »Darf ich endlich auch was sagen?«; »So, nun halt aber mal den Mund« oder »Vielen Dank, dazu möchte ich Folgendes anmerken: ...« – diese Bemerkungen entziehen die Erlaubnis. Beim Hören dieser verbalen Fingerzeige ist klar, wer an der Reihe ist. Das Gleiche gilt auch für echte, also nonverbale Fingerzeige, z. B. die eingefrorene Geste (vgl. Kapitel 5). Solche und andere Hinweise regeln unmissverständlich und offiziell im Sinn von Watzlawicks Axiom 3, wer die K-Röhre benutzen darf oder nicht. Um diese eindeutigen, bewusst eingesetzten Erlaubnissignale geht es hier jedoch nicht, sondern um die mehrdeutigen, unbewussten oder inoffiziellen Hinweise, denn: Menschen, denen man Einfühlungsvermögen oder Empathie nachsagt, erkennen in der Gesprächssituation, ob und für was sie eine Erlaubnis zum Senden besitzen. Und sie verfügen über die Sach- und Sozialkompetenz, entsprechend zu reagieren.

**Die Form eines Verhaltens beobachten**

Deshalb trägt unsere Beobachtungs- und Reaktionsfähigkeit maßgeblich zum kommunikativen Erfolg bei. Wir benötigen sie zum Kontrollieren und Steuern von Effizienz und Effektivität – also zum Lernen für das Hier und Jetzt und für das Dort und Später. Bei den nonverbalen Mustern scheint sich jedoch ein unlösbares Problem zu ergeben: Soll das Interpretieren der Körpersprache deutlich bessere Resultate als das übliche Hellsehen erbringen, übersteigt der dazu erforderliche Trainingsaufwand die Lernfähig- und -willigkeit der meisten Menschen. Und selbst wenn das

Beobachten einzelner Körpersignale sinnvoll wäre – ein direktes Fragen nach ihrer Bedeutung entfällt, weil sie meist unbewusst erfolgen und viele Menschen Rückfragen als Eindringen in ihre Intimsphäre ansehen. Obwohl diese Einwände zu Recht bestehen, gibt es einen Ausweg: Wir kümmern uns nicht um Inhalte, also um die Bedeutung der Muster, wir achten auf ihre Form:

**Die Form der nonverbalen Muster, genauer gesagt die Veränderung der Form, informiert uns über eine zentrale Voraussetzung erfolgreichen Kommunizierens: über die *kommunikative Erlaubnis.* Erlaubnis im engeren Sinn bezeichnet den Zustand eines Gesprächspartners, in dem er nicht abgelenkt und grundsätzlich bereit ist, unsere Informationen aufzunehmen. Besitzen wir kommunikative Erlaubnis zum Senden, signalisiert das Verhalten eines Gesprächspartners, dass seine Aufmerksamkeit auf das fokussiert ist, was wir ihm mitteilen.**

**Auf Musterunterbrechungen achten**

Diese wertfreie und am Verhalten oder der Aufmerksamkeit orientierte Definition basiert auf Überlegungen Michael Grinders.[19] Grinder löst damit unser Beobachtungsproblem bei nonverbalen Signalen. Er zeigt, wie sich das Beobachten und Interpretieren radikal vereinfachen lässt und gleichzeitig die Erfolgschancen erheblich steigen. Wir konzentrieren uns auf diejenigen Signale, die einen Aufmerksamkeits*wechsel* anzeigen, beschränken uns auf die Beurteilung, ob wir Erlaubnis besitzen oder nicht, und passen unser Verhalten diesem Ergebnis an. Wir raten also nicht, *über was* jemand gerade nachdenkt, und reagieren entsprechend. Wir beachten Verhaltens*änderungen,* um zu erkennen, *dass* oder *ob* jemand gerade an etwas anderes denkt. Denn *Musterunterbrechungen* – darum ging es bereits beim Meistermuster im Zusammenhang mit der Atmung – signalisieren einen *Aufmerksamkeitswechsel.*

**Beispiel einer Fehlinterpretation**

Ein Erlebnis von Vera F. Birkenbihl illustriert sehr gut den Hauptunterschied zwischen einer Inhalts- und einer Formorientierung[20]: Während eines Verkaufsgesprächs, an dem auch Frau

Birkenbihl teilnimmt, registriert ein Verkäufer nach dem Nennen des Preises drei deutliche nonverbale Reaktionen des Kunden. Er bezieht diese (wie die meisten Menschen) auf die Höhe des Preises und reagiert mit einem Hinweis auf mögliche Preisreduzierungen. Der Kunde greift dies auf und man einigt sich auf vier Prozent Nachlass. Anschließend weist der Verkäufer Frau Birkenbihl voller Stolz auf seine geschulte Beobachtungs- und Reaktionsfähigkeit hin. Sie hat Gelegenheit, den Käufer später nach der Bedeutung seiner Reaktion zu fragen. Auf ihre Frage, ob diese mit dem Preis zu tun hatte, antwortet er: »Nein, nein! Als der Mann das Wort ›Preis‹ aussprach, fiel mir siedendheiß ein, dass ich vergessen hatte, einem Herrn Dr. Preise Unterlagen zu senden.« Hellsehen kann teuer sein!

Das Beispiel zeigt: Der Ausgangspunkt wäre bei der Inhalts- und Formorientierung gleich – der Verkäufer erkennt eine deutliche Musterunterbrechung. Sein Angebot einer Preisreduzierung basiert jedoch auf einer inhaltlichen Festlegung, damit auf ungeprüften Hypothesen und birgt alle Risiken des Hellsehens in sich. Bei der Form- oder Aufmerksamkeitsorientierung ginge er dagegen nur davon aus, *dass* ein Erlaubniswechsel stattgefunden haben könnte: Sein Gesprächspartner scheint gerade an irgendetwas anderes zu denken. Natürlich spekuliert er auch hier, was das sein könnte, legt sich aber auf keinen Fall bereits fest. Da direktes Nachfragen entfällt, bleibt nur eine Möglichkeit: Er reagiert verbal so geschickt, dass die Antworten seines Gesprächspartners ihm weiterhelfen, ohne seine Verhandlungsmöglichkeiten einzuschränken. Das könnte z. B. eine »vorsorgliche Einwandbehandlung« sein: Zunächst begründet er den Preis mit weiteren Leistungen und Vorteilen, erkundigt sich dann, ob das Angebot vielleicht zu teuer sei, und überlegt erst danach, ob er einen zusätzlichen Rabatt gewährt oder weitere Argumente bringt. Vor einem endgültigen Entschluss erkundet er den Entscheidungsrahmen seines Kunden und versucht sogar, diesen zu verändern.

Die Aufmerksamkeitsorientierung ist zwar deutlich risikoärmer als die Interpretationsmethode. Die zum Erwerben dieser Fähigkeit erforderliche Mühe darf man jedoch nicht unterschätzen.

Sie werden noch erfahren: Kommunikative Kompetenz wächst stufenweise und die Beobachtungsfähigkeit und damit auch die Aufmerksamkeitsorientierung bilden den krönenden Abschluss. Das ist daher erst Gegenstand des fünften und letzten Teils über das Hand- und Mundwerkzeug (vgl. Kapitel 10).

### 4.3.2 Die fünf Erlaubnisrahmen

**Inhalts- und Aufmerksamkeitsaspekt der Erlaubnis**

Der Inhaltsaspekt der Erlaubnis ist durch die Frage gekennzeichnet: »Für was habe ich in diesem Moment Sendeerlaubnis?« Die Antwort darauf hängt vom Wissen und Können unseres Gesprächspartners ab, also von seiner Aufnahme- und Verarbeitungs*fähigkeit*. Weiß er nicht, was ein Reprunsator ist, habe ich kaum Erlaubnis, ihm die verschiedenen Materialien und Farben anzubieten. Der Aufmerksamkeitsaspekt der Erlaubnis fragt dagegen: »Habe ich in diesem Moment Sendeerlaubnis oder nicht?« Die Antwort darauf hängt von der Aufmerksamkeit meines Gesprächspartners ab, von seiner momentanen Aufnahme- und Verarbeitungs*bereitschaft*. Und diese Bereitschaft hängt davon ab, ob jemand abgelenkt ist oder nicht. In jedem Gespräch können eine Fülle von Störungen oder Ablenkungen durch Dritte auftreten: Das Telefon klingelt, eine andere Person betritt den Raum, ein Gruppenmitglied ruft laut etwas dazwischen. Jetzt wechselt die Aufmerksamkeit der Gesprächspartner zur Quelle der Unterbrechung; meine Erlaubnis zum Fortsetzen des Gesprächs erlischt. Einige dieser Situationen einschließlich des dazu passenden Verhaltens besprachen wir bereits beim Mikromuster der Pause; andere folgen später. Hier interessieren die Fälle, bei denen es um Störungen oder Ablenkungen durch uns als Sprecher geht. Denn diese beruhen stets auf einem Verletzen der inhaltlichen Erlaubnis: Man überfordert den Gesprächspartner oder lenkt ihn ab. Dabei lassen sich vier Situationen unterscheiden:

**Mit Ablenkungen umgehen**

- Haben wir Glück, weist uns der andere auf seine offenen Fragen zu unseren Ausführungen hin (z.B. indem er sagt: »Erklären Sie mir doch erst einmal, was ein Reprunsator ist!«). Das erweitert unsere Sendeerlaubnis um die ergänzenden Informationen.

- Haben wir Glück im Unglück, bringt er die Sprache auf ein ganz anderes Thema (z.B. mit der Bemerkung »Da fällt mir ein: Wie sieht es eigentlich mit der Garantie aus?«). Wir verlieren zwar Zeit, können aber entsprechend reagieren. Unsere Sendeerlaubnis ändert sich inhaltlich. Darum müssen wir prüfen, ob und wann das bisherige Thema wieder angesprochen werden darf.

- Wir haben Pech, wenn dieser Aufmerksamkeitswechsel nicht verbal geäußert wird, sondern sich nur gedanklich vollzieht (wie im Dr.-Preise-Beispiel von Vera F. Birkenbihl). Denn um darauf reagieren zu können, muss uns nicht nur das Erlöschen der Sendeerlaubnis auffallen. Wir benötigen auch eine plausible Hypothese über den Grund.

- Und wir haben noch größeres Pech, wenn wir den gedanklichen Aufmerksamkeitswechsel unbewusst auslösen (z.B. durch inkongruentes Verhalten wie bei der glaubhaft vorgetragenen Bitte meiner Frau im Stimmmusterkapitel). Denn selbst wenn wir den Wegfall der Sendeerlaubnis erkennen: Der Grund dafür ist uns und meist auch dem Gesprächspartner unbekannt.

**Bei jeder durch uns oder andere verursachten Ablenkung erlischt unsere Erlaubnis zum Senden weiterer Informationen zum gleichen Thema. Das erkennt man am Verhalten des Gesprächspartners – verbal an seinen Aussagen, nonverbal an seinen körperlichen Reaktionen.**

Das Gewähren oder Erlöschen von Erlaubnis beruht daher stets auf einer bewussten oder unbewussten Beurteilung gerade übermittelter Information. Wie die folgende Abbildung zeigt, unterscheide ich fünf Erlaubnisrahmen:

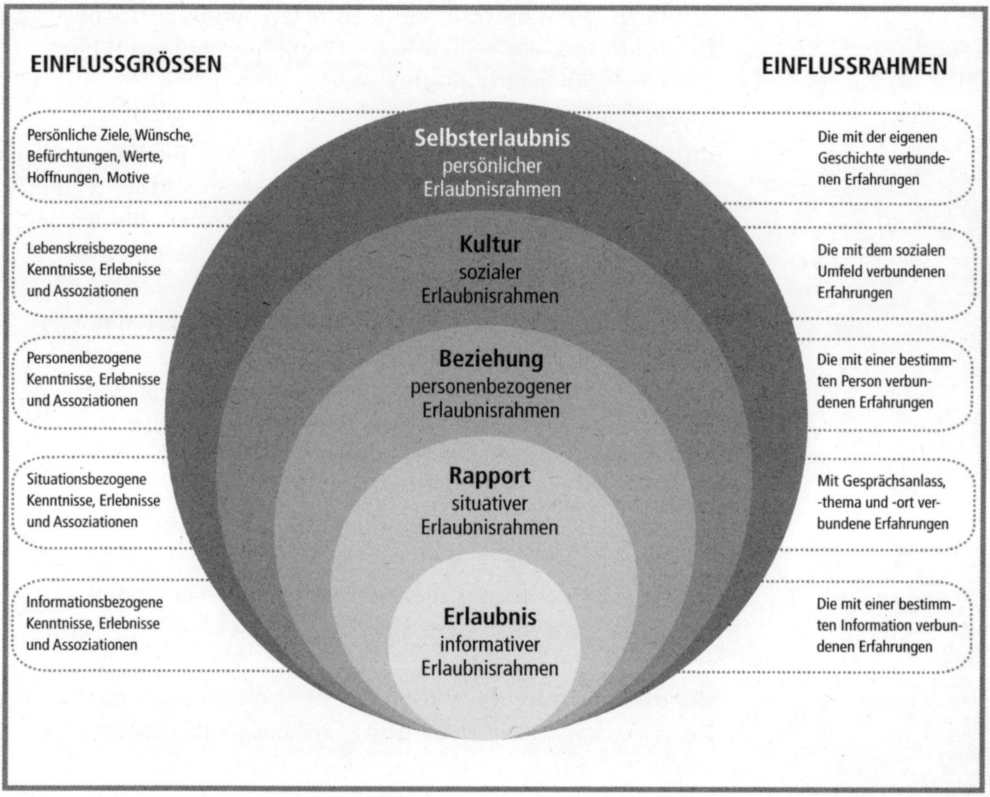


Abbildung 5: Die Erlaubnisrahmen

**Unterschiedlich große Rahmen für Erlaubnis**

1. Den ersten, zeitpunktbezogenen und *informationsabhängigen Erlaubnisrahmen* haben wir soeben besprochen. Nur bei ihm spielt die Kongruenz unseres Verhaltens eine Rolle. Kongruenz gewährt und erhält Erlaubnis, Inkongruenz entzieht oder verringert sie.

2. Diese Basiserlaubnis ist eingebettet in einen *situativen Erlaubnisrahmen:* Auf die Beurteilung einer einzelnen Information durch den Partner hat selbstverständlich alles Einfluss, was bereits vor und während des Gesprächs von Bedeutung gewesen ist. Dazu rechnen Gesprächsanlass und -ort sowie der bisherige Gesprächsablauf. Als Namen

für diesen Erlaubnisrahmen wählte ich den Begriff *Rapport.* Er stammt aus der französischen Hypnoseschule und hat sich durch die NLP-Literatur auch außerhalb der Psychotherapie eingebürgert. (Dieser Begriff unterscheidet sich hinsichtlich Aussprache und Bedeutung vom Rapport beim Militär, einer Art Berichterstattung: Das o spricht man gedehnt und das t nicht.) Unser Rapport bedeutet eine Art positives Gesprächsklima, eine Hauptvoraussetzung für kommunikative Wirkung. Und die Fülle konkreter Vorschläge zum Erzielen und Aufrechterhalten von Rapport im Verkaufsgespräch unterstreicht die Bedeutung dieser »atmosphärischen« Größe. Diese reichen vom Spiegeln nonverbaler Verhaltensweisen über das sprachliche Anpassen bis hin zur Auswahl der Kleidung.

3. Das Kommunizieren mit anderen Menschen bedingt unter dem bekannten Begriff *Beziehung* einen *personenbezogenen Erlaubnisrahmen:* Lebenspartner besitzen eine andere Erlaubnis zum Ansprechen heikler Themen als Vorgesetzte, Arbeitskollegen oder gar wildfremde Menschen. Der Begriff Beziehung für diesen Erlaubnisrahmen hat auch im Wirtschaftsleben Bedeutung, z.B. als Kundenbeziehung.

**Rapport entsteht zunächst durch ein gekonntes Erkennen und Reagieren auf Erlaubnisveränderungen. Beziehung ist daher so etwas wie akkumulierter, angesparter Rapport. Und da dies alles zeitraumbezogen ist, kommt hier die *Konsistenz* mit ins Spiel, unsere Widerspruchsfreiheit im Zeitablauf.**

Jede gewachsene positive Beziehung schafft einen »Basis-Rapport«, der das Gesprächsklima von vornherein günstig beeinflusst und das Mitteilen oder Abfragen kritischer, intimer oder heikler Informationen erlaubt. Außerdem ermöglicht er das Verzichten auf bereits bekannte Informationen und damit ein gänzlich anderes Nutzen der zur Verfügung stehenden Zeit. Das ist eine der Hauptursachen für die Chancen und Risiken schludrigen Sprechens, das wir im nächsten Kapitel näher betrachten. Je länger eine Beziehung dauert, umso mehr genügen grobe Hinweise zum Auslösen der gewünschten Reaktionen. Aufgrund gemeinsamer Erfahrungen verzichtet man auf spezifische Beschreibungen. Und je häufiger und tiefer der Rapport bei früheren Gesprächen war, umso sicherer fühlt man sich in dieser Beziehung. Probleme können sich allerdings ergeben, überträgt man seine nur für vertraute Beziehungen geeigneten Verhaltensweisen unbewusst auf sporadische Beziehungen und lässt dabei jede Vorsicht außer Acht. Das ist die Hauptursache für erfolgreiches Betrügen.

4. Erlaubnis, Rapport und Beziehung sind eingebettet in einen *sozialen Erlaubnisrahmen,* in die *Kultur* unseres Lebensumkreises. Durch die zunehmende Globalisierung und Aus- sowie Einwanderung ist es immer wichtiger, sich mit dieser Art von Erlaubnis zu befassen. Vor allem, weil man es plötzlich mit Geschäfts- oder auch Lebenspartnern zu tun hat, die nicht nur ungewohnte nonverbale Verhaltensmuster praktizieren, sondern auch von anderen Normen und Werten ausgehen. Allein die wachsende Fülle an Literatur mit Ratschlägen für Geschäftsbeziehungen mit Asiaten, die Erfahrungsberichte von Frauen, die einen Moslem geheiratet haben, die Debatten um das Buch *Kampf der Kulturen – Die Neugestaltung der Weltpolitik im 21. Jahrhundert* von Samuel P. Huntington oder um die Ereignisse des 11. September 2001 illustrieren die Bandbreite möglicher Risiken beim Aufeinandertreffen unterschiedlicher Kulturkreise. Von einigen interessanten und illustrativen Ausnahmen abgesehen geht es hier jedoch nur um den Erlaubnisrahmen, den die westliche Kultur definiert. Wie BOX 17 zeigt, gibt es bereits innerhalb dieses Rahmens erhebliche Unterschiede.

## ■ BOX 17: KULTURELLE UNTERSCHIEDE IN EUROPA

Telegate – der größte Wettbewerber der Deutschen Telekom-Auskunft – ist in Deutschland durch den Spruch »*Da werden Sie geholfen*« bekannt geworden. Hier die Fragen und Antworten zu kommunikativen Unterschieden in Europa aus einem Interview mit Andreas Albath, dem Vorstandsvorsitzenden von Telegate:[21]

*In Deutschland haben Sie lange Zeit auf die Figur Verona (Feldbusch bzw. Pooth) gesetzt. In Italien wählten Sie zum Marktstart einen Schimpansen. Ist es das, was uns von den Italienern unterscheidet?*

**Albath:** Wir müssen uns auf jedes Land neu einstellen. Der Schimpanse ist in Italien offensichtlich ein sehr sympathisches Lebewesen und gehört zu den schlauen Tieren.

*»Da werden Sie geholfen« haben Sie sich in Italien nicht getraut?*

**Albath:** Der Spruch funktioniert in der italienischen Sprache nicht.

*Was unterscheidet uns noch?*

**Albath:** Der Italiener ist deutlich kommunikativer. Der Spanier übrigens auch. Deutsche wollen ihre Suche am Telefon schnell und präzise beantwortet haben. Meistens gelingt uns das in weniger als einer Minute. Ein Italiener würde das als äußerst unhöflich empfinden. Südländer sind außerdem viel emotionaler. In der Silvesternacht melden sich in Italien spontan 2000 bis 3000 Anrufer, nur um den Mitarbeitern im Callcenter ein frohes neues Jahr zu wünschen. In Deutschland kommt das nicht vor.

5. Aus allen im Laufe eines Lebens gemachten Erfahrungen wächst nach und nach eine *persönliche Selbsterlaubnis.* Sie ist von grundlegender Bedeutung, denn sie betrifft die physische und psychische Selbsteinschätzung einer Person, ihr Selbstvertrauen.

**Selbstvertrauen basiert auf dem mehr oder weniger ausführlichen bewussten und unbewussten Beantworten von drei Fragen: Ist das *überhaupt* erreichbar? Kann *ich* das erreichen? *Darf* ich das erreichen?**

In den meisten Fällen bejahen oder verneinen wir diese Fragen unbewusst und handeln entsprechend. Manchmal beschäftigt man sich auch bewusst mit ihrer Beantwortung. Und in einigen Fällen sucht man sogar das Gespräch, um die richtigen Antworten zu finden. Voraussetzung dafür ist allerdings, dass sowohl der situative, der personenbezogene und auch der kulturelle Erlaubnisrahmen dies zulassen. Die in der Abbildung oben dargestellte Über- und Unterordnung der Rahmen trifft daher nicht für jede Gesprächssituation zu.

# 5 Das Hand- und Mundwerkzeug – Teil 2: Die Faselindikatoren

## 5.1 Woher soll ich wissen, was ich denke, bevor ich gehört habe, was ich sage?

*»Warum scheint der Durchschnittsamerikaner ein faselnder Schwachkopf zu sein, sobald er den Mund aufmacht oder zu Papier und Bleistift greift?«*

Steven Pinker[1]

Dass sich Steven Pinkers Bemerkung nur auf den Durchschnittsamerikaner bezieht, bedeutet nicht, dass Deutsche perfekt sprechen. Pinker ist Amerikaner und hat sein Buch für Amerikaner geschrieben. Für ihn wären auch Durchschnittsdeutsche faselnde Schwachköpfe. Dieses Urteil klingt hart; kennen wir jedoch Pinkers Grund, können wir uns sofort wieder beruhigen. Nur unter Berücksichtigung strenger Grammatikregeln faseln wir schwachköpfig. Das möchte ich an einem Beispiel illustrieren:

**Das ganz normale Gefasel am Frühstückstisch**

Die Familie sitzt am Frühstückstisch und Sohn Peter fragt in die Runde: »Kommt jemand an die Butter?« Legten die übrigen Familienmitglieder Wert auf absolut korrekte Formulierungen, fühlte sich niemand direkt angesprochen. Damit die Pause nicht allzu groß wird, sagt dann die Mutter: »Falls du mich gemeint hast: Ich kann dir deine Frage nicht genau beantworten. Aber ich vermute, dass mehr als eine Person an die Butter kommen kann. Aus meinem Blickwinkel könnte Vater sie direkt berühren und Helga müsste sich dazu ungefähr 40 Zentimeter vorbeugen. Ich müsste dazu allerdings aufstehen und um den Tisch gehen.« Peter, der zu den normal faselnden Schwachköpfen gehört, hat jetzt Augen wie Kaffeetassen. Er wollte doch nur, dass ihm jemand die Butter reicht. Also versucht er es ein zweites Mal: »Nein, das meinte ich nicht. Ich wollte wissen, ob mir jemand von euch die Butter reichen kann.« Darauf die Schwester: »Oh, ich kann das. Aber das weißt du doch. Ich habe sie dir doch schon oft gereicht. Und Papa und Mama können das auch.« Peter, inzwischen leicht genervt: »Natürlich weiß ich das. Ich will doch nur sagen: Darf ich die Butter haben?« Darauf der Vater: »Was soll dein Ton? Natürlich darfst du das. Hat hier irgendjemand am Tisch etwas gegen deinen Wunsch?« Peter: »Anscheinend ja, denn niemand gibt sie mir.« Darauf die Mutter: »Aber das sagtest du bislang mit keinem Wort!« An diesen wenigen Sätzen sieht man: Nicht nur mit unserem Blick setzen wir Impulse. Auch Sätze wirken impulsartig. Sie beschreiben z.B. nicht exakt, was man möchte, sondern geben eine Art Grobimpuls, der aufgrund der Erfahrungen unseres Gesprächspartners zum gewünschten Ergebnis führt. An diese indirekten, mehrdeutigen, unvollständigen und ungenauen Oberflächenstrukturen haben wir uns inzwischen gewöhnt, weil sie Normalität sind. Wir erwarten von Anfang an, dass die Tiefenstruktur etwas anderes enthält. Deshalb interpretieren, ergänzen und vervollständigen wir ständig das, was wir hören oder lesen. Sonst müssten wir ununterbrochen nachfragen.

Pinker (ein Schüler Noam Chomskys) behauptet nun sinngemäß, die meisten Oberflächenstrukturen stammten von faselnden Schwachköpfen. Dieses Verhalten bedeutet Risiko und Chance zugleich. Zunächst unsere Risiken. Hängen wir bei wichtigen Entscheidungen von anderen ab, müssten wir eigentlich stets anhand von drei Fragen überprüfen:

**Warum faselt jemand?**

1. Handelt es sich um das übliche schwachköpfige Gefasel, hinter dem sich aber ein für mich risikoloser und nützlicher Inhalt verbirgt?
2. Ist jemand tatsächlich so schwachköpfig, wie er faselt?
3. Oder redet jemand wie ein faselnder Schwachkopf, um etwas vor mir zu verbergen oder um mich zu betrügen?

Da wir das im Leben so gut wie nie prüfen, treffen wir häufig Fehlentscheidungen. Ein Beispiel für Fall 3 ist die ABC-Methode. Wir fallen auf sie herein, weil keines der Argumente auf den Oberflächenstrukturen Anschreiben und Prospekt auch nur ansatzweise erkennen lässt, dass es auf der Tiefenstruktur um einen Klavier-Lehrgang geht. Ein Beispiel für Fall 2 ist Mr. Chance. Man hält ihn für einen Wirtschaftsguru, weil man auf seiner Tiefenstruktur weit mehr vermutet, als tatsächlich vorhanden ist. Weist Chance den Präsidenten der USA auf die Reihenfolge von Frühling, Sommer, Herbst und Winter hin, denkt er an genau das und nicht mehr; keinesfalls meint er ein Sinnbild für den Wirtschaftskreislauf. Im Folgenden behandeln wir daher Fragetechniken, mit denen wir ermitteln, zu welchen der drei Kategorien unser Gesprächspartner gehört: normaler Mensch, Dummkopf oder Lügner oder Betrüger.

**Präzision ist nicht immer angemessen**

In Erfahrungsberichten über Mikromuster-Einsätze, die mir Menschen schicken, lese ich häufig Vorsätze wie: »Nachdem ich nun weiß, wie ungenau und unvollständig wir kommunizieren, nehme ich mir ab sofort vor, präziser zu sprechen.« Damit würde man jedoch das Kind mit dem Bade ausschütten. Es liefe nicht nur auf eine »Vereinsamungsstrategie« hinaus (wer stets präzise spricht, hat bald keine Gesprächspartner mehr). »Genau und vollständig« ist außerdem nicht immer gut und »ungenau und unvollständig« nicht immer schlecht. Wenn der Volksmund sagt »Unkraut sind Pflanzen am falschen Ort«, meint er damit: Nichts besitzt von vornherein einen Wert; alles bekommt erst seinen Wert mit der Verwendung oder Verwertung. Auch das Übermitteln ungenauer und unvollständiger Informationen kann sinnvoll sein – es kommt wieder einmal darauf an.

**Es gibt keine guten und schlechten Sprachmuster an sich – es gibt nur Sprachmuster, die in bestimmten Situationen gut oder schlecht sind, nützlich oder schädlich. Unsere verbale Kompetenz sollte deshalb zwei Fertigkeiten umfassen: das planmäßig präzise und das planmäßig unpräzise Formulieren.**

## ■ BOX 18: ES GIBT KEINE FALSCHEN TÖNE

Kommunizieren und Musizieren haben vieles gemeinsam, besonders dann, wenn es – wie im Jazz – um das Improvisieren geht. Die beim Kommunizieren übermittelten Buchstaben, Worte, Sätze und Geschichten lassen sich durchaus mit Tönen, Akkorden, Motiven und Melodien vergleichen: Beide entstehen dadurch, dass ein Hörer einzelne kleine Impulse zu einem mehr oder weniger harmonischen und überzeugenden Ganzen zusammensetzt. Die folgenden Gedanken zum Improvisieren stammen von einem der größten Jazzpianisten, dem 2007 verstorbenen Oscar Peterson. Man kann sie jedem ins Stammbuch schreiben, der sich mit den Geheimnissen des Kommunizierens beschäftigt. Über seine Anfänge als Musiker schreibt Peterson:

*»Zuallererst entschied ich mich, dass es keine falschen Töne gab. Es gab allerdings falsch gespielte Töne. Ein himmelhoher Unterschied! Jeder einzelne Ton bezieht sich auf einen anderen, was auch für jeden Akkord gilt … Es ist alles nur eine Frage, wie man sie innerhalb der Bewegung der harmonischen Kadenz richtig setzt. Diese Entscheidung war deshalb wichtig, weil sie mir zeigte, dass der harmonischen Struktur eine übergeordnete Bedeutung bei der Improvisation zukam.«*[2]

**Vorteile unpräzisen Sprechens**

Damit kommen wir zu den Chancen einer unpräzisen Sprache. Vier Hauptvorteile sehe ich, die Sie unbewusst bereits tagein, tagaus höchst erfolgreich nutzen:

1. Ein Vorteil für alle Gesprächspartner liegt in der *höheren Effizienz* – das gleiche Ergebnis erreichen wir mit weniger Worten, in kürzerer Zeit und damit auch mit geringerer Energie. Wahrscheinlich ist dies der Hauptgrund für das Verwenden unpräziser Formulierungen.

2. Manchmal *verwehren wir anderen Einblicke in unsere Tiefenstruktur:* Aus Misstrauen, Angst oder Vorsicht möchten wir unsere Erfahrungen für uns behalten. Dann sprechen wir so geschickt unpräzise, dass sich unser Gegenüber mit den ungenauen und unvollständigen Hinweisen zufriedengibt.

3. In Prüfungen oder vor Entscheidungen geschieht es teilweise, dass uns trotz aller Bemühungen nichts einfällt. Wollen wir *das eigene Nichtwissen kaschieren*, gibt es einen Ausweg: Wir sprechen so geschickt unpräzise, dass unser Gegenüber eine inhaltsschwere Tiefenstruktur vermutet. Bewusst nutzen wir, wovon auch der ABC-Prospekt profitiert: das Hellsehen der anderen Menschen.

4. Die gleiche Strategie kann allerdings auch *das Nichtwissen anderer beseitigen* – und zwar im Rahmen der Prozesssteuerung. Mit ihrer Hilfe entwickeln Menschen Vorstellungen, Entscheidungen und Lösungen – und das eigenständig, störungsfrei und unbeeinflusst von der Weltsicht Dritter. Das erfordert möglichst ungenaue, indirekte, unverbindliche und anregende Formulierungen: Denn je präziser wir formulieren, umso eher liefern wir keine allgemeinen Denkanstöße, sondern spezielle Vorgaben. Und diese können Denkprozesse abrupt unterbrechen, Unwillen und sogar Widerstand hervorrufen. Auch Werbung und Flirten setzen daher unpräzises Sprechen voraus.

**Thema dieses Buches ist auch das bewusst unpräzise Sprechen, um bei anderen ein für uns nützliches Hellsehen auszulösen oder ein für sie fruchtbares Nachdenken anzustoßen.**

## ▪ BOX 19: UNPRÄZISE SPRACHE IN DER WERBUNG

Unpräzises Sprechen zum Auslösen von Hellsehen ist die Hauptmethode aller Betrüger. Diese setzen damit nicht nur Impulse zum Manipulieren gemäß der Devise »Gier frisst Hirn«. Sie wenden diese Techniken auch zum Ablenken und Abwiegeln an, sollten dem Hirn doch noch kritische Rückfragen einfallen. Die öffentliche Meinung zur Rechtmäßigkeit dieser Praktiken ist daher eindeutig. Und ich löse bei Marketing- und Werbefachleuten häufig Entrüstung aus, wenn ich behauptete, Werbewirkung basiere auf ungenauem Sprechen. Schließlich überlege man doch sehr genau, was man in der Werbung sage! Dieser Protest verwechselt jedoch zwei

Aspekte: das präzise Planen und Umsetzen einer Werbekonzeption (das niemand bestreitet) und die dabei verwendeten unpräzisen Sprachmuster (die man zwar gezielt, aber weitgehend unbewusst verwendet).

Jeder von Ihnen hat sicher bereits Anzeigen gelesen, in denen man Produkte »mit ausgewählten Zutaten« oder in »der bewährten Mustermann-Qualität« anpreist. Bestimmen die anderen Unternehmen ihre Zutaten per Zufall? Oder gehen Sie davon aus, dass die Reprunsatoren der Firma Mustermann in der Qualität der Firma Müller ausgeliefert werden? Was genau besagt der Hinweis »Bekämpft Krankheitserreger« in einer Anzeige für ein Erkältungsmittel? Im Grunde genommen nur: Man hofft, dass dieses Mittel gegen irgendwelche Ursachen von Erkältungskrankheiten eingesetzt werden kann. Ob das genau auf Ihren Fall zutrifft und – wenn ja – auch hilft, bedeutet das nicht. Ein Anbieter von Studienreisen wirbt mit »Intensiver leben« – das lässt sich auch durch Einsatz in Küche, Zimmerservice und Rezeption erreichen. Und was die Aussage »Hohe Rendite. Sichere Zinsen. Flexible Anlage.« in der Anzeige einer Finanzgruppe alles nicht bedeutet, ahnt seit der Finanzkrise fast jeder.

Damit Sie jedoch nicht glauben, dieses Thema sei nur für Werbespezialisten von Belang: Sie und ich, wir alle werben tagein, tagaus – um Verwandte, Bekannte, Freunde, Kunden, Mitarbeiter und Kollegen am Arbeitsplatz oder um einen neuen Partner (das nennt man auch Flirten). Und dabei kommt das gleiche Hand- und Mundwerkzeug zum Einsatz wie in einer Werbeagentur.

Ganz gleich, ob wir die Aussagen anderer hinterfragen, kritische Fragen an uns entschärfen, andere informieren oder ihnen beim Nachdenken erfolgreich assistieren wollen: Wir sollten wissen, worauf wir sprachlich zu achten haben. Und dazu sind Grammatikkenntnisse erforderlich – zum Glück nur in winzigen Portionen. Und dank unseres standardmäßig eingebauten Sprachprozessors bereitet das auch keine Schwierigkeiten. Ein einfacher Test beweist das: Der wohl berühmteste Nonsenssatz der Welt stammt von Noam Chomsky und lautet *»Farblos grüne Ideen schlafen wütend«*[3]. Jeder spürt sofort: Dies ist ein einwandfrei gebildeter Satz – inhaltlich allerdings vollkommen leer. Zu dieser Einsicht benötigt niemand Grammatikkenntnisse; einzige Voraussetzung ist das Sprachgefühl für die eigene Muttersprache, unser Sprachinstinkt.

## 5.2 Das Sprachpuzzle

*»Jede Schludrigkeit aufseiten des Sprechers verlangt zum Ausgleich eine entsprechende geistige Anstrengung aufseiten des Gesprächspartners. Eine Gesellschaft fauler Redner ist zwangsläufig auch eine Gesellschaft schwer arbeitender Zuhörer.«*

Steven Pinker[4]

Der Meinung Pinkers schließen wir uns voll und ganz an – sobald hinzugefügt wird »unter bestimmten Bedingungen«. Denn es gibt zahlreiche Gespräche, in denen Sie trotz Schludrigkeit keinerlei geistige Anstrengung unternehmen: unterhaltsame Gespräche im Familien-, Freundes- oder Bekanntenkreis, Smalltalk an der Bar und auf Partys, eine Unterhaltung im Zugabteil. Da verfolgen wir Ziele wie »Was gibt's Neues?«, »nicht unhöflich wirken«, »nett plaudern« oder »angenehm die Zeit verbringen«. Wir arbeiten als Hörer nicht schwer dabei, laufen also auch nicht ständig mit eingeschaltetem Alarmsystem herum.

**Wir puzzeln beim Sprechen**

Um Ihnen das Besondere der hier vorgestellten Technik besser erläutern zu können, nehmen wir an, die Oberflächenstruktur der Sprache entspreche einem Satz Puzzleteile und die Tiefenstruktur der dazugehörenden Puzzlevorlage.(Denken Sie an die Abbildung in Box 12.) Sprechen sei also so etwas wie das Legen eines Puzzles nach Vorlage. Im Vergleich zu herkömmlichen Puzzles weisen Sprachpuzzles Gemeinsamkeiten und Unterschiede auf:

Zunächst die Gemeinsamkeiten: Auch Sie kennen sicher Menschen, die es lieben, komplizierte Puzzles mit möglichst vielen Teilen zu legen; andere sehen dies als Pflichtarbeit an und bevorzugen einfache Ausführungen mit wenigen Teilen. Die einen ziehen vielfarbige Bilder vor, die anderen einfache Schwarz-Weiß-Muster. Entsprechendes finden Sie auch bei den schriftlichen und mündlichen Ergüssen Ihrer Gesprächspartner: Der eine liebt es plastisch und ausführlich, der andere trocken und kurz.

Nun die Unterschiede: Betrachten wir das Sprachpuzzle anderer Personen, sind wir eigentlich nicht am gelegten Bild interessiert, sondern an deren Puzzlevorlage, also an dem, was sie aussagen möchten. Leider vergessen wir das jedoch nicht nur häufig, wir denken auch fast nie daran, dass sich beide Abbildungen mehr oder weniger stark voneinander unterscheiden können: Unser Puzzlebild enthält weniger Details als die Puzzlevorlage, diese enthält weniger Details als das Originalbild und im Originalbild finden sich weniger Details als in der darin abgebildeten Realität. Berichtet uns jemand von seinem Besuch auf der Blumeninsel Mainau im Bodensee, könnte man sagen: Er puzzelt uns ein detailarmes Schwarz-Weiß-Bild seiner Erlebnisse (seine Erzählung) anhand einer vierfarbigen Puzzlevorlage (seiner augenblicklichen Gedanken), die er einer Videoaufnahme entnommen hat (seinen gesamten Reiseerinnerungen), die wiederum einen Abschnitt seines Lebens enthält (seine tatsächlichen Erlebnisse auf der Insel Mainau). Grundsätzlich gilt daher:

**Sprachpuzzle und Vorlage weichen voneinander ab**

**Unsere Sprache ist ärmer als unsere Gedanken; unsere Gedanken sind ärmer als alle gespeicherten Erfahrungen; und diese sind ärmer als das, was wir alles wissen könnten.**

Hinzu kommt: Beim normalen Puzzle besitzen alle Teile ähnliche Formen und ungefähr die gleiche Größe, beim Sprachpuzzle gibt es kleine, große und sehr große Teile. Man muss auch viel genauer hinsehen, um zu erkennen, ob ein Teilchen im Sprachpuzzle genau passt oder nicht. Auf den ersten Blick scheinen daher zunächst auch falsche Teile zu passen. Wer von Ihnen jemals gepuzzelt hat, weiß: Manchmal ist es wie verhext, das gesuchte Teil lässt sich einfach nicht finden; man könnte schwören, das Puzzle sei bereits unvollständig gekauft. (Irgendwann taucht es dann doch wie von Zauberhand auf.) Um diese Situationen beim Sprachpuzzle zu vermeiden, führte man im Laufe der Zeit »Ersatz- oder Schummelteile« in vielen Größen, Mustern und Farben ein. Diese setzt man ein, wenn die Suche zu lang dauert oder ergebnislos verläuft. Denn niemand opfert heute die Zeit, um ein Sprachpuzzle vollständig und richtig zusammenzulegen. Es enthält da-

**Jeder Puzzlespieler benutzt »Schummelteile«**

her unpassende Puzzleteilchen zum Verdecken von Löchern und ist – wie Pinker es ausdrücken würde – schludrig. Das hat viele Ursachen:

- unsere Unfähigkeit, die exakt passenden Puzzleteile zu finden (unser Besucher der Insel Mainau versucht vergeblich, den Duft einer Rose mit allen seinen Facetten zu beschreiben),
- das Verlegen oder Verlieren von Teilen (ihm fällt der Name einer Rosensorte nicht ein),
- das Fehlen wichtiger Teile (viele Pflanzen sind ihm nicht aufgefallen und einen Teil von Mainau hat er gar nicht besichtigt),
- eine falsche Bildvorlage (seine Erinnerung an die Anordnung der Grünflächen und Beete weicht deutlich ab von der Realität).

Diese von uns tagtäglich praktizierte Schludrigkeit hat enorme Konsequenzen: Unsere Ansprüche an die Puzzles anderer sind ebenfalls gesunken. Wir bemerken nicht, wie groß der Anteil an Schummelteilen inzwischen geworden ist. Wir akzeptieren unvollständige Puzzles als komplett. Uns genügen sogar oft winzige Teile, um die Puzzlevorlage zu erahnen. Es ist inzwischen Gewohnheit geworden, von unfertigen Puzzles blitzschnell und weitgehend unbewusst auf Puzzlevorlagen zu schließen. Und wir tun dabei so, als hätten wir diese tatsächlich vor Augen. Wie bereits erwähnt: häufig eine höchst riskante Angewohnheit. Wir sollten daher genau prüfen, wie man bei wichtigen Gesprächen Sprachpuzzles kritisch unter die Lupe nimmt. Nehmen wir beispielsweise an, wir erkundigten uns in einem Geschäft nach einem neuen Laptop. Jetzt besteht unsere Aufgabe darin, herauszufinden, welche der folgenden drei Möglichkeiten in Frage kommt:

**Schludrigkeit anderer überprüfen**

1. Der Verkäufer zeigt nur *die übliche Schludrigkeit,* an seiner Puzzle*vorlage* ist also nichts auszusetzen: Er spricht zwar ungenau von einem »ausreichenden Leistungsvermögen«, könnte das jedoch auf Nachfragen genau und verständlich erläutern.

2. Er zeichnet sich durch *fehlendes Wissen und/oder Können* aus, in der Puzzlevorlage fehlen also wichtige Details: Trotz intensiven Bohrens müsste er uns konkrete Angaben zu einzelnen Leistungswerten schuldig bleiben.

3. Bei ihm steckt ein *betrügerischer Vorsatz* dahinter, denn seine Puzzlevorlage enthält Details, die uns überhaupt nicht gefallen würden: Der Akku hält nicht die versprochenen drei Stunden; außerdem wird das Gerät bei Ausfall nicht abgeholt und gebracht, man muss es einsenden.

Erinnern wir uns an Nørretranders Baum der Rede und die Exformationen aus dem vorherigen Kapitel. Unsere Aufgabe besteht darin, die aussortierten Exformationen anhand der erhaltenen Informationen zu identifizieren. Das bedeutet: Wenn im Fall 1 der Verkäufer nur *die übliche Schludrigkeit* zeigt, war seine Exformation zu groß und damit die dem Kunden übermittelte Information zu klein. Das ließe sich jedoch schnell herausfinden und korrigieren. Zeichnet er sich wie im Fall 2 durch *fehlendes Wissen und / oder Können* aus, reichen seine Informationen dem Kunden selbst dann nicht, wenn er seine gesamten Kenntnisse mitteilt, also keinerlei Exformationen aussortiert. Da ließe sich nichts korrigieren.

**Wie Betrüger arbeiten**

Anders sieht es bei *betrügerischem Vorsatz* aus. Es spricht für das Weltbild von Nørretranders, dass er als Negativbeispiele nur Bluff, intellektuellen Snobismus oder Gleichgültigkeit anführt. Denn im Fall 3 ist unser Verkäufer ein ausgebuffter Exformatiker – wie alle Betrüger, Heiratsschwindler und Bauernfänger. Der Unterschied zwischen ihm und uns besteht darin, dass seine zurückgehaltenen Exformationen aus zwei Teilen bestehen: Der eine Teil enthält alles Wissen, das seinen betrügerischen Absichten schadet und keinesfalls im Kopf des Kunden ablaufen darf. Der zweite Teil enthält das, was dort ablaufen muss, damit dieser auf ihn hereinfällt. Seine Informationen formuliert er darum so, dass die mit ihrer Hilfe »hellgesehenen« Exformationen von Tatsachen ablenken, sie vortäuschen, oft sogar den irrigen Eindruck erwecken, man sei genügend informiert. Auch das ließe sich herausfinden und korrigieren – allerdings nur gegen den Widerstand des Verkäufers.

**Inhaltsorientiert reagieren**

Üblicherweise wenden wir beim Prüfen, in welcher der drei Situationen wir uns befinden, zwei Methoden an. Die erste besteht im bewussten, stillen Begutachten und Interpretieren des vor uns liegenden Puzzles: Wir betrachten die einzelnen Puzzleteile, versuchen, Einzelheiten zu erkennen und das Gesamtbild zu rekonstruieren, und treffen schließlich allein aufgrund unserer Erfahrung eine Entscheidung. Wir hören also dem Verkäufer nur zu, fragen uns, ob alles unseren Wünschen entspricht, ob die Ausführungen in sich stimmig sind und mit unseren Erfahrungen und Erwartungen übereinstimmen – und treffen dann eine Entscheidung. Die zweite Methode entspricht mit einer Ausnahme der ersten: Wir interpretieren nicht nur im Stillen, wir stellen auch Fragen und lassen diese vom Puzzelleger so lange beantworten, bis wir zufrieden sind. Das übliche Vorgehen im Alltag besteht meist aus einem Mischen dieser beiden Methoden. Ich nenne das *inhaltsorientiertes Reagieren.*

**Formorientiert reagieren**

Hier kommt nun eine dritte Methode, die nicht nur unüblich, sondern auch höchst gewöhnungsbedürftig ist: Wir kümmern uns weder um den Gesamteindruck des gelegten Bildes noch um den Inhalt einzelner Puzzleteilchen. Wir achten stattdessen auf die Gestalt der Teile und suchen nach ganz speziellen Formen. Uns ist bekannt: Menschen puzzeln schludrig. Sie kümmern sich weder um Puzzleregeln, noch haben sie Lust, lange nach passenden Teilen zu suchen. Darum enthält so gut wie jedes Puzzle Schummelteile. Was uns bislang noch nicht bekannt ist: Schummelteilchen zeichnen sich durch spezielle und leicht erkennbare Formen aus. Und das erleichtert unsere Prüfung enorm. Denn Schummelteile in Erläuterungen signalisieren: Hier spricht jemand schludrig – oder im Sinn von Nørretranders: Bei dieser Information hat der Sender bewusst oder unbewusst Exformation ausgesondert. Also fragen wir nach. Auf den ersten Blick scheint an diesem Vorgehen nichts neu zu sein. Wir stellen Fragen zu vagen Angaben. Das täuscht jedoch: Der Unterschied zum inhaltsorientierten Vorgehen liegt nicht in der Art und dem Ziel einer Frage, sondern im Anlass, sie zu stellen. Das erkennen Sie sofort, wenn ich Sie bitte, einen guten Reprunsator zu kaufen. Sie würden sich weigern, weil Sie von diesem Gerät noch nie gehört haben und Ihnen jedes Wissen fehlt, um gezielte Rückfragen zu stellen. Einen Laptop verbinden Sie bereits mit bestimmten Anwendungsgebieten und Produkteigenschaften. Hören Sie die Floskel »ausreichendes Leistungsvermögen«, fiele Ihnen aufgrund dieser Kenntnisse auf, wenn konkrete Angaben für eine Entscheidung fehlen. Mit einem Reprunsator verbinden Sie nichts. Darum – und nun kommt das eigentliche Risiko – merkt man fast nie, wenn nach einer Rückfrage zwar viele Antworten kommen, aber nichts Konkretes. Denken Sie an das Dränglerbeispiel aus Kapitel 2, bei dem sich die meisten Menschen mit nichtssagenden Erklärungen zufriedengeben, sobald das Wörtchen »weil« fällt. Wissen Sie aber, dass es sich bei Worten wie »ausreichend« und »Leistungsvermögen« um Schummelteile handelt, erkennen Sie auch ohne Reprunsator-Erfahrung, dass man schludrig spricht und dass Exformation ausgesondert wurde. Um die drei Möglichkeiten zu identifizieren, bitten wir den Verkäufer gezielt, einzelne Schummelteilchen seines Puzzles auszutauschen oder bestimmte Teilbereiche neu zu legen – was mit hoher Wahrscheinlichkeit zum Auftauchen neuer Schummelteile führt. In einem solchen Fall wiederholen wir unsere Bitte – und zwar so oft, bis wir mit dem Ergebnis zufrieden sind und eine Entscheidung treffen könnten. Diese dritte Methode nenne ich *formorientiertes Reagieren.* (Im Fall des Reprunsators zerrt sie sicher aufgrund unserer Unkenntnis heftig an den Nerven des Verkäufers.)

**Hellsehen ist weit verbreitet**

Worin bestehen nun die praktischen Unterschiede zwischen diesen drei Methoden? Die mit Abstand riskanteste Vorgehensweise ist Methode 1: das inhaltsorientierte Reagieren ohne Rückfragen. Sämtliche Kriterien zum Begutachten und Interpretieren eines Sprachpuzzles stammen von uns. Wir verzichten auf jede weitere Information von dritter Seite, um uns ein Bild von der Puzzlevorlage zu machen. Für diese Methode, die man unbewusst fast immer anwendet, verwenden wir den Begriff »Hellsehen«. Hellsehen ist Hauptgrund für den Kauf der ABC-Methode und für den Ruf von Mr. Chance.

Methode 2 – das inhaltsorientierte Rückfragen – ist weniger riskant, da wir offene Fragen beantworten lassen. Sie besitzt jedoch zwei Achillesfersen: Bei uns und beim Gesprächspartner setzt sie entsprechendes Fachwissen voraus und beim Gesprächspartner außerdem keine für uns schädlichen Absichten. Bei Mr. Chance funktioniert sie also. Man wüsste schnell, wen man vor sich hat. Verfolgt jedoch jemand unredliche Absichten oder ist er sich selbst seines Unwissens nicht bewusst, löst unser Nachfragen nur weitere sprachliche »Nebelkerzen« aus. Kein Verkäufer der ABC-Methode gibt sofort zu, es handele sich um einen Klavierlehrgang. Jeder verwendet zunächst neue Schummelteile und spricht schludrig, um uns abzulenken. Im günstigsten Fall kostet uns das nur viel Zeit und Nerven, im ungünstigsten führt es trotz aller Bemühungen zu einer Fehlentscheidung, insbesondere wenn man dabei auch unsere Emotionen anspricht.

**Beispiel: Finanzkrise**

Die ab Herbst 2008 ausufernde globale Finanzkrise hat das leider vielen Wertpapier-Besitzern drastisch ins Bewusstsein gerückt. Selbst wenn man seinen Anlageberater mit Fragen bombardiert hat: Die meisten Anleger (und sogar viele Berater) erkannten nicht, dass die Fülle der vorliegenden Hinweise keinerlei Informationen über die realen Risiken enthielt. Denn diese versteckten sich weitestgehend in den Exformationen! So führte allein die Menge der an sich bedeutungslosen Informationen zu dem täuschenden Gefühl, die empfohlene Anlageform sei sicher.

Die einzige Methode, um derartige Risiken zu vermeiden oder zu reduzieren, ist Methode 3, das formorientierte Rückfragen. Unabhängig davon, ob wir und der andere genug wissen oder nicht: Wir suchen beharrlich nach formalen Hinweisen auf Schludrigkeit und bitten um Erläuterung, bis wir sicher sind, eine vollständige und korrekte Vorstellung von der Puzzlevorlage zu besitzen. Je weniger man über ein Gebiet weiß, umso wertvoller ist Methode 3. Grundsätzlich sollte man jedoch davon ausgehen: Ein Restrisiko lässt sich nur selten ausschließen, denn kaum jemand ist willig und fähig, seine Gedankenwelt vollständig vor uns auszubreiten. Der allerletzte Schritt besteht daher meist doch im Hellsehen – wie Sie auch in BOX 24 sehen werden. Beim Anwenden des formorientierten Rückfragens sollten wir zudem stets im Auge behalten:

**Formorientierte Rückfragen können Gesprächspartner erheblich nerven, weil man sie damit geradezu penetrant auf sprachliche Ungenauigkeiten hinweist. Sie sind daher Gesprächen vorbehalten, die für uns wichtig sind. Nur dann wird man nämlich zum schwer arbeitenden Hörer im Sinne Pinkers. In allen anderen Fällen sollte man diese Methode nur mit großer Vorsicht einsetzen.**

### ■ BOX 20: HELLSEHEN – DIE 7. CHANCE VON MR. CHANCE

Chance profitiert davon, dass alle Welt im Umgang mit ihm ausschließlich die Hellseh-Methode anwendet. Niemand zweifelt an seinen Ausführungen, niemand fragt konkret nach, jeder geht davon aus: Die Gedanken eines solchen Menschen haben etwas zu bedeuten, sind ganz einfach sinn- und wertvoll. In unseren Worten: Dem Puzzle dieser Person liegt sicher eine außergewöhnliche Vorlage zugrunde. Und da Chance den Blickkontakt – eines der wichtigsten nonverbalen Muster zum Adressieren der Beziehungsebene – permanent einsetzt, glaubt jeder seiner Gesprächspartner außerdem: »Diese wichtigen Gedanken sind nur für mich. Ich muss unbedingt ihre Bedeutung herausfinden.« Selbst wenn jemand in den Worten von Chance zunächst keinen Sinn entdeckt (wie z. B. der US-Präsident), geht er davon aus, dass dies an ihm liegt, und denkt sich: »Streng dich an, denk nach, du musst allein draufkommen, du kannst ihn nicht mit deiner Dummheit behelligen, du kannst dich nicht blamieren.«

Als Eve Chance zum ersten Mal küsst, reagiert er wie ein Holzklotz: Gefühle erlebt man nicht selbst; Gefühle sind heftige Bewegungen im Fernsehen. Eve ist zunächst verwirrt – welche Frau wäre das in dieser Situation nicht! Aber dann startet ihr Hellsehprogramm und kommt zu dem Schluss: Im Gegensatz zu mir weiß Chance, was sich schickt, was gut für uns beide, was einfach lebensklug ist. Und natürlich ist sie dankbar: »Ich bin froh, dass Sie sich nicht vergessen haben!«

Damit sind die Fähigkeiten von Chance erheblich größer als die der Weber von des Kaisers neuen Kleidern in Andersens Märchen. Diese bringen ihre Mitmenschen »nur« dazu, öffentlich zu sagen, sie sähen Kleider, obwohl sie eigentlich daran zweifeln. Chance dagegen bringt seine Umwelt dazu, diese Kleider tatsächlich zu sehen!

## 5.3 Die Faselindikatoren

> *»Don Camillo, das Billigste, was man in einer Polemik machen kann, ist, sich an die vom Gegner begangenen grammatischen und syntaktischen Fehler zu klammern.«*
>
> Der Christus vom Hauptaltar zu Don Camillo[5]

### 5.3.1 Was für Schummelteile gibt es?

Es gibt zwar viele Varianten von Schummelsteinen; für den Alltag in Beruf und Privatleben reicht es jedoch, wenn Sie sich die acht wichtigsten Sorten einprägen. Sie bilden den verbalen Teil des Mundwerkzeugs. Mit Hilfe unseres Sprachgefühls setzen wir diese »Faselindikatoren« bei zwei Hauptaufgaben ein:

1. Durch das Einsetzen von Faselindikatoren stoßen wir Prozesse beim Gegenüber an, die entweder ihm oder uns helfen.
2. Durch das Hinterfragen von Faselindikatoren anderer prüfen wir, welche Informationen in ihren Mitteilungen fehlen.

Jetzt lernen Sie das Umgehen mit den verbalen Nadeln und Fäden, um des Kaisers neue Kleider zu nähen oder zu zerpflücken. Ein Sprachpuzzle ist immer dann schludrig, wenn es mindestens einen der folgenden acht Faselindikatoren enthält:

**Die wichtigsten Faselindikatoren**

1. übertreibende Generalisierungen,
2. ein unbestimmtes »Was«,
3. ein unspezifiziertes »Wie«,
4. objektivierende Projektionen,
5. unterschlagene Begründungen,
6. unterstellte Zusammenhänge,
7. versteckte Autoren,
8. eingefrorene Prozesse.

Diese acht Indikatoren sind die verbalen Muster [MV01] bis [MV08]. Die Namen der Faselindikatoren dienen allein zum Erläutern und Abgrenzen dieser Möglichkeiten. Um sie anzuwenden, brauchen Sie sich diese Namen nicht einzuprägen. Was hätten Sie davon während eines Gesprächs? Nichts – es sei denn, es handelt sich um eine Prüfung. Sie suchen später nie nach bestimmten Indikatoren; Sie setzen Ihren Sprachinstinkt ein, um blitzschnell irgendwelche Faselindikatoren zu entdecken. Lernen bedeutet also, sich mit der Vielfalt der zahlreichen sprachlichen Varianten vertraut zu machen und dabei dem eigenen Sprachgefühl zu vertrauen. Die einzige Schwierigkeit besteht darin, Ihr Sprachgefühl überhaupt zu Wort kommen zu lassen. Denn wegen unserer chronischen Inhaltsfixierung achten wir fast immer nur auf das geäußerte Was.

**Beispiel: Kritikgespräch**

Die verschiedenen Indikatoren werde ich an einem praktischen Beispiel erläutern. Es geht um eine überfällige Kritik: Herr Kerlin kommt wiederholt zu spät zur Arbeit und sein entrüsteter Chef, Herr Leiter, will etwas dagegen unternehmen. Dieser Fall bietet verschiedene Vorteile: Wir alle können uns gut in die Rollen der Beteiligten hineinversetzen. Da diese Situation hoch emotional ist, steigt die Wahrscheinlichkeit, dass man schludrig spricht. Außerdem können wir drei Varianten behandeln:

1. Die *Kritik-Variante* beschreibt eine Szene aus dem Leben: Kerlins Chef platzt der Kragen, er greift sich Kerlin, »putzt ihn runter«, Kerlin fühlt sich angegriffen und reagiert entsprechend.

2. Die *Beschwerde-Variante* stammt ebenfalls aus dem wirklichen Leben: Der Chef geht zu seinem Abteilungsleiter Dr. Ober, um Kerlins Verhalten und mögliche Konsequenzen zu besprechen.

3. Die *Impuls-Variante* stellt den Idealfall dar: Der Chef führt mit Kerlin ein konstruktives Gespräch, um ihn zu einer Verhaltensänderung zu bewegen.

Da die Impuls-Variante alles vermeiden oder enthalten soll, was in den anderen Varianten falsch ist oder fehlt, befassen wir uns mit diesem Idealfall erst, nachdem sich das Leben ausgetobt hat. Was sagen oder hören wir nun von Herrn Leiter bei der Kritik-Variante? Läuft einem die Galle über, sind Sätze wie die folgenden sicher nicht übertrieben:

**Die Kritik-Variante: Beispiel einer überzogenen direkten Kritik**

»Herr Kerlin, wir müssen jetzt reden. Denn dauernd kommen Sie zu spät. Es ist dreist, teuer und nicht mehr mit anzusehen. Es ärgert alle Kollegen. Offensichtlich haben Sie es nicht nötig. Ihre Unpünktlichkeit scheint Ihnen sogar zu gefallen. Diese bodenlose Unverschämtheit lassen wir uns nicht mehr bieten. Bevor Sie antworten, sollten Sie jetzt endlich einmal sorgfältig nachdenken. Es ist das Beste, Sie stellen das sofort ab. Und zwar für immer.«

Bekäme man solche Sätze um die Ohren gehauen, stiege der Adrenalinspiegel schlagartig. Diese Reaktion stammt noch aus Zeiten, als sich unsere Urahnen mit Urviechern herumschlugen. Denn damals galt die Maxime »Nicht denken – laufen!«. Aber obwohl Weglaufen heute fast nie sinnvoll ist: Noch immer schaltet unser Körper in diesen und ähnlichen Fällen sofort den größten einzelnen Sauerstoff-Verbraucher ab, das Gehirn. Genauer gesagt: Er schaltet die energieschluckende Handsteuerung aus (unser bewusstes, langsames Denken) und den energiesparenden Autopiloten des Notprogramms ein (unsere unbewussten, schnellen Reaktionen). Natürlich wäre Schlagfertigkeit allein bei der Kritik-Variante nicht angebracht. Schon aus Gründen der Höflichkeit würde Kerlin etwas erwidern, das den Druck aus dem Gespräch nimmt, und auch sein Ton wäre deutlich zurückhaltender. Nur um die unmittelbaren Zusammenhänge zwischen Aktion, also Kritik, und Reaktion, mithin Verteidigung, deutlich zu machen, gehen wir im Folgenden davon aus, Kerlins Notprogramm sei auf Schlagfertigkeit oder Gegenangriff programmiert.

**Schlagfertigkeit ist nur angebracht, wenn sie nicht nur effizient ist (das ist sie fast immer), sondern auch effektiv (das ist sie nur höchst selten).**

Don Camillos Christus vom Hauptaltar würde in diesem Fall mit Recht protestieren, denn hier geht es – wie wir gleich sehen werden – nur um das bewusste oder unbewusste Herauspicken von Fehlern anderer zum Ablenken vom eigentlichen Thema. Vollkommen anders liegt der Fall bei der Beschwerde-Variante, in der es um den Protest von Kerlins Chef beim Abteilungsleiter geht:

**Die Beschwerde-Variante: Beispiel einer Beschwerde bei Dritten**

»Herr Dr. Ober, wir müssen jetzt reden. Denn dauernd kommt Kerlin zu spät. Das ist dreist, teuer und nicht mehr mit anzusehen. Das ärgert auch alle Kollegen. Offensichtlich hat er es nicht nötig. Seine Unpünktlichkeit scheint ihm sogar zu gefallen. Diese bodenlose Unverschämtheit sollten wir uns nicht mehr bieten lassen. Es ist das Beste, Sie lösen das Problem sofort. Und zwar für immer.«

Bei dieser Variante prüft der Abteilungsleiter Dr. Ober, ob Kerlins Chef genügend konkrete Angaben macht, um über fällige Konsequenzen zu entscheiden (z.B. Abmahnung oder Kündigung). Und alle von der globalen Finanzkrise im Herbst 2008 Betroffenen dürften einhellig bedauern, dass sie das noch zu schildernde pingelige, kleinkariert wirkende Vorgehen nicht schon während ihrer Beratungsgespräche einsetzen konnten. Denn das hätte die Risiken ihrer Anlageformen ans Licht gebracht. Sicher würde auch der Christus vom Hauptaltar in Don Camillos Kirche hier das pingelige Suchen nach ungenauen Formulierungen empfehlen.

Schauen wir uns nun an, durch welche Schludrigkeiten sich die Kritik- und die Beschwerde-Variante auszeichnen.

### 5.3.2 Übertreibende Generalisierungen 01

Übertreibende Verallgemeinerungen sind Ausdrücke, die die Gültigkeit vereinzelter Erfahrungen ungebührlich ausweiten: Herr Kerlin kommt nicht »dauernd« zu spät, sicher ärgern sich nicht »alle« Kollegen über ihn und er kann dieses Verhalten auch nicht für »immer« abstellen. Hört man diese oder ähnliche Faselindikatoren, bietet sich sofort die Möglichkeit an, mit Fragen nachzuhaken. Da wir hier und in den folgenden Kapiteln davon ausgehen, Kerlin starte sofort einen Gegenangriff, könnten mögliche Erwiderungen lauten: »Wollen Sie damit sagen, dass ich noch nie pünktlich gewesen bin?«, »Sie sind tatsächlich der Ansicht, alle meine zehn Kollegen ärgerten sich über mich?« oder »Sie sagten, ich soll das für immer abstellen. Es ist also undenkbar, dass es auch berechtigte Gründe gibt, einmal zu spät zu kommen?«. Indem er sich mit solchen Fragen eng am Wortlaut von Herrn Leiter orientiert, weist er auf dessen sprachliche Ungenauigkeiten hin.

**Hinterfragt man übertriebene Generalisierungen, verlagert sich das Gespräch vom negativen Inhalt (der uns betrifft) auf die negative Form (die den anderen betrifft). Und damit verändert sich die Neigung der K-Röhre – zumindest für einen Augenblick – zu unseren Gunsten.**

Während Kerlin bei der Kritik-Variante seinem Chef Fehler unterstellt und diese für seine ablenkenden und destruktiven Ziele einsetzt, verfolgt der Abteilungsleiter Dr. Ober bei der Beschwerde-Variante aufklärende, konstruktive Ziele: Er versucht herauszubekommen, was Kerlins Chef eigentlich meint. In allen meinen Trainingsübungen stelle ich etwas Interessantes fest: Den meisten Menschen bereitet es anfangs enorme Schwierigkeiten, die Schludrigkeiten in den eigenen Aussagen zu identifizieren und Faselindikator-freie Sätze zu formulieren. Aber mit traumwandlerischer Sicherheit entdecken sie diese Achillesfersen in den Aussagen anderer und nutzen sie blitzschnell für schlagfertige Erwiderungen. Sie tun also bereits vieles von dem, was ich im Folgenden vorstelle – nur noch nicht bewusst und zielorientiert. Dr. Ober fallen die Generalisierungen »dauernd«, »alle« und »immer« auf, denn diese Begriffe sind zu unpräzise, um darauf eine Abmahnung oder Kündigung aufzubauen. Darum fragt er nach, um beobachtetes konkretes Verhalten zu erfahren. Vielleicht stellt er sogar die gleichen Fragen wie Kerlin, z.B.: »Sie sind tatsächlich der Ansicht, alle seine zehn Kollegen ärgern sich über ihn?« Auf jeden Fall aber fragt er mit einer ganz anderen Stimme als Kerlin.

Bei diesen und den folgenden verbalen Beispielen sollten Sie immer im Hinterkopf behalten: Die unterschiedliche Wirkung der Fragen in beiden Varianten beruht zu einem großen Teil auch auf stimmlichen, mimischen und gestischen Mustern. Wie es der Volksmund ausdrückt: »Der Ton macht die Musik.«

**Übersichten der Faselindikatoren**

Um Ihnen das Erkennen und Berücksichtigen der acht Faselindikator-Arten zu erleichtern, sind diese am Ende des Kapitels immer in einer Übersicht zusammengefasst. In diesem Satz ist »immer« also keine übertreibende Generalisierung: Diese Liste steht am Ende jedes Kapitels mit einem verbalen Mikromuster. Das trifft auch auf die Generalisierung »alle« im folgenden Satz zu: Und alle diese Übersichten enthalten in den mit »!« gekennzeichneten Zeilen typische Sprachmuster, die Faselindikatoren, und in den mit »?« gekennzeichneten Zeilen Fragemuster zum kritischen Hinterfragen.

**01**

**Verbales Muster**

**ÜBERTREIBENDE GENERALISIERUNGEN [MV 01]**

| | |
|---|---|
| »!« | Alle • immer • nie • jede(r) • keine(r) • unmöglich • stets • auf jeden Fall • niemand • nichts • nirgends • niemals |
| »?« | Tatsächlich ...? • Und wirklich ...? • Wollen Sie damit sagen, dass faktisch ...? • Können Sie sich keine Ausnahme vorstellen, in der ...? • Haben Sie tatsächlich festgestellt, dass es ...? |

### 5.3.3 Ein unbestimmtes Was (02)

... liegt vor, wenn der Satz keinen Hinweis enthält, um welches Subjekt oder Objekt es geht. Dabei ist allerdings zu berücksichtigen, dass der Kontext – also der Inhalt der übrigen Sätze oder die Situation – diesen formalen Mangel häufig heilt. Der Satz »Herr Kerlin (Dr. Ober), wir müssen jetzt reden« enthält ein unbestimmtes Was: Er gibt nicht an, über was man reden will. Diesen Mangel behebt jedoch bereits der nächste Satz. Anders sieht es aus mit »Es ist dreist, teuer und nicht mehr mit anzusehen« sowie »Es ist am besten, ...«. Man erfährt nicht genau, was für wen dreist, teuer, nicht mit anzusehen oder am besten ist. Wer genau ist »wir« in dem Satzteil »lassen wir uns nicht mehr bieten«? Sicher nicht das gleiche Wir wie im ersten Satz. Auch im Satz »Offensichtlich haben Sie (hat er) es nicht nötig« fehlt die genaue Information, was er nicht nötig habe. Natürlich ließen sich diese Fragen auch durch Hellsehen beantworten, was bei beiden Varianten aufgrund der eindeutigen Situation sogar zu weitgehend richtigen Vermutungen führen würde. Bei der Kritik-Variante verzichtet Kerlin sicherheitshalber auf die Möglichkeit, mit entsprechenden Fragen anzugreifen, z.B. mit: »Wer behauptet, ich sei dreist?« oder »Können Sie mir mal sagen, was genau ich denn nicht nötig habe?«, um seinen Vorgesetzten nicht noch zusätzlich zu reizen. Bei der Beschwerde-Variante will Herr Dr. Ober herausbekommen, ob sich hinter den mehrdeutigen Aussagen von Herrn Leiter verwertbare, handfeste Informationen verstecken. Denn nur mit diesen lassen sich Entscheidungen über disziplinarische Maßnahmen objektiv begründen und durchsetzen.

02

**Verbales Muster**

## UNBESTIMMTES WAS [MV02]

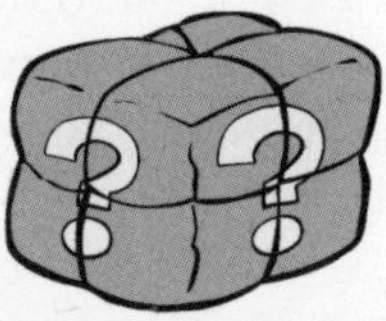

### UNBESTIMMTES SUBJEKT, UNBESTIMMTES SUBSTANTIV [MV02.1]

| | |
|---|---|
| »!« | Man hört … • dies sollte … • der ist … • manche bringen … • die Leute sagen … • irgendein … • er ist … • … für aufmerksame Zuhörer • … bei seriösen Kunden • viele äußern … • Diverse wollen … |
| »?« | Wer (welche, wen) genau …? • Wer genau hat …? • Was genau sollte man …? • Was (wer) alles gehört Ihrer Ansicht nach dazu? • Können Sie mir die alle aufzählen? |

### FEHLENDES OBJEKT, FEHLENDER BEZUG BEI VERBEN [MV02.2]

| | |
|---|---|
| »!« | Er begeisterte • Frau Lehmann beeindruckte • Der Chef macht sich Sorgen • Sie ärgerte sich • Ich hatte Angst • Er will mitmachen • Unser Produkt beeindruckt |
| »?« | Über was (wen) haben Sie sich …? • Was (wen, wem) haben Sie …? • Wen wollen Sie …? • Wohin sind Sie …? • Was wollen Sie …? • Über was sind Sie …? • Mit wem sind Sie …? • Und wohin? |

### 5.3.4 Ein unbestimmtes Wie 03

**Unspezifizierte Verben**

... erkennen Sie anhand mehrdeutiger Eigenschaften (Adverbien oder Adjektive) und Verben. Gerade diese Faselindikatoren illustrieren gut, wie unpräzise unsere Sprache ist und wie sehr wir uns bereits daran gewöhnt haben. Beginnen wir mit den *unspezifizierten Verben*. In Kritik oder Beschwerde sind das »ärgern«, »gefallen«, »nachdenken« und »nicht bieten lassen«. Tätigkeiten wie diese können sich durch erhebliche Qualitäts- und Intensitätsunterschiede auszeichnen: Wie intensiv ärgerte sich jemand, wie lange und tief dachte jemand nach? Sie können aber auch Sammelbegriffe für sehr unterschiedliche Verhaltensweisen sein: Der eine ärgert sich still und läuft vor Wut rot an, ein anderer springt auf und fuchtelt mit den Armen, wieder ein anderer brüllt sein Gegenüber an und schlägt nach ihm. Sagt jemand auf eine wichtige Bitte von Ihnen »Ich denke darüber nach«, was geschieht dann, wie viel Mühe macht er sich? Der eine reflektiert wenige Minuten, ein anderer durchstöbert das Internet, ein Dritter stellt schriftliche Vor- und Nachteilslisten auf, ein Vierter braucht zum Nachdenken das Gespräch mit Freunden und Bekannten, während ein Fünfter in Sekundenbruchteilen das Für und Wider abwägt. Dass solche Verben eher geistige Tätigkeiten betreffen, darf nicht zu dem Trugschluss verleiten, andere Verben seien von Haus aus genauer. Ein einfaches Beispiel zeigt das: Überall auf der Welt finden Sie Schilder, auf denen man Ihnen anbietet, Ihr Auto zu waschen. Was sich jedoch alles hinter »Waschen« verbirgt, ist so unterschiedlich, dass nicht nur Sie und Ihr Geldbeutel das zu spüren bekommen, sondern auch der Lack Ihres Autos. Beraten, Schreiben, Programmieren, Schweißen, Nieten, Fräsen, Hobeln, ... – alles weist gravierende Unterschiede im Ergebnis auf. Allein das Auftauchen dieser Begriffe in einem Versprechen oder Vertrag sagt noch nichts darüber aus, ob die Resultate in Ordnung oder Pfusch sind. Nicht immer und überall ist das Prinzip Hoffnung angebracht. Oder in den berühmten Worten Lenins: *»Vertrauen ist gut, Kontrolle ist besser.«* Das trifft besonders auf die Beschwerde-Variante zu: Stellen Sie sich vor, Kerlins Abmahnung würde als Begründung anführen: »Seine Kollegen haben sich über ihn geärgert« oder »Sein Verhalten schien ihm sogar zu gefallen«. In keinem Kündigungsprozess gäbe sich ein Richter mit derartig vagen Beschreibungen zufrieden. Er würde sofort formorientiert reagieren und danach fragen, was man denn gesehen oder gehört habe. Und genau das tut auch Dr. Ober bei Kerlins Chef.

**Unspezifizierte Adjektive**

Bei den *unspezifizierten Eigenschaftswörtern* ist es ähnlich. Die in der Kritik oder Beschwerde verwendeten Adverbien und Adjektive sind »teuer«, »dreist«, »bodenlos«, »sorgfältig« und »unverzüglich«. Was genau ist Dreistigkeit und woran erkennt man sie? Wie tief reicht etwas, das keinen Boden aufweist? Wie und was genau tut jemand, der »sorgfältig« nachdenkt? Alle diese Begriffe beschreiben grob, dass jemand etwas höchst Ungewöhnliches, Unnormales ist, tut oder bewirkt. Das genügt, falls Kerlins Chef seiner Frau zu Hause von einem Menschen berichtet, der ihm seinen Berufsalltag vermiest. Nun macht sich seine Frau ein plastisches Bild von Kerlin (ob das der Wahrheit entspricht, steht auf einem anderen Blatt). Oft genügt es jedoch nicht – z.B. als objektive Begründung in der Beschwerde-Variante. Hier sollte Dr. Ober nachfragen, welche Überlegungen oder Beobachtungen als Grundlage für »teuer« oder »dreist« gedient haben, was genau unter »sorgfältig« oder »unverzüglich« zu verstehen ist. Alle guten Verkäufer besitzen die Fähigkeit, unpräzise Angaben ihrer Kunden so lange zu hinterfragen, bis sie sicher sind, einen akzeptablen Vorschlag unterbreiten zu können. Das trifft für den Makler zu, dessen Kundin ein »großes, gut ausgestattetes« Haus »in angenehmer Lage« sucht. Das gilt für den Herrenausstatter, dessen Kunde ein »schickes, modisches und leicht zu tragendes« Jackett möchte. Und das gilt auch für den Autoverkäufer, den man nach einem »flotten, sparsamen und nicht zu teuren« Gebrauchtwagen fragt.

Menschen mit einer überdurchschnittlichen Kompetenz für sorgfältige und problemorientierte Verhandlungs-, Beratungs- oder Verkaufsgespräche zeichnen sich meist durch zwei Eigenschaften aus: Sie besitzen die außergewöhnliche Gabe, fehlende und ungenaue Angaben aufzuspüren. Und sie haben die Ausdauer und vor allem den Mut, diese offenen Fragen zu klären. Menschen, denen diese Kompetenz von Haus aus fehlt, benötigen Anhaltspunkte – wie unsere Faselindikatoren. Den Mut müssen sie leider selbst aufbringen.

Bei der Kritik-Variante sieht das grundsätzlich anders aus: Kerlin geht es weder bei den Verben noch bei den Adjektiven und Adverbien um das Erkunden von Vollständigkeit oder Eindeutigkeit. Er will vielmehr nach dem Motto »Der Zweck heiligt die Mittel« durch das egoistische Ausnutzen von Fehlern seines Vorgesetzten einen Nebenkriegsschauplatz eröffnen. Er stellt die gleichen Fragen, allerdings in anderem Ton und mit dem Ziel, den Ball sofort wieder zurückzuschlagen.

03

**Verbales Muster**

**UNBESTIMMTES WIE [MV03]**

**UNSPEZIFIZIERTE VERBEN [MV03.1]**

| | |
|---|---|
| »!« | ärgern • wahrnehmen • denken • spüren • glauben • zwingen • tun • verändern • zeigen • verlangen • vergessen • mögen • überlegen • ablehnen • annehmen • beipflichten • vorführen • gefallen |
| »?« | Was genau verstehen Sie unter ...? • Wie genau haben Sie dies ...? • Wie genau stellen Sie es an, dass Sie ...? • Was genau machen Sie, wenn Sie ...? • Wie genau ... Sie? • Was genau passiert, wenn Sie ...? |

| UNSPEZIFIZIERTE ADJEKTIVE UND ADVERBIEN [MV 03.2] | |
|---|---|
| »!« | ausreichend • schön • leicht • preiswert • angenehm • modern • passend • luxuriös • komfortabel • optimal • begehrenswert • bequem • reichhaltig • schnell • gespannt • tief • leicht • teuer • schamlos • unwohl • begeistert • entschieden • glücklich • überzeugt |
| »?« | Was genau bedeutet für Sie …? • Woran genau erkennen Sie, dass etwas …. ist? • Was genau verstehen Sie unter …? • Auf welche speziellen Eigenschaften achten Sie, wenn etwas für Sie … ist? • Was alles berücksichtigen Sie, wenn Sie dies als … bezeichnen? • Anhand welcher Kriterien erkennen Sie, das dies für Sie … ist? • Was meinen Sie mit …? |

### 5.3.5 Objektivierende Projektionen 04

… sind subjektive Bewertungen, die aber so formuliert sind, als handele es sich um objektive Eigenschaften von Sachen oder Personen. Noch niemand sah einen traurigen Brief oder ein lustiges Buch. Aber man traf schon Menschen, die einen Brief traurig oder ein Buch lustig fanden. Diese sprachliche Ungenauigkeit hängt mit der unklaren Bedeutung des Wörtchens »ist« zusammen: Kerlin ist nicht nur »männlich«, »blauäugig« und »blond«, sondern für seinen Chef auch »dreist«, »unpünktlich« und »unverschämt«. Während sich die ersten drei Eigenschaften jedoch objektiv wahrnehmen und damit überprüfen lassen, handelt es sich bei den letzten drei Begriffen um persönliche Urteile, die allein wegen der Verwendung des Wörtchens »ist« wie objektive Eigenschaften wirken. Und das hat Konsequenzen: Halte ich die verwendeten Projektionen »dreist« und «unverschämt« für objektive Merkmale, steht ihr Träger, in unserem Fall Kerlin, im Mittelpunkt der Kritik. Bedenke ich aber, dass subjektive Meinungen vorliegen, richtet sich die Aufmerksamkeit auf den Kritiker oder die Kritik. Es könnte sich nämlich um eine rein persönliche und damit auch fragwürdige Be- oder Verurteilung handeln. Haben z. B. Chef und Kollegen überzogene Ansprüche, wären die Maßstäbe der wertenden Personen falsch. Außerdem lenkt die Formorientierung den Blick auf wichtige, jedoch bislang ausgeklammerte Aspekte: Das sind diejenigen vom Chef und den Kollegen beobachteten Eigenschaften und Verhaltensweisen Kerlins, die dazu führten, Kerlin als »dreist«, und sein Zuspätkommen als »teuer« zu bezeichnen. Den meisten Menschen ist nämlich nicht bewusst, welche Beobachtungen derartige Urteile auslösten.

**Wir prüfen also: Anhand welcher wahrnehmbaren und damit überprüfbaren Fakten und auf der Basis welcher Bewertungskriterien ist jemand zu bestimmten Schlussfolgerungen gelangt?**

Bei der Kritik-Variante geht es nicht um dieses Ziel; hier pickt man sich aus reinen Verteidigungsgründen die sprachlichen Schludrigkeiten anderer heraus und prangert sie an. Wie Sie an den folgenden Fragemuster-Beispielen schnell erkennen, liefert diese Vorgehensweise bei der Beschwerde-Variante eine Vielzahl an verwertbaren Informationen, entweder zu Lasten oder zu Gunsten Kerlins. Das ist doch eine praktische und überzeugende Möglichkeit – Entschuldigung: Natürlich halte nur ich das für praktisch und überzeugend.

**04**

**Verbales Muster**

## OBJEKTIVIERENDE PROJEKTIONEN [MV04]

| | |
|---|---|
| »!« | die traurige Mitteilung • der überzeugende Prospekt • ein lohnendes Angebot • die angenehme Nachricht • die lustige Begebenheit • die spannende Geschichte • die packende Veranstaltung • eine interessante Erfahrung (Möglichkeit, Offerte, Variante, Darstellung) |
| »?« | 1. Wer ist der Ansicht, dies sei …? • Wer hat gesagt, dies ist …? • Für wen war es …? • Können Sie mir einmal sagen, wer meint, dies sei …?<br>2. Was genau ist der Grund, dies als … zu bezeichnen? • Warum kann man in diesem Fall von … ausgehen? • Was genau veranlasst Sie hier, von … zu sprechen? |

## ■ BOX 21: PROJEKTIVES BEEINFLUSSEN UND HELLSEHEN

Auf zwei wichtige Möglichkeiten der Projektion gehe ich nicht ausführlich ein: auf die projektive Beeinflussung und auf das projektive Hellsehen. Beide Arten möchte ich jedoch am »Ärger« über Kerlin zumindest kurz erläutern. Gehen wir zunächst davon aus, Herr Leiter habe Dr. Ober gesagt, dass Kerlin ihn ärgere. Diese Aussage ist das Beispiel einer *projektiven Beeinflussung:* Kerlin kann seinen Chef nicht ärgern, das ist biologisch unmöglich. Der Satz »Kerlin hat mich geärgert« weist zwar die gleiche Form auf wie der Satz »Kerlin hat mich geschlagen«. Aber nur im zweiten Fall wäre Kerlin die alleinige Ursache für das Resultat, z. B. einen schmerzenden Arm. Darum heißt es in der deutschen Sprache auch »Ich ärgere mich über ...«. Der Chef sieht etwas an oder bei Kerlin, z. B. ein zu buntes Sakko oder ein zu lautes Lachen. Aber Sakko oder Lachen besitzen nicht die objektive Eigenschaft, zu bunt oder zu laut zu sein. Das sind sie lediglich für Kerlins Chef: Farben und Lautstärke verstoßen gegen seine persönlichen Werte. Und deshalb ärgert er sich. Im Gegensatz zum Schmerz aufgrund eines Schlags von anderen entstehen derartige Verärgerungen über andere stets aufgrund eigener Gedanken.

Ein Beispiel für *projektives Hellsehen* bilden die Aussagen des Chefs, die Kollegen ärgerten sich über Kerlin oder diesem gefalle seine Unpünktlichkeit. Genau genommen sieht niemand, wenn sich jemand ärgert oder Gefallen an etwas findet, auch nicht der Chef von Kerlin. Denn das Ärgern oder Gefallen geschieht auf der für Dritte unsichtbaren Tiefenstruktur. Er hört und sieht nur, dass sich drei Kollegen mit heftigen Bewegungen lautstark über Kerlins Verspätungen unterhalten oder dass Kerlins Laune gerade an den Tagen mit Verspätung überschwänglich war. (Nimmt man es ganz genau: Auch die Eigenschaften »heftig«, »laut« und »überschwänglich« kann man nicht wahrnehmen; es sind zusammenfassende Bewertungen.) Aufgrund seiner persönlichen Erfahrungen und Werte bezeichnet er dann diese Verhaltensweisen abkürzend als »sich ärgern« oder »gefallen«.

In beiden Fällen besteht ein Gegenmittel darin, sich nicht mit den ungenauen und allgemeinen Bewertungen zu beschäftigen, sondern mit den beobachteten Fakten und mit den zugrunde liegenden Bewertungskriterien. Das eigentliche Ziel geht jedoch einen Schritt weiter: Man sollte versuchen, Herrn Leiter den psychologischen Vorgang der Projektion zu erläutern. Er soll verstehen, in welche sprachliche Falle er mit Äußerungen wie »Kerlin ärgert mich« oder »Kerlin gefällt seine Verspätung« tappt, um die darauf beruhenden Denkfehler in Zukunft zu vermeiden. (Das könnte aber nur Dr. Ober bei Herrn Leiter versuchen; Kerlin überschritte damit seine Kompetenzen.)

Alle Menschen, die als Profi um Kunden werben oder als Amateur um Partner, nutzen Projektionen für ihre Ziele. Allerdings unterscheiden sie sich in einer Hinsicht: Behauptet ein Berater, dieses Angebot oder Produkt sei beeindruckend, begeisternd, überzeugend oder faszinierend, klingt das überzeugender als wenn er sagt, er persönlich halte es für beeindruckend, begeisternd, überzeugend oder faszinierend. Kommerzielle Informationslieferanten wie Berater, Verkäufer, Anzeigen, Prospekte oder Werbefilme gelten nicht als neutral. Um sich den Anschein von Neutralität zu geben, formulieren sie persönliche Ansichten als objektive Eigenschaften – ich unterstellte: meist unbewusst. Sagt man jedoch einem anderen, er sei bezaubernd, interessant, charmant oder reizend, kann die Formulierung als persönliche Ansicht sogar wirkungsvoller sein. »Ich finde Sie äußerst liebenswürdig« betont die Beziehungsebene stärker als »Sie sind äußerst liebenswürdig«.

### 5.3.6 Unterschlagene Begründungen 05

**Die Voraussetzungen jeder Botschaft sind mannigfaltig**

… sind alle nicht ausdrücklich erwähnten Bedingungen, die erfüllt sein müssen, damit eine Aussage gültig ist. Legt man den Begriff Vorannahme sehr weit aus, enthält jede Aussage eine Fülle versteckter Voraussetzungen. Wir gehen stets davon aus, dass unsere Umwelt gleich bleibt – z.B. dass unser Geld seinen Wert behält, dass sich unsere Rechtsprechung nicht über Nacht ändert oder dass uns nicht, um Majestix zu zitieren, der Himmel auf den Kopf fällt. Ähnliches gilt auch für unser persönliches Umfeld: Man erwartet, dass sich Angehörige, Freunde und Bekannte nicht urplötzlich als Betrüger oder Halsabschneider erweisen. Man unterstellt stets, dass jeder von ihnen meint, was er sagt. Und dass er uns – falls das einmal nicht der Fall sein sollte wie bei Witzen oder Aprilscherzen – möglichst schnell und unschädlich aufklärt. Neben diesen eher allgemeinen und grundsätzlichen Vorannahmen gibt es noch eine Vielzahl verborgener materieller und psychologischer Vorbedingungen für die spezielle Wirkung einer Botschaft. So benötigen Informationen besondere Übertragungsmedien wie Menschen, Zeitungen, Radios oder Fernseher. Darüber hinaus zeichnen sich Sender und Empfänger durch bestimmte Motive, Einstellungen und Werte aus, die das Gestalten und Aufnehmen einer Botschaft und damit auch ihre Wirkung beeinflussen. Bei Mr. Chance sahen wir bereits, wie alle diese Voraussetzungen unsere Wahrnehmung lenken. Sie sind der Grund dafür, dass es keine kontextfreie Wahrnehmung gibt. Alle diese Bedingungen klammern wir jedoch aus. Hier interessieren nur diejenigen versteckten Voraussetzungen, die sich sprachlich identifizieren lassen – z.B. *unterschlagene Begründungen.*

Man unterschlägt z.B. häufig den Grund für eine Aufforderung sowie die Basis eines Vergleichs oder einer Bewertung. Die entsprechenden Faselindikatoren in unserer Kritik lauten »müssen«, »sollen«, »endlich einmal« und »es ist das Beste«. Warum muss der Chef gerade jetzt mit Kerlin und Dr. Ober reden? Wieso soll Kerlin endlich einmal nachdenken? Warum ist es am besten, etwas unverzüglich abzustellen? Fragen dieser Art zeigen an, dass Kerlins Chef viele Gründe und Argumente nicht erwähnt. Darauf kann man ihn hinweisen und eine Begründung einfordern. Wie bei den vorangehenden Beispielen verwendet man diese und ähnliche Fragen bei der Kritik-Variante aus Gründen der Schlagfertigkeit, bei der Beschwerde-Variante zum Klären wichtiger arbeitsrechtlicher Details. Ein Blick in die folgende Aufstellung zeigt: Die meisten dieser Sprachmuster kennt man von Anzeigen, Funk- und Fernsehspots und Verkäufern. Das ist kein Zufall – Sie verfolgen das gleiche Ziel wie Herr Leiter: Andere sind möglichst einfach und schnell von etwas zu überzeugen.

05

**Verbales Muster**

## UNTERSCHLAGENE BEGRÜNDUNGEN [MV05]

### UNBEGRÜNDETE NOTWENDIGKEITSBEHAUPTUNGEN [MV05.1]

| | |
|---|---|
| »!« | müssen • sollen • notwendig, erforderlich, angebracht sein • notwendigerweise • zwangsläufig • notgedrungen • gezwungenermaßen • unabdingbar |
| »?« | Und was würde geschehen, wenn es nicht … • was geschieht anderenfalls • wieso … • woran erkennen Sie, dass es … ist • wer sagt, dass Sie … • wer behauptet, dass es … ist • und warum ist es … |

### UNBEGRÜNDETE UNMÖGLICHKEITSBEHAUPTUNGEN [MV05.2]

| | |
|---|---|
| »!« | nicht können, dürfen, vermögen, gehen • nicht möglich • außerstande • unmöglich • nicht imstande, nicht in der Lage sein • ausweglos • alternativlos • chancenlos |
| »?« | Und was würde geschehen, wenn Sie trotzdem … • was geschieht anderenfalls • und wieso nicht • woran erkennen Sie, dass es nicht … • wer sagt, dass Sie nicht … |

| FEHLENDE VERGLEICHSBASIS [MV05.3] | |
|---|---|
| »!« | Die beste (erste, wichtigste, bedeutendste, herausragendste, bevorzugte, einzige) … • eine schlechte Übertragung • das billigste Angebot • der schnellste Service • Sie sind langsamer • er begreift schneller • dies ist vorteilhafter • die ist … |
| »?« | Die/das … im Vergleich zu wem/was? • … als wer/was? • Und warum ist der/die/das so …? • Und weitere Möglichkeiten bestehen nicht? • Und ganz anders geht es tatsächlich nicht? • Was ist der Grund, dass ich/er/sie/wir … • Wieso …? |

| UNBEGRÜNDETE ZEITLICHE REIHENFOLGE [MV05.4] | |
|---|---|
| »!« | Zuerst werden (müssen, sollen, können) wir … • Man wird (soll, muss, kann) gleich … • Es ist sofort … • Gerade jetzt … • Für die heutige Zeit … • Endlich ist das … |
| »?« | Wieso müssen wir das zuerst (gleich, sofort, jetzt, endlich)? • Und für andere Zeiten gilt das nicht? |

## ■ BOX 22: BULLSHIT UND FASELINDIKATOREN

Ein kleines Büchlein von Harry G. Frankfurt mit dem bezeichnenden Titel *Bullshit* machte uns bekannt mit einem Zwischending zwischen bewusster Lüge und dem vergeblichen Versuch, Makellosigkeit aufrechtzuerhalten. Bullshit zeichnet sich durch zwei Eigenschaften aus: Der Sprecher lügt nicht, er glaubt an den Inhalt seiner Botschaft. Er nahm jedoch keinerlei Mühe auf sich, deren Richtigkeit zu prüfen, fühlt sich dafür auch nicht verantwortlich. Bullshit trat früher nur in persönlichen Gesprächen auf, z.B. unter Menschen mit der »Lufthoheit über den Stammtischen«. Man nennt ihn auch »Klatsch«. Das Erscheinen der Massenmedien veränderte die Situation und schuf sogar zwei Arten von Medien. Die eine ist in ihrer Existenz bedroht, verbreitet sie Bullshit, die andere ist bedroht, verbreitet sie keinen Bullshit. Durch das Internet und die dort mögliche Anonymität wächst Bullshit explosionsartig: In Weblogs (Kurzform: Blogs) kann jeder Interessierte eigene und fremde Nachrichten ungeprüft weitergeben oder durch Kommentare ergänzen. Bullshit fehlt die objektive Begründung und man erkennt dieses Fehlen subjektiv nicht oder hält es für unwichtig. Daran lässt sich die Verwendung der bisher behandelten Faselindikatoren illustrieren. Greifen wir dazu auf unser Beispiel mit dem Laptop-Verkäufer zurück und nehmen an, er kolportiere in seinem Beratungsgespräch die objektiv falsche Behauptung, Intel bringe einen neuen Laptop-Prozessor heraus. Da es um die Anschaffung von 50 Laptops geht, haben wir uns fest vorgenommen, unseren Verkäufer nach allen Regeln der Kunst auszuquetschen, um jedes Risiko zu vermeiden. Der Verkäufer behauptet: »Viele Experten meinen, dass Intel demnächst einen neuen Prozessor speziell für Laptops herausbringt.« Hier bieten sich folgende Rückfragen an: Wer genau sind die Experten? Wie viele waren es? Was genau heißt »meinen« – sind sie sich sicher oder spekulieren sie nur? Wann genau ist »demnächst«? Was genau ist »neu« an dem Prozessor, und sind das überhaupt für mich relevante Eigenschaften? Eignet sich der Prozessor auch für wirklich alle Laptops? In einem Satz mit nur 14 Worten stoßen wir auf sieben verwertbare Faselindikatoren: zwei unbestimmte Was (»Experten« und »Laptops«), ein unspezifiziertes Verb (»meinen«), ein unspezifiziertes Adverb (»demnächst«) und drei unspezifizierte Adjektive (»viele«, »speziell« und »neu«). Sie geben sicher zu: Alle Fragen sind sinnvoll, wenn es um eine Investition in dieser Höhe geht. Und die Vielzahl an Faselindikatoren hat nicht etwa damit zu tun, dass ich diesen Satz bewusst konstruiert habe, wie die Kerlin-Kritik. Das ist Normalität, so unpräzise sprechen wir.

Nachdem wir unseren Verkäufer genügend gelöchert haben, wissen wir endlich: In drei Fachzeitschriften (die Titel nennt er uns) hat er kurze redaktionelle Mitteilungen gelesen, in denen ohne nähere Angaben von einem *möglichen* neuen Laptop-Prozessor aus dem Hause Intel gesprochen wurde, der *wahrscheinlich* in den nächsten sechs Monaten auf den Markt kommen soll. Damit wissen wir zwar, woher er seine Information bekam. Wir wissen jedoch nicht, ob es unbewiesener Branchen-Klatsch ist oder eine zutreffende Information. An dieser Stelle trennt sich die Spreu vom Weizen: Es gibt keine Möglichkeit, in diesem Gespräch zu einer objektiv begründeten Entscheidung zu kommen. Dieses Restrisiko besteht immer und ich kenne keine Tricks, um es aus der Welt zu schaffen. Der eine denkt nun: Das hört sich doch eigentlich gut an; ich bestelle jetzt gleich. Der andere sagt sich: Bei 50 Laptops sollte ich mich vergewissern und weiteren Rat einholen. Letztlich ist das die Problematik bei fast allen komplexen Entscheidungen (vgl. auch Box 24), ganz besonders aber bei Bullshit.

### 5.3.7. Unterstellte Zusammenhänge 06

… suggerieren oder behaupten direkt oder indirekt, dass zwischen verschiedenen Bedingungen oder Situationen eine Verbindung besteht. Dieses Verbinden von Inhalten ist eine der wirksamsten Methoden zum Argumentieren und Beeinflussen. Unbewusst geht man nämlich fast immer davon aus, bei diesen rein sprachlichen Verknüpfungen handele es sich um eine Art von naturgesetzlichem Zusammenhang. Es ist jedoch etwas völlig anderes, ob ich vorhersage »Wenn die Temperatur deutlich unter null Grad Celsius sinkt, dann gefriert das Wasser in diesem Glas« oder ob ich behaupte »Wenn Sie die ABC-Methode anwenden, dann haben Sie Erfolg im Leben«. Im ersten Fall definiert das Wenn-dann-Sprachmuster ein Naturgesetz, das niemand außer Kraft setzen kann (klammern wir den Luftdruck aus). Im zweiten Fall verkündet es eine Möglichkeit; diese erfüllt sich aufgrund der vielen subjektiven Voraussetzungen und Rahmenbedingungen – oder auch nicht. Es lohnt also immer den Versuch, solche sprachliche

Verknüpfung zu hinterfragen. Vielleicht schaffe ich dadurch einen neuen Entscheidungsrahmen.

**Einfache Aufzählungen unterstellen Zusammenhänge**

Die leichteste, am besten versteckte und daher zugleich gefährlichste Möglichkeit, etwas zu verknüpfen, ist das einfache Aufzählen einzelner Punkte: Die Leser oder Hörer verbinden diese dann nicht nur untereinander, sondern auch mit dem Kontext und ihren eigenen Erwartungen. So wissen viele Menschen, dass die meisten Joghurtkulturen linksdrehende Milchsäuren enthalten. Fragt man nun, ob die links- oder die rechtsdrehende Milchsäure die »gute« ist, stimmen fast alle für die linksdrehende – und das ist falsch. Man geht unbewusst davon aus: Joghurt ist gesund, also sind die Zutaten gesund, also sind linksdrehende Milchsäuren gesund. Warum sonst stehen sie auf fast allen Bechern unter den Zutaten?

**Verknüpfungen durch einfaches Aufzählen sind schwer zu hinterfragen: Sie wirken meist unbewusst und zeichnen sich durch keinerlei besondere sprachliche Kennzeichen aus. Zum Entdecken benötigt man sachlichen Abstand.**

**Hinweiswörter bei Zeit- und Sachzusammenhängen**

Leichter zu identifizieren sind darum alle Verknüpfungen, die sich durch besondere Formulierungen auszeichnen: das Verwenden von »weil« und »oder« signalisiert *sachliche Zusammenhänge*, mit Wörtern wie »zunächst«, »nachdem« und »ehe« stellt man *zeitliche Zusammenhänge* her. Tauchen diese oder ähnliche Faselindikatoren auf, hinterfragt man den damit unterstellten Zusammenhang. Bei der Kritik- und der Beschwerde-Variante in unserem Beispiel kommen zwei Verknüpfungen vor: eine sachliche mit »denn« am Anfang der Kritik und eine zeitliche mit »bevor« gegen Ende. Kerlin könnte also ausgiebig darüber diskutieren, ob man ausgerechnet jetzt darüber reden muss – sicher gibt es auch andere Termine. Und dass er nur antworten soll, wenn er jetzt gleich sorgfältig nachdenkt, lässt sich ebenfalls anzweifeln. In beiden Fällen sollte Kerlin jedoch seine Position bedenken: Er sitzt am unteren Ende der K-Röhre. Bislang konnte er bei seinen Fragen sachliche Gründe vorschieben (auch wenn er damit andere Ziele verfolgte). Jetzt geht es um zwei Aufforderungen seines Vorgesetzten – und da ist das Diskutieren von Gründen in der Regel nicht ratsam. Das zeigt sich auch bei der Beschwerde-Variante – allerdings mit umgekehrten Vorzeichen: Hier bietet sich die Möglichkeit, das verknüpfende »denn« und damit die Notwendigkeit anzuzweifeln, ausgerechnet jetzt über Kerlins Verspätung sprechen zu müssen. Nun ist aber der Anzweifelnde in der Position des Vorgesetzten; er sitzt am oberen Ende der K-Röhre. Dr. Ober kann deshalb diese Begründung ignorieren: »Ich unterhalte mich gern mit Ihnen darüber – aber jetzt geht es nicht.«

**Relativierungen**

Da Kritik und Beschwerde an Deutlichkeit kaum zu überbieten sind, tauchen einige Faselindikatoren nicht auf, nämlich alle *Ausdrücke, die einen Zusammenhang einschränken*. Es gibt zwei Formulierungen, an denen Sie solche Relativierungen erkennen. Die erste ist das Wörtchen »aber«. Ein Beispiel liefert der letzte Satz im vorigen Absatz: Der erste Teil der Antwort von Dr. Ober würdigt eine Bitte, der zweite Teil schränkt sie ein. Da diese Einschränkung bei der Beschwerde-Variante von einem Vorgesetzten kommt, ist es nur bei außergewöhnlichen Gründen ratsam, sie in Frage zu stellen. Käme dieser Satz bei der Kritik-Variante von Kerlin, müsste er sich auf unbequeme Fragen gefasst machen. Ein weiterer Indikator für Einschränkungen ist das Wörtchen »eigentlich«. Oft taucht es im Zusammenhang mit »aber« auf, z.B. bei »Eigentlich gefällt uns Ihre Arbeit, aber Ihre Pünktlichkeit ...«. Häufig tritt es jedoch auch allein auf wie bei »Eigentlich gefällt uns ja Ihre Arbeit«. Im letzten Fall können Sie sofort im Stillen das »aber« hinzufügen und entsprechend reagieren. Es gibt noch ein drittes Kennzeichen, das »eigentlich« nicht hierher gehört, »aber« aus Gründen der Vollständigkeit erwähnt wird: das Dehnen und Anheben der Stimme am Ende eines bewertenden Satzes – ein nonverbales »eigentlich«. Sprechen Sie den Satz »Ihre Arbeit gefällt uns ja« still oder laut. Wenn Sie dabei das »ja« ganz leicht dehnen und gleichzeitig Ihre Stimme etwas anheben, erkennen Sie sofort: Da steckt noch etwas im Busch – die Botschaft hör' ich wohl, allein mir fehlt der Glaube. In diesen und ähnlichen Fällen sollte man grundsätzlich nachfragen – jedoch viele Menschen drücken sich davor. Wahrscheinlich wollen sie unangenehme Informationen vermeiden. Ich gebe Ihnen daher einen Rat, der in allen Situationen von Bedeutung ist, in denen Sie verbale oder nonverbale Signale empfangen, die auf Einschränkungen schließen lassen:

> **Immer wenn Sie wissen oder vermuten, dass im Kopf Ihrer Gesprächspartner Prozesse ablaufen, die Ihren Absichten im Wege stehen könnten, sollten Sie darauf eingehen – entweder direkt oder indirekt.**

**Einschränkungen erfragen**

Viele scheuen davor zurück. Aber was geschieht, wenn Sie sich – natürlich der jeweiligen Situation angemessen – so verhalten? Sie können nur gewinnen! Das Schlimmste, was passieren kann: Nun wissen Sie, dass Sie keinerlei Chance haben, Ihre Absichten in die Tat umzusetzen; vorher haben Sie es nur befürchtet. Die Situation selbst veränderte sich dadurch nicht. Das Beste, was passieren kann: Sie bekommen die Möglichkeit, Ihre Chancen wieder zu erhöhen. Und falls die Entscheidung doch endgültig gegen Sie gefallen sein sollte, können Sie bereits jetzt Ihre Chancen für zukünftige andere Gelegenheiten verbessern. Ein *direktes Eingehen* wäre z.B. das offene Erfragen möglicher Einwände oder Widerstände: »Was alles spricht aus Ihrer Sicht im Moment noch gegen …« Man kann mögliche Vorbehalte auch gezielt abfragen: »Stört Sie vielleicht X, stört Sie Y?« Dabei sollten Sie aber stets damit rechnen, dass jeder mit Einschränkungen gern hinter dem Berg hält. Sie müssen also Beharrlichkeit an den Tag legen. Ein *indirektes Eingehen* setzt Erfahrung und/oder Hellsehen voraus. Eine Möglichkeit besteht in einer vorbeugenden Einwandbehandlung: »Manche glauben zunächst, dass … Aber wenn sie dann erfahren, dass dabei auch …, dann sind sie auf einmal überzeugt.« Dieses Beispiel zeigt zugleich, wie man Einschränkungen mit »aber« nutzen kann, um negative Aspekte zu relativieren.

06

**Verbales Muster**

## UNTERSTELLTE ZUSAMMENHÄNGE [MV 06]

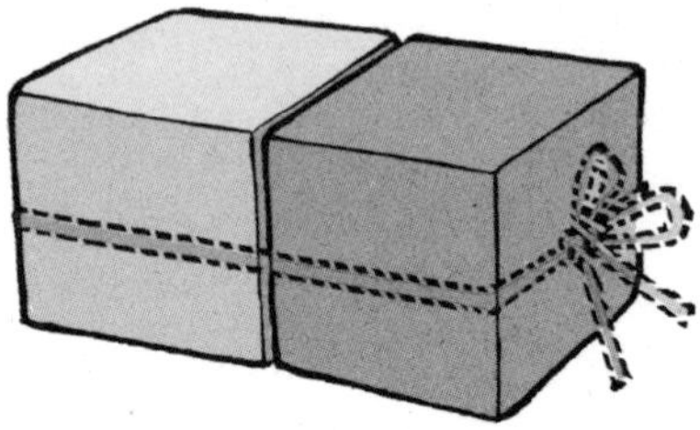

### SACHLICHE VERKNÜPFUNGEN [MV 06.1]

| | |
|---|---|
| »!« | ▪ X ist (kann, hat, besitzt) A, denn (weil, aufgrund, wegen, infolge, bedingt durch, nämlich) B.<br>▪ Soll X dies tun oder das? • Soll ich mit X oder Y beginnen? • Verwenden wir X oder Y? • Bevorzugen wir Herrn X oder Frau Y? • Möchten Sie das preiswertere Produkt oder das komplett ausgestattete? |
| »?« | ▪ Ist X auch A, wenn B nicht gegeben ist? • Ist X immer A, auch wenn B nicht vorhanden ist? • Ist X nicht mehr A, wenn B fehlt? • Ist B die einzige Begründung für A?<br>▪ Und weitere Möglichkeiten bestehen nicht? • Und ganz anders geht es tatsächlich nicht? • Wer sagt, dass ich (er, sie, wir, es) überhaupt …? • Was ist der Grund, dass ich / er / sie / wir / es überhaupt …? |

| | |
|---|---|
| **ZEITLICHE VERKNÜPFUNGEN [MV06.2]** | |
| »!« | Bevor (ehe, während, solange, nachdem) Sie (man, wir, es) …, ist es angebracht (wichtig, notwendig, erforderlich), dass Sie (man, wir, es) … |
| »?« | Warum sollte ich (er, sie) es zunächst (ehe, während, solange, nachdem) …? • Und Ihnen fällt keine andere Möglichkeit ein? • Muss man immer zunächst (ehe, während, solange, nachdem) …? |
| **EINSCHRÄNKENDE VERKNÜPFUNGEN [MV06.3]** | |
| »!« | Das gefällt mir (ist wirklich gut gelungen, brauchbar, nützlich), aber … • Ich sollte …, aber leider … • Das ist eigentlich (im Großen und Ganzen, an sich) … |
| »?« | Und ist … der einzige Punkt, der Ihnen nicht gefällt? • Eigentlich (im Großen und Ganzen, an sich) sind Sie …, aber gibt es auch etwas auszusetzen? |

Sachliche und zeitliche Verknüpfungen sind bei Verkäufern beliebt und darum häufig Inhalt von Verkäufertrainings. Mit ihnen gelingt es nämlich, die Aufmerksamkeit eines Kunden von der eigentlich anstehenden Entscheidung abzulenken. Frage ich, ob ich zuerst X oder Y zeigen soll, ob ich am Donnerstag oder Freitag kommen soll, dann unterstellt meine Frage, dass ich überhaupt etwas zeigen oder kommen soll. Auch wenn ich vorschlage, dass wir erst X tun sollten, bevor wir Y machen, unterstelle ich stillschweigend, dass bereits Einverständnis vorliegt, überhaupt etwas zu machen.

## ■ BOX 23: WÜRDIGEN, ENTSCHULDIGEN OHNE »ABER«

Oft muss man auf eine emotionale Attacke reagieren, auf eine Kritik oder auf eine erregte Erwiderung zu einem tatsächlichen oder vermeintlichen Vorwurf. In dieser Situation bestehen zwei Möglichkeiten, die oft verwechselt werden: Würdigung und Entschuldigung. Als *Würdigung* bezeichnen wir eine Reaktion, mit der ich Verständnis für den gefühlsmäßigen Zustand meines Gegenübers zu erkennen gebe. Beschwert sich ein Kollege aufgebracht bei mir, die Müller-Akte sei schon wieder verlegt, würdige ich das mit einem Satz wie »Oh, ich kann sehr gut nachfühlen, wie ärgerlich Sie jetzt sind«. Dieser Satz betrifft allein die Beziehungs-, nicht die Sachebene. Würdigungen sind daher angebracht, wenn ich die sachlichen Gründe der Erregtheit noch nicht kenne oder bereits weiß, sie liegen nicht in meiner Verantwortung. Ihr Hauptziel besteht darin, angemessen auf die Gefühle anderer zu reagieren. Erkenne ich jedoch, dass ich für diese Gefühle verantwortlich bin, sollte eine *Entschuldigung* folgen: Dabei übernimmt man offiziell die Verantwortung für einen sachlichen Fehler und bittet um Verzeihung: »Ich habe die Akte falsch abgelegt. Dies ist allein meine Schuld. Bitte entschuldigen Sie.«

Da sich niemand gern kritisieren lässt, geschieht es leider oft, dass man seine Entschuldigung unbewusst relativiert: Wir schränken unsere Verantwortung mit einem »zwar« ein, verteidigen uns mit Gründen, die meist nach einem »aber« kommen, und sagen erst dann die Entschuldigung: »Dies war *zwar* meine Schuld, *aber* ich hatte in dem Moment leider alle Hände voll zu tun. Bitte verzeihen Sie mir meine Nachlässigkeit.« Nach den obigen Hinweisen zu einschränkenden Verknüpfungen leuchtet ein, dass diese Vorgehensweise unsere Antwort beeinträchtigt. Die auf das »aber« folgenden Gründe schränken nicht nur die Vorwürfe unseres Gesprächspartners ein (was dieser nicht mag), sondern auch den Wert unserer Entschuldigung. Wirksamer ist folgende Reihenfolge: kurze Würdigung des Gesprächspartners, Bestätigung des kritisierten Tatbestandes, direkte Übernahme der Verantwortung und zum Schluss die Entschuldigung. »Es tut mir leid, dass Sie ärgerlich sind. Ich hatte alle Hände voll zu tun und habe die Akte falsch abgelegt. Bitte verzeihen Sie meine Nachlässigkeit.« Versuchen Sie das zum ersten Mal, bemerken Sie wahrscheinlich, wie schwer es Ihnen fällt, auf das Wörtchen »aber« zu verzichten; wir haben es zur Selbstverteidigung fest einprogrammiert.

### 5.3.8 Versteckte Autoren 07

... haben etwas mit den bereits behandelten Projektionen gemeinsam: In beiden Fällen geht es darum, subjektive Aussagen durch einen objektiven Anstrich zu tarnen. Das wirkt neutraler und seriöser, löst geringere Widerstände aus, kurz: macht sich einfach besser. Maturana und Varela beziehen in ihrem Buch *Der Baum der Erkenntnis* die genaue Gegenposition. Mit ihrem Spruch *»Alles Gesagte ist von jemand gesagt«* wollen sie darauf hinweisen, dass es im Grunde genommen keine objektiven, sondern nur subjektive Aussagen gibt.[6] Alles das, was Sie lesen oder hören, wurde mit Blick durch die individuelle Brille eines Menschen verfasst. Alle Sprachpuzzles enthalten – offen oder verdeckt – Muster, die mit der Persönlichkeit ihres Schöpfers zusammenhängen.

**Objektivität ist so etwas wie eine optische Täuschung auf der Bedeutungsebene.**

**Gründe für unpersönliches Sprechen**

Aber selbst wenn man der Auffassung zustimmt, alle Aussagen stellten persönliche Ansichten dar – es gibt viele Gründe, das nicht immer zu betonen. Ein gut nachvollziehbarer Grund für unpersönliches Sprechen ist: Wir können nicht bei jedem Satz darauf hinweisen, dies sei eine persönliche Ansicht. Nach einiger Zeit will sich niemand mehr mit uns unterhalten. Und verwenden wir stets das Personalpronomen »ich«, stoßen wir auch nicht auf Gegenliebe. Ein weiterer nachvollziehbarer Grund: Wir sind uns nicht bewusst, dass wir häufig persönliche Ansichten als objektive Wahrheiten verkünden, da das in unserer Sprachkultur zur Gewohnheit geworden ist. Ein zumindest diskutierbarer Grund für unpersönliches Sprechen: Wir glauben tatsächlich, objektive Wahrheiten zu verkünden.

Vor Jahren war es z.B. unmöglich, in Fachbüchern eine Art persönlichen Ton anzuschlagen. Also verwendete man nur in Ausnahmefällen die 1. Person »ich«, sprach stets in der 3. Person Einzahl oder Mehrzahl – z.B. von »es« oder »wir« – oder verwendete das unspezifische »man«. Viele Professoren verbieten den Studierenden noch heute den persönlichen Stil. Wissenschaft muss Objektivität ausstrahlen – auch wenn man in anderem Zusammenhang persönliches Engagement von seinen Studierenden fordert.

**Distanz schaffen**

Ein Es-kommt-darauf-an-Grund für unpersönliches Sprechen: Um entlarvenden Fragen vorzubeugen, vermeidet man strikt Formulierungen, die den subjektiven Charakter der Aussagen andeuten könnten. Also spricht man wie ein Wissenschaftler, vermeidet alle Hinweise auf den Autor und schafft Distanz zu Lesern oder Zuhörern. Auf jeden Fall beherrscht Kerlins Chef diese Distanzierungstechnik perfekt. Das können Sie an folgenden Formulierungen erkennen: »Es ist nicht mehr mit anzusehen …«, »… lassen wir uns nicht mehr bieten …« und »es ist das Beste …« Außerdem verwendet er mit »offensichtlich« noch einen unauffälligen Kommentar, der ebenfalls verschweigt, von wem diese Meinung stammt. Ob und wie Kerlin bei der Kritik-Variante reagieren sollte, besprachen wir bereits. In seiner Position und Situation rate ich ab, nach versteckten Autoren zu fragen. Er befindet sich am unteren Ende der K-Röhre und diese deutlich ablenkenden Fragen würden nur Öl ins Feuer gießen. Bei der Beschwerde-Variante ist das anders: Dr. Ober begründet Abmahnungen oder Kündigungen nicht mit Hörensagen. Er muss – falls die angesprochenen Beschuldigungen von Bedeutung sind – die Quellen dieser Informationen angeben, kann daher auf entsprechende Nachfragen nicht verzichten. Und am oberen Ende der K-Röhre darf er das auch.

07

**Verbales Muster**

## VERSTECKTE AUTOREN [MV07]

### UNAUFFÄLLIGE KOMMENTARE [MV07.1]

| | |
|---|---|
| »!« | Augenscheinlich • offensichtlich • klar • erstaunlicherweise • bedauerlicherweise • begrüßenswert • angebracht • unangenehmerweise • glücklicherweise |
| »?« | Für wen genau war es …? • Für wen genau ist es …? • Wer genau fand es …? • Wer sagt (behauptet, erklärt), dass …? |

### VERBORGENE ZITATE [MV07.2]

| | |
|---|---|
| »!« | Es gibt nur einen Weg, um … • Es ist richtig (falsch, angebracht, bewiesen, lustig), dass … • Dies ist der einzige Weg, um … • Man sagt, dass … • Es wird behauptet, die … • Es gilt … • Im Allgemeinen heißt es … • Generell sollte … |
| »?« | Wer sagt, dass es …? • Für wen ist es …? • Immer und überall …? • Gibt es hier wirklich immer nur …? • Ist es tatsächlich immer …? • Unter welchen Umständen ist es …? • Tatsächlich, ohne Ausnahme …? |

### 5.3.9 Erstarrte Prozesse 08

Müsste ich von allen Faselindikatoren den meiner Ansicht nach nützlichsten auswählen, fällt meine Wahl ohne Zögern auf den achten und letzten: auf die erstarrten Prozesse, die *Nominalisierungen*, wie der Fachbegriff lautet. Kein anderer Indikator eignet sich so gut für Beruf und Alltag. Nominalisierungen lassen sich leicht einsetzen, ist bei hitzigen Diskussionen schnelles Reagieren gefordert. Und sie eignen sich zum Planen von Referaten, Vorträgen, Bewerbungen, Aufsätzen und vielem mehr, also zum Konzipieren umfangreicher mündlicher und schriftlicher Sprachpuzzles. Sie sollten sich daher mit diesem Indikator möglichst intensiv befassen. Wir behandeln Prozesse oft wie Dinge: Kompetenz, Impuls-Kommunikation, Fragetechnik, Zustimmung, Ablehnung, Erlaubnis, Aufmerksamkeit, Interesse – diese Begriffe sind Nominalisierungen, die sprachlich den Anschein erwecken, es handele sich um reale Objekte. Weder ein Interesse noch eine Zustimmung oder eine Kompetenz ist jedoch ein Ding. Stets handelt es sich um von Menschen gestaltete und erlebte Prozesse mit Aufs und Abs, die eine Vergangenheit, Gegenwart und Zukunft besitzen, sich also verändern.

**Nominalisierungen von Dingen unterscheiden**

Bei Nominalisierungen wie Beziehung, Stimmung oder Erfahrung fällt uns diese Sichtweise leicht. Bei Nominalisierungen wie Arbeitsplatz, Vertrag, Liquidität oder Ausstattung fällt sie uns zunächst schwer. Diese Begriffe verbinden wir mit einem realen Kontext: Zum Arbeitsplatz fallen uns Stuhl und Schreibtisch ein, bei Vertrag denken wir an Papier, bei Liquidität an Geld, bei Ausstattung an Zimmer und Autos. Auch der Begriff Unternehmen ist eine Nominalisierung, mit der viele Schwierigkeiten haben. In meinen Veranstaltungen biete ich jedem 100 Euro, der schon einmal ein Unternehmen sah. Nach diesem Angebot nennt man mir viele angeblich deutlich sichtbare Unternehmen wie BMW, Mercedes oder die Brauereien, Fleischereien und Bäckereien der Heimatstädte. Vielleicht fällt auch Ihnen nun ein sichtbares Unternehmen ein. Nach einigem Überlegen ist jedoch klar: Ein Unternehmen kann man nicht sehen. Sichtbar sind allenfalls dessen Gebäude, auf denen vielleicht sogar mit großen Buchstaben oder

Symbolen der Firmenname steht, der Fuhrpark, die Mitarbeiter und vieles mehr. Ein Unternehmen ist ein virtueller und dynamischer Prozess. Die Nominalisierung erweckt jedoch den Anschein, als sei dieser erstarrt und wie ein Ding zu behandeln. Das weist auf eine Schwierigkeit hin: Man übersieht, dass Prozesse erheblich größere Gestaltungsmöglichkeiten besitzen als Dinge. Nominalisierungen engen daher unseren Handlungsspielraum sprachlich ein, ohne dass wir es bemerken. Ist eine »ablehnende Entscheidung« so etwas wie ein Ding, betrachte ich meinen Zug als abgefahren. Sehe ich »Entscheidung« als einen Prozess, bedeutet das Ablehnen einen Zwischenzustand in einer langfristigen Beziehung zwischen meinem Kunden und mir. Ich kann nun anders reagieren und für die Zukunft lernen.

**Nominalisierungen erkennen**

Wie erkennt man Nominalisierungen in einem Sprachpuzzle? Es gibt zwei Möglichkeiten: Man identifiziert sie einmal mit Hilfe der Frage, ob sich das fragliche Objekt fotografieren lässt. Verneint man diese Frage (wie bei einer Beziehung, Stimmung oder Erfahrung), handelt es sich um eine Nominalisierung. Diese Frage funktioniert jedoch nicht immer einwandfrei: Arbeitsplatz, Vertrag, Liquidität oder Unternehmen könnten durchrutschen, weil man dabei an Fotos von Stühlen, Papier, Geld oder Häusern denkt. Eine bessere Möglichkeit besteht deshalb darin, vor den fraglichen Begriff testweise die Worte »fortbestehen« oder »fortdauern« zu setzen. Da sich ein fortbestehender Arbeitsplatz, ein fortdauernder Vertrag, eine fortdauernde Liquidität und auch ein fortbestehendes Unternehmen sinnvoll anhören, handelt es sich um Nominalisierungen. Im Satz »Sein Arbeitsplatz war nicht aufgeräumt« ergibt das Wörtchen »fortbestehend« wenig Sinn. Also ist »Arbeitsplatz« in diesem Kontext keine Nominalisierung. Außerdem kann man diesen Arbeitsplatz fotografieren und dann auf dem Foto sehen: Er ist tatsächlich unordentlich.

Nominalisierungen sind gute Beispiele für die Behauptung »Es gibt keine guten und schlechten Begriffe. Es gibt nur Begriffe, die in einer bestimmten Situation nützlich sind oder nicht«. Verwende ich Begriffe wie »Unternehmen«, »Geschäft« oder »Betrieb« als abkürzenden Hinweis auf eine bestimmte Firma, genügt das vollkommen. Glaube ich jedoch, sie bezeichneten reale Dinge mit konkreten und relativ feststehenden materiellen und immateriellen Werten, führt das zu erheblichen Problemen. Kurz nachdem der als »Europas Money-Coach Nummer eins« bekannte Bodo Schäfer im März 2000 sein »Unternehmen« verkauft hatte, ging dieses in die Insolvenz. Schäfers Unternehmung war kein Ding, das der neue Besitzer wie ein gebraucht gekauftes Auto mit allen seinen Eigenschaften einfach weiternutzen konnte. Es war ein aus Informations- und Geldströmen bestehender dynamischer und damit veränderlicher Prozess, in dem die Persönlichkeit und das Image des ursprünglichen Inhabers nun fehlten.

### ■ BOX 24: VERTRÄGE – ODER: PAPIER IST GEDULDIG

Wenn Sie und Ihre Geschäftspartner vor einem Anwalt einen Vertrag unterzeichnen, besitzen Sie danach einige Blatt Papier, die sich problemlos fotografieren lassen. Dieser »Vertrag« genannte dünne Papierstapel ist also keine Nominalisierung. Aber ist das die einzige Bedeutung des Begriffs »Vertrag«? Wohl kaum – dies ist nur die materielle Seite, die Oberflächenstruktur oder das sichtbare Sprachpuzzle. Es gibt auch einen fortdauernden Vertrag und damit eine immaterielle Seite: den vereinbarten Inhalt, die Absichten der Parteien (die Tiefenstruktur oder die beiden Puzzlevorlagen), die möglichst exakt übereinstimmen sollten. Das sind aber manchmal zwei völlig verschiedene Dinge. Sehen wir uns dazu ein berühmtes Beispiel an:

Wahrscheinlich haben Sie schon einmal ein 500-Blatt-Paket Schreib- oder Kopierpapier in der Hand gehabt. Dann können Sie sich gut vorstellen, wie groß und schwer 34 dieser Pakete mit insgesamt 17000 Seiten sind. Aus dieser Menge Papier bestand der Vertrag über Entwicklung, Installation und Betreibung eines Maut-Systems in Deutschland, den die Deutsche Bundesregierung und das Betreiberkonsortium Toll-Collect am 20. September 2002 in der Schweizer Stadt Zug unterzeichneten. Warum gerade in der Schweiz? Man befürchtete, das deutsche Recht könne einen Teil der Absichten durchkreuzen. Bereits kurz nach der Unterzeichnung kamen juristische Zweifel auf. Also wurde alles eine Woche später noch einmal in Basel unterzeichnet. Aber dann meldeten Juristen Bedenken gegen die allgemeine Gültigkeit des Baseler Stadtrechts an. Daher erfolgte am 14. November 2002 die dritte Unterzeichnung nach Baseler Landrecht. Die

Unterzeichnung am 20. September in Berlin, die man in den Medien bewundern durfte, war eine Schauunterzeichnung. (Dies alles auch zum Faselindikator »versteckte Vorannahmen«).

Wir juristischen Laien gehen davon aus, dass sich auf 17000 Seiten so gut wie alles eindeutig und vollständig regeln lässt. Aber wir wissen auch längst: Nach den sich schon 2003 abzeichnenden Schwierigkeiten und Unstimmigkeiten platzte der Vertrag Anfang 2004 endgültig. Die Absichten der Vertragsparteien waren nicht zu realisieren: Daimler und die Deutsche Telekom (die wichtigsten Partner im Betreiberkonsortium) hatten die technischen Schwierigkeiten unterschätzt, die Bundesregierung hatte die Möglichkeiten und Versprechungen von Toll-Collect überschätzt. Außerdem stellte sich heraus: Auch die für diesen Fall vorgesehene Schadensersatzregelung war nicht eindeutig. Also sah man sich vor einem Schiedsgericht wieder, weil die Meinungen der Parteien über die zu zahlende Summe weit auseinandergingen.

Selbst bei 17000 von technischen und juristischen Experten voll geschriebenen Seiten kann man feststellen: Je komplexer ein Problem ist und je wichtiger daher Vollständigkeit und Eindeutigkeit der Vereinbarungen sind, umso größer ist die Wahrscheinlichkeit, dass sich die Vertragsparteien irgendwann auf ihr Hellsehen verlassen müssen. Auch wenn es in Goethes Faust heißt *»denn was man schwarz auf weiß besitzt, kann man getrost nach Hause tragen«:* Sie sollten trennen zwischen der sichtbaren Form einer Vereinbarung (die nennt man Vertrag, die können Sie fotografieren und nach Hause tragen) und der darin vereinbarten Leistung (die können Sie häufig nicht mit nach Hause nehmen, auch nicht fotografieren). Es ist wie im Restaurant: Auch dort unterscheidet man zwischen der sichtbaren Beschreibung einer Leistung (die nennt man Speisekarte) und der gemeinten Leistung (die nennt man Speisen). Meines Wissens ist noch niemand auf die Idee gekommen, die Speisekarte mit der Leistung zu verwechseln und zu essen. Das liegt zwar sicher daran, dass Speisen keine Nominalisierungen sind. Aber auch im Restaurant erwartet Sie mehr als das Essen. Gefällt Ihnen der Service nicht (das ist eine Nominalisierung), kommen Sie nicht wieder. Darum ist der Kauf eines gut eingeführten Restaurants immer ein Risiko: Küchen- und Thekeneinrichtung, Mobiliar und Weinkeller behalten ihren Wert (die kann man fotografieren). Aber die Qualität in Küche und Service und damit Kundenzufriedenheit und -bindung (alles Nominalisierungen) können sich dramatisch schnell verändern.

Nach diesen ausführlichen Erläuterungen sehen wir uns die Nominalisierungen an, die Kerlins Chef verwendet: Es sind »Unpünktlichkeit« und »Unverschämtheit«. Was fängt man nun damit an? Bei der Kritik-Variante besteht die einfachste und übliche Reaktion darin, diese Begriffe aufzugreifen und rundheraus zu bestreiten oder über die Rechtmäßigkeit zu diskutieren. Das mag zwar schlagfertig und effizient sein, ist aber so gut wie nie effektiv. Daher unterstellen wir hier ausnahmsweise, Kerlin wolle nicht um jeden Preis seine Schlagfertigkeit beweisen, sondern effektiv vorgehen. In diesem Fall ist unser Ausgangspunkt stets der Prozesscharakter der Begriffe: Die vielen Eintreffen Kerlins an seinem Arbeitsplatz bilden eine Kette von Handlungen mit Vergangenheit, Gegenwart und Zukunft. Derzeit spielt zwar die jüngere Vergangenheit eine unrühmliche Rolle. Gehen wir aber davon aus, dass er davor ein engagierter und erfolgreicher Mitarbeiter war und dass er das auch in Zukunft wieder sein will.

**Umgang mit Nominalisierungen bei Kritik**

Im Falle berechtigter Kritik könnte Kerlin eine Strategie anwenden, der Michael Grinder den schönen Namen »Aus-dem-Hier-und-Jetzt-Kommen« verlieh: Die jüngere Vergangenheit gab Grund zu Klagen; dafür entschuldige er sich. Das sei wegen X, Y und Z erfolgt; wobei er wisse, dass dies seine Verspätungen nicht rechtfertige (vgl. BOX 23). Hinweisen möchte er noch auf Folgendes: Die sehr lange Zeit davor gab nie Anlass zu Kritik, und auch in der kommenden Zeit werde er selbstverständlich wieder pünktlich sein. Mit dieser Argumentation ändert Kerlin Blickwinkel und Beurteilungsgrundlage seines Chefs: Vorher ging es um eine negative Eigenschaft seiner Person, über die es nichts zu debattieren gibt. Jetzt geht es um ein zeitlich begrenztes Ausnahmeverhalten in einem langen Prozess mit einwandfreier Vergangenheit und Zukunft. Kerlin gelingt damit dreierlei: Er trennt das kritisierbare Verhalten von seiner Person. Er lenkt den Blick des Chefs von einem kleinen negativen auf einen großen positiven Zeitabschnitt. Und er verschiebt damit die Aufmerksamkeit von seiner Person auf die diskutierbare Bewertungsmethode seines Chefs. Im Grunde ersetzt Kerlin die negativ belastete Nominalisierung »Unpünktlichkeit« durch die neutraler wirkende Nominalisierung »Verhalten«. Wenn er dabei noch die 3. statt der 1. Person verwendet (also von »diesem Verhalten« und nicht von »meinem Verhalten« spricht), spaltet er sprachlich den Vorwurf komplett von seiner Person ab. (Das lernen Sie noch als verbales Dissoziieren [MV10.2] kennen.) Im Falle unberechtigter Kritik könnte Kerlin die gleiche Strategie anwenden, allerdings mit anderer Zielsetzung: Er wundert sich darüber, wie man aufgrund seines derartig langen einwandfreien Verhaltens in der Vergangenheit so schnell zu einem negativen Urteil über ihn komme. Habe man sich aufgrund dieser Erfahrungen nicht denken können, dass seine Unpünktlichkeit sicher gute Gründe habe? Mit dieser Reaktion baut Kerlin ein emotionales Gegengewicht gegen den Ärger des Chefs auf. Denn er weiß: Eine einfache sachliche Aufklärung gleicht den zwar überflüssigen, aber noch immer wirksamen Ärger des Chefs auf der Beziehungsebene nicht nachhaltig aus.

**Umgang mit Nominalisierungen bei Beschwerden**

Auch bei der Beschwerde-Variante dürfte der Prozesscharakter der beiden Nominalisierungen »Unpünktlichkeit« und »Unverschämtheit« im Mittelpunkt der Betrachtung stehen. Denn Dr. Ober weiß: Diese Beschuldigungen sind nicht nur für sich allein genommen zu beurteilen, sondern auch unter Berücksichtigung des gesamten bisherigen Verhaltens. Außerdem spielt arbeitsrechtlich auch die Frage eine Rolle, ob man bei Kerlin eine Änderung des Verhaltens erwarten darf. Also erkundigt sich Dr. Ober genau danach, welches Verhalten Kerlin in der Vergangenheit zeigte und was man in der Zukunft von ihm erwarten dürfe.

Bei diesen Nominalisierungsbeispielen haben wir die Prozessdauer als Argument benutzt. Bei anderen Nominalisierungen – wie etwa Entscheidung, Unternehmen, Qualität, Liquidität – befasst man sich mit den Voraussetzungen, Bestandteilen, Phasen, Kriterien oder Zielen der Prozesse. Eine in diesem Buch zentrale Nominalisierung ist neben »Kommunikation« der Begriff »Kompetenz«. Fredmund Malik, Leiter des berühmten Management-Zentrums St. Gallen, weist auf die Unschärfe solcher Begriffe wie »Talent« und »Potenzial« und damit auch »Kompetenz« hin. Er schlägt vor, auf diese Worte zu verzichten. Menschen sollte man nicht anhand möglicher Fähigkeiten beurteilen, sondern anhand konkreter Leistungen und Ergebnisse. Wenn man diese Worte jedoch verwende, sollte klar sein, was damit gemeint sei. Malik führt weiter aus: *»Mit beiden Begriffen – Talent und Potenzial – ist verbunden, dass die Aufmerksamkeit ausschließlich auf die Person gelenkt wird, als ob in ihr die Voraussetzungen für Erfolg zu finden wären. Man übersieht, dass für Wirkung und Erfolg aber zwei Elemente wichtig sind. Das eine ist die Person mit ihren spezifischen Stärken; das andere ist die spezielle Aufgabe, die zu erfüllen ist. Man beachte, dass ich nicht von ›Stelle‹ oder ›Position‹ spreche, sondern von ›Aufgabe‹ und noch präziser von ›Auftrag‹ …«*[7] Mit seinen Erläuterungen unternimmt Malik genau das, was ich versucht habe, Ihnen mit meinen Ausführungen über die Indikatoren für schludriges Sprechen zu vermitteln: das Auflösen oder Ersetzen unspezifischer, mehrdeutiger und vereinfachender Begriffe zum Treffen besserer Entscheidungen. Da Sie inzwischen die dahinterstehenden Prinzipien kennen, können Sie diese Kenntnisse sogar auf jedes andere Thema übertragen. Die in unserer Abschlussübersicht enthaltenen Beispiel-Nominalisierungen und die zum Auflösen möglichen Fragen zeigen dies deutlich.

08

**Verbales Muster**

**NOMINALISIERUNGEN [MV08]**

»!«

Leistungsvermögen • Kommunikation • Kompetenz • Information • Bedeutung • Unternehmen • Reaktion • Vergangenheit • Gegenwart • Zukunft • Betriebsklima • Versicherung • Beziehung • Ehre • Anspruch • Charakter • Erwartung • Motivation • Wissen • Erfahrung • Liquidität • Wert • Anerkennung • Politik • Ärger

»?«

1. Was alles hängt ab von diesem Prozess? **Was beeinflusst dieser Prozess?**
2. Von was allem hängt dieser Prozess ab? **Was wirkt auf diesen Prozess?**
3. Wie lange hat der Prozess **bisher gedauert**? Was waren die Gründe dafür?
4. Was alles ist **in der Vergangenheit passiert**?
5. Was davon ist heute und in der Zukunft noch von **Bedeutung**?
6. Was alles ist in der **Gegenwart** passiert?
7. Was davon ist in der Zukunft noch v**on Bedeutung**?
8. Was sind/waren die **Ziele** dieses Prozesses?
9. Aus welchen **Elementen/Phasen/Stadien** besteht der Prozess?
10. Was sind die **Voraussetzungen** für einen erfolgreichen Prozess?
11. Anhand welcher **Kriterien** kann der Prozess bewertet/beurteilt werden?
12. Welches **Gesamturteil** kann man diesem Prozess geben?
13. Muss man **den derzeitigen Stand** unter allen Umständen beibehalten?
14. Wie lange wird/kann der Prozess **noch dauern**?
15. Was alles kann **in der Zukunft passieren**?
16. Wie kann man die **Zukunftsaussichten** beurteilen?
17. Was sind die wichtigsten **Unterschiede zwischen früher und heute**?

## ■ BOX 25: FASELINDIKATOREN IM EINSATZ – DIE 8. CHANCE VON MR. CHANCE

Wie und was jemand formuliert, hat zwei Ursachen: allgemeine sprachliche Gepflogenheiten sowie persönliche Fähigkeiten und Gewohnheiten. Chance zeichnet sich – im Gegensatz zu uns – dadurch aus, dass er seine Oberflächenstruktur (also das, was er sagt) immer so formuliert, dass sie seiner Tiefenstruktur (also das, was er meint) zu 100 Prozent entspricht. Er will und kann keinen seiner aufkommenden Gedanken bewusst verändern oder verfälschen, weil ihm dazu die geistige Beweglichkeit fehlt. Da er diese Fähigkeit nicht besitzt, äußert er nur Fakten – er beschreibt Wahrgenommenes. Dass dies nicht immer gelingt, hängt mit den kulturellen Gepflogenheiten zusammen und mit dem Umstand, dass der wichtigste Sprachlehrer für Chance das Fernsehen ist. Wie wir verwendet daher Chance unspezifizierte Verben wie »gefallen« oder »mögen«. Er benutzt unspezifizierte Adjektive wie »schlimm«, »dringend«, »geeignet«, »viel« und unspezifizierte Adverbien wie »dankbar«, »ständig«, »gern«, »manchmal«. Und natürlich gehören auch Nominalisierungen zu seinem Vokabular. Die vier Jahreszeiten haben uns ja schon als Beispiel gedient. In einigen Punkten unterscheidet sich Chance jedoch gravierend von uns, weil er immer genau das meint, was er sagt:

Verwendet Chance Worte wie »niemand«, »nie« oder »immer«, die wir als ungebührliche *Generalisierungen* kennen, drückt er damit aus, dass er keinerlei Ausnahme erlebte. Den Vorwurf »Immer kommen Sie zu spät« könnte er nur formulieren, wenn der Kritisierte tatsächlich bei ihm noch nie pünktlich gewesen wäre. Chance generalisiert also mit diesen Begriffen nicht ungebührlich; er fasst damit Beobachtungen zusammen.

Das Wort »kann« (ein Faselindikator für *fehlende Begründungen*) setzt Chance häufig ein – aber anders als wir: Wir drücken mit »Ich kann nicht unterschreiben« aus, dass wir keine *Möglichkeit* zum Unterschreiben sehen. Chance verwendet diese Formulierung dagegen nur im ursprünglichen Sinn: Ihm fehlt die *Fähigkeit* zum Unterschreiben. Und da Chance durch das Fernsehen weiß, dass ihm eine Reihe grundlegender Fähigkeiten fehlen (z.B. lesen, zuhören, verstehen), hört man »Ich kann nicht ...« oft von ihm. Aber seine Gesprächspartner interpretieren das meist als »Ich möchte oder will nicht ...« und bieten Hilfe an. Als Chance nach dem Unfall zu Eve ins Auto steigt und einen Fernseher sieht, bittet er Eve, ihn anzustellen. Da »können« aber für ihn eine bestimmte Bedeutung besitzt, verbessert er sich sofort: *»Können Sie – würden Sie ihn bitte anstellen?«* Schludriges Sprechen fällt ihm schwer.

Da Chance stets nur das beschreibt, was er beobachtet hat, benutzt er auch so gut wie nie Formulierungen, die sich auf nicht oder nur schwer wahrnehmbare Eigenschaften von Menschen oder Dingen beziehen, z.B. *Projektionen.* Nach dem Besuch des Präsidenten fragt Ben: *»Er ist ein netter Mann, der Präsident, finden Sie nicht?«* Chance antwortet: *»Ja, er sieht im Fernsehen größer aus.«* Die Projektion »nett« sieht er nicht.

Berichten wir über frühere Zeiten, verwenden wir Jahreszahlen oder unspezifische Begriffe wie »vor ein paar Jahren«, »früher« oder »als ich noch klein war«. Auch Chance verwendet diese ungenauen Formulierungen, weil er sie täglich im Fernsehen hört. Er fügt jedoch stets konkrete Beobachtungen hinzu: *»... als es noch keine großen Büsche im Garten gab«, »... als sich der alte Mann die Hüfte brach«, »... als es noch keine automatischen Rasensprenger gab«, »... als der Fernsehapparat noch nicht da war, nur das Radio«.*

Im Gegensatz zu uns antwortet Chance weitaus häufiger selbst bei einfachen Fragen mit grammatisch vollständigen Sätzen. Wo wir kurz und bündig mit wenigen Worten antworten würden (z.B. »Ja, hab ich«), äußert Chance komplette Situationsbeschreibungen, wie auf die Frage nach seinem Zahnarzt: *»Ich bin nie bei einem Zahnarzt oder einem Arzt gewesen. Ich habe dieses Haus nie verlassen, und niemand durfte mich je besuchen. Louise ging manchmal aus, aber ich nicht.«* (Mit »nie« und »niemand« haben wir hier Beispiele für korrekte, nicht übertreibende Generalisierungen.)

Diese Zitate illustrieren eine der wichtigsten Gewohnheiten von Chance: Er spricht so gut wie nie unpersönlich. Das Muster *versteckte Autoren* verwendet er nur in seltenen Ausnahmefällen, z.B. während der Begegnung mit dem Präsidenten. Als dieser sich überraschend an ihn wendet und um seine Meinung bittet, fühlt er, wie *»die Wurzeln seiner Gedanken plötzlich ihrem feuchten Erdreich entrissen und wild verworren der erbarmungslosen Luft ausgesetzt worden waren«.* In diesem Moment zeigt Chance zwei für ihn außergewöhnliche (für uns aber höchst normale) Verhaltensweisen: Er blickt auf den Boden und verwendet mehrmals die Formulierung »Es gibt ...«, während er sein Beispiel von den vier Jahreszeiten bringt – das er am Abend vorher von Ben gehört hat! Denn im Vergleich zu uns spricht Chance auffallend häufig in der 1. Person und verwendet die Worte »ich«, »mich« oder »mein«.

Nimmt man alle diese Punkte zusammen, erhält man Hinweise auf die verbalen Impulse, die anderen das Gefühl vermitteln, Chance »sei da«: eine persönliche und beschreibende Sprache, ohne versteckte Vorannahmen, Generalisierungen, Projektionen, Gefühle, Wertungen und Aufforderungen, dafür aber mit überprüfbaren Argumenten. Da diese Sprachmuster erheblich von denen anderer Menschen abweichen, bewirkt Chance außerdem eine Musterunterbrechung: Seinen Gesprächspartnern ist zwar nicht bewusst, warum ihnen die Äußerungen von Chance auffallen – diese erzielen jedoch eine viel höhere Aufmerksamkeit. Dieses gesteigerte Interesse löst ein intensiveres Hellsehen über die vermeintlich speziell an sie gerichtete Botschaft aus. Und das führt dazu, dass man in Chance einen eindeutig sprechenden und verlässlichen Menschen sieht. Das ist die verbale Grundlage des »Mr. Chance-Effektes«.

## 5.4 Wie Sie Faselindikatoren richtig anwenden oder vermeiden

*»Worte verbinden nur, wo unsere Wellenlängen übereinstimmen.«*

Max Frisch

Nachdem Sie nun eine Reihe Indikatoren für schludriges Sprechen kennen gelernt haben, beschäftigen wir uns damit, wie Sie in verschiedenen Kommunikationssituationen damit umgehen können. Dabei geht es einerseits darum, Faselindikatoren zu erkennen und zu vermeiden, um präzise zu sprechen und zu schreiben, andererseits gerade um das bewusste Einsetzen ungenauer Sprache.

### 5.4.1 Konstruktives Kritisieren 01 02 09

Jetzt, nachdem Sie wissen, was man beim Kritisieren und Beschweren alles falsch und richtig machen kann, geht es um die Impuls-Variante, den Idealfall: Herr Leiter führt ein konstruktives Gespräch mit seinem Mitarbeiter Kerlin, um diesen zu einer Verhaltensänderung zu bewegen. Da diese Technik aus verschiedenen Einzelmustern besteht, rechnen wir sie zu den Makromustern. Diese Technik ist nicht neu; sie wurde einem breiteren Publikum bereits vor fast 40 Jahren von Thomas Gordon präsentiert. Die hier besprochene *dreiteilige Ich-Botschaft* dient zum Äußern konstruktiver Kritik, beabsichtigt also das, was dem Chef Kerlins trotz vieler Worte nicht gelang, und besteht – wie der Name andeutet – aus drei Teilen:

**01**

**Makromuster**

**DIE DREITEILIGE ICH-BOTSCHAFT [MM01]**

| | | |
|---|---|---|
| **TEIL 1** | 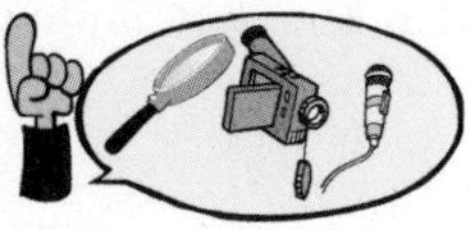 | Sachliche, vorwurfsfreie Beschreibung eines konkret wahrnehmbaren, unannehmbaren Verhaltens (z. B.: »Sie waren gestern 20 und heute 30 Minuten zu spät an Ihrem Schreibtisch.«) |
| **TEIL 2** |  | Beschreibung der daraus entstehenden oder entstandenen konkreten negativen Folgen (z. B.: »In dieser Zeit haben fünf Kunden Sie nicht erreicht und sich über Ihr Fehlen beschwert.«) |
| **TEIL 3** | 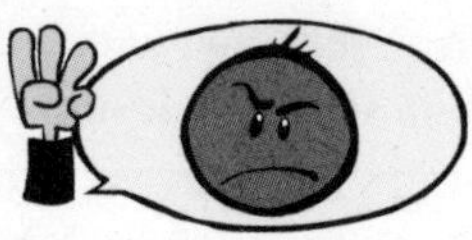 | Beschreibung der eigenen Empfindungen (z. B.: »Ich mache mir nun Sorgen um unseren Ruf bei diesen Kunden.«) |

Durch das ausführliche Behandeln sprachlicher Ungenauigkeiten am Beispiel von Kerlins Chef kennen wir inzwischen die Achillesferse jeder Kritik: Meist formuliert man Vorwürfe schludrig, gibt dadurch dem Kritisierten Anlass, das Thema zu wechseln, sodass man ihm folgen muss. Um das zu vermeiden, sollten Sie drei Regeln einhalten:

**Drei Regeln für die Ich-Botschaft**

**Regel 1:** Formulieren Sie eine dreiteilige Ich-Botschaft anfangs schriftlich und möglichst kurz. Prüfen Sie sorgfältig, dass im ersten Teil kein Faselindikator vorkommt. Als Faustregel können Sie auch beachten: Enthält Teil 1 Begriffe, die man nicht auch durch eine Videoaufnahme, Fotografie oder Tonbandaufzeichnung belegen könnte, ist es keine Beschreibung.

**Regel 2:** Gehen Sie nach einer korrekten dreiteiligen Ich-Botschaft auf keinen Fall auf die Inhalte der vorgebrachten Erwiderungen ein. Ihre Reaktion verfolgt nur ein Ziel: den anderen zu beruhigen.

**Regel 3:** Nachdem Sie dieses Ziel erreicht haben und mit der erneuten Aufnahmebereitschaft des Kritisierten rechnen können, beginnt das Spiel von vorn. Sie senden die dreiteilige Ich-Botschaft erneut, ändern jedoch dabei die Reihenfolge der drei Teile.

**Schriftlich vorformulieren**

Zu Regel 1: Beschreibungen ohne Faselindikatoren gelingen den meisten Menschen fast nie spontan. Darum der Rat, sie schriftlich auszuarbeiten und sich kurz zu fassen. Legen Sie sich ruhig einen Spickzettel zurecht. Das Risiko, einen Formulierungsfehler zu begehen, ist ungleich größer als das Risiko, beim Spicken erwischt zu werden. Niemand rechnet damit, dass der Kritiker »abguckt«. (Und wie bei fast allen Spickzetteln: Hat man ihn angefertigt, braucht man ihn nicht mehr.) Wurde die erste gekonnte Kritik an den Mann oder die Frau gebracht, steht das nächste Problem vor der Tür. Den meisten Menschen fällt nämlich nicht auf, dass unsere Kritik keinen Anlass für einen Themenwechsel enthält. Sie »hören« trotzdem Vorwürfe, reagieren entsprechend und wechseln das Thema. Unser Dreiteiler gibt daher immer einen Impuls zum Auslösen einer Verteidigung. (»Immer« verwende ich hier wie Mr. Chance: Ich erlebte noch nie eine Ausnahme.) Meist hört man dann mehr oder weniger erregt vorgetragene Gründe für das vorwurfsfrei beschriebene – also nicht kritisierte – Verhalten. Kommunikation ist eben nicht Absicht, sondern Wirkung.

**Nicht auf Rechtfertigungen oder Angriffe eingehen**

Darum kommt Regel 2: Dass eine Botschaft nicht korrekt ist, erkennen Sie an der Reaktion: Dann pickt Ihr Gegenüber eine Formulierung von Ihnen heraus (wie Kerlin bei Herrn Leiter), beanstandet sie – und Sie müssen darauf eingehen. Diese Fähigkeit besitzen wir alle – mit traumwandlerischer Sicherheit finden wir Ansatzpunkte für »Retourkutschen«. Ist unsere Botschaft korrekt, berichtet der andere von seinen Schwierigkeiten. Auf diese Äußerungen darf man keinesfalls eingehen, man darf sie allerdings auch nicht übergehen: Der Kritisierte beruhigt sich sonst nicht. Eine einfache Möglichkeit zum Beruhigen besteht in einer Würdigung [MV11.3], eine bessere ist die Technik des aktiven Zuhörens [MV11.4], die ich später ausführlich behandle. Hier genügt im Moment eine Würdigung: Man zeigt Verständnis für die gefühlsmäßige Reaktion, nicht aber für den genannten Grund! Sie könnten z.B. sagen: »Oh, ich kann das nachempfinden. An Ihrer Stelle hätte ich mich auch so aufgeregt.«

**Die Botschaft mehrmals wiederholen**

Und dann kommt die dritte Regel. Diese Regel stößt stets auf allergrößte Vorbehalte. Besonders wenn man hört »Sie müssen Ihre Botschaft mit der Beharrlichkeit eines Beschränkten wiederholen«, wie es der Trainer einprägsam formulierte, der mir vor vielen Jahren die dreiteilige Ich-Botschaft beibrachte. Man kann einfach nicht glauben, dass ein Gesprächspartner das mehr oder weniger stereotype Wiederholen nicht bemerkt. Dafür gibt es jedoch einen einfachen Grund: Hört jemand einen nicht gemachten Vorwurf, beschäftigt er sich mit dem, was nicht gesagt wurde – er ist Hellseher. In dem Moment, in dem er den Sinn der Botschaft erfasst, ändert sich sein Verhalten deutlich wahrnehmbar. Meist stutzt unser Gesprächspartner kurz, verändert seine Haltung und bezieht sich in seinen Ausführungen direkt auf unserer Aussage. Und von diesem Zeitpunkt an ändert man seine Strategie. Nun würde er eine Wiederholung sofort erkennen. Ab jetzt steuern wir deshalb den Lösungsprozess an, denn nun ist auch der Kritisierte beim eigentlichen Thema angekommen: beim Verändern seines unannehmbaren Verhaltens. Bei der Impuls-Variante würde Kerlins Chef daher seine fehlerfrei formulierte Botschaft so lange wiederholen, bis Kerlin verstanden hätte, um was es geht. Natürlich wiederholt man die ursprüngliche Formulierung nie wortwörtlich. Aber beginnen Sie auch nicht, vollkommen neue Formulierungen zu wählen. Die Gefahr ist viel zu groß, dass man nun doch unspezifische und damit angreifbare Formulierungen verwendet! Da die Reihenfolge der drei Teile keine Rolle spielt, variiert man diese, bis der andere erkannt hat, um was es geht. So könnten sich weitere Durchläufe anhören:

**Beim Wiederholen leicht verändern**

**2. Runde:** »Sie wissen, ich mache mir Sorgen … gestern 20 und heute 30 Minuten … fünf Kunden beschwert …«

**3. Runde:** »Noch einmal: Der Verkauf sagte, dass fünf Ihrer Kunden verärgert waren … darum mache ich mir Sorgen … denn gestern und heute …«

**4. Runde:** »Wie ich bereits sagte, mache ich mir da schon Sorgen weil … fünf Kunden verärgert … denn gestern und heute Verspätung …«

**5. Runde:** »Herr Kerlin, fünf Ihrer Kunden waren verärgert … denn gestern und heute … das bereitet mir richtige Sorgen …«

Um Ihnen zu zeigen, dass diese Methode nicht nur funktioniert, sondern dass sie Groß und Klein anwenden kann, schildere ich Ihnen in BOX 26 einen selbst erlebten Fall. Dieser zeigt auch, worin die Kernaussage einer dreiteiligen Ich-Botschaft besteht.

## ■ BOX 26: LEHRERKRITIK PER IMPULS-KOMMUNIKATION

Der vierzehnjährige Alexander hatte Probleme mit seiner Deutschlehrerin. Sie erkannte seine Fortschritte nicht und beurteilte seine Aufsätze stets schlecht, obwohl diese – nicht nur nach meiner Meinung – inzwischen gut geschrieben waren. Wieder einmal kam er mit einer schlechten Note für einen guten Aufsatz nach Hause. Ich hatte damals gerade die dreiteilige Ich-Botschaft kennen gelernt, war davon überzeugt und sagte zu Alexander: »Du wirst am Montag zu Frau Bär gehen und ihr eine dreiteilige Ich-Botschaft sagen. Und wir beide üben das am Wochenende. Ich bin Frau Bär und du sprichst mit mir über deinen Aufsatz.«

Nun sind die rhetorischen Fähigkeiten eines 14-Jährigen begrenzt. Das betrifft sowohl das Formulieren der drei Teile als auch das Reagieren auf die Antworten von Frau Bär, die sich anfangs sicher gegen eine (nicht geäußerte) Kritik verteidigt. Wir formulierten zunächst Teil 1: »Frau Bär, Sie haben mir in meinem Aufsatz eine 5 gegeben.« Dann Teil 2: »Das geht in meine Note im Zeugnis ein.« Und schließlich Teil 3: »Nun habe ich Angst, dass meine Deutschnote zu schlecht wird.« Und da Alexander wahrscheinlich viel zu aufgeregt sein würde, um irgendetwas Vernünftiges auf die an sich überflüssige Verteidigung von Frau Bär zu antworten, schlug ich vor: »Wenn Sie anfängt, sich zu verteidigen, schau auf den Boden, nicke mit dem Kopf und mache deutlich hörbar ›Mhm, mhm ...‹« (Das sind die Muster *Vermeiden des Blickkontaktes* [MK 01.2] und *Nonverbales Würdigen* [MP03]). Und dann übten wir: Ich war eine erregte Frau Bär, er sagte seine drei Teile auf, hörte mir zu, blickte zu Boden, machte »Mhm, mhm ...«, wiederholte seine drei Teile in anderer Reihenfolge, hörte mir wieder zu usw. Den einzigen Tipp, den ich ihm noch mitgab, war der Hinweis: »Pass auf den Moment auf, wenn sie sich nicht mehr verteidigt, sondern auf dich eingeht. Du merkst das ganz sicher. Dann darfst du die drei Teile nicht mehr aufsagen.«

Am nächsten Tag wartete ich voll Spannung auf Alexanders Heimkehr von der Schule. Und er berichtete stolz: Es hatte funktioniert – nach vier Durchläufen! Wie erwartet verteidigte sich Frau Bär zunächst für etwas, was Alexander nicht gesagt hatte. Sie erwähnte die Berechtigung der Note, dass der Aufsatz ein schwieriges Thema gehabt hätte und dass Meister nun einmal nicht vom Himmel fallen. Aber nach der vierten Runde habe sie auf einmal eine kurze Pause gemacht, sich zu ihm gebeugt, ihn an der Schulter berührt und mit deutlich anderer Stimme gesagt: »Aber Alexander, mit diesem Problem werden wir beide doch wohl fertig. Du musst dir keine Sorgen machen.« So lange dauerte es, bis jemand erkannte: Man wirft mir nichts vor. Hier bittet jemand um Hilfe, weil er Angst hat. Alexander sagte dann, dass ihn das sehr freue, bedankte sich und ging. Und seine Noten in Deutsch wurden besser.

Bei meinen Seminarteilnehmern und darum sicher auch bei manchen Lesern taucht stets die Frage auf: »Und was mache ich, wenn mein Gesprächspartner dann noch immer nicht begriffen hat, um was es mir eigentlich geht?« Die Antwort ist ganz einfach: etwas anderes. Man wechselt von der Prozess- zur Inhaltsstrategie. Auf jeden Fall aber sollten Sie bei allen Ihren bewusst geplanten Maßnahmen im Hinterkopf haben: Es gibt keine todsicheren Tipps und Strategien. Wir können einen Fehler bei der Strategieauswahl gemacht oder die Reaktionsfähig- und -willigkeit unseres Gesprächspartners falsch eingeschätzt haben. Den ersten Fehler kann man oft noch während des Gesprächs korrigieren, den zweiten häufig nicht. Und manchmal geht es eben wirklich nicht. Darum mein vorsorglicher Hinweis:

**Gegen Dummheit und Vorsatz kämpfen Götter selbst vergebens – zumindest in der uns vorgegebenen Zeit.**

**Anwendungsmöglichkeiten der dreiteiligen Ich-Botschaft**

Die Grundstruktur dieser Methode *Verhalten* → *Konsequenzen* → *Gefühl* ist ein Prinzip, das sich auf viele Situationen übertragen lässt:

- Vielen Menschen fällt es schwer, jemanden zu *loben*. Ändert man jedoch den Dreiteiler entsprechend, lässt er sich zum sachlichen, übertreibungsfreien Loben verwenden: »Sie haben die Jahresaufstellung für Reprunsatoren schnell und richtig erarbeitet, der Bericht kam dadurch pünktlich zur Firma Y, darüber habe ich mich sehr gefreut.«

- Bei manchen Menschen stoßen *berechtigte Bitten* auf taube Ohren. Auch hier funktioniert der Dreiteiler, man kann ihn sogar dem Naturell des Empfängers anpassen. Es gibt eine *Lock-Bitte*, die den anderen mit positiven Folgen anreizt. Und es gibt eine *Druck-Bitte*, die dem anderen mit negativen Folgen droht. Ein Beispiel zur ersten Version: »Wenn ich die Jahresaufstellung über Reprunsatoren bis 15:00 Uhr bekomme, kann der Bericht pünktlich zur

Firma Y. Das würde Z sehr erleichtern, denn Herr K hat ihn heute zum zweiten Mal angemahnt.« Ein Beispiel zur Droh-Bitte: »Ich benötige die Jahresaufstellung über Reprunsatoren bis 15:00 Uhr. Sonst kann der Bericht nicht pünktlich zu Herrn K von der Firma Y, der heute zum zweiten Mal angemahnt hat. Und das würde Z große Sorgen bereiten.«

- Die letzte Variante eignet sich auch gut zum *Anspornen und Ermutigen*: »Es würde Z sehr erleichtern, wenn Sie die Jahresaufstellung über Reprunsatoren bis 15:00 Uhr schaffen. Dann kann der Bericht pünktlich zu Herrn K von der Firma Y.« Der Zusatz »... denn der hat ihn heute zum zweiten Mal angemahnt« würde den Druck signalisieren, unter dem Sie oder ein anderer stehen. Je nach Widerstand oder gutem Willen Ihres Gesprächspartners kann man ihn daher auch weglassen.

- Eine *Anleitung* zeichnet sich durch eine Verhaltensbeschreibung aus, die so genau ist, dass ihr Umsetzen die erwünschten Konsequenzen sicherstellt: »Verschieben Sie den Kundenbesuch bei L um einen Tag und bitten Sie Herrn M, die fehlenden Unterlagen zu besorgen. Dann schaffen Sie die Jahresaufstellung bis 15:00 Uhr und der Bericht kann pünktlich zu Herrn K von der Firma Y.«

- Die *Entschuldigung* behandelten wir zwar an anderer Stelle bereits. Auch hier jedoch das entsprechende Beispiel: »Durch meinen Rechenfehler konnten Sie den Jahresbericht nicht pünktlich fertigstellen. Daher kam er mit Verspätung zum Kunden. Das tut mir wirklich leid und ich bitte dafür um Entschuldigung.«

**Je genauer wir sprechen, umso schneller und reibungsloser laufen nicht nur einzelne Gespräche ab, desto mehr hält man uns auch generell für verlässlich.**

Das Muster *spezifisches Beschreiben* sollte daher ein wesentlicher Bestandteil Ihrer Kommunikationsstrategie sein – vor allem bei sachlichen und emotionalen Streitgesprächen sowie bei Angriffen.

09

**Verbales Muster**

### SPEZIFISCHES BESCHREIBEN [MV09]

… beinhaltet das objektive Schildern wahrgenommener Fakten. Da uns ein von persönlichen Bewertungen freies Beschreiben einer Beobachtung ausgesprochen schwerfällt, sollte man sich an folgenden Faustregeln orientieren: Behauptungen, die sich auch per Tonbandgerät, Fotoapparat oder Videokamera belegen lassen, stellen spezifische Beschreibungen dar.

**Die vierteilige Ich-Botschaft**

Selbstverständlich muss nicht jede konstruktive Kritik aus drei Teilen bestehen. Marshall B. Rosenberg fügt in seiner *Gewaltfreie(n) Kommunikation* – die in den letzten Jahren weltweit großes Ansehen erlangte – einen vierten an: eine klare Beschreibung des gewünschten Verhaltens.[8] Mit diesem zusätzlichen Teil wechselt Rosenberg jedoch zur Inhaltsstrategie. Und ein einfaches Beispiel zeigt, unter welchen Umständen ich dagegen bin, das Äußern einer Bitte sofort anzufügen: Sie beschreiben einem Mitarbeiter, Ihrem Sohn oder Ihrer Tochter den unaufgeräumten Schreibtisch, weisen auf den negativen Eindruck hin, den Besucher davon haben, teilen Ihre Gefühle mit und bitten darum, dass der Schreibtisch in Zukunft aufgeräumt sein soll. Wahrscheinlich bekommen Sie zu hören, »Aber natürlich, mache ich sofort«, und das geschieht tatsächlich. Macht der Schreibtisch auch in Zukunft einen aufgeräumten Eindruck? Wahrscheinlich nicht. Die Gründe leuchten sicher ein: Mit dem Akzeptieren dieser Bitte zieht sich der Angesprochene leicht aus der Affäre. Und das verhindert ein intensives gedankliches Beschäftigen mit dem kritisierten Verhalten. Außerdem kann das Äußern einer Bitte verhindern, dass man erkennt, ob der Kritisierte fähig ist, das angesprochene Problem selbstständig zu lösen. Kommt er nicht auf eine Lösung (was bei einem unaufgeräumten Schreibtisch höchst unwahrscheinlich ist), kann man die Bitte immer noch nachschieben. In diesem Fall wissen Sie, dass ein weiteres Problem vor der Tür steht: fehlende Kreativität oder mangelndes Interesse.

**Die zweiteilige Ich-Botschaft**

Außerdem besteht die Möglichkeit, aus dem Dreiteiler einen Zweiteiler zu machen: Man lässt den dritten Teil mit dem eigenen Gefühl weg und ersetzt ihn durch ein nonverbales Signal – z.B. durch einen kummervollen Blick. In diesem Fall müsste mein Gesprächspartner nicht nur von selbst auf die Lösung kommen, sondern sich auch in meinen Zustand versetzen, was die Nachhaltigkeit sicher erhöht. Und führen wir bereits das dritte Gespräch über Verspätungen, genügt vielleicht sogar der erste Teil als Impuls für ein schlechtes Gewissens: »Erneut sind Sie zu spät gekommen; gestern und heute um zehn Minuten« … Pause …

**Makromuster**

**DIE KONFRONTIERENDE DREITEILIGE ICH-BOTSCHAFT [MM 01]**

| **AUFGABE** | **VERHALTEN** | **KONSE-QUENZEN** | **GEFÜHL** |
|---|---|---|---|
|  Konstruktive Kritik [MM 01] | unannehmbares fremdes Verhalten | negative Konsequenzen | eigene negative Gefühle |

02

**Makromuster**

## WEITERE DREITEILIGE ICH-BOTSCHAFTEN [MM02]

| AUFGABE | VERHALTEN | KONSE-QUENZEN | GEFÜHL |
|---|---|---|---|
|  Lob, Kompliment [MM02.1] | lobenswertes fremdes Verhalten | positive Konsequenzen | eigene positive Gefühle |
|  Lock-Bitte [MM02.2] | erwünschtes fremdes Verhalten | positive Konsequenzen | eigene oder fremde positive Gefühle |
|  Druck-Bitte [MM02.3] | ausbleibendes fremdes Verhalten | negative Konsequenzen | eigene oder fremde negative Gefühle |
|  Ermutigung [MM02.4] | erwartetes fremdes Verhalten | positive Konsequenzen | positive eigene oder fremde Gefühle |

| | | | |
|---|---|---|---|
|  Anleitung [MM 02.5] | mögliches fremdes Verhalten | erwünschte positive Konsequenzen | positive eigene oder fremde Gefühle |
|  Entschuldigung [MM 02.6] | unannehmbares eigenes Verhalten | negative Konsequenzen | eigene bedauernde Gefühle |

### 5.4.2 Bewerbung auf eine Stellenanzeige

**Jede Anzeige enthält Faselindikatoren**

Bewirbt man sich auf um eine Arbeitsstelle, sind zwei große Hürden zu überwinden: Die erste besteht in der Vorauswahl, die zweite im Bewerbungsgespräch. Unsere Kenntnisse über schludriges Sprechen und Schreiben erhöhen unsere Chancen erheblich. Denn jede Stellenanzeige enthält eine Fülle von Faselindikatoren: unbestimmte Subjekte, unspezifizierte Adjektive und Adverbien sowie Nominalisierungen. Diese beziehen sich auf das Unternehmen, den Arbeitsplatz und den Bewerber. Mein Rat: Gehen Sie bei der ersten Hürde in zwei Stufen vor. Analysieren Sie zunächst die Anzeige äußerst akribisch und verfassen Sie erst dann Ihre Bewerbung.

**Stufe 1: Die Anzeige analysieren**

Suchen Sie die in jeder Stellenanzeige vorhandenen Faselindikatoren heraus und stellen Sie sich dann folgende Fragen:

1. Auf welche Begriffe sollte ich mich in meiner Bewerbung beziehen? Muss ich diese genau übernehmen oder ist es besser, sie zu »übersetzen«?

2. Was genau könnten die unbestimmten Bewerberanforderungen und Arbeitsplatzbeschreibungen bedeuten? Welche Verhaltensweisen könnten grundsätzlich gemeint sein?
3. Welche konkreten Eigenschaften meiner Person passen zu diesen Anforderungen? Wie genau kann ich sie belegen?
4. Mit welchen unbestimmten Begriffen wird das Unternehmen beschrieben?
5. Bei welchen dieser Begriffe sollte ich genau wissen, was sich dahinter verbirgt?

Um Ihnen die Vorgehensweise an einem konkreten Beispiel zu erläutern, gehen wir von einer Anzeige aus, die Ende 2003 erschienen ist (vgl. Seite 205) und einen großen Vorteil besitzt: Sie basiert bereits auf der Dreiteilung in Unternehmens-, Aufgaben- und Anforderungsaspekte und verzichtet auf jede Art von verbindendem Text. Dadurch fällt sofort ins Auge: Die Kernaussagen von Stellenanzeigen bestehen fast ausschließlich aus unpräzisen Begriffen. Personalverantwortliche, die das hören oder lesen, sind über diese Aussage meist entsetzt. Schließlich brüten sie stundenlang über diesen Formulierungen. Ihnen geht es jedoch nicht anders als den Werbetextern. Niemand bezweifelt ihre Mühen; trotzdem wimmelt es in Stellenanzeigen von Faselindikatoren. Kommen wir nun zu unseren Fragen:

**Zu Frage 1:** Begriffe, auf die man sich ausdrücklich beziehen sollte, betreffen die Anforderungen, z.B. unternehmerisch denkend, ergebnisverantwortlich oder hohe Belastbarkeit. Grundsätzlich gibt es drei Möglichkeiten: Man übernimmt die Begriffe, verwendet eine »Übersetzung« oder erläutert die Originalbegriffe mit den Übersetzungen. So könnte man die geforderte »hohe Belastbarkeit« direkt versprechen, die Übersetzung »hohe Leistungsfähigkeit selbst bei starker Beanspruchung« wählen oder beides kombinieren: »Die von Ihnen für diese Position geforderte hohe Belastbarkeit sichere ich Ihnen zu: In allen meinen bisherigen verantwortlichen Positionen zeichnete ich mich durch eine hohe Leistungsfähigkeit selbst bei starker Beanspruchung aus.«

Wir wollen weiter wachsen. Deshalb suchen wir für verschiedene Regionen Deutschlands

**Außendienstmitarbeiter (m/w)**
**für den Bereich Fenster & Türen**

**Das Unternehmen:**

- Expansives, dynamisches, finanzstarkes und innovatives Familienunternehmen mit Tradition
- Bedeutender Hersteller seiner Branche mit verschiedenen überregionalen Aktivitäten
- Herstellung und Vertrieb qualitativ hochwertiger Produkte aus dem Bereich Fenster und Türen

**Die Aufgabe:**

- Aufbau der Vertriebsgebiete durch aktive Außendiensttätigkeit in den Kundengruppen private Bauherren, Bauträger, Hausverwaltungen und Wohnungsbaugesellschaften
- Kundenbindung und -pflege durch Herstellung persönlicher Kontakte
- Führung und Koordination firmeneigener Monteure und Montagepartner

**Ihre Qualifikation:**

- Abgeschlossene kaufmännische oder handwerkliche Ausbildung
- Unternehmerisch denkende und handelnde Persönlichkeit mit ergebnisverantwortlicher Vertriebserfahrung
- Erfahrung in den beschriebenen Kundengruppen, z. B. als Innen-/Außendienstmitarbeiter/-in im Fachhandel, der Bauzulieferindustrie oder als Tischler- oder Zimmermeister/-in
- Sympathischer Auftritt
- Starker eigener Antrieb
- Kommunikativ und abschlusssicher
- Hohe Belastbarkeit und überdurchschnittliches Engagement

**Zu Frage 2:** Bleiben wir bei der hohen Belastbarkeit. Was genau bedeutet »hoch« und welche Aspekte der Nominalisierung »Belastbarkeit« spielen eventuell eine Rolle? Das könnte zeitlich, nervlich oder sachlich gemeint sein: Es kann um Überstunden gehen, um Wochenendarbeit, um das Führen von Gesprächen mit schwierigen Mitarbeitern und Kunden über komplizierte Fachthemen.

**Zu Frage 3:** Welche dieser möglichen Belastbarkeitsaspekte kann ich verbindlich aufgrund meiner bisherigen Tätigkeiten zusichern und / oder durch Zeugnisse belegen?

**Zu Frage 4:** Das Unternehmen will wachsen – wie schnell und wohin (fehlender Bezug bei Verben)? Es bezeichnet sich selbst als expansiv, dynamisch, finanzstark und innovativ (alles unspezifische Eigenschaften). Es sucht für »verschiedene« Regionen Deutschlands Mitarbeiter (welche Regionen sind das?). Und es hält sich selbst für einen »bedeutenden« Hersteller (im Vergleich zu wem?).

**Zu Frage 5:** Ehe ich mich bewerbe, sollte ich alle diese Begriffe zu konkretisieren versuchen. Die Suchmaschinen des Internets bieten dazu wertvolle Hilfe. Denn wenn ich etwas über Entwicklung, Finanzkraft, Innovationspotenzial, Absatzgebiet und Marktstellung herausbekomme, kann ich mich – in der gebotenen Kürze – auch im ersten Schreiben darauf beziehen. So ließe sich z.B. der letzte Satz aus Punkt 1 noch ergänzen: »Und ich weiß, welche Belastungen aufgrund Ihrer rasanten Entwicklung in den letzten zwei Jahren auf mich zukommen würden.« Ganz sicher aber sollte ich dies alles wissen, wenn ich ein Bewerbungsgespräch führen darf. Denn das Auftauchen solcher Begriffe in einer Stellenanzeige zeigt: Auf diese Punkte ist man stolz. Ist diese Arbeit getan und vollständig aufgeschrieben, beginnt die nächste Stufe, mit der wir uns hier aber nicht detailliert befassen (ich kenne Ihren Lebenslauf nicht):

**Stufe 2: Die Bewerbungsunterlagen erstellen**

Verfassen und überarbeiten Sie Ihre schriftlichen Bewerbungsunterlagen:

1. Wählen Sie aus Ihrer Analyse die Ihres Erachtens wichtigsten Punkte für Ihre Bewerbung aus.
2. Gehen Sie Ihren Lebenslauf durch, überprüfen Sie die Formulierungen aller dieser Punkte und übersetzen Sie – falls

erforderlich – die Begriffe in die Denkweise des Unternehmens.
3. Heben Sie besonders wichtige Aspekte zurückhaltend, aber optisch auffallend hervor (z. B. durch Kursivschrift).
4. Wählen Sie daraus die wichtigsten Punkte für Ihr Anschreiben aus.
5. Formulieren Sie den ersten Entwurf Ihres Anschreibens, »wie Ihnen der Schnabel gewachsen ist«. Gehen Sie diesen erst danach kritisch durch. Ihr Ziel sollte sein, dass der Leser so schnell wie möglich erkennt: Hier scheint das Angebot mit den wichtigsten Punkten meiner Nachfrage übereinzustimmen. Es geht nicht um einen Preis für den besten Nachwuchsschriftsteller. Bedenken Sie: Irgendeine arme Seele trifft zunächst unter großem Zeitdruck eine Vorauswahl aus Hunderten, manchmal Tausenden von Bewerbungen. Trotzdem sind Stil und Wortwahl natürlich wichtig.

Nehmen wir an, die erste Hürde sei erfolgreich genommen: Man lädt Sie zu einem Bewerbungsgespräch ein. Nun kommt die dritte und letzte Stufe:

**Stufe 3: Das Vorstellungsgespräch vorbereiten**

Bereiten Sie Fragen für Ihr Bewerbungsgespräch vor:

1. Wählen Sie aus Ihrer Anzeigenanalyse diejenigen Punkte aus, zu denen Sie detaillierte *Fachantworten* benötigen, und formulieren Sie die entsprechenden Fragen.
2. Wählen Sie aus Ihrer Analyse diejenigen Punkte aus, zu denen Ihr Gesprächspartner *Renommierantworten* geben kann, und formulieren Sie die entsprechenden Fragen.

**Dem Personalverantwortlichen die richtigen Fragen stellen**

Alle für das Einstellen neuer Mitarbeiter verantwortlichen Personen können ein Lied davon singen: Ein großer Teil der Bewerber stellt falsche Fragen (sie fragen zu früh nach Urlaubsanspruch, Firmenwagen und Sozialleistungen). Und ein anderer großer Teil stellt zu wenig Fragen, weil den Betreffenden keine einfallen. Diejenigen, die zahlreiche und gute Fragen stellen, fallen also durch eine Musterunterbrechung auf – aber was sind »gute« Fragen?

Es gibt zwei Sorten richtiger Fragen: Fragen nach Fachantworten und Fragen nach Renommierantworten. Fachfragen helfen uns, richtige Entscheidungen zu treffen, und zeigen gleichzeitig, dass man interessiert und fachkundig ist. Renommierfragen beziehen sich zwar meist auch auf fachliche Probleme, sie ermöglichen jedoch unserem hoffentlich künftigen Arbeitgeber, mit seinen Antworten zu brillieren. Einer der häufigsten Fehler ungeschulter Personalverantwortlicher besteht darin, dass sie selbst bei Einstellungsgesprächen zu viel reden: über das Unternehmen, die Aufgabe und sich selbst. Und das können Sie ausnutzen. Die Fachfragen in unserem Beispiel könnten sich etwa auf das geplante Wachstum, die zu besetzenden Vertriebsgebiete, die Monteure oder Montagepartner und auf die genauen Kriterien der Nominalisierungen »Führung« und »Koordination« beziehen. Für Renommierantworten eignen sich Fragen nach Eigenschaften, auf die man im Unternehmen wahrscheinlich stolz ist: z.B. nach den Nominalisierungen »Familienunternehmen« und »Tradition« sowie nach den unspezifischen Adjektiven »innovativ«, »bedeutend« und »qualitativ hochwertig«. Hier können Sie davon ausgehen, dass nach dem Motto »Wem das Herz voll, dem quillt der Mund über« gern und viel geredet wird. Diese Beispiele zeigen auch: Je besser Sie bereits auf Stufe 1 die unbestimmten Begriffe unter Punkt 5 präzisiert haben, desto konkreter können Sie nachfragen und desto interessierter und fachkundiger wirken Sie in einem Einstellungsgespräch. Außerdem sind Sie auch auf die Situation vorbereitet, in der Sie einem geschulten Personalverantwortlichen gegenübersitzen, der nur wenig erzählt, viel fragt und auf Fragen von Ihnen wartet.

Abschließend noch ein Hinweis: Die hier besprochene Anzeige wurde ursprünglich von einer Personalberatung veröffentlicht. In diesem Fall stellt der Anzeigentext die einzige Informationsquelle zum Vorbereiten dar. Man kann sich keine Informationen über das Unternehmen besorgen und sich inhaltlich weniger auf das Gespräch vorbereiten. Das Ausarbeiten eigener Fragen ist daher von großer Bedeutung: Alle für die eigene Entscheidung wichtigen Informationen, die sonst z.B. per Internet erhältlich wären, muss man sich nun im Gespräch beschaffen. Das stellt jedoch auch eine Chance dar, da die Qualität der Bewerberfragen ein wichtiges Entscheidungskriterium für die Personalabteilung ist.

### 5.4.3 Vorbereiten von Vorträgen und schriftlichen Arbeiten

**Nominalisierungen erklären**

Wahrscheinlich sind Sie überrascht, wenn Sie jetzt lesen: Die eben beschriebene Art des Bewerbens und das Verfassen von Vorträgen oder Aufsätzen weisen wichtige Gemeinsamkeiten auf und ähneln sich auch stark in der Vorgehensweise. Der Grund: In beiden Fällen geht es um das Präzisieren unbestimmter Begriffe. Ein Hauptunterschied besteht in der Auswahl dieser Begriffe. Bei meiner Bewerbung bekomme ich sie zu einem großen Teil durch die Stellenanzeige vorgegeben. Bei meinem Aufsatz gehe ich dagegen von einer unbestimmten globalen Aussage aus, die von anderen oder von mir stammt. Diese meist kurze Aussage – das Thema – zergliedere ich im Laufe der Arbeit mit Hilfe weiterer unbestimmter Begriffe, die ihrerseits aufzuschlüsseln oder zu präzisieren sind. Wie genau ich dabei vorgehe und welchen Schreibstil ich verwende, hängt von den Kenntnissen und Erwartungen des Lesers ab: bei einer Bewerbung vom zukünftigen Brötchengeber, bei einem Aufsatz oder Vortrag von den Lesern oder Zuhörern. Und in beiden Fällen läuft es auf ein permanentes Beantworten der Frage hinaus: Kann ich einen unbestimmten Begriff ohne Erläuterung verwenden oder sollte ich ihn präzisieren und belegen? Das hört sich komplizierter an, als es ist. Machen Sie sich daher zunächst klar: Die meisten Themen, die Sie zu bearbeiten haben, enthalten Nominalisierungen und unspezifizierte Begriffe. Ein Blick in Ihren Bücherschrank zeigt: Es gibt nur wenige Titel ohne Nominalisierung, ohne unbestimmten oder unspezifischen Begriff. Das ist die Voraussetzung für eine einfache Methode, um Rohkonzepte für Artikel oder Vorträge zu entwickeln:

**Vorschlag zur Vorgehensweise beim Präzisieren des Themas**

1. Beschreiben und erklären Sie zunächst die Nominalisierungen Ihres Themas stichwortartig. Verwenden Sie für diese Erläuterungen die am besten geeigneten unter den von uns angegebenen Präzisierungsfragen für Nominalisie-

rungen [MV08]. Enthält das Thema keine Nominalisierungen (was selten vorkommt), listen Sie die dazu passenden wichtigsten Nominalisierungen auf.
2. Prüfen Sie nun alle neuen Nominalisierungen, ob sie ihrerseits zu beschreiben und zu erklären sind. Falls dies erforderlich ist, ergänzen Sie diese Stichworte an der entsprechenden Stelle.
3. Fragen Sie sich, ob die von Ihnen bislang verwendeten übrigen unbestimmten Begriffe zu präzisieren sind oder ob die Leser oder Hörer wissen, um was es geht. Falls dies erforderlich ist, fügen Sie die Erklärungen ein.

**Beispielthema: Kommunikation**

Nehmen wir als Beispiel das vor Ihnen liegende Buch: Werfen Sie zunächst einen Blick auf die Titelseite und in sein Inhaltsverzeichnis. Dort wimmelt es von Nominalisierungen; unspezifische Eigenschaftswörter tauchen dagegen selten auf. Diese Begriffe sind teilweise ineinandergeschachtelt wie die russischen Matrjoschka-Püppchen. Das hängt damit zusammen, dass die zentrale Nominalisierung »Kommunikation« Oberbegriff und Ausgangspunkt ist. Dieser ergibt beim Erläutern andere Nominalisierungen, die ihrerseits wieder zu neuen unbestimmten Begriffen führen. Von den 17 Präzisierungsfragen für Nominalisierungen [MV08] spielen in diesem Buch die folgenden sechs eine wichtige Rolle, die ich bereits für das Thema Kommunikation umformuliert habe:

[1] *Was alles hängt ab* von einem Kommunikationsprozess? Was beeinflusst dieser Prozess?
[2] *Von was allem hängt* ein Kommunikationsprozess *ab*? Was wirkt auf diesen Prozess?
[8] Was sind *Ziele* eines Kommunikationsprozesses?
[9] Aus welchen *Elementen / Phasen / Stadien* besteht ein Kommunikationsprozess?
[10] Was sind die *Voraussetzungen* für einen erfolgreichen Kommunikationsprozess?
[11] Anhand welcher *Kriterien* kann ein Kommunikationsprozess bewertet / beurteilt werden?

Anhand dieser Fragen stößt man auf Nominalisierungen wie z.B. Wirkung, Röhrenmodell, Inhalt, Form und Kompetenz. Zergliedere ich auch diese Begriffe anhand der ausgewählten Präzisierungsfragen, tauchen neue Nominalisierungen auf: Effizienz, Effektivität, Grammatik, Faseln, Fünf-Stufen-Modell, Flow, Momente der Wahrheit usw. Natürlich ist auch festzulegen, welche der dabei auftauchenden Eigenschaftswörter genauer für die Leser oder Hörer zu definieren sind, z.B. verbal, paraverbal, nonverbal, nützlich, schwachköpfig, bewusst und unbewusst. Und ich muss – je nach Seitenzahl des Artikels oder vorhandener Zeit für den Vortrag – entscheiden, wie breit und tief ich dabei vorgehen kann. Eine gute Methode zum Planen Ihres Konzeptes besteht im Verwenden einer Mind-Map, bei der man von einem Kernbegriff ausgehend die übrigen Begriffe ast- und zweigartig anordnet (wie in den Abbildungen auf Seite 19 und 422f.). Da es für diese Möglichkeit bereits schnell und einfach einzusetzende Software gibt, lassen sich auch Kürzungen, Verbesserungen und Ergänzungen ohne größeren Zeitaufwand durchführen.

# 6 Von Macht, Einfluss und Manipulation

## 6.1 Interpretations- oder Beeinflussungsmethode?

*»Jemand, der sich seiner eigenen körpersprachlichen Signale nicht bewusst werden kann, wird die Signale anderer nie sehr exakt registrieren können.«* [1]

Vera F. Birkenbihl

Bereits in Kapitel 1 habe ich Sie auf Folgendes aufmerksam gemacht: Im Gegensatz zu fast der gesamten Literatur zum Thema »nonverbale Kommunikation« geht es in diesem Buch nicht in erster Linie um das Interpretieren, also um das Lesen der Körpersprache. Wir beschäftigen uns vor allem mit dem Sprechen der Körpersprache zum Beeinflussen anderer und beantworten dazu die Frage: »Mit welchem Ausdruck erziele ich welchen Eindruck?« Ehe wir uns in den folgenden Kapiteln nach den verbalen nun den nonverbalen Mikromustern zuwenden, möchte ich diese Besonderheit etwas erläutern.

**Blickkontakt interpretieren oder lenken?**

Bei Variante 1 – dem *Lesen* der Körpersprache anderer – geht es um das Beantworten der Frage: »Welche Eigenschaften und/oder Absichten zeigt der nonverbale Ausdruck eines Gesprächspartners?« Bei Variante 2 – dem *Sprechen* der eigenen Köpersprache, der Beeinflussungs- oder Prozesssteuerungsmethode – geht es demgegenüber um eine Antwort auf die Frage: »Welchen nonverbalen Ausdruck sollte ich zeigen, um bei meinem Gesprächspartner welchen Eindruck zu erzeugen?« Zum Illustrieren der Unterschiede zwischen beiden Methoden nehmen wir den Blickkontakt als Beispiel: Bei der *Interpretationsmethode* deuten

Sie anhand von Art und Intensität eines Blicks die An- und Absichten einer Person. Gemäß der einschlägigen Literatur können Sie erkennen, ob jemand mitfühlend ist (weicher Blickkontakt), demütig (niedergeschlagene Augen) oder scheu (Augen gehen nach unten), ob er drohen (sehr langer und starrer Blickkontakt) oder ausweichen (Augen gehen zur Seite) oder überhaupt keinen Kontakt mit Ihnen haben will (Blickkontakt wird vermieden). Bei der *Beeinflussungsmethode* setzen Sie dagegen Ihren Blickkontakt so als Impuls ein, dass er das Verhalten Ihres Gesprächspartners steuert oder einen bestimmten Eindruck hinterlässt: Sie lenken damit seine Aufmerksamkeit auf etwas (z.B. auf eine schriftliche Unterlage oder eine andere Person) oder Sie lösen bei ihm den Gedanken aus »Ich stehe dir zur Seite«.

**»Man kann nicht nicht interpretiert werden«**

Bei dieser Methode bauen Sie darauf, dass Ihr Gegenüber ständig bewusst oder unbewusst Ihr Verhalten interpretiert und entsprechend reagiert. Genau das ist meines Erachtens auch die eigentliche Bedeutung von Watzlawicks berühmtem Axiom *»Man kann nicht nicht kommunizieren«*. Natürlich können Sie nicht kommunizieren – Sie können nicht sprechen, nicht schreiben, nicht telefonieren oder nicht faxen. Sie können jedoch nicht verhindern, dass auch dieses Nicht-Verhalten anderen zum Hellsehen dient. Axiom Nummer 1 müsste deshalb eigentlich lauten: »Man kann nicht nicht interpretiert werden.« Und die Hauptschwierigkeit beim Interpretieren besteht in Folgendem:

**Die Bedeutung eines einzelnen mehr oder weniger unbewussten nonverbalen Ausdrucks lässt sich meist nur aus dem situativen Kontext, dem Gesamtzusammenhang, heraus sicher interpretieren. Das Erreichen dieser Kompetenz zum mühelosen Einsetzen in normalen Gesprächssituationen erfordert einen enormen Aufwand an Zeit und Energie.**

**Schwierigkeiten beim Interpretieren**

Vielleicht signalisieren verschränkte Arme »Ablehnung«, »Widerstand« oder »Verschlossenheit« – sie könnten jedoch auch eine Folge fehlender Armlehnen sein. Die »eigentliche« Bedeutung dieser Haltung erkennen Sie also nur anhand weiterer Hinweise aus Gespräch und Gesprächskontext. Es genügt nicht, dann und wann ein bestimmtes nonverbales Signal seines Gesprächspartners herauszupicken und zu interpretieren; das liefe auf pures Hellsehen hinaus. Außerdem ist die Bedeutung nonverbaler Signale – im Gegensatz zu verbalen – keinesfalls verbindlich. Um sich die beim Interpretieren bestehenden Schwierigkeiten zu verdeutlichen, stellen Sie sich vor, Verkehrszeichen besäßen die gleiche eingeschränkte Aussagekraft wie nonverbale Signale. Während Sie sich einem Stop-Schild nähern, würden dann folgende Gedanken durch Ihren Kopf schießen: »Grundsätzlich müsste ich zwar anhalten; berücksichtige ich aber Wetterlage, aktuelle Verkehrsfunk-Mitteilungen, Straßenbreite und momentane Fahrzeugdichte, könnte ich vielleicht auch weiterfahren.« Wie sicher fühlten Sie sich unter diesen Umständen auf einer Kreuzung? Erfolgreiches Deuten setzt also ein ständiges Wahrnehmen, Interpretieren, Vergleichen und Gewichten zahlreicher verbaler und nonverbaler, direkter und indirekter Informationen voraus. Dass dies im Alltag meist scheitert, liegt an unserer Inhaltsfixierung. Eigentlich müsste man sich permanent auf zwei Dinge konzentrieren: auf den (gewohnten) verbalen Inhalt und auf die (ungewohnte) nonverbale Körpersprache. Aber das verursacht einen ständigen Rollenkonflikt: Zum einen kommunizieren wir als engagierte Partei mit unseren subjektiven Zielen, Hoffnungen und Befürchtungen. Gleichzeitig sollen wir aber Gesprächsablauf und -partner wie ein emotionsloser Beobachter analysieren und interpretieren.

Dass dies in Seminaren funktioniert, hat einen einfachen Grund: Dort fehlt ein Teil der Realität. Man tritt nur als Beobachter auf, beurteilt Mimik oder Gestik einer Person, argumentiert aber nicht gleichzeitig engagiert über ein Anliegen. Fahrlehrer führen darum in den ersten Fahrstunden auch keine längeren Gespräche mit ihren Schülern. Diese müssen sich voll auf das neue Verhalten und den Verkehr konzentrieren. Natürlich beherrschen wir irgendwann beides. Zwischen Autofahren und Kommunizieren besteht jedoch ein wichtiger Unterschied: Ein Führerschein bringt nicht nur eine Menge handfester Vorteile, sondern ist auch ein Statussymbol; also opfert man Zeit, Mühe und viel Geld. Kommunizieren kann man dagegen schon. Wir alle besitzen nicht nur einen »Sprachprozessor«, wir eignen uns auch schon sehr früh – in der Kindheit – die Kompetenz zum Interpretieren nonverbalen Verhaltens an, setzen sie allerdings meist nur unbewusst ein. Schwierigkeiten beim Interpretieren von Körpersignalen beruhen darum nicht auf fehlenden Fähigkeiten. Vielmehr denkt man fast nie daran, macht deshalb keinen Gebrauch davon und weiß nicht genau, wie man anschließend reagieren soll.

**Nonverbale Signale lassen sich kaum hinterfragen**

Es gibt noch einen ganz praktischen Grund zur Bevorzugung der Beeinflussungsmethode. Unterstellen wir, Sie könnten das nonverbale Verhalten anderer ziemlich gut interpretieren, weil Sie eine natürliche Begabung besitzen oder die Trainingsmühen auf sich genommen haben. Was machen Sie dann mit all Ihren Interpretationsergebnissen während eines Gesprächs? Ohne wirkungsvolle verbale und nonverbale Reaktionsmöglichkeiten nützen sie wenig. Die Möglichkeit, nachzufragen, ist hier deutlich eingeschränkt. So findet es zwar fast jeder normal, wenn man zu seinen verbalen Ausführungen Nachfragen hat. (»Sie sagten soeben, dass …; was genau verstehen Sie darunter?«) Es wirkt aber nicht nur befremdlich, sondern ist auch zwecklos, die meist unbewussten nonverbalen Verhaltensweisen zu hinterfragen. (»Sie lehnten sich soeben deutlich zurück; was genau war der Grund Ihrer Bewegung?«) Hier können Sie allenfalls die Emotionen ansprechen, die Sie wahrnehmen: »Möchten Sie vielleicht noch etwas dazu sagen, wie Sie sich fühlen?« Dabei müssen Sie jedoch Vorsicht walten lassen. Der andere könnte sich in seiner Privatsphäre verletzt fühlen. Daher mein Vorschlag:

**Das Sprechen der Körpersprache ist die zentrale Voraussetzung für kongruentes und damit erfolgreiches Kommunizieren. Beginnen Sie mit der Beeinflussungsmethode und setzen Sie dabei Ihre bereits vorhandene Interpretationskompetenz bewusst und gezielt ein. Dann schlagen Sie drei Fliegen mit einer Klappe: Sie verbessern erheblich Ihre Fähigkeit, kongruenter und wirkungsvoller zu kommunizieren, erweitern Ihre Reaktionsmöglichkeiten und schulen Ihre Beobachtungs- und Interpretationskompetenz.**

## 6.2 Einfluss heißt nicht Macht

> *»Macht bedeutet nichts, wenn man sie nicht in Einfluss verwandeln kann.«*
>
> Condoleezza Rice

Wenn wir die Beeinflussungsmethode anwenden, üben wir dann Macht über andere aus? Nein, unter Einfluss verstehe ich mit dem Politikwissenschaftler Karl W. Deutsch das Gegenteil von Macht.[2] (In der Praxis stoßen wir meist auf Mischungen aus Macht- und Einflusselementen.)

**Unter einer Einflussstrategie verstehen wir das zwangfreie Einwirken auf andere Menschen sowie das Bemühen, daraus zu lernen. Und da Lernen das Feststellen von Irrtümern voraussetzt, erfordert erfolgreiches Beeinflussen auch stets ein Beobachten der eintretenden Wirkungen.**

**Macht behindert Lernen**

*»Macht besteht darin, dass man nicht nachgeben muss, sondern die Umwelt oder eine andere Person zum Nachgeben zwingen kann … Macht hat in gewissem Sinne derjenige, der es sich leisten kann, nichts lernen zu müssen«,*[3] so Karl W. Deutsch. Im Alltags- und Berufsleben darf man davon ausgehen: Machtstrategien basieren meist auf der Inhaltssteuerung. Beide zeichnen sich durch zwei Besonderheiten aus. Kurzfristig spart man Zeit, Kosten und Energie – der Hauptgrund für das schleichende Zunehmen von macht- und inhaltsorientierten Methoden. Langfristig verursachen Macht und Inhaltssteuerung stets den langsamen Verfall ihrer Wirkung. Denn auf Dauer führt vor allem Macht zu Reibungsverlusten. Und sie verursacht die sinkende, schließlich sogar fehlende Bereitschaft der Ohn-Mächtigen, selbst über wirksamere Methoden nachzudenken. Macht bietet nicht nur den scheinbaren Vorteil, selbst nicht lernen zu müssen. Sie bewirkt außerdem, dass die von ihr Beherrschten zunehmend den Eindruck gewinnen, ebenfalls auf Lernen verzichten zu können. Macht be- und verhindert Lernen und damit Entwicklung auf breiter Front.

Dass ich der Prozess- und Einflussstrategie den Vorzug gebe, bedeutet jedoch keinesfalls, dass ich die anderen Vorgehensweisen für grundsätzlich ungeeignet halte. Bei der Inhaltssteuerung ist das schnell begründet: Es gibt Wissenslücken, da ist es für alle Beteiligten am zweckmäßigsten, diese direkt zu schließen. Würde die Bundeswehr mit Hilfe der Prozesssteuerung geführt, käme ihre Einsatzbereitschaft im Ernstfall Wochen zu spät. Daher ist reine Prozesssteuerung nicht nur die seltene Ausnahme; in vielen Situationen stellt Macht ein rechtmäßiges Mittel dar – sogar in der Erziehung. Die Betroffenen sollten allerdings vorher wissen, wann und warum man Macht wie einsetzt. Schließlich ist der Machteinsatz zeitlich klar zu begrenzen. Das gilt nicht nur für die angekündigten sachlichen Konsequenzen, sondern auch für Störungen auf der Beziehungsebene[4]. Macht kann daher für mich legitim sein, sind die folgenden drei A berücksichtigt:

**Macht kann sinnvoll sein**

**Macht muss angekündigt, angemessen und absehbar sein.**

Aus drei Gründen beschäftigt sich die BOX 27 mit 37 praktischen Kommunikationsbeispielen: Diese sollen Ihnen zeigen, dass und warum eine und dieselbe Maßnahme schädlich oder nützlich sein kann, dass Macht nicht unbedingt etwas mit Druck und Stärke zu tun hat und – für uns besonders wichtig – dass es bei dieser Beurteilung nicht allein darauf ankommt, *was* man tut.

### ■ BOX 27: DIE ZWÖLF KOMMUNIKATIONSSPERREN NACH THOMAS GORDON[5]

In seinen Büchern kritisiert Thomas Gordon 37 typische Verhaltensweisen, die wir einsetzen, wenn sich andere mit ihren privaten oder beruflichen Problemen an uns wenden. Er nennt sie »Kommunikationssperren«, weil sie seiner Ansicht nach das gegenseitige Verstehen bremsen oder verhindern, und fasst sie in zwölf Gruppen zusammen:

1. Befehlen, anordnen, auffordern
2. Warnen, mahnen, drohen
3. Moralisieren, predigen, beschwören
4. Beraten, Vorschläge machen, Lösungen liefern
5. Durch Logik überzeugen, Vorträge halten, Gründe anführen
6. Urteilen, kritisieren, widersprechen, Vorwürfe machen
7. Loben, zustimmen, schmeicheln
8. Beschimpfen, lächerlich machen, beschämen
9. Interpretieren, analysieren, diagnostizieren
10. Beruhigen, Sympathie äußern, trösten, aufrichten
11. Forschen, fragen, verhören
12. Ablenken, ausweichen, aufziehen

Bei einem Teil dieser Maßnahmen leuchtet uns sofort ein, warum es sich um Kommunikationssperren handeln soll (z.B. bei den Nummern 3, 8 und 12). Teilweise fällt aber auch nur eine der angeführten Möglichkeiten negativ auf (z.B. bei den Nummern 7 und 11). Und manchmal rätselt man bei allen, was daran falsch sein soll (z.B. bei den Nummern 4, 9 und 10). Dass Gordon sämtliche 37 Möglichkeiten kritisch sieht, hat einen einfachen Grund: Für ihn kommt als Lösungsansatz nur eine einflussorientierte Prozesssteuerung in Frage: das aktive Zuhören. Alle 37 Verhaltensweisen sind jedoch Varianten der Inhaltssteuerung. Und diejenigen, die sofort negativ auffallen, setzen darüber hinaus auch Macht ein.

Ob eine Substanz als Heilmittel oder Gift wirkt, hängt stets von der jeweiligen Dosierung ab. Darum beruht auch das Einstufen als »kommunikative Sperre« nicht allein darauf, *dass* wir etwas tun, sondern *warum, wie* und *wie lange.* Sobald man etwas übertreibt und einseitig einsetzt, wirkt es als Kommunikationssperre. Das trifft sogar auf das bei fast allen Vorgesetzten vermisste Loben zu: Überzogenes Loben verhindert Lernen und Entwicklung. Und das gilt auch für das hier empfohlene Anstoßen von Prozessen: Menschen reagieren intuitiv mit Widerstand, wenn sie spüren, dass der Gesprächspartner inhaltlich nichts beisteuert, sondern »stets nur den Ball zurückspielt«. (Den Athenern ist Sokrates mit seiner ständigen Prozesssteuerung so auf die Nerven gegangen, dass sie ihn zum Tode verurteilten.) Im Gegensatz zu Gordon bin ich darum der Ansicht: 28 der 37 Alternativen sollten zu unseren Standardfähigkeiten gehören und neun sind Ausnahmesituationen vorbehalten. Denn bei Gefahr für Leib und Leben können sogar Drohungen, Beschimpfungen oder Beschwörungen sinnvoll, weil lebensrettend sein. (Meine Ausnahmen wären: drohen, moralisieren, Vorwürfe machen, schmeicheln, beschimpfen, lächerlich machen, beschämen, verhören und aufziehen.)

Eine andere Ursache für das Wirken als Sperre ist die Form der Botschaft. Der Wirkungsunterschied zwischen Loben und Schmeicheln, Fragen und Verhören, Auffordern und Befehlen oder Warnen und Drohen liegt vorrangig am Wie – am Klang unserer Stimme, an der Intensität unseres Blickes oder an der Heftigkeit unserer Gestik. Nur selten beruht er auf verbalen Inhalten; meist entsteht er durch die eingesetzten nonverbalen Mikromuster.

## 6.3 Außen- und Innenwirkung: Was beeinflusst Menschen?

*»Man muss einen Ochsen lange ins Horn kneifen, bis man auf den Nerv kommt.«*
Deutsches Sprichwort

Haben Sie schon einmal darüber nachgedacht, welche kommunikativen Möglichkeiten Sie besitzen, um andere zu beeinflussen? Was heißt in diesem Zusammenhang überhaupt »beeinflussen«? Vereinfacht ausgedrückt kann man sagen: Will man jemand beeinflussen, dann soll sich diese Person ändern. Dabei können wir drei Ziele im Auge haben: Jemand soll etwas Neues *wissen* (z. B. ein neues Rezept für Lammkeule), etwas anderes *tun* (z. B. jetzt gerade aufmerksamer lesen) oder etwas Neues *können* (z. B. einen Computer programmieren). Da neues Wissen zunächst aufgenommen werden muss und fast immer irgendeinen Handlungszweck besitzt (das Lammkeulen-Rezept muss ich verstehen, mir merken oder aufschreiben und später beim Kochen umsetzen), laufen alle Veränderungsziele letzten Endes darauf hinaus, bei anderen Menschen ein anderes Verhalten zu bewirken. Wie lässt sich das erreichen? Ich möchte hier die beiden Hauptmodelle vorstellen.

**Das Innenwirkungsmodell**

Die erste Variante bezeichne ich als *Innenwirkungsmodell*, denn sie geht von folgender Annahme aus: Willst du von jemand ein bestimmtes Verhalten, beeinflusse ihn so, dass sich *in ihm* etwas grundsätzlich ändert, z.B. seine Werte, Einstellungen, Motive oder Ansichten. Aufgrund dieser *internalen* und nicht beobachtbaren Veränderungen ändert sich dann das sichtbare Verhalten.

**Beispiel: Ordnungsliebe**

Ein triviales, aber bekanntes Beispiel soll dies verdeutlichen: In vielen Ehen zeichnen sich die Partner durch eine unterschiedliche Auffassung von Ordnung aus. Was der eine als Chaos empfindet, ist für den anderen praktisch oder gemütlich. So steht z.B. der Stuhl nach dem Aufstehen nicht am Tisch, die Aktentasche liegt im Wohnzimmer und der Mantel auf dem Bett im Schlafzimmer. Derjenige, der unter diesem Zustand leidet (Person A, meist ist es eine Frau), versucht nun, die Einstellung des Partners (Person B, meist ist es ein Mann) zur Ordnung zu verändern. Dazu führt Person A lange Gespräche über den Wert von Ordnung und Schönheit einer aufgeräumten Wohnung. Schließlich hält man Person B (noch) für einsichtig und veränderungsfähig. Führt das alles zu nichts, verlagert sich das Gesprächsthema irgendwann auf das vermeintlich grundsätzliche Problem im Inneren des anderen: auf mangelnden Ordnungssinn, fehlenden Charakter oder gar – und dann gibt es kaum noch eine Steigerung – auf fehlende Liebe: »Dauernd muss ich dir sagen, dass dies kein Ablageplatz ist. Nie hörst du mir zu. Du liebst mich nicht mehr!« (Man beachte die Faselindikatoren.)

**Das Außenwirkungsmodell**

Die zweite Methode bezeichne ich als das *Außenwirkungsmodell*. Hier lautet die Grundannahme: Willst du von jemand ein anderes Verhalten, so gehe diese Änderungen ohne »innere Umwege« an und veranlasse die gewünschte *externale* Verhaltensänderung direkt. Ist das Ergebnis dauerhaft, lässt sich davon sprechen, dass sich »innen« Werte, Motive oder Einstellungen nachhaltig geändert haben.

Jetzt vermeidet man ellenlange Gespräche über die Schönheit eines ordentlichen Heimes oder über fehlende Charakterzüge. Man fordert den Partner kongruent und direkt bei jeder Gelegenheit dazu auf, den Stuhl anzurücken, die Aktentasche ins Büro zu bringen oder den Mantel aufzuhängen, z. B. mit der dreiteiligen Ich-Botschaft aus Kapitel 5: »In dieser Woche hast du dreimal deinen Mantel in der Küche liegen lassen. Er stört beim Kochen und kann schmutzig werden. Darüber ärgere ich mich.«

Das Innenwirkungsmodell ist der absolute Renner in allen Bereichen, in denen es um das Miteinander von Menschen geht. Es herrscht vor in der Pädagogik, im Sozialwesen, beim Resozialisieren von Straftätern, in der Psychologie und Soziologie, in den Service- und Verkaufsabteilungen von Unternehmen, bei der Mitarbeiterführung und natürlich auch beim Erziehen der eigenen Kinder. Die übrigen Säugetiere kennen keine Sprache und daher nur das Außenwirkungsmodell. Jeder, der kleine Hunde oder Katzen aufgezogen hat, weiß: Nicht artgemäßes Verhalten korrigiert die Mutter sofort und meist drastisch. Auch bei uns Menschen gibt es am Beginn unseres Lebens nur das Außenwirkungsmodell: Man redet nicht mit einem kleinen Kind über Sinn und Wesen; man korrigiert Fehlverhalten sofort und direkt. Wird das Kind älter, fügen wir Begründungen hinzu. Und ab einem bestimmten Alter entfallen die Verhaltenskorrekturen ganz, man ersetzt sie durch Sinn-und-Wesen-Erläuterungen und appelliert an Einsichten oder gemeinsame Werte: Lehrer wollen den Fleiß oder die Lernbereitschaft ihrer Schüler erhöhen, Psychologen die Einstellungen von Klienten verändern, Eltern Einsicht und guten Willen ihrer Kinder verbessern, Vorgesetzte Arbeitszufriedenheit oder Arbeitsmoral ihrer Mitarbeiter erhöhen, Politiker ihr Image in der Wählerschaft beeinflussen. Sehen wir uns jedoch die Resultate dieser Aktionen an, dürfen wir feststellen: Sie sind selten von Erfolg gekrönt.

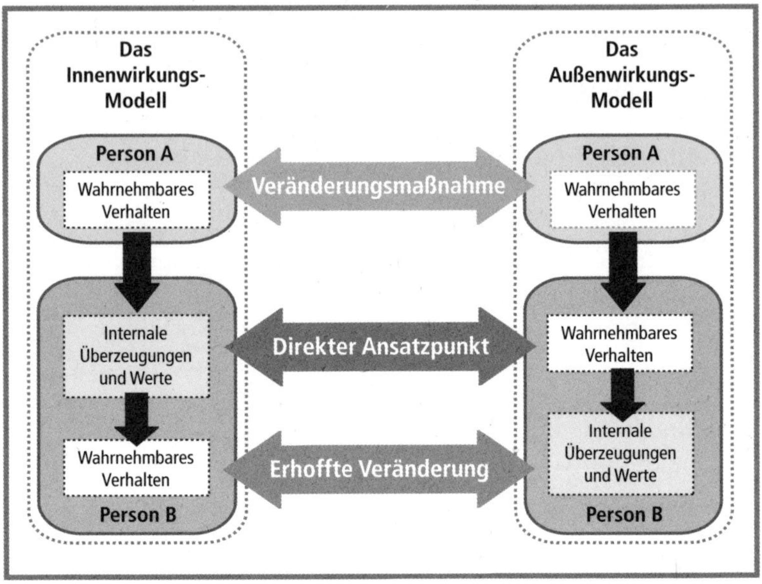


Abbildung 6: Wirkungsmodelle

**Fata-Morgana-Begriffe**

Ich bin ein Fan des Außenwirkungsmodells und das hat einen einfachen Grund: Sicher ist Ihnen aufgefallen, dass sämtliche eben angeführten Veränderungsgrößen des Innenwirkungsmodells Nominalisierungen sind. Das ist kein Zufall: Alle inneren Merkmale wie Einstellungen, Werte, Motive sind keine Objekte, sondern generalisierende Sammelbegriffe für komplexe und facettenreiche Verhaltensweisen. Das Kritisieren der »geringen Motivation« eines Mitarbeiters basiert nicht auf einer Messung, bei dem ein elektronisches Gerät auf einer Motivationsskala zu geringe Werte anzeigte. Wir verwenden diese Bezeichnung, weil bestimmte wahrgenommene Verhaltensweisen (wie das Vergessen von Aufgaben oder das Nörgeln über Arbeitsbelastung) nicht dem Verhalten entsprechen, das wir mit »motiviert« verbinden. Man weiß selten oder vergisst fast immer: Alle diese Nominalisierungen sind keine realen Objekte, lassen sich also nicht direkt gestalten oder verändern. Ich spreche daher von *Fata-Morgana-Begriffen*: Sie informieren zwar über reale Situationen, sind selbst aber nicht real, sondern virtuell. Sehen Sie in der Wüste eine Oase als Fata Morgana, dann wissen Sie, diese spiegelt im wahrsten

Sinn des Wortes die Realität wider und informiert (verzerrt und unscharf) über einen tatsächlich vorhandenen Ort. Wenn Ihnen dieser Ort jedoch nicht gefällt und Sie ihn verschönern wollen (z. B. durch das Anpflanzen von Palmen), ist die Fata Morgana der am wenigsten geeignete Ansatzpunkt: Dieser kann überall sein – aber keinesfalls da, wo Sie ihn gerade sehen.

**Änderungen geschehen zwangsläufig auf der Verhaltensebene**

Nun stellten wir beim Behandeln der Nominalisierungen bereits fest: Wie jedes Ding auch haben sie zwei Seiten. Darum ist nichts dagegen einzuwenden, wenn man sich vornimmt, die Motivation, Ordnungsliebe, Pünktlichkeit, Aufmerksamkeit oder Aufgeschlossenheit eines Menschen zu verbessern. Alle Fata-Morgana-Begriffe beschreiben sinnvolle Zielrahmen und geben wertvolle Hinweise zum Beantworten der Effektivitätsfrage »Tue oder verfolge ich die richtigen Dinge?«. Im Grunde genommen entspricht der dabei ablaufende Denkprozess formal unserem Vorgehen beim Verfassen eines Artikels mit Hilfe der Faselindikatoren: Es geht um ein Analysieren der hinter einer Nominalisierung stehenden Prozesse. Unsere Analyse der Kritik an Kerlin hat jedoch gezeigt: Das Verwenden zusammenfassender oder unspezifischer Bewertungen übt einen weitaus geringeren Einfluss aus als das Ansprechen konkreter Sachverhalte und Verhaltensweisen. Fata-Morgana-Begriffe geben daher kaum brauchbare Antworten auf die sich anschließende Effizienzfrage »Tue oder verfolge ich die Dinge auch richtig?«. Und das überrascht nicht: Schließlich beschreiben Nominalisierungen nur Zustände; Effizienzüberlegungen beziehen sich jedoch auf die Prozessebene, also auf das Sender- oder Empfängerverhalten. Ich möchte hier nicht diskutieren, ob unser Verhalten die inneren Einstellungen oder Motive anderer tatsächlich verändert, ob diese Begriffe überhaupt reale internale Größen bezeichnen. Ein wissenschaftlicher Fachbegriff für diese und ähnliche »Dinge« lautet z. B. *hypothetische Konstrukte* – angenommene Hilfsgrößen. Für uns genügt der Hinweis:

**Sprechen wir von der Beeinflussungsmethode, ist damit eine Vorgehensweise gemeint, bei der man durch eigenes wahrnehmbares Verhalten das wahrnehmbare Verhalten anderer Menschen verändert.**

**Mr. Chance als Behaviorist**

Das Orientieren am Verhalten ist keinesfalls neu: Über 30 Jahre lang bis in die 60er-Jahre des letzten Jahrhunderts bestimmte der Behaviorismus maßgeblich die psychologische Forschung in Amerika. Er beschränkte sich strikt auf das Erforschen des wahrnehmbaren Verhaltens und lehnte alles Untersuchen innerer Zustände und Prozesse als unwissenschaftlich ab. Sicher ist Ihnen der Ausdruck *Black Box* bekannt. Dieser »schwarze Kasten« diente den Behavioristen dazu, den Mantel des Stillschweigens über alles zu legen, was in unserem Innern geschieht und ihrer Ansicht nach uninteressant und überflüssig ist. Mit Mr. Chance kennen Sie den wohl extremsten Behavioristen: Für ihn besteht menschliches Verhalten nur aus sichtbaren Bewegungen. Am ersten Abend im Haus seines Gastgebers bietet man ihm nach dem Abendessen eine Zigarre an. Aus dem Fernsehen weiß Chance: Man muss nun ein Streichholz anzünden, das eine Ende der Zigarre an den Mund legen, das brennende Streichholz vor das andere Ende halten und dann die Lippen wie ein Fisch bewegen. Leider entging ihm: Diese Lippenbewegungen entstehen beim Einziehen der Luft, um die Zigarre anzuzünden. Da Chance keine Luft einzieht und das Streichholz nicht dicht genug an die Zigarre hält, bemerkt er schnell, dass etwas nicht stimmt: Es entsteht kein Rauch. Er schaut auf die Zigarre, hält sie erneut an den Mund, spitzt mehrfach die Lippen – bis das Streichholz abgebrannt ist und die Zigarre noch immer nicht brennt. Auch wenn die Black Box von Mr. Chance einen Extremfall darstellt, macht sie doch verständlich: Bis zur so genannten *kognitiven Wende* in den 70er-Jahren hat der Behaviorismus aus heutiger Sicht den psychologischen Fortschritt Amerikas auf manchen Gebieten geradezu gelähmt. Mein Plädieren für das Außenwirkungsmodell heißt daher keinesfalls, zurück zum Behaviorismus. Wie Sie bereits feststellen konnten, geht es mir auch um ein Beantworten der Frage, was alles beim Kommunizieren im schwarzen Kasten geschieht.

**Mit dem Außenwirkungsmodell möchte ich eine saubere Trennung zwischen zwei Betrachtungsebenen erreichen: zwischen dem, was während des Kommunizierens an verbalen und nonverbalen Aktionen und Reaktionen abläuft und sich beobachten und beschreiben lässt, und dem, was**

**man dabei fühlt und an Beschreibungen, Erklärungen, Vermutungen und Bewertungen darüber denkt oder spricht.**

**Vorteile des Außenwirkungsmodells**

Da sich das Außenwirkungsmodell auf wahrnehmbares Verhalten konzentriert, zeichnet es sich durch zwei enorme Vorteile aus: Der Sender kann die Wirkung einer Maßnahme sofort erkennen, beurteilen und gegebenenfalls korrigieren. Und der Empfänger kann einen direkten Zusammenhang zwischen der Aktion des Senders, dem eigenen Verhalten und den daraus resultierenden Konsequenzen herstellen. Das ist eine der wichtigsten Voraussetzungen für Lernen. (Auch wenn das Wiederholen einer dreiteiligen Ich-Botschaft zeigt: Es kann dauern, bis jemand das Richtige erkennt und daraus lernt.) Greifen wir unser Beispiel mit der unterschiedlichen Ordnungsliebe wieder auf: Beim Anwenden des Außenwirkungsmodells erkennt der Kritisierte erheblich leichter den Zusammenhang zwischen seinem Verhalten (die Aktentasche liegt erneut im Wohnzimmer), der Betroffenheit seines Partners und dem geäußerten Wunsch nach Änderung. Unter der Voraussetzung, dass man die Bitte inhaltlich und emotional passend vorträgt, bringt jeder normal reagierende Mensch die Aktentasche weg (der eine mit, der andere ohne Murren oder Kommentar). Beim Einsetzen des Innenwirkungsmodells springt dieser Zusammenhang nicht ins Auge. Denn verbal geht es um grundsätzliche Fragen wie Ordnungsliebe oder Sinn für Schönheit; das kritisierte Verhalten liefert nur den Anlass. Damit rückt aber nicht nur die persönliche Betroffenheit des Kritikers in den Hintergrund. Die Kritik Leiters an Kerlin zeigte, dass sich daraus auch eine Fülle an Verteidigungsargumenten ergibt. Und beides reduziert das Ausmaß und die Nachhaltigkeit der erhofften Wirkung.

**Rascher Lernerfolg**

Sender und Empfänger haben beim Außenwirkungsmodell die Möglichkeit, sofort und bewusst zu lernen, und können dadurch – im Gegensatz zum unbewussten Lernen – nicht nur direkt die Effizienz, sondern auf längere Sicht auch die Effektivität des eigenen Tuns verbessern. Dabei ist der Lernerfolg beim Sender umso größer, je konkreter er sich vorher mit den eigenen verbalen und nonverbalen Aktionen und den dadurch auszulösenden Empfängerreaktionen beschäftigt. Die Wirkung dieser Aktionen ist umso stärker, je kongruenter es gelingt, sowohl inhaltlich verständlich und überzeugend als auch emotional wirksam zu kommunizieren.

### ■ BOX 28: DAS AUSSENWIRKUNGSMODELL IN DER PRAXIS

Seit einigen Jahren hat es für mich den Anschein, als ob das Außenwirkungsmodell – wenn auch sehr langsam – an Bedeutung gewinnt. Zumindest stoße ich in den Medien hin und wieder auf Artikel, die erstaunt darüber berichten, welche Erfolge man mit einem direkten Reagieren auf fehlendes oder unliebsames Verhalten erzielen kann.

Das beeindruckendste Beispiel für das Außenwirkungsmodell scheint New York zu liefern: Diese Stadt hatte über viele Jahre hinweg eine der höchsten Kriminalitätsraten der USA. Innerhalb weniger Jahre gelang es, diese Rate so zu senken, dass New York inzwischen eine Vorbildfunktion einnimmt. Wie geschah das? Man versuchte nicht mehr, die Einstellung der Bevölkerung z. B. zum Schwarzfahren und zur Sauberkeit zu verändern; man ging systematisch gegen Schwarzfahrer in der U-Bahn vor und bestrafte Personen, die ihre Fastfood-Verpackung oder Zigarettenschachtel nicht in den Abfallkorb entsorgten. Und das gleiche konsequente Verhalten zeigte man natürlich auch gegenüber Kleinkriminellen. Der Erfolg dieser Maßnahmen war beeindruckend.[6]

Nun greift man allerdings das New-York-Modell wegen eines Punktes heftig an: Die Polizei nutzte ihre neuen Kompetenzen zu häufig für übersteigerte und teilweise auch illegale Strafmaßnahmen. So sind vor allem Farbige das Opfer von körperlicher Gewalt bis hin zu folterähnlichen Prügeln. Gerade dieser Kritikpunkt ist jedoch für mich ein Beweis für die Vorteile des Außenwirkungsmodells: Während man diesen Ansatz bei den kleinen und großen Übeltätern New Yorks strikt anwendet, setzt man im Bereich der Polizei auf das Innenwirkungsmodell und appelliert an die Vorbildfunktion und Ehre der Polizisten – wie man sieht erfolglos. Man muss über keine prophetische Gabe verfügen, um vorhersagen zu können, dass, wenn auch der einzelne Polizist durch ein Außenwirkungsmodell kontrolliert wird, bei dem Überreaktionen sofortige Sanktionen auslösen, man schnell dieselben Wirkungen wie auf der Gegenseite feststellen wird.

## 6.4 Aber ist das nicht Manipulation?

> *»Man hat mir vorgeworfen, Menschen zu manipulieren, worauf ich antworte: Jede Mutter manipuliert ihr Baby, wenn sie möchte, dass es überlebt. Und jedes Mal, wenn du einkaufen gehst, manipulierst du den Angestellten, deinen Anweisungen zu folgen. Und wenn du in ein Restaurant gehst, manipulierst du den Kellner. Und der Lehrer in der Schule manipulierte dich, damit du lesen und schreiben lerntest. Tatsächlich ist das Leben eine einzige große Manipulation.«*[7]
>
> Milton H. Erickson

Wir haben jetzt viel über Beeinflussung gesprochen. Es scheint eine Art Naturgesetz zu sein – mit dem Trainieren neuer Kommunikationstechniken tauchen regelmäßig zwei zusammenhängende Fragen auf: ob man dadurch nicht seine Natürlichkeit verliere und ob das nicht Manipulation sei. Auf die erste Frage sind wir bereits am Schluss von Kapitel 3.1.2 eingegangen. Sie betrifft unseren Widerstand beim Verlassen der Komfortzone aufgrund eines Gefühls von Künstlichkeit. Dieses Gefühl dürfte auch mit verantwortlich für die zweite Frage sein, bei der es um Manipulation im Sinn von anrüchiger, negativer Beeinflussung geht. Fragen Sie zehn Personen, was diese unter Manipulation verstehen, erhalten Sie zehn meist negativ gefärbte Ansichten. Was also könnte Manipulation im Sinne einer verwerflichen Handlung bedeuten und wie lässt sie sich von der Prozessstrategie abgrenzen?

**Manipulationsstufen**

1. Manipulation im weitesten Sinn könnte vorliegen, sobald ich *bei anderen irgendwie eine Veränderung auslöse.* Wäre das bereits negativ, müsste ich jedoch die Gesellschaft anderer für immer meiden: Ich kann nicht nicht kommunizieren. Allein meine Gegenwart bewirkt Gedanken und damit Veränderungen, die ohne meine Anwesenheit unterblieben.

2. Vielleicht fehlt daher etwas: Dieses Verändern durch mich *erfolgt bewusst* – ich beabsichtige es. Aber dann dürfte ich nicht mit anderen sprechen: Jede meiner Äußerungen und Gesten manipuliert – beim Erzählen eines Witzes, beim

Beschreiben einer Fahrroute, beim Äußern einer Bitte. Auch das allein kann nicht verwerflich sein.

3. Verwerflichkeit könnte vielleicht entstehen, *wenn diese Kommunikation auf meinen Vorteil abzielt;* ich will von meinem Gesprächspartner profitieren. Aber dann wäre bereits jeder Wunsch nach einem Glas Wasser oder nach dem Öffnen des Fensters negatives Manipulieren.

4. Fügen wir deshalb einen weiteren Aspekt hinzu: *Der andere muss dadurch etwas leisten oder opfern.* Die Beispiele zum vorangehenden Punkt zeigten bereits, auch dies muss nicht schlecht sein: Häufig »opfern« die von mir Angesprochenen freiwillig und gern Wasser, Zeit, Kraft oder Geld, ohne sich ausgenutzt zu fühlen. Diese Art des »Manipulierens« ist die Basis unseres Wirtschaftslebens.

5. Wie sieht es aber mit der nächsten Ergänzung aus: *Der andere stimmt der von ihm geforderten Leistung nur zu, weil ich ihn vorsätzlich in Unkenntnis über alle Konsequenzen lasse.* Ich verschweige ihm mit Absicht die Folgen seiner Entscheidung. Jetzt beginnt sicher für die meisten negatives Manipulieren. Aber auch hier gibt es Beispiele, die man positiv sehen kann: Eltern, Lehrer, Trainer oder Autoren lassen ihre Kinder, Hörer oder Leser oft bewusst in Unkenntnis, um den Lernerfolg zu steigern. Vielleicht kann der andere im Augenblick die kompletten Informationen nicht aufnehmen – sein Wissen oder seine Befindlichkeit erlauben es nicht.

6. Das bringt uns auf eine weitere Idee: Ich halte diese Fakten zurück, weil sonst eine Entscheidung anders ausfällt. Manipulation als negatives Verändern würde daher auch die Vermutung voraussetzen*: Mein vollständiges Informieren führt zu einer unerwünschten Reaktion.* Aber noch immer gibt es zahlreiche Fälle, die viele positiv sehen: Was halten Sie von einer Mutter, die gegen den ausdrücklichen oder vermuteten Willen ihres unmündigen Kindes einen ärztlichen

Eingriff in dessen Interesse durchsetzen will und darum Einzelheiten verschweigt?

7. Als siebte und letzte Voraussetzung für negatives Manipulieren ist deshalb noch anzufügen: *Ich verschweige dies alles allein aus Eigeninteresse.* Eine vollständige Information ergäbe eine unerwünschte Reaktion nur für mich.

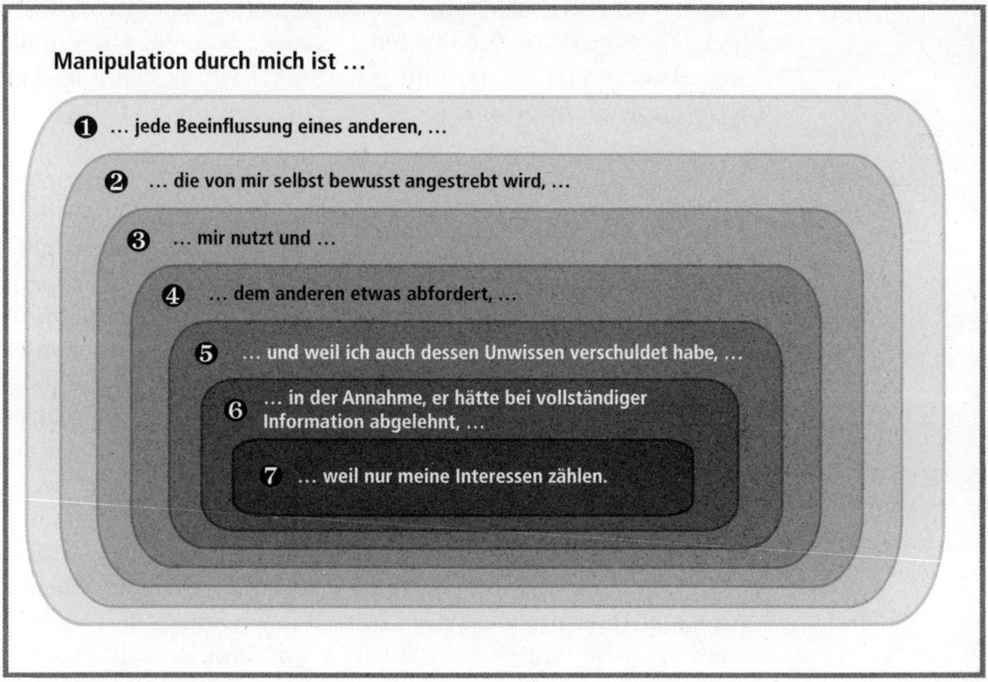


Abbildung 7: Manipulation

Es bleibt jedem Einzelnen überlassen, unter welchen der hier genannten Voraussetzungen er von Manipulation im negativen Sinn spricht. Die Meinungen gehen sicher auseinander. Für uns bedeutet negatives Manipulieren im engeren Sinn: Man kommuniziert mit einer Person und informiert sie nicht objektiv, weil man sonst Nachteile für sich selbst erwartet. Was im Umkehrschluss bedeutet:

**Kommunikation im Sinne eines manipulationsfreien Beeinflussens anderer beinhaltet ein vollständiges und eindeutiges Informieren anderer unter Wahrung ihrer Belange.**

Selbstverständlich lassen sich alle in diesem Buch behandelten Sprach- und Verhaltensmuster zum *bewussten Manipulieren* im negativen Sinn einsetzen. Der Vergleich ist alt, leuchtet aber noch immer ein: Nicht die Natur des Hammers entscheidet darüber, ob damit Nägel oder Schädel eingeschlagen werden, sondern die Absicht des Verwenders. Und genauso verhält es sich mit allen Kommunikationstechniken.

**Unbewusstes Manipulieren**

Wie aber sieht es mit dem *unbewussten Manipulieren* aus? Gehen wir von einem Gespräch aus, das nicht nach unseren Vorstellungen verläuft: Wir wollen im Urlaub in den kühlen Norden, unser Partner in den warmen Süden. Was passiert im normalen Leben? Man sucht nach plastischeren, überzeugenderen Begriffen. Je nach Naturell wird die Stimme leiser (oder lauter), der Tonfall einschmeichelnder (oder drängender), die Gestik langsamer (oder schneller), die Mimik freundlicher (oder ernster). Kurz: Spüren wir, Absicht und Wirkung klaffen auseinander, variieren wir das Was und Wie und steigern unsere Energie. Bei den meisten erfolgt das unbewusst, also ohne zu überlegen, ob man bereits eine der oben angeführten Manipulationsgrenzen überschreitet. Unbedingt will man die Aufmerksamkeit des anderen auf die eigenen Ansichten fokussieren. Seine Vorstellungen sollen den eigenen weitestgehend entsprechen. Aus Eigeninteresse soll ein Gesprächspartner genau das denken, was wir denken, und möglichst genau so fühlen, wie wir fühlen. Aber das heißt doch: Unbewusst macht man genau das, was man bewusst ablehnt – man manipuliert den anderen. Denken wir dieses Beispiel aber konsequent zu Ende, dann zeigen sich die großen Vorteile der hier vorgestellten Techniken. Denn mit ihrem bewussten Einsetzen lässt sich ein hohes ethisches Ziel verfolgen:

**Der Angesprochene soll unsere Aussagen möglichst objektiv wahrnehmen, damit er sie mit seinen subjektiven**

**Erfahrungen abstimmen kann, um zu einer für ihn optimalen Entscheidung zu kommen. Und dies bedeutet: Wir verhindern Manipulation.**

Vielleicht ist das ein Argument, um Sie davon zu überzeugen, die Komfortzone zu verlassen und die zunächst unnatürlich wirkenden Kommunikationsmuster auszuprobieren – in Ihrem Interesse und im Interesse Ihrer Mitmenschen.

## 6.5 Die Magier der Struktur

*»Jede hinreichend entwickelte Technologie ist nicht von Magie zu unterscheiden.«*
Arthur C. Clarke

**Meine fachlichen Wurzeln**

1972 erschien in Amerika ein Buch mit dem bewunderungswürdigen Titel *The Structure of Magic,* »die Struktur der Magie« oder – in meiner freien Übersetzung – »die Grammatik der Magie«. Dieses Buch behandelt die praktischen Nutzanwendungen von Noam Chomskis Transformationsgrammatik (zur Oberflächen- und Tiefenstruktur der Sprache vgl. Kapitel 4) und machte erstmals auf die enorme Bedeutung verbaler Formulierungen aufmerksam. Es zeigt die verblüffende Wirkung von Sprachmustern auf eine Art und Weise, die es dem Leser erlaubt, sie sogleich anzuwenden. Wenn Isaac Newton der Meinung war, nur deshalb weiter sehen zu können als andere, weil er auf den Schultern von Giganten stand, so trifft das umso mehr auf mich zu. Daher ist es an der Zeit, drei Größen zu erwähnen, auf deren Schultern ich stehe und die ich bislang nur am Rande nannte: Richard Bandler sowie die Brüder John und Michael Grinder. Von George Bernard Shaw stammt der Ausspruch *»Einige Menschen sehen die Dinge, wie sie sind, und fragen: ›Warum?‹ Ich träume nie da gewesene Träume und frage: ›Warum nicht?‹«* Ohne die Beiträge anderer kreativer Köpfe schmälern zu wollen (allen voran Robert Dilts): Diese drei Personen stellen für mich die Magier der Struktur dar, weil sie jeweils als Erste das Tor zu einer völlig neuen Sichtweise von Kommunikation aufgestoßen haben: Richard Bandler und John Grinder für ein anderes Verständnis von kommunikativer Wirkung (u.a. bei den Sprachmustern; vgl. auch Box 43), Michael Grinder für die nonverbalen Verhaltensmuster.

Dabei darf man das Wort »Magie« gemäß dem Eingangszitat von Arthur C. Clarke wörtlich nehmen. Alle großen »Magier« wie der legendäre Houdini, David Copperfield oder Siegfried und Roy demonstrierten das vor faszinierten Zuschauern auf zahllosen Bühnen dieser Welt. Und das bedeutet: Je mehr man sich die Form der Kommunikationselemente bewusst macht und zielorientiert gestaltet, umso wirkungsvoller oder magischer läuft Kommunikation ab – unabhängig davon, ob man Therapeutin, Pfarrer, Richterin, Anwalt, Lehrerin, Arzt, Verkäuferin, Verwaltungsangestellter, Postbotin, Buchhalter, Werbetexterin, Marketingfachmann, Telefonistin, Unternehmer oder Hebamme ist. Der Grund für das bewusste Verschweigen meiner Vorbilder: Über das von ihnen entwickelte Neurolinguistische Programmieren (NLP) verbreitet man so viel Unsinn, dass bereits die drei Buchstaben bei vielen Menschen Kopfschütteln, Befürchtungen oder gar Aversionen auslösen. In der Terminologie dieses Buches: Ich ging von einer fehlenden Erlaubnis aus und das Risiko erschien mir zu groß, dass Sie aufgrund Ihres bisherigen NLP-Wissens mein Buch nur unter großen Vorbehalten lesen oder es einfach wieder zuklappen.

## ▪ BOX 29: ZUM IMAGE VON NLP

*»Jeder glaubt gern, was er wünscht.*
*Die Dinge aber sind oft anders beschaffen.«*
Demosthenes

Dass meine geringen Erwartungen zum Wissen über NLP nicht eingebildet sind, zeigt eine im Frühjahr 1996 in Schleswig-Holstein gestartete öffentliche Kampagne, zugleich ein Musterbeispiel für das Entstehen und Verbreiten von Bullshit. Hans-Peter Bartels, der Sektenbeauftragte des Landes, sorgte sich in allen Zeitungen um die Lehrerfortbildung und wies auf die Gefahr von Sekteneinflüssen hin:

Man müsse die Schüler und Lehrer des Landes vor »Heilslehren« wie Kinesiologie, NLP und »Psychotechniken« retten und es ginge nicht an, dass in der Schule therapiert (!) werde. Bis Ende 1997 brachte die Presse Stellungnahmen und Befürchtungen professioneller und selbst ernannter Experten, ängstlicher Eltern und Lehrer sowie mahnender Politiker. Sogar der Bildungsausschuss des Landtags beschäftigte sich in einer Anhörung am 27. Februar 1997 mit dieser Thematik. (Ist es Zufall, dass sich Herr Bartels entschlossen hatte, 1998 für den Bundestag zu kandidieren?) Ich verfasste ein Gutachten für den Ausschuss, allerdings nur zum Thema NLP in der Schule, und verfolgte die gesamte öffentliche Anhörung[8]. Meine Folgerungen aus Kampagne und Anhörung: Wenn schon Experten, die sich von Berufs wegen in der Thematik auskennen sollten, nicht wissen, was sich hinter den drei Buchstaben NLP verbirgt, was darf man dann von denen erwarten, die sich auf diese Experten verlassen? Entlarvend ist die Bemerkung eines Ausschussmitgliedes zu den Erklärungsversuchen eines NLP-Vertreters: »Ich bin nicht gewählt worden, um mich damit zu beschäftigen, sondern um zu kontrollieren.« Und da selbst Michael Grinder, obwohl seit Jahren »National Director of NLP in Education«, inzwischen in seinen Seminaren und Büchern die drei Buchstaben NLP meidet, verstehen Sie sicher, warum ich bis jetzt jede Erwähnung des Neurolinguistischen Programmierens gemieden habe wie der Teufel das Weihwasser.

**NLP – Anwender, Techniken, Lösungsansätze**

Inzwischen kennen Sie aber nicht nur einen großen und wichtigen Teil der Wirkungsmechanismen, sondern auch die zum Begreifen notwendigen Grundlagen der im NLP verwendeten Kommunikationsmuster. Darum hoffe ich, die Katze jetzt risikolos aus dem Sack lassen zu können. Denn selbst NLP-Unkundige und sogar -Ablehner wissen nun: Mit diesen Techniken wird weder heimlich manipuliert oder therapiert; es geht »nur« um – fast muss man sagen: knochentrockene – verbale und nonverbale Verhaltensmuster, die alle von früh bis spät einsetzen. Genau das ist die Basis von NLP. Wozu man diese Muster anwendet und welche Voraussetzungen erfüllt sein müssen, steht natürlich auf einem gänzlich anderen Blatt. Deshalb ist auch sorgsam zu trennen zwischen den unter dem NLP-Dach angebotenen Techniken und den NLP-Anwendern und ihren Zielen. Ferner ist zu trennen zwischen den von NLP entdeckten und gesammelten verbalen und nonverbalen Basistechniken und den komplexeren und problembezogenen

Lösungsansätzen (wie etwa Therapie-Modellen). Die *Basistechniken* sind, wie Sie bereits sahen und noch sehen werden, nicht nur universell einsetzbar, was viele vergessen oder nicht wahrhaben wollen: Sie sind genauso gültig wie die Grammatik einer Sprache. Man braucht sie nicht zu kennen und auch nicht viel von ihnen zu halten, Psychologieprofessoren können sie in Gutachten als wirkungslose Scharlatanerie ablehnen, Sektenbeauftragte als gemeingefährliche Psychotechniken verdammen: Immer wenn sie kommunizieren, wenden sie diese an. Das haben meine bisherigen Ausführungen sicher hinreichend belegt. Im Gegensatz dazu sind *problembezogene Lösungsansätze* zwangsläufig nur in einzelnen Bereichen und Kontexten anwendbar, z.B. in der Psychotherapie zum Behandeln bestimmter Leiden oder in der Personalentwicklung zum Finden und Ausbauen persönlicher Stärken.

**NLP ist keine Hexerei**

Aber gerade auf diesen Modellen beruht die Furcht, mit NLP unbewusst manipuliert zu werden. Trotz ihrer enormen Wirkung ist diese Angst jedoch weitestgehend unbegründet. Denn was Laien nicht wissen und Kenner oft verschweigen: Eine der wichtigsten Wirkungsvoraussetzungen lässt sich im Alltag nicht realisieren – die aktive Mitarbeit der Betroffenen. Kein Anwender etwa des Phobie-Modells kann eine Phobie »wegmachen«. Er verwendet es zur Prozesssteuerung. Im Kapitel über die kommunikative Hauptrolle des »Magiers« zeige ich dies noch ausführlich: Er leitet den Betroffenen mit Hilfe bestimmter Sprach- und Verhaltensmuster so an, dass dieser sich selbst von seiner Phobie befreit. Dazu benötigt man Bereitschaft, Zeit, Entspannung, Vertrauen, Ruhe, aktive Mitarbeit und totale Konzentration – alles Voraussetzungen, die in normalen privaten oder beruflichen Gesprächen nicht zu realisieren sind. Jeder Geschäftspartner wirft uns nach wenigen Minuten aus dem Zimmer, versuchen wir, seine Meinung zu unserem Angebot auf diese Weise zu manipulieren. Ferner sollten Sie bedenken: Die Zahl an »Magiern der Kommunikation« ist verschwindend klein. Dieses Niveau setzt voraus, woran auch das Beherrschen der ABC-Methode fast immer scheitert: ausdauerndes und intensives Trainieren. Wie viele »Magier der Tasten« kennen Sie und wie oft treffen Sie diese persönlich? Sicher genauso häufig, wie Ihnen David Copperfield oder Siegfried und Roy über den Weg laufen. Und nicht zu vergessen: Selbst die großen kommunikativen Zauberer und gemeinsamen NLP-Begründer Richard Bandler und John Grinder kommunizieren bereits seit Jahren höchstens noch über ihre Anwälte miteinander. Und da nach Jean-Eugène Robert-Houdin, einem der größten Zauberer des 19. Jahrhunderts, große Magier nur Schauspieler sind, die einen Magier spielen, halten wir fest:

> **Jede magisch erscheinende Kommunikation basiert auf natürlichen und beschreibbaren Einflüssen und Prozessen. Daher stellt das beste Mittel gegen unbewusstes Manipulieren jenes Wissen dar, das sich mit den dahinterstehenden Wirkungsmechanismen befasst. Kommunikatives Wissen bedeutet kommunikative Macht. Und darum geht es in diesem Buch.**

Nach diesen hoffentlich beruhigenden Erläuterungen zum höchst umstrittenen Thema NLP wenden wir uns nun einem »magischen« Bereich zu, der sich im Vergleich mit den Sprachmustern geradezu durch eine Flut von Veröffentlichungen für den Alltag auszeichnet: der nonverbalen Kommunikation und ihren Mikromustern.

PRAXIS

# 7 Das Hand- und Mundwerkzeug – Teil 3: Die glorreichen Sieben der Gestik

## 7.1 Die erstaunliche Wirkung von Gesten

*»Bewegungen lügen nicht. Sie sind ein Barometer, das den Zustand der Seele offenbart.«*
Martha Graham

In seiner Autobiografie berichtet Oscar Peterson über die langjährige Zusammenarbeit mit Ella Fitzgerald, besonders während der Konzerte in der Veranstaltungsreihe *Jazz at the Philharmonic* von Norman Granz[1]:

*»Nach einer Weile lernte ich praktisch all die kleinen Zeichen und Verhaltensweisen kennen, die Ella aussandte, um sich uns exakt mitzuteilen:*

- *Der erste leichte Seitenblick, begleitet von einem etwas verhaltenen Lachen.* Bedeutung: *›Was war das da für ein Harmoniewechsel oder eine Melodie, die ihr da gerade hinter meinem Rücken gespielt habt?‹*
- *Die linke Hand hinter ihrem Ohr zur Muschel geformt.* Bedeutung: *›Irgendetwas ist verstimmt. Bin ich es oder ist es das Klavier?‹ (Anmerkung: Man konnte darauf wetten, dass es das Klavier war.)*
- *Der Kopf neigt sich leicht zur Seite; die linke Hand beginnt heftig zu schnippen.* Bedeutung: *Das gesamte Tempo erscheint ihr nicht so, wie sie es gern hätte. ›Auf geht's Jungs!‹*

- *Der linke Fuß stampft den Takt, während die linke Hand locker schnippt.* Bedeutung: *›Alles klar hier vorn.‹ Sie ist in ihrem Element.*
- *Das Taschentuch wird nervös von einer Hand in die andere genommen.* Bedeutung: *Sie fühlt sich nicht so recht wohl. Der dynamische Schub ist zu stark oder das Tempo ist nicht so, wie sie es sich ursprünglich vorgestellt hat.*
- *Die linke Hand klopft auf der Hüfte.* Bedeutung: *Diese Geste wird durch die Intensität des Klopfens abgestuft beziehungsweise durch begleitende Handlungen. Wenn es sich um normales Klatschen handelt, versucht sie vielleicht, das Tempo anzuziehen oder zu verlangsamen. Kommt auf einen Versuch an. Bei größerer Intensität muss man aufpassen, dann legt sie gleich los und möchte sichergehen, dass man mitmacht.*

*Das sind nur einige wenige Zeichen, die ich als musikalische Wegweiser zu deuten lernte, während ich für Ella spielte.«*

Sicher dachte sich Ella Fitzgerald diese Signale nicht aus. Sie entstanden durch unbewusstes Wiederholen natürlicher Gesten, mit denen sie im Moment etwas ausdrücken wollte; anfangs vielleicht sogar ohne die Absicht, anderen etwas mitzuteilen. Nach und nach wurden diese Gesten ihr und ihren Musikern bewusst und irgendwann dienten sie zum absichtsvollen Kommunizieren. Solche Zeichen gibt es in vielen Arbeitsbeziehungen und natürlich auch in Ehen und Freundschaften. Daneben existieren viele allgemein verständliche, gesellschaftlich verabredete Gesten wie das Herwinken mit dem Arm oder mit dem Zeigefinger, das Winken zum Abschied, abfällige Gesten zum Äußern von Ablehnung oder anerkennende Gesten als Ausdruck von Zustimmung oder Beifall. Meistens verwenden wir unsere Signale aber unbewusst und unser Gegenüber reagiert darauf unbewusst. Gerade das begründet ihre Wirkung und damit auch unsere Einflussmöglichkeiten.

### 7.1.1 Die Hauptfokuspunkte

**Mit der Hand hervorheben**

Bücher stellen hohe Anforderungen an das Beschreiben von Gesten; schließlich soll sie der Leser zu Hause nachvollziehen und nachmachen können. Wir greifen daher Michael Grinders Vorschlag auf und unterscheiden verschiedene Hauptfokuspunkte[2]. Ein Fokuspunkt ist ein Punkt, auf den ich mit einer Hand zeige oder den ich mit einer Hand berühre. Grundsätzlich kann man jede Hand dazu nehmen; zweckmäßigerweise setzt man jedoch bei den im Folgenden beschriebenen Gesten die dominante Hand ein (bei Linkshändern die linke, bei Rechtshändern die rechte). Nehmen wir an, in einer Unterredung mit Ihrem Mitarbeiter (oder Ihrem Sohn) geht es um Verbesserungen, die dieser ausgearbeitet hat, nachdem Sie mit ihm den Mängelbericht eines Projektes (oder den letzten Deutschaufsatz) durchgegangen sind.

- Der *erste Fokuspunkt* ist die *eigene Person* – man zeigt in diesem Fall auf sich selbst oder berührt sich (z.B. mit den Fingerspitzen auf der Brust).

- Der *zweite Fokuspunkt* ist der *Gesprächspartner* – in unseren Beispielen Ihr Mitarbeiter oder Sohn. Bei einer Geste auf den zweiten Punkt zeigt man auf ihn oder – das ist der häufigste Fall – so in seine Richtung, dass jeder weiß, wen diese Geste meint. Eine Erlaubnis für Berührungen besteht nur in besonderen Situationen oder Beziehungen. Hier besteht natürlich ein beträchtlicher Unterschied zwischen Ihrem Mitarbeiter und Ihrem Sohn.

- Der *dritte Fokuspunkt* stellt das zu besprechende *Problem* dar. Eine Geste zum dritten Fokuspunkt setzt voraus, dass etwas vorhanden ist, auf das man zeigen kann – in unserem Fall der Mängelbericht des Projektes oder der Deutschaufsatz. Da sich dieser wie auch der nächste Fokuspunkt auf der Sachebene befinden, kann man die Bedeutung dieser Punkte oder Themen mit nachdrücklichen, wiederholten Berührungen risikolos deutlich hervorheben und betonen.

- Den *vierten Fokuspunkt* repräsentiert die dazugehörende *Lösung* – in unserem Fall die schriftlichen Verbesserungsvorschläge für Mängelbericht oder Deutschaufsatz.

**Gesten verknüpfen Personen, Objekte und Inhalte**

Selbstverständlich gibt es Gespräche mit weniger als vier Fokuspunkten – aber auch mit erheblich mehr: Ein fünfter könnten die Vorteile der Verbesserungen sein, ein sechster deren Nachteile, ein siebter unser Kunde oder der Lehrer Ihres Sohnes usw. Solange für jeden Fokuspunkt etwas Sichtbares im Raum ist, entstehen kaum Komplikationen beim Koordinieren von Sagen und Tun. Schwieriger wird es, bezieht man sich auf nicht Vorhandenes, denn auch das geht. Im Kapitel über das Beeinflussen der Aufmerksamkeit (Kapitel 9) lernen Sie, zwischen Ihrem Mitarbeiter oder Sohn und dem – natürlich nicht körperlich anwesenden – Kunden oder Lehrer zu vermitteln. Denn Gesten sind sogar bei nicht vorhandenen Objekten und Personen nützlich.

### 7.1.2 Gesten sind weit bedeutender als Mimik

Dass dieses Buch kaum mimische Aspekte behandelt, hat seinen Grund darin, dass die Mimik – nicht nur aus meiner Sicht – in ihrer Bedeutung für die Kommunikation überschätzt wird. Material dazu finden Sie in BOX 30.

#### ■ BOX 30: DIE ÜBERSCHÄTZTE MIMIK

In einer beeindruckenden Versuchsreihe untersuchte Siegfried Frey die spontane Wirkung von 180 Politikern aus Deutschland, Frankreich und den USA anhand kurzer Videoclips aus Nachrichtensendungen. 221 Versuchspersonen beurteilten diese Politiker mit Hilfe von 15 Eigenschaftspaaren wie z. B. »kompetent – inkompetent« oder »kalt – mitfühlend«. Nachdem man deren Bewegungen exakt auf computeranimierte Puppen übertragen hatte, erfasste Frey auch den spontanen Eindruck dieser Puppen auf die Versuchspersonen. Das verblüffende Ergebnis: Die Wirkung eines Politikers und die seines Puppen-Stellvertreters war weitgehend identisch –

obwohl der Kopf der Computerpuppe wie ein grob geschnitzter Holzkopf aussah, bei allen Puppen gleich war und demzufolge nichts von der individuellen Mimik wiedergeben konnte. Sogar bei dem Eigenschaftspaar »schön – hässlich« ergaben sich Übereinstimmungen. Unter Hinweis auf entsprechende Ergebnisse anderer Forscher weist Frey darauf hin: Nur wenige Bewegungsmerkmale sind zum Bilden eines spontanen Eindrucks erforderlich, ganz besonders das seitliche Kippen des Kopfes[3]. Die Bedeutung der Mimik beim unbewussten Zuschreiben von Eigenschaften wird also erheblich überschätzt. Siegfried Frey führt dazu aus: *»So kann man bereits beim jetzigen Stand der Wissenschaft konstatieren, dass offenbar das Bewegungsverhalten einer Person in weitaus stärkerem Maße als deren statisches, physiognomisches Aussehen den Prozess der spontanen Eigenschaftszuschreibung steuert.«* [4]

**Bewusste Mimik wirkt unnatürlich**

Vielleicht hängt das Überschätzen der Mimik damit zusammen, dass man in der Kunst bei Zeichnungen und Gemälden versucht, den fehlenden Bewegungseindruck durch eine deutliche Mimik der dargestellten Personen zu erreichen. Theater und Film betonen sie besonders, der Film etwa durch die Nahaufnahmen der Schauspieler. Auch Comicfiguren besitzen wegen fehlender anderer Einflussgrößen eine stark übertriebene Mimik. Trotzdem können wir sie jedoch nur grob interpretieren. Das liegt sicher daran, dass man Mimik fast nur unbewusst einsetzt. Daher können wir sie – im Gegensatz zur Gestik – ohne intensive Schulung nicht verändern, ohne unnatürlich zu wirken. Das gilt besonders für unser Lächeln: Nur wenige Menschen besitzen die natürliche Gabe, nicht nur den Mund bewusst lächeln zu lassen, sondern auch die Augen. Die meisten können die Ringmuskeln in der Augenpartie nicht entspannen und bringen nur das zustande, was der Volksmund als »kaltes Lächeln« bezeichnet. Ein bewusstes Verändern der eigenen Mimik ist daher äußerst riskant.

**Mimikänderungen sind Mini-Gesten**

Der unerwartet niedrige Einfluss der Mimik und das Risiko eines unnatürlichen Eindrucks beim gezielten Verändern sind der Grund, die eigene Mimik als Mittel zum Kommunizieren hier auszuklammern. Körperliche Bewegungen wie Gesten oder das

Verändern der Sitzposition ziehen die Aufmerksamkeit stärker auf sich als die vergleichsweise sparsamen mimischen Reaktionen. Allerdings geben uns diese wichtige Hinweise: Fällt uns die Mimik eines anderen auf, denken wir sogar bewusst über ihre Bedeutung nach. Wir sollten das allerdings nur in einer Hinsicht tun und uns fragen: Was an mir, meiner Botschaft oder an der Situation macht ihn gerade traurig (erfreut, ärgerlich oder ängstlich)? Und nicht etwa: Was für Eigenschaften besitzt jemand, der jetzt gerade diesen Ausdruck zeigt? Mimische Reaktionen sind deshalb für uns kein »Spiegel der Seele« anderer, sondern ein Spiegel für das eigene Verhalten: Körperveränderungen liefern uns wertvolle Hinweise auf das Vorhandensein oder Fehlen von Erlaubnis. Als Mini-Gesten zählen wir sie daher der Einfachheit halber mit zur Gestik:

**Mimische Veränderungen eines Gesprächspartners eignen sich gut zum Erkennen möglicher Musterunterbrechungen. Dabei profitiert man von der Fähigkeit, die Bedeutung eines Gesichtsausdrucks zumindest grob beurteilen zu können. Das ändert jedoch nichts an der Strategie, Hellseh-Resultate stets vorsichtig zu überprüfen, ehe man Konsequenzen daraus zieht.**

### 7.1.3 Die Vorteile von Gesten im Gespräch

**Gesten schaffen den stärksten Eindruck**

Der erste unserer sechs Vorteile dürfte der wichtigste sein: Unsere Bewegungen haben den größten Einfluss auf den Eindruck, den wir anderen vermitteln. Gewöhnen Sie sich daher unbedingt an, Ihre verbalen Ausführungen gestisch zu ergänzen. Was genau Sie damit erreichen können, verdeutlichen die restlichen fünf Vorteile:

1. Gesten können Assoziationen auslösen und lenken.
2. Sie betonen und verankern unsere verbalen Informationen.
3. Sie ergänzen unvollständige verbale Informationen.

4. Dadurch eignen sie sich zum indirekten und unauffälligen Argumentieren.
5. Und sie erleichtern das Erlernen umfangreicher Texte.

**Gesten aktivieren das Gehirn**

Das, was uns bewusst ist und in unsere Überlegungen einfließt, stellt meist nur einen verschwindend kleinen Teil unseres Wissens dar. Das Übersehen dieser Tatsache ist der Grund, warum man die Wirkung rein verbaler Botschaften völlig überschätzt. Viele glauben, wenn sie ein Thema ansprechen oder eine Frage stellen, habe der Gesprächspartner Zugriff auf sein gesamtes dazugehörendes Wissen. Hinweise und Fragen sind jedoch nur Impulse zum Auslösen von Assoziationen. Fragen wir unseren Mitarbeiter oder Sohn nach den Gründen für die vielen Fehler, gehören *logisch* alle Ursachen zur Antwort. *Neurologisch* und *psychologisch* löst diese Frage jedoch nur vereinzelte Erinnerungen aus. Und diese hängen ab von den zahlreichen Einflussgrößen der fünf Erlaubnisrahmen. Gehirne funktionieren nicht wie Suchmaschinen, die auf der Basis eines Suchbegriffs stets vollständige Listen aller passenden Speicherinhalte liefern. Gehirne haben die Angewohnheit, den Sinn von Worten – im wahrsten Sinn des Wortes – nach Lust und Laune zu interpretieren. Gehirne müssen sich oft auch erst »warmlaufen«, ehe die benötigten Assoziationen kommen. Und der Weg über das Bewusstsein ist in der Regel recht langsam. Unterstütze ich jedoch meine verbalen Ausführungen durch Gesten, indem ich z.B. bei der Frage nach Gründen auf den vor uns liegenden Mängelbericht oder Deutschaufsatz zeige, dann fällt dem Gegenüber das Erinnern und Nachdenken leichter. Denn ich nutze einen gravierenden Vorteil:

**Gesten auf Unterlagen, Objekte oder Personen aktivieren Teile unseres Gehirns und ermöglichen eine direkte und damit schnellere Informationsverarbeitung unter Umgehen des Bewusstseins.**

Deutet man mit der Hand auf den Deutschaufsatz, den Mängelbericht oder die Verbesserungsvorschläge, dann fällt dem Gegenüber das Erinnern und Nachdenken leichter.

Gesten bestätigen und betonen nonverbal das verbal Gesagte, reduzieren also Missverständnisse aufgrund unpräziser Formulierungen. Sage ich im Gespräch »Wir müssen uns jetzt endlich an das Abstellen dieser Fehler machen« und zeige gleichzeitig auf den Mängelbericht oder Deutschaufsatz, betone ich, worum es mir geht.

**Gesten verankern das Gesagte**

Außerdem ergänzen Gesten unvollständige Ausführungen: Sage ich »Wir müssen jetzt endlich handeln« und zeige dabei auf den Bericht, wissen die anderen ebenfalls, was ich damit meine, obwohl dazu in meinem Satz jeder Hinweis fehlt.

**Gesten ergänzen das Gesagte**

Dadurch eignen sich Gesten auch zum indirekten Adressieren: Sage ich »Jemand sollte nun mal loslegen« und zeige dabei auf Mitarbeiter oder Sohn, weiß dieser auch ohne Worte, wen ich meine. (Das lernen Sie als Verpflichtungsgeste [MK05] kennen.)

**Mit Gesten lässt sich unauffällig argumentieren**

Ein grundsätzlicher Vorteil wurde bei Schauspielern entdeckt: Man merkt sich Texte viel schneller, lernt man sie zusammen mit der dazugehörenden Gestik. Beim Vorbereiten von Referaten, Vorträgen oder Verkaufsgesprächen können Sie daher passende Gesten gleich mit einplanen und üben. Helga und Tony Noice bezeichnen diese Art des Lernens als »active experiencing«, »aktives Erleben«. Über viele Jahre hinweg untersuchten sie bei Schauspielern die enorme Wirkung dieser Technik.[5] Vielleicht hängen ihre Forschungsergebnisse auch mit denen von Susan Goldin-Meadow von der Universität Chicago zusammen: Diese hat herausgefunden, dass durch Gesten die jeweils passende Sprachregion des Gehirns angesprochen wird.[6]

**Gesten helfen beim Lernen**

### 7.1.4 Glaubhafte und zugängliche Gesten

Die bei den Stimmmustern eingeführte grundsätzliche Unterscheidung zwischen glaubhaft und zugänglich gilt auch für Gesten und für die Körper- und Kopfhaltung. Deshalb lassen sich die in Tabelle 2 (vgl. Kapitel 3) angeführten Gegensatzpaare auf alle koverbalen Muster übertragen. Prinzipiell können Sie davon ausgehen, dass die für die Stimmmuster-Trainingskärtchen vorgeschlagenen Pfeile – ein eckiger und ein wellenförmiger – auch die Unterschiede zwischen den Gesten illustrieren.

**Harte und weiche Gestik**

*Glaubhafte Gesten* sind relativ unbeweglich, manchmal sogar starr und angespannt. Die Finger und Arme sind weitgehend gerade und – falls erforderlich – deutlich angewinkelt; die Handfläche zeigt nach unten; Bewegungen sind schnell und kurz, manchmal wirken sie wie abgehackt. Ein Wiederholen erfolgt nur, will man etwas deutlich unterstreichen. Der berühmte »Stinkefinger« wirkt bei hochgradiger Erregung extrem glaubhaft: Der Oberarm ist deutlich vom Oberkörper abgewinkelt, der Unterarm geht im fast rechten Winkel nach oben, der Mittelfinger reckt sich ebenfalls extrem gerade und angespannt in die Höhe, die übrigen Finger und der Daumen sind dabei fast an die Handfläche gepresst. Eine zwar nicht obszöne, aber auch nicht unproblematische glaubhafte Geste ist das Zeigen mit deutlich ausgestrecktem Arm und Zeigerfinger auf etwas. (Manchmal ersetzen Kugelschreiber oder Füller den Zeigefinger, was die negative Wirkung verstärkt.) Kaum ein Kellner verwendet darum den Zeigefinger, empfiehlt er uns etwas in der Speisekarte. Gästen könnte das den Eindruck einer Anweisung vermitteln. Geschultes Personal weist auf Gerichte in der Karte mit der ganzen, leicht gebogenen Hand hin, wobei die Handfläche nach oben zeigt; vielleicht sind Zeige- und Mittelfinger etwas deutlicher nach vorn gestreckt, aber immer noch gebogen. Dies ist das Musterbeispiel einer *zugänglichen Geste*: leicht gebogene und entspannte Finger und Arme, nach oben zeigende Handfläche, lockere und flüssige Bewegungen, die man beim Zeigen auf etwas sogar leicht wiederholen kann.

**Gesten beeinflussen die Stimme**

Im Zusammenhang mit dem Stimmmuster erfuhren Sie bereits: Stimme und Körper und damit auch die Gesten hängen eng zusammen. Ohne besonderes Training schafft es fast niemand, mit zugänglicher Haltung glaubhaft zu sprechen und mit glaubhafter Haltung zugänglich. Das bedeutet andererseits: Mit dem Verändern der Stimme (oder von Gesten und Körperhaltung) verändern sich ebenfalls Gesten und Körperhaltung (oder umgekehrt die Stimme) – ein nicht zu unterschätzender Vorteil bei den ersten Einsätzen der Mikromuster.

## 7.2 Rahmenbedingungen bei Gesprächen: Die 90°-Anordnung 02

*»Gesunder Menschenverstand ist der Maßstab des Möglichen.«*

Henri-Fréderic Amiel

**Wichtige Gespräche führt man im Sitzen**

Die Mehrzahl aller Gespräche führt man sicher im Stehen und irgendwo dort, wo es sich gerade mehr oder weniger zufällig ergibt: zu Hause in der Küche, im Treppenhaus, auf dem Korridor vor dem Büro, in der Kantine beim Warten, auf der Straße, beim Einkaufen oder auf dem Golfplatz. Und auch die Themen ergeben sich meist zufällig. Wichtige Gespräche, in denen es um etwas geht und um die man sich vorher Gedanken macht, führt man jedoch in den meisten Fällen im Sitzen an einem Tisch – im eigenen Büro, im Büro des Gesprächspartners oder im Restaurant. Dieser Gesprächsrahmen besitzt Einfluss und wird deshalb auch häufig bewusst gewählt und gestaltet, um einen möglichst tiefen Eindruck zu hinterlassen. Das fängt beim repräsentativen Baustil des Firmengebäudes an, geht über die Ausstattung des Büros und endet bei der Auswahl von Restaurant, Speisen und Getränken für die zu bewirtenden Gäste. So verfolgte Adolf Hitler mit seinen nie verwirklichten gigantischen Berliner Bauplänen das Ziel, bei ausländischen Diplomaten auf ihrem langen Fußweg (!) in das »Allerheiligste« ein Gefühl der Ohnmacht und Unsicherheit auszulösen. Und noch heute gibt es Chefbüros, die mit einem Riesenschreibtisch weit hinten am Ende eines großen Raums einen ähnlichen Eindruck bezwecken.

Diese und ähnliche Maßnahmen interessieren uns jedoch hier nicht. Unser Augenmerk ist auf die vorbereitenden Aktivitäten gerichtet, die man vor einem Gespräch im wahrsten Sinn des

Wortes in der Hand hat, um kommunikative Einflüsse zu gestalten und zu steuern. Dazu gehören die Wahl des Besprechungsplatzes, die Wahl des eigenen Sitzplatzes sowie das Bereitstellen von Hilfsmitteln und Helfern. Daran erkennen Sie: Wir gehen davon aus, dass die Gespräche im Sitzen stattfinden. Selbstverständlich erhalten Sie auch Hinweise für die Fälle, in denen Sie Gespräche im Stehen, in fremden Räumen oder ohne die an sich notwendigen Hilfsmittel und Helfer führen, also wenn Ihren Gestaltungsmöglichkeiten Grenzen gesetzt sind. Deshalb sollten Sie auch den Grundsatz im Hinterkopf behalten: Wenn's mal nicht geht, dann geht's halt nicht. Schließlich haben Sie auch schon mit anderen unter den verschiedensten Bedingungen kommuniziert, bevor Sie dieses Buch gelesen haben.

**Der Gesprächsort bleibt in Erinnerung**

Getreu dem Motto »Menschen nehmen nicht kontextfrei wahr« sollte man für unübliche Gespräche einen festen Besprechungsplatz einrichten. Es ist wie beim Blickkontakt: Da man nicht nur angenehme, sondern auch unangenehme Gespräche führt, verhindert eine Besprechungsecke, dass der übliche (Arbeits-)Platz an diese unangenehmen Situationen erinnert. Menschen, mit denen man regelmäßig zusammenkommt, wissen beim Einnehmen dieses Platzes sofort: Jetzt geht es um ein besonderes Thema. Ein weiterer Vorteil: Man kann am normalen Arbeitsplatz seine Unterlagen offen liegen lassen. Bleibt die Frage: Was ist ein taktisch günstigster Sitzplatz?

**Kommunikativ über Eck sitzen**

In den meisten Büros führt man Gespräche in einer Konfrontationsanordnung: Die Gesprächspartner sitzen einander direkt gegenüber. Diese Anordnung besitzt jedoch derartig viele Nachteile, dass Sie grundsätzlich versuchen sollten, die 90°-Anordnung zu realisieren: Man sitzt wie an den Schenkeln eines rechtwinkligen Dreiecks an jeweils einer Seite des Tisches; bei runden Tischen sitzt der eine z.B. bei »3:00 Uhr«, der andere bei »6:00 Uhr«. Können Sie Ihren Sitzplatz selbst bestimmen, sollten Sie Ihren Gesprächspartner auf die Seite Ihrer dominanten Hand platzieren – bei Linkshändern ist das die linke, bei Rechtshändern die rechte Seite. Das gemeinsame Durchgehen und Ausfüllen von Unterlagen ist so einfacher. Und verbindende oder betonende Gesten mit der dominanten Hand fühlen sich nicht nur für uns natürlicher an; sie wirken auch auf andere natürlicher. Bei meinen weiteren Ausführungen gehe ich von dieser Sitzordnung aus.

**Vorteile der 90°-Anordnung**

Eine 90°-Anordnung bietet folgende Vorteile:

1. Man vermeidet von vornherein den Eindruck und reduziert das Risiko einer Konfrontation.

2. Man kann den Blickkontakt gezielter einsetzen, vor allem aber leichter vermeiden.

3. Die Lenkung des Blickkontakts ermöglicht zudem ein deutlicheres Trennen von Sach- und Beziehungsebene.

4. Unterlagen kann man besser gemeinsam ansehen, beim Erklären leichter auf die entsprechenden Punkte zeigen und schriftliche Ergänzungen einfügen.

5. Viele der später behandelten Gesten lassen sich flüssiger für uns und damit wirkungsvoller für den anderen einsetzen, insbesondere fein dosierte Berührungen.

6. Da beide Gesprächspartner fast die gleiche Blickrichtung haben, muss man Folgendes nicht beachten: Unbewusst verlagern die meisten Menschen negative und vergangene Dinge gestisch auf die linke Seite, positive und zukünftige Dinge auf die rechte. Wollen Sie jede Inkongruenz vermeiden, wenn Sie jemand gegenübersitzen oder vor einer Gruppe stehen, sollten Sie für Ihre Zuhörer die Seiten vertauschen. Bei einer Trauung sah ich zu meinem Erstaunen, dass die Pastorin dies berücksichtigte, als sie das Brautpaar ansprach: Beim Erwähnen der getrennt erlebten Vergangenheit wies sie nach rechts und beim Hinweisen auf die gemeinsame Zukunft nach links. Für das vor ihr sitzende Brautpaar war daher alles in Ordnung. (Nach der Trauung sprach ich sie darauf an; sie machte das unbewusst.)

7. Entsprechendes gilt für alle Objekte wie Verträge, Produkte, Muster oder Prospekte, die Gegenstand des Gesprächs sind. Zudem liegt die gesamte Tischfläche vor uns und ist besser zum taktischen Platzieren dieser Objekte zu verwenden. (Dazu später ausführlich mehr.)

8. Außerdem hält eine 90°-Anordnung die »Denkleinwand« sauber. Sicher erlebten Sie schon einmal, wie Ihr Gegenüber plötzlich eine Art glasigen Blick bekam; der Fachausdruck heißt *defokussiert*. Das ist ein weiterer Indikator für fehlende Erlaubnis: Jetzt denkt er nach. In einer Konfrontationsanordnung sitzen Sie stets in seinem Sichtfeld und das kann ihn beeinflussen – bewusst oder unbewusst. Niemand nimmt kontextfrei wahr. Das gilt auch, falls Sie nachdenken: Jetzt steht oder sitzt der andere Ihnen stets vor Augen. Die 90°-Anordnung verhindert das. Schaut man einfach geradeaus oder lässt man den Blick beim Denken umherschweifen, agiert niemand auf der Denkleinwand.

9. Und zum Schluss: In der 90°-Anordnung lässt sich der Gesprächspartner gut unauffällig »aus den Augenwinkeln« beobachten; unter dem Stichwort »indirektes Beobachten« [MB01] erfahren Sie später mehr.

**Wie Sie sich in fremder Umgebung helfen können**

Falls Sie in einem fremden Büro sind und es am Schreibtisch Ihres Gastgebers nur gegenüberliegende Sitzgelegenheiten gibt: Drehen Sie Ihren Stuhl etwas nach außen – schon ist etwas wie eine 90°-Anordnung entstanden. Bei Gesprächen im Stehen stellen Sie sich entsprechend zum Gegenüber hin. Und da nun bekannt ist, was eine 90°-Anordnung alles ermöglicht, regt das auch in nicht perfekten Sitzanordnungen an, diese Vorteile auf andere Art und Weise zu nutzen. Der Kreativität sind dabei keine Grenzen gesetzt.

**DIE 90°-ANORDNUNG [MK02]**

… ist eine Sitzanordnung, bei der die Gesprächspartner wie an den Schenkeln eines rechtwinkligen Dreiecks an jeweils einer Seite des Tisches sitzen. Bei einer perfekten 90°-Anordnung sitzt der Gesprächspartner im 90°-Winkel auf der Seite der dominanten Hand. Diese Sitzanordnung besitzt eine Fülle von Vorteilen: Verbindende, betonende oder berührende Gesten mit der dominanten Hand sind flüssiger und wirken natürlicher. Außerdem lassen sich Unterlagen besser platzieren sowie gemeinsam durchgehen und ausfüllen.

02

**Koverbales Muster**

## 7.3 Die wichtigsten Mikromuster der Gestik

*»Brando beobachtete jeden im Lokal. Der Kellner, sagte er, sei unglücklich mit seinem Job. Das könne er an dessen Gang erkennen. Und das Paar in der Ecke. Auch unglücklich. Der Mann schaue ihr ständig über die Schulter. Ein echter Schauspieler, ein Genie.«*

CNN-Talklegende Larry King in einem Interview über Marlon Brando[7]

### 7.3.1 Die Vertrauensgeste 03

Bei der Vertrauensgeste weisen Sie auf sich selbst als ersten Fokuspunkt, mit oder ohne Berührung des eigenen Körpers. Dadurch beziehen Sie nonverbal die eigene Person ein und lenken die Aufmerksamkeit auf sie. Das kann wie beiläufig während einer längeren mündlichen Ausführung geschehen, in der Sie jemandem detailliert schildern, dass und wie Sie sich »ganz persönlich« um alles kümmern. Dadurch vermeiden Sie, sich sprachlich zu sehr selbst in den Mittelpunkt zu stellen. Sie können die Geste jedoch auch einsetzen, um zu betonen, dass man Ihnen Vertrauen entgegenbringen darf. Nach Aufzählung aller Leistungen sichern Sie mit dem letzten Satz den persönlichen Einsatz zu und begleiten das mit einer Vertrauensgeste, eventuell sogar mit einer kleinen Aufmerksamkeitspause nach Satzende. Je stärker Sie dies betonen möchten, umso länger können Sie sich dabei auch berühren. Meist ist die Berührung nur sanft und erfolgt auf der Brust mit ein wenig gespreizten Fingern und einer leicht gebogenen Hand – also zugänglich. Schließlich ist Vertrauen die Basis einer Beziehung. Die Frage, ob Sie im letzten Fall den anderen anblicken oder nicht, lässt sich nicht einfach beantworten. Wie so oft kommt es darauf an. Gab es vorher im Gespräch begründeten oder auch unbegründeten Anlass, die Zuverlässigkeit in Frage zu stellen, unterstreicht der Blickkontakt die Botschaft der Vertrauensgeste. War das nicht der Fall, könnte er sie zu stark betonen. Mein Rat: Vertrauen Sie dabei ganz einfach Ihrem Gefühl und Ihrer unbewussten Kompetenz.

03

**Koverbales Muster**

**DIE VERTRAUENSGESTE [MK 03]**

… ist eine Geste auf oder durch den ersten Fokuspunkt mit oder ohne Berührung des eigenen Körpers, um die eigene Person wie beiläufig einzubeziehen oder die Aufmerksamkeit bewusst auf sie zu lenken.

### 7.3.2 Die Beziehungsgeste 04

Beziehungsgesten gehören zu den unbewussten Gesten, die man am häufigsten sieht. Diese Geste verbindet wie beiläufig den ersten und den zweiten Fokuspunkt, also mich und mein Gegenüber, durch eine lockere, flüssige Bewegung. Deshalb ist die perfekte 90°-Anordnung so wichtig, bei der mein Gesprächspartner auf der Seite der dominanten Hand sitzt oder steht. In der Regel führt man diese Geste mit nur einer kurzen Bewegung des schräg nach oben zeigenden Unterarms aus dem Handgelenk aus, und zwar in der Mitte des Raums zwischen dem Gesprächspartner und sich selbst. Das liest sich schwerer, als es umzusetzen ist, denn jeder beherrscht diese Geste blind. Sage ich zu Mitarbeiter oder Sohn »Das schaffen wir heute gemeinsam vom Tisch«, unterstreicht diese Geste meine Aussage und illustriert unsere Beziehung. Selbstverständlich darf man sich und den Gesprächspartner dabei auch berühren, um das Gesagte nonverbal ausdrücklich zu betonen. Das stellt jedoch die Ausnahme dar und hängt stark von der Beziehung und der jeweiligen Situation ab. Was für den eigenen Sohn natürlich wirkt, kann ein Mitarbeiter als überzogen und aufdringlich empfinden. Außerdem gibt es Menschen, die von Haus aus sehr empfindlich auf Berührungen anderer reagieren, die nicht zu ihrem engsten Bekanntenkreis gehören.

04

**Koverbales Muster**

**DIE BEZIEHUNGSGESTE [MK04]**

… ist eine Geste, die die eigene Person und den Gesprächspartner ohne Berührung gestisch verbindet, um die Beziehung nonverbal zu betonen.

### 7.3.3 Die Verpflichtungsgeste 05

Die Verpflichtungsgeste stellt einen Sonderfall der Beziehungsgeste dar: Sie beginnt wie eine Beziehungsgeste, zeigt aber am Schluss deutlich in Richtung eines Gesprächspartners – meist auf den anderen. Sage ich »Einer muss sich jetzt um das Gießen der Blumen kümmern«, so ergänzt die Beziehungsgeste am Anfang des Satzes koverbal »einer von uns beiden«, zeigt aber zum Schluss auf denjenigen, der gemeint ist und den man gern dazu verpflichten würde. Sehe ich den Gemeinten dabei an, handelt es sich um eine direkte, sehe ich ihn dabei nicht an, um eine indirekte Verpflichtungsgeste. Die indirekte Verpflichtungsgeste gehört zu den beruflichen Favoriten, zumindest dem Feedback meiner Seminarteilnehmer zufolge: Einmal gehört, sofort verstanden, gemerkt und angewendet! Ich gehe davon aus, dass dies an der eleganten Art liegt, mit der man versuchen kann, anderen den Schwarzen Peter in die Schuhe zu schieben. Besonderen Nachdruck gibt man dieser Aufforderung, wenn man nicht nur in Richtung des Gesprächspartners zeigt, sondern ihn auch abschließend berührt. Dabei ist allerdings Vorsicht geboten, denn nicht jede Beziehung eignet sich dazu.

05

**Koverbales Muster**

**DIE VERPFLICHTUNGSGESTE [MK 05]**

Die **direkte Verpflichtungsgeste [MK 05.1]** begleitet eine Bitte oder Aufforderung und besteht zu Beginn aus einer Beziehungsgeste, die zum Schluss auf denjenigen zeigt, der verpflichtet werden soll und den man dabei ansieht.

Die **indirekte Verpflichtungsgeste [MK 05.2]** begleitet eine Bitte oder Aufforderung und besteht zu Beginn aus einer Beziehungsgeste, die zum Schluss auf denjenigen zeigt, der verpflichtet werden soll und den man dabei nicht ansieht.

### 7.3.4 Die eingefrorene Geste 06

Dass diese Geste zum Fokussieren der Aufmerksamkeit dient, zeigte uns bereits Kommissar Columbo bei den Pausen in Kapitel 3. Columbo ist das extreme Gegenbeispiel zu Mr. Chance: Er bewegt sich nicht nur viel, sondern auch mit weit ausholenden Gesten. Columbo zeigt daher auch, dass die Intensität nonverbaler Muster vom Kontext abhängt. Im Gegensatz zu Columbo verwenden wir zur eingefrorenen Geste daher nur selten den ganzen Arm. In Gesprächen, bei denen man eng zusammensitzt, wird oft nur die Hand nach oben abgewinkelt (bei vielen zeigen die leicht gebogenen und gespreizten Zeige- und Mittelfinger nach oben). Will man den Eindruck verstärken, hebt man zusätzlich den Unterarm mehr oder weniger stark; der Oberarm bleibt dabei am Körper.

**Koverbale Geste**

**DIE EINGEFRORENE GESTE [MK 06]**

… dient zum Fokussieren der Aufmerksamkeit und zum Signalisieren der eigenen Sendebereitschaft. Sitzt man eng beieinander, winkelt man nur die dominante Hand nach oben ab. Bei größerem Abstand und vor Gruppen kommt auch der Unterarm oder sogar der ganze Arm zum Einsatz. Die eingefrorene Geste ist stets von einer Pause begleitet.

**Die eingefrorene Geste üben**

Da die eingefrorene Geste ein außerordentlich nützliches Muster ist, sollten Sie sich kurz mit dem Einsatz in persönlichen Gesprächen vertraut machen, zumindest um zu entdecken, wie Sie sie bisher unbewusst praktiziert haben: Legen Sie beide Hände entspannt parallel nebeneinander vor sich auf den Tisch. Schließen Sie die Augen und winkeln dann nur Ihre dominante Hand leicht und locker nach oben, als ob Sie andeuten wollten, »Ich habe da noch etwas für Sie …«. Sehen Sie sich erst dann Ihre Fingerstellung an. Anschließend machen Sie die gleiche Übung, heben aber zusätzlich beim Abwinkeln der Hand auch den Unterarm an (der Oberarm bleibt noch am Körper) und probieren verschiedene Höhen aus. Wenn Sie nun beginnen, den Oberarm mit anzuheben, spüren Sie förmlich die unterschiedliche Bedeutung Ihrer Gesten, obwohl es im Moment doch um nichts geht. Diese Geste funktioniert auch hervorragend, wenn man die Aufmerksamkeit großer und abgelenkter Gruppe wiedergewinnen möchte. An einem Seminar nahm der Inhaber einer Baugesellschaft mit acht seiner Mitarbeiter teil. Er selbst hatte das Seminar schon einmal besucht. Als ich wieder zur eingefrorenen Geste kam, wandte er sich an seine Mitarbeiter und sagte: »Jetzt kommt die Geste, mit der ich in meinen Mieterversammlungen für Ruhe sorge!« Darum die Antwort auf die Frage: Wie macht man das?

1. Man beginnt die eingefrorene Geste wie Columbo mit einem deutlich hörbaren kurzen Ausruf, um auch die zu erreichen, die im Moment nicht nach vorn sehen, z.B. »Ruhe bitte!« oder einfach »Bitte!«. Der Klang sollte nicht zu glaubhaft sein, keinen Befehlscharakter besitzen; man sollte also die Stimme am Ende nicht abrupt absenken, sondern die Tonlage beibehalten. Die eigene Lautstärke richtet sich nach der Lautstärke im Raum.

2. Hierbei und bei der folgenden Geste vermeidet man den Blickkontakt, neigt den Kopf und blickt auf den Boden. Die Gefahr ist sonst groß, dass einzelne Personen den Blick als Aufmunterung interpretieren und beginnen, Fragen zu stellen.

3. Die eingefrorene Geste selbst sollte so ausladend sein, dass sie auch diejenigen erkennen, die weiter hinten im Raum sind. Ich rate deshalb zu einer Geste mit beiden Armen, bei der die Oberarme mehr oder weniger nach oben und außen abgewinkelt sind und die Unterarme mehr oder weniger nach vorn zeigen. Um das nachzuvollziehen, machen Sie bitte die beiden Extremfälle nach: Bei der kleinsten eingefrorenen Geste bleiben die Oberarme nahe am Körper und man streckt nur die Unterarme mit nach unten zeigenden Handflächen nach vorn. Bei der größten eingefrorenen Geste streckt man beide Arme weit nach außen, im Extremfall hebt man sie sogar über Kopfhöhe. Die Arme sind leicht nach vorn gebogenen und die Handflächen zeigen nach unten. Alles zwischen diesen beiden Extrempositionen ist möglich. Vertrauen Sie dabei Ihrer unbewussten Kompetenz.

4. Nun heißt es warten – und zwar auf die Lautstärke, die man persönlich als geeignet empfindet, um anfangen zu können. Bei einer sehr kleinen Gruppe kann das vollkommene Stille bedeuten, bei einem Saal mit ein paar Hundert Zuhörern ein sehr niedriger Geräuschpegel. Dieses Warten dauert bei großen Gruppen schon etliche Sekunden: Ein Teil der Zuhörer reagiert zwar sofort, ein anderer Teil wird erst durch den abnehmenden Geräuschpegel aufmerksam und andere müssen von ihren Nachbarn zum Schweigen gebracht werden (das erkennen Sie an den vielen »Pssst!«).

### 7.3.5 Der intelligente Ausdruck 07

**Vorteile des intelligenten Ausdrucks**

Die Vorteile des intelligenten Ausdrucks mit seinen vielen Varianten lernten Sie bereits im Zusammenhang mit den Pausen kennen. Der intelligente Ausdruck ...

- ... zeigt an, dass wir zuhören, also mit unserer Aufmerksamkeit beim Sender sind.
- ... vermittelt den Eindruck intensiven Nachdenkens – selbst wenn man die Zeit dringend zur eigenen Beruhigung benötigt, weil einem nichts einfällt.
- ... gibt die Erlaubnis, den Blickkontakt abzuwenden: Menschen, die denken, müssen andere nicht anschauen.
- ... verschafft eine Pause zum Erholen und / oder Nachdenken: Menschen, die denken, benötigen dazu oft Zeit.
- ... verhindert Fragen: Menschen, die denken, sollte man dabei nicht stören.
- ... verschafft die Erlaubnis, sich zu bewegen: Menschen, die denken, gehen dabei oft auf und ab.

Welchen Nutzen bringt uns das Bewegen während einer Denkpause? Der erste und einfachste: Bewegungen versorgen unser Gehirn mit Sauerstoff und lösen so Denkblockaden auf. Das Dümmste, was man tun kann, hat man sich gedanklich festgefahren, ist, regungslos über den Unterlagen zu brüten. Ein gesunder Geist in einem gesunden Körper – ein bewegter Geist in einem bewegten Körper! Dieses Bewegen besitzt einen weiteren Vorteil, besonders bei unangenehmen oder störenden Unterbrechungen und Fragen: Sobald wir wissen oder vermuten, dass es jetzt um unsachliche oder unzweckmäßige Themen geht, verlassen wir mit nachdenklicher Pose unseren normalen Platz und gehen darauf erst an einer anderen Stelle ein. Anschließend suchen wir unseren alten Platz wieder auf. (Zu dieser Technik sagt man auch »Einrichten eines Raumankers oder Raumlageankers«.) Der Grund ist der gleiche wie beim Einrichten eines Besprechungsplatzes für kritische Gespräche: Menschen können nicht kontextfrei wahrnehmen. So verhindern wir, dass störende Erinnerungen an diesen Vorfall die Ausführungen am gewohnten Platz beeinträchtigen. Am leichtesten geht das, wenn man bereits steht. Grundsätzlich ist es aber auch möglich, wenn es einen im Sitzen »erwischt«. Oft genügt jedoch schon ein deutliches Verändern der Sitzposition, z. B. durch Zurücklehnen oder Verrücken des Stuhls.

**DER INTELLIGENTE AUSDRUCK [MK 07]**

**Koverbale Geste**

… ist eine Geste, die signalisiert, dass man gedanklich beschäftigt ist. Dazu gibt es verschiedene Möglichkeiten: 1. Daumen und Zeigefinger umfassen das Kinn; 2. der gestreckte Zeigefinger liegt an den Lippen und der Daumen unter dem Kinn; 3. der nur leicht gebogene Zeigefinger liegt mit der Spitze auf der Unterlippe oder dem Kinn; 4. der gebogene Zeigefinger liegt auf und der Daumen unter dem Kinn; 5. man kann einen Brillenbügel leicht in den Mund nehmen oder einen Kugelschreiber an die Unterlippe oder das Kinn legen.

### 7.3.6 Die Kopfhaltung 08

Zu Beginn dieses Kapitels wurde bereits erwähnt: Die Begriffe glaubhaft und zugänglich dienen nicht nur zum Beschreiben der Stimmmuster, sondern auch zum Charakterisieren von Gesten und Haltungen. Eines der stärksten Signale zum Vermitteln eines zugänglichen oder glaubhaften Eindrucks ist die Kopfhaltung. Wie stark der Einfluss der Kopfneigung ist, verdeutlicht Siegfried Frey anhand von Frauenporträts, die im Original einen deutlich geneigten Kopf zeigen. Die Frauen auf diesen Bildern beurteilt man als »sympathisch, empfindsam, zärtlich, ehrlich, bescheiden«[8]. Bearbeitet man die Bilder so, dass der Kopf senkrecht zu stehen scheint, ergibt sich ein vollkommen anderer Charakter; jetzt wirken dieselben Frauen »unsympathisch, kalt, hinterlistig, arrogant, hart, abweisend«. Und wie Frey ergänzend hinzufügt, *»... stellte sich dieser Eindruck völlig spontan ein, war für die Betrachter aus den verschiedensten Ländern und Kulturen absolut zwingend und ließ sich selbst dann nicht aus der Welt schaffen, wenn die Versuchspersonen genau sahen, welch vergleichsweise läppischer Anlass sie zu ihrer so grundlegenden Meinungsänderung über die betreffende Person verleitet hatte«*[9].

**Die Kopfhaltung stellt eines der einfachsten und wirksamsten Muster dar, um einen glaubhaften und sachorientierten oder zugänglichen und damit beziehungsorientierten Eindruck zu bewirken.**

Unsere Angewohnheit, in Gesprächen den Blick des Gegenübers zu suchen, ist meines Erachtens mit ein Grund für die Bedeutung der Kopfhaltung und der Kopfbewegung. Außerdem sieht man im Sitzen nur knapp die Hälfte vom Körper seines Gesprächspartners, Arme und Kopf sind dann die wichtigsten »Eindruckvermittler«.

08

**Koverbale Muster**

**DIE KOPFHALTUNG [MK 08]**

Die **glaubhafte Kopfhaltung [MK 08.1]** zeichnet sich durch einen senkrecht gehaltenen Kopf aus, der sich beim Sprechen nur wenig bewegt, wobei die Bewegungen kurz und knapp ausfallen.

Die **zugängliche Kopfhaltung [MK 08.2]** zeichnet sich durch einen mehr oder weniger nach rechts oder links und nach vorn geneigten Kopf aus, der sich beim Sprechen vergleichsweise stärker bewegt, wobei die Bewegungen flüssig wirken.

HINTERGRUND

# 8 Kommunikative Kompetenz – oder: Die Mühen des Lernens

## 8.1 Das Fünf-Stufen-Modell der Kompetenz

*»Begeisterung ohne Wissen ist wie Rennen in der Dunkelheit.«*
Arthur Miller

In drei praktischen Teilen lernten Sie die wichtigsten verbalen und nonverbalen Verhaltensmuster kennen. Nun ist es an der Zeit, nach der kommunikativen Kompetenz zu fragen, die dieses Buch im Titel trägt. Zwei Fragen stehen dabei im Mittelpunkt: Erstens: Wie entwickelt sich kommunikative Kompetenz? Zweitens: Woraus besteht sie? Die erste Frage möchte ich an einem fünfstufigen Lernmodell erläutern. Dieses plastische Modell stammt von William S. Howell (1915–2000)[1], einem Professor für sprachliche Kommunikation an der Universität von Minnesota. Howell entwickelte es, um den Erwerb kommunikativer Kreativität zu illustrieren. Ich stelle es dem Lernkonzept von Karl R. Popper gegenüber. Jeder, der das Bauprinzip erkennt, merkt sich das Modell auf Anhieb:

1. Unbewusste Inkompetenz,
2. bewusste Inkompetenz,
3. bewusste Kompetenz,
4. unbewusste Kompetenz sowie
5. unbewusste Superkompetenz.

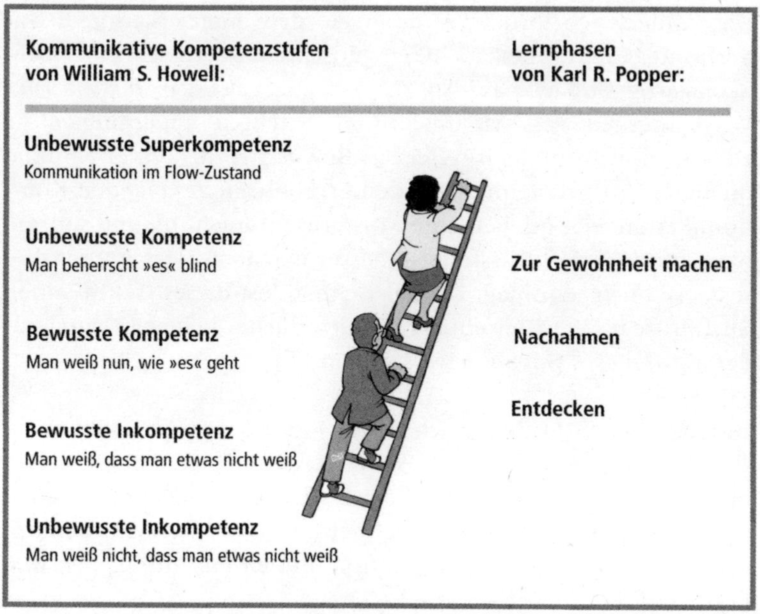


Abbildung 8: Kommunikative Kompetenzstufen

**Stufe 1: Unbewusste Inkompetenz**

Auf *Stufe 1* – der so genannten *unbewussten Inkompetenz* – befindet man sich permanent: Wir wissen nicht, wie dumm wir sind. Wir kommunizieren, »wie uns der Schnabel gewachsen ist«, ohne zu wissen, was genau wir kennen und nicht kennen, können und nicht können. Wie Howell schreibt: *»Man macht nicht nur Fehler, man nimmt sie sogar als Erfolg wahr.«*[2] Am Beispiel des Blickkontakts illustrierte ich das bereits: Obwohl es nicht hilfreich ist, halten wir in vielen Situationen überzeugt Blickkontakt – sogar gegen unsere Gefühle. Auch zwei der wichtigsten Gründe für dieses Nichtwissen behandelten wir schon: In den meisten Fällen empfindet man keinen Mangel, weil man sich nur an der kommunikativen Effizienz seiner Aktivitäten orientiert und nicht an deren Effektivität. Darüber hinaus fehlt aufgrund unserer Inhaltsfixierung der Blick für den Einfluss der formalen Kommunikationsaspekte; wir wissen also auch nicht, was wir wie besser machen könnten.

**Stufe 2: Bewusste Inkompetenz**

Dies ändert sich in dem Moment, in dem man erkennt: Etwas Vertrautes funktioniert nicht, gewünschte Ergebnisse bleiben aus. Schlagartig sind wir auf *Stufe 2* – in der *bewussten Inkompetenz:* Wir bemerken, dass wir uns dumm anstellten – allerdings ohne zu wissen, warum. Es ist eher das Bewusstwerden einer gefühlsmäßigen Unzufriedenheit mit den Ergebnissen der eigenen Kommunikation. Wir erleben eine Musterunterbrechung und spüren, man könnte oder müsste »es« besser machen – was immer dieses »es« auch sein mag. Und manchmal löst dieses Gefühl einen Suchprozess aus. (Bei einigen Lesern dürfte dies der Grund für den Kauf dieses Buches gewesen sein.)

**Stufe 3: Bewusste Kompetenz**

Der Schritt von Stufe 2 nach *Stufe 3* – zur *bewussten Kompetenz* – setzt zwei Dinge voraus: Man sollte bereit sein, sich mit den eigenen Fehlern zu befassen. Und das bedeutet für viele: Sie müssen ihre Einstellung zu Fehlern verändern. Fehler sind nichts Schlimmes oder Peinliches; Fehler gehören nun einmal zum Leben und Lernen.

***»Der Mangel ist die Quelle jeder Verbesserung.«***
**Gustav Großmann**

Nach Howell erfordert Stufe 3 außerdem ein bewusstes Suchen nach neuen Wegen, ein analytisches Vorgehen und Verstehen: Man probiert nicht planlos nach der Methode von Versuch und Irrtum vor sich hin. Man geht systematisch vor, sieht sich die kommunikativen Einflussgrößen an, findet ihre Bedeutung heraus und erkennt Zusammenhänge. Allerdings sind diesen Analysen Grenzen gesetzt. Da das kommunikative Ganze mehr ist als die Summe einiger Teile, lassen sich nie alle Einflussgrößen einer kommunikativen Wirkung identifizieren und untersuchen.[3] Wir müssen vereinfachen – und einige der daraus resultierenden Schwierigkeiten und Risiken behandelten wir bereits: Der Wunsch nach Vereinfachung ist der Vater vieler simplifizierender Verhaltensregeln.

Die bewusste Kompetenz von Stufe 3 erreichen wir, wenn unser Nichtwissen so weit beseitigt ist, dass wir uns mit den Ergebnissen vorerst zufrieden fühlen, weil wir etwas verstanden haben. Jetzt dürfen Sie sagen: »Ich habe etwas gelernt.« Lernen besteht daher mindestens aus einem Prozess, der von Stufe 1 über Stufe 2 nach Stufe 3 führt. Wie aber jeder aus eigener Erfahrung weiß: Etwas gelernt zu haben bedeutet noch nicht, etwas zu können. Denn auch beim Können unterscheiden wir Katalog- und Präsenzkompetenz. Karl R. Popper trennt daher den Lernprozess in drei Phasen: In der Phase »Entdecken« – sie beginnt bei Howells Stufe 2 – bemerkt jemand, dass es Neues zu lernen gibt. Mit der Phase »Nachahmen« beginnt das Aufnehmen der neuen Lerninhalte. Und die Phase »zur Gewohnheit machen« endet schließlich in Howells Stufe 4.[4] Howell unterscheidet dabei Folgendes: Während Stufe 1 keine besondere Methode aufweist, geht man auf Stufe 2 mechanisch-analytisch und auf Stufe 3 planvoll-analytisch vor.[5] Auf den Stufen 4 und 5 spielt die Analyse dagegen keine Rolle mehr: Es geht nun darum, bei komplexen Kommunikationsaufgaben ohne bewusstes Nachdenken sinnvoll reagieren zu können. Man analysiert nicht mehr einzelne Einflussgrößen. Gehirn und Körper arbeiten unbewusst und ganzheitlich oder holistisch.[6]

**Stufe 4: Unbewusste Kompetenz**

Beherrschen Sie eine Technik auf diese Weise, haben Sie *Stufe 4* erreicht – die *unbewusste Kompetenz*. Sie setzen Entscheidungen einfach um; Ihre Analysen und Bewertungen sowie die darauf basierenden Aktionen und Reaktionen laufen unter Umgehung des Bewusstseins ab. Noch lange nach der Fahrschule überlegt man beim Autofahren viele Handlungen bewusst. Aber nach jahrelanger Fahrpraxis steuern wir einen Wagen durch den dichtesten Verkehr, unterhalten uns angeregt, registrieren die Umwelt unbewusst – und verursachen trotzdem keinen Unfall. Manche Fahrer erinnern noch nicht einmal, auf welcher Strecke sie gerade nach Hause fuhren. Diese wichtige Fähigkeit beruht auf der Eigenschaft unseres Gehirns, einzelne Prozesse unter bestimmten Bedingungen parallel steuern zu können – z. B. Autofahren und Diskutieren oder Gitarre spielen und Singen. Am besten funktioniert das, wenn mindestens einer der Prozesse überwiegend körperlich ist und durch laufendes Praktizieren bereits weitgehend automatisiert wurde – wie handwerkliche Fertigkeiten.

**Stufe 5: Unbewusste Superkompetenz**

Was ist nun der Unterschied zwischen Stufe 4, der unbewussten (Normal-)Kompetenz, und *Stufe 5*, der *unbewussten Superkompetenz*? Dieser Unterschied ist qualitativ: Auf Stufe 5 läuft unsere Kommunikation nicht nur von selbst, »wie geschmiert«, man vergisst Zeit und Raum und erlebt eine Art Glücksgefühl. Um dieses Phänomen zu charakterisieren, verwendet Howell bereits 1982 den Begriff »Flow«, der im letzten Jahrzehnt dank Mihaly Csikszentmihalyis Buch *Flow – das Geheimnis des Glücks* große Bekanntheit erlangte. Wir alle kennen Gespräche im Flow: In diesem Zustand sind wir, wenn wir mit anderen interessante Gedanken hingebungsvoll austauschen, alle Teilnehmenden in die Sache vertieft sind, niemand persönliche Unter- und Überlegenheitsgefühle empfindet und alle eine tiefe Zufriedenheit verspüren (vgl. auch BOX 31). Das Besondere an Stufe 5 ist, dass Sie diese Erfahrung in jedem Alter und auf jedem Wissensniveau machen können.

## ■ BOX 31: KOMMUNIZIEREN IM »FLOW«

Mihaly Csikszentmihalyi führt in seinem Buch über den Flow acht Hauptkomponenten an, die für das Erreichen dieses Gefühls verantwortlich sind:[7]

1. Man fühlt sich der Aufgabe gewachsen,
2. ist voll auf sein Tun konzentriert,
3. hat ein klares Ziel vor Augen und
4. empfängt diesbezüglich unmittelbare Rückmeldungen.
5. Man handelt »mit einer tiefen, aber mühelosen Hingabe, welche die Sorgen und Frustrationen des Alltagslebens aus dem Bewusstsein verdrängt«
6. und erlebt aufgrund erfreulicher Erfahrungen ein Gefühl von Kontrolle über seine Tätigkeiten.
7. Die Sorgen um das Selbst verschwinden, »doch paradoxerweise taucht das Selbstgefühl nach der Flow-Erfahrung gestärkt wieder auf«.
8. Man hat ein völlig verändertes Zeitgefühl: »Stunden vergehen in Minuten, Minuten können sich vermeintlich zu Stunden ausdehnen.«

Csikszentmihalyi bemerkt abschließend: *»Die Kombination dieser Bestandteile ruft ein tiefes Gefühl von Freude hervor, welches so lohnend ist, dass man bereit ist, viel Energie dafür aufzuwenden, um es immer wieder zu erleben.«* (Das

Erleben dieses Gefühls dürfte einer der Hauptgründe für den Gebrauch der Droge Kokain sein – mit einem wichtigen Unterschied: Die im Kokain-Rausch erzielten Arbeitsergebnisse sind selten geeignet, das Selbstgefühl zu stärken – meist sind sie nicht zu gebrauchen.) In ihrem Buch *Garantiert zeichnen lernen* beschreibt Betty Edwards einen Zustand, der dem Flow entspricht und den sie *»R-Modus«* nennt: Das ist der Zustand, in dem man sich darauf konzentriert, das Nicht-Sichtbare zu zeichnen (vgl. BOX 4). Befindet sich jemand im R-Modus, arbeitet er ganzheitlich-strukturierend überwiegend mit seiner rechten Gehirnhälfte; seine analytisch-kritische linke Gehirnhälfte – der *»L-Modus«* – ist weitgehend ausgeschaltet. Edwards Buch ist daher eine Art Anleitung, beim Zeichnen durch Ausschalten des kritischen Bewusstseins einen kreativen Flow-Zustand zu erreichen.[8] Im Gegensatz zum Zeichnen geht es beim Kommunizieren jedoch nicht um uns allein: Während Csikszentmihalyis Komponenten 4, 5 und 6 bei künstlerischen Arbeiten vor allem allein von uns abhängen, werden sie beim Kommunizieren auch maßgeblich von anderen beeinflusst. Wir empfangen bewusst und unbewusst angenehme und unangenehme Impulse, die unsere Aufmerksamkeit (ab-)lenken und den Flow-Zustand beeinträchtigen. Selbstversunkenes Arbeiten im Stillen ist erheblich leichter als selbstversunkenes Kommunizieren mit anderen.

**Wir sind gleichzeitig auf mehreren Stufen**

Sicher erkannten Sie: Howells Stufenmodell durchläuft man stets aufs Neue. Wir kommunizieren auf Stufe 1 vor uns hin und halten uns für weitgehend fehlerfrei. Plötzlich erleben wir eine Musterunterbrechung: Wir sind mit uns oder unserer kommunikativen Wirkung unzufrieden. In diesem Moment erreichen wir Stufe 2. Das systematische Suchen, Finden und Prüfen einer neuen Lösung führt auf Stufe 3. Eigneten wir uns die neue Technik so weit an, dass sie spontan zur Verfügung steht, sind wir in genau dieser Hinsicht auf Stufe 4. Im Hinblick auf unsere anderen Fertigkeiten tummeln wir uns jedoch noch unbeschwert auf Stufe 1 – bis wir erneut Unzufriedenheit verspüren und uns auf die Suche begeben. Während dies alles sozusagen zum Alltag gehört, ist der Flow-Zustand auf Stufe 5 eine Art Ausnahmeerscheinung, besonders im Beruf.

**Stufe 1 und die Komfortzone**

Interessant ist in diesem Zusammenhang die erforderliche Dauer, um von einer Kompetenzstufe zur nächsten zu wechseln. Auf Stufe 1, der unbewussten Inkompetenz, kann sich unsere Komfortzone bemerkbar machen. Hier fühlt man sich sicher, hier möchte man bleiben. Das Erreichen von Stufe 2 durch ein Bewusstwerden der eigenen Inkompetenz dauert meist nur Sekunden – z.B. beim Lesen dieses Buches. So etwas geschieht in Alltag und Beruf zwar relativ oft. Offen ist jedoch, ob man dann auch konsequent daran arbeitet, die bewusste Kompetenz von Stufe 3 zu erreichen. Zum einen fühlen wir uns beim Verlassen unserer Komfortzone unwohl. Zum anderen benötigt dieser Wechsel Zeit – zumindest wenn er mit einer systematischen Analyse im Sinne Howells verbunden ist. Wie wir gesehen haben, braucht man zum Erlernen kommunikativer Patentrezepte zwar erheblich weniger Zeit. Dafür liefern sie jedoch auch weniger Sicherheit als behauptet. Der Wechsel vom bewussten Wissen zum unbewussten Können der Stufe 4 dürfte am längsten dauern, denn:

> ***»Kein Weg ist so weit im ganzen Land als der von Kopf und Herz zur Hand.«***
> **Friedrich von Bodenstedt**

Dieser Weg scheint so lang und sein Ziel in so weiter Ferne zu liegen, dass die meisten Menschen noch nicht einmal den Mut aufbringen, ihn zu beschreiten: Man liest ein Buch oder besucht ein Seminar, macht sich seine Inkompetenz bewusst, bekommt sogar oft das sorgfältige Analysieren abgenommen und nimmt sich vor, dies alles in die Tat umzusetzen. Kaum ist das Buch oder die Fortbildung jedoch beendet, verschwindet der Elan. Und von den wenigen, die es tatsächlich versuchen, gibt die Mehrzahl meist früher oder später auf. Es ist traurig, aber wahr: Die meisten Menschen arbeiten nie bewusst daran, bei bestimmten Techniken die Stufe der unbewussten Kompetenz zu erreichen. Die Komfortzone ist einfach zu behaglich. Und auch das darf man nicht vergessen: Die hinter der Komfortzone stehende unbewusste und unsystematisch erworbene Kompetenz ist bei den meisten Menschen so groß, dass sie für die üblichen Anforderungen in Alltag und Beruf genügt. Außerdem lernen wir in Büchern und Seminaren zwar mögliche Fehler kennen, erleben aber in Gesprächen so gut wie nie, wenn wir sie begehen. Denn das setzt voraus, dass man sich gedanklich gerade nicht auf der Inhalts-, sondern auf der Prozessebene befindet und Alternativen kennt. Somit fehlen zwei Hauptvoraussetzungen für erfolgreiches Lernen anhand der täglichen Praxis. Meist leitet man Änderungen daher erst ein, wenn der »Leidensdruck« aufgrund ausbleibender Erfolge zu groß geworden ist. Aber dann haben sich auch die Lernbedingungen verschlechtert. Denn unter Stress steuert uns unserer kommunikativer »Autopilot« mit den lieb gewonnenen Verhaltensweisen unserer Komfortzone.

## 8.2 Hauptaspekte kommunikativer Kompetenz

*»Autorität ist das Vermögen,*
*die Zustimmung anderer zu gewinnen.«*

Bertrand de Jouvenel

### 8.2.1 Kommunikative Fähigkeiten im Einsatz

**Was- und Wie-Kompetenz**

Kommen wir nach den Möglichkeiten des Kompetenzerwerbs zu den Kompetenzinhalten: Was zeichnet einen kompetenten Kommunikator aus? Zunächst einmal gilt auch hier unsere schon oft ins Feld geführte Einschränkung: Es kommt darauf an – z.B. auf die eigene Position und auf die Ziele, die man verfolgt, auf die Situation, in der man sich befindet, und natürlich auch auf die Gesprächspartner. Die Bitte am Frühstückstisch, die Mutter möge doch die Butter reichen, erfordert weniger Können als anschließend den Vater zu überreden, einmal den Tisch abzuräumen und auch abzuwaschen. Und einen Freund zu überzeugen, einen Schokoladenriegel für einen Euro zu kaufen, ist ein Kinderspiel im Vergleich zum Verkauf eines Autos im Wert von 40000 Euro an einen wildfremden Menschen. Diese Beispiele zeigen: Kompetenz beinhaltet einerseits theoretisches und praktisches Wissen über den sachlichen Inhalt (einen Gefallen tun, Abwaschen, Schokoriegel- oder Auto-Eigenschaften). Andererseits besteht sie aus Fähigkeiten und Fertigkeiten, dieses Was auszuwählen, zu gestalten und zu übermitteln, auf Äußerungen eines Gesprächspartners zu reagieren und bestimmte Reaktionen bei ihm auszulösen. Es gibt also eine inhaltliche Was- und eine prozessmäßige Wie-Kompetenz.

Diese an sich sinnvolle Trennung lässt sich jedoch nur auf den ersten Blick einfach nachvollziehen. Bei näherem Hinsehen ergeben sich Schwierigkeiten. Einen wichtigen Grund kennen Sie bereits: Man kann kommunikativen Inhalten zwar Namen geben (z.B. »Butter-Bitte«, »Abwasch-Auftrag«, »Schokoriegel-Eigenschaften« oder »Auto-Spezialkenntnisse«), trotzdem handelt es sich dabei nicht um reale Dinge. Diese Inhalte sind eingefrorene Prozesse – also Nominalisierungen! Sie eignen sich gut zum abkürzenden oder zusammenfassenden Bezeichnen komplexer Zusammenhänge, aber nur schlecht zum Erklären oder gar Erlernen der dahinter verborgenen Abläufe. Und damit kommen wir zum zweiten wichtigen Grund, den ich ebenfalls bereits vorstellte: Ob und wie diese Prozesse von Erfolg gekrönt sind, entscheidet sich erst in dem Moment, in dem unser Gesprächspartner darauf reagiert. Genau dies bedeutet unser Motto »Kommunikation ist nicht Absicht, sondern Wirkung«. Kommunikative Kompetenz zeichnet sich darum für mich durch vier Hauptaspekte und -probleme sowie sechs kommunikative Hauptfähigkeiten aus:

**Wesentliche kommunikative Fähigkeiten**

1. Der *Inhaltsaspekt* basiert auf unserer *inhaltlichen (1) und formalen (2) Gestaltungsfähigkeit* zum Überwinden der Probleme beim Auswählen geeigneter Informationen.
2. Im *Strukturaspekt* geht um unsere *strukturelle Gestaltungsfähigkeit (3)* zum Lösen von Problemen beim sachlichen und zeitlichen Anordnen der ausgewählten Informationen.
3. Der *Energieaspekt* betrifft unsere *Übermittlungsfähigkeit (4)* zum Bewältigen von Problemen beim Übermitteln unserer Informationen.
4. Und der *Reaktionsaspekt* umfasst unsere *Beobachtungs- (5) und Reaktionsfähigkeit (6)* zum Meistern von Problemen beim Empfangen der durch unsere Informationen ausgelösten Reaktionen.

**Beispiel: Theaterstück – 1. Inhaltsaspekt**

Diese Kompetenzelemente möchte ich an etwas erläutern, das »Kommunikation pur« ist, an der Aufführung des Schauspiels *Romeo und Julia* von William Shakespeare – zumal das gut zu unserem Denkmodell der Hitchcock-Strategie passt. Die Hauptelemente und -akteure sind damit weitgehend klar: Das Theaterstück liefert den Inhalt, die Schauspieler sind die Sender, die Zuschauer die Empfänger. Der *Inhaltsaspekt* kommunikativer Kompetenz betrifft die ausgewählten Botschaften. Und die damit zusammenhängenden *Auswahlprobleme* löste William Shakespeare vor fast genau 400 Jahren, als er *Romeo und Julia* schrieb. Noch heute profitieren wir von seiner *inhaltlichen und formalen Gestaltungsfähigkeit.* (Nicht zu vergessen die ersten deutschen Übersetzer Schlegel und Tieck, deren Formulierungen noch immer in vieler Munde sind.) 400 Jahre sind allerdings eine lange Zeit. So kennt und mag man heute vieles nicht mehr, was damals wichtig und erfolgreich war. Der Kontext, der Rahmen, hat sich geändert. Sehen Sie heute eine Aufführung von *Romeo und Julia,* fehlt daher vieles: Regisseur und Dramaturg prüfen, ob das Stück den Erwartungen und Ansprüchen der heutigen Zuschauer entspricht und ob diese es aufgrund ihres Vorwissens nachvollziehen können. Kurz: Sie beschäftigen sich mit der *inhaltsorientierten Erlaubnis* zum Senden. Dazu beurteilen sie die Länge von Szenen und Texten. So sagt Julia während ihres heimlichen nächtlichen Treffens mit Romeo den berühmten Satz *»Es war die Nachtigall und nicht die Lerche ...«*. Singt die Nachtigall, ist der Morgen noch fern und noch viel Zeit vorhanden. Romeo soll nun entgegnen: *»Die Lerche war's, die Tagverkünderin. Nicht Philomele ...«* Wer weiß heute noch, dass Philomele eine Gestalt der griechischen Mythologie ist, die in eine Nachtigall verwandelt wurde? Also streicht man diesen Hinweis. Es fehlt die Erlaubnis, ihn zu senden.

**2. Strukturaspekt**

Nun schrieb Shakespeare ein Schauspiel und legte genau fest, welche Worte wann von wem auf der Bühne zu sagen sind. Mit seiner *strukturellen Gestaltungsfähigkeit* bestimmte er die Aufbau- und Ablaufstruktur des gesamten Stücks und damit dessen *Strukturaspekt.* Indem er das sachliche Wo und das zeitliche Wann der einzelnen Botschaften festlegte, löste er zahlreiche *Anordnungsprobleme.* Dazu hatte er stets eine Frage im Hinterkopf: In welcher

Situation, unter welchen Voraussetzungen sollte wer was sagen, um was beim Zuschauer zu erreichen? Auch hier spielt die inhaltliche Erlaubnis zum Senden eine Rolle: Weiß der Zuschauer stets genug, um den Vorgängen auf der Bühne zu folgen? Zur Einstimmung schrieb Shakespeare daher einen Prolog, der kurz über Hintergrund und Inhalt informiert. Und das, was Shakespeare früher selbst übernahm, ist heute Aufgabe des Regisseurs: Er bestimmt Tempo und Intensität der Darstellung und legt Platzierung und Bewegung der Schauspieler auf der Bühne fest.

**3. Energieaspekt**

Inhalt und Struktur eines Stückes können meisterhaft sein: Sind die Schauspieler auf der Bühne Dilettanten, nützen das beste Stück, die beste Dramaturgie und die beste Werbekampagne nichts – das Stück fällt durch. Über den Erfolg entscheiden letztendlich die Akteure auf der Bühne im Hier und Jetzt. Reagieren die Zuschauer so, wie Regisseur und Schauspieler es erwarten, oder entstehen *Übermittlungsprobleme*? Weinen, seufzen, stöhnen und klatschen sie an den richtigen Stellen? Lacht man während der Nachtigall-und-Lerchen-Szene, war wohl irgendetwas unfreiwillig komisch. Der *Energieaspekt* zeichnet sich also durch einen Flaschenhals aus, durch den alle Inhalte fließen – unsere K-Röhre besitzt die Form eines Trichters! Hinzu kommt: Bis kurz vor Ende dieses Flaschenhalses ist alles nur Absicht – kurz danach bereits nicht mehr zu beeinflussende Wirkung. *»Oh, hätte ich doch nur nichts gesagt«* – wie oft hört man diesen Satz von Harry Potters Freund Hagrid, wenn der Mund wieder einmal schneller als der Verstand war?!

**4. Reaktionsaspekt**

Ob und wie die erzielte Wirkung der verfolgten Absicht entspricht, hängt also auch ab vom *Reaktionsaspekt* einer Kommunikation. Dabei ist eine Frage besonders wichtig: Verfolgen die Zuschauer die Geschehnisse auf der Bühne oder sind sie abgelenkt? Mit anderen Worten: Liegt eine *aufmerksamkeitsorientierte Sendeerlaubnis* vor, ist der Empfänger empfangsbereit? (Zu Zeiten Shakespeares und noch viele Jahrhunderte später aß und trank man während der Vorführungen in Theater und Oper.) Und nicht zu vergessen: Kamen überhaupt genug Zuschauer zu den Aufführungen? Ob ein Sender vor Übermittlungsproblemen steht, zeigt sich also erst an den *Aufnahmeproblemen* eines Empfängers. Um diese Probleme zu erkennen und eventuell wieder zu beseitigen, benötigt der Sender *Beobachtungs- und Reaktionsfähigkeit.* Bei einem Schauspiel, in der Werbung oder bei einem Brief ist ein korrigierendes Eingreifen nicht oder erst erheblich später möglich; in einem Gespräch geht das sofort.

### 8.2.2 Die kommunikativen Momente der Wahrheit

Vielleicht haben Sie beim Lesen bereits festgestellt: Unsere vier Hauptaspekte und -probleme sowie die sechs Fähigkeiten lassen sich zwar logisch, nicht aber in ihrer Wirkung sauber trennen. Säßen Sie im Zuschauerraum, zeigte sich schnell: Bedeutung und Wirkung einer einzelnen Aussage hängen von vielen anderen vorher und gleichzeitig übermittelten Informationen ab, vom Können der Schauspieler und natürlich auch von Ihren Erwartungen und Erfahrungen als Zuschauer. Deshalb weist Howell darauf hin, dass eine Analyse kommunikativer Prozesse nie vollständig sein kann: Das Ganze ist mehr als die Summe seiner Teile. Eigentlich lässt sich kommunikative Kompetenz daher nur in dem Augenblick beurteilen, in dem man erkennt, ob und wie sich Absicht und Wirkung entsprechen – also wenn ein Ergebnis vorliegt. Das sind zugleich die Situationen, in denen wir uns urplötzlich auf Howells Kompetenzstufe 2 befinden können: auf der Stufe der bewussten Inkompetenz. Für diese überaus wichtigen Ergebniszeitpunkte verwenden wir einen Begriff, den Jan Carlzon geprägt hat: *die Momente der Wahrheit.* In diesen Momenten der Wahrheit, im direkten Kontakt mit anderen, entscheidet sich, ob und wie unsere Kompetenz ausreicht oder nicht.

## ■ BOX 32: JAN CARLZON UND DIE MOMENTE DER WAHRHEIT

1981 hatte die SAS Airlines mit einem ausgewiesenen Verlust von etwa acht Millionen Dollar ernsthafte finanzielle Schwierigkeiten. (Die Zeiten ändern sich: Heute sind manche Fluggesellschaften froh, haben sie nur acht Millionen Dollar Verlust.) Jan Carlzon – damals Präsident der SAS – ging von einer für viele Marketingexperten geradezu wahnwitzigen Überlegung aus: Er sagte sich, letztlich prägen nicht Anzeigen, Radio- und TV-Werbung, Hochglanzbroschüren oder Kataloge die Attraktivität meines Unternehmens – sondern die Kontakte zwischen meinen Kunden und meinen Mitarbeitern. Und er überlegte: »Wo oder was sind die vielen verschiedenen Berührungspunkte zwischen der Öffentlichkeit und meiner Fluggesellschaft?« Die Mitarbeiter in der Reservierung, am Gepäckschalter, beim Boarding, die Menschen, die Flugansagen machen und für die Information und Orientierung der Passagiere sorgen, die Flugbegleiter, der Pilot und die gesamte Crew, die Ankunftshostessen am Boden, die Mitarbeiter, die das Gepäck entladen und den Passagieren wieder zuführen usw. – Carlzon identifizierte für die SAS durchschnittlich 50 000 Kontakte täglich. Und für diese Kontakte schuf er den plastischen Begriff *»Momente der Wahrheit«*[9].

Weil ihm die Bedeutung der Momente der Wahrheit klar geworden war, tat Carlzon nun etwas sogar für heutige Tage völlig Untypisches: Er versuchte nicht, die Welt durch ein gesteigertes Trommelfeuer in Presse, Funk und Fernsehen von den Qualitäten der SAS zu überzeugen. Er sorgte dafür, dass man sich in der SAS auf die Momente der Wahrheit konzentrierte. Und in nur etwas mehr als einem Jahr hatte man das Steuer herumgeworfen und – wie es heute heißt – den Turnaround geschafft: Die SAS machte einen Profit von 70 Millionen Dollar.

**Im Moment der Wahrheit erkennen wir die Wirkung von Impulsen**

Carlzons Geschichte enthält zwei für uns wichtige Punkte. Der erste betrifft die Bedeutung des Begriffs »Moment der Wahrheit«. Carlzon versteht darunter die Begegnung eines Mitarbeiters und eines Kunden – unabhängig von ihrer Dauer. Wir interpretieren diesen Begriff sowohl enger als auch weiter. Enger interpretieren wir die Dauer: Für uns ist dieser Moment die sehr kurze Zeitspanne innerhalb einer Begegnung, in der wir die Reaktion auf einen Impuls von uns erkennen. Jede Begegnung enthält demzufolge eine Vielzahl an Momenten der Wahrheit. Weiter interpretieren wir dagegen den Anwendungsbereich: Die Momente der Wahrheit beschränken wir nicht auf Begegnungen eines Unternehmens mit seinen Kunden. Für uns sind sie Bestandteil jeder zwischenmenschlichen Begegnung. Der zweite Punkt betrifft die Bedeutung der Strategie, sich auf die Momente der Wahrheit zu konzentrieren. Diese Strategie führte bei Carlzon zu einer deutlich besseren Kundenzufriedenheit und zu einer Profitsteigerung. Dieses Vorgehen ist jedoch rein effizienzorientiert: Man prüft, ob man die Dinge richtig tut (ob man z.B. die Passagiere in den Flugzeugen höflich, freundlich und aufmerksam genug bewirtet). Man prüft aber nicht die Effektivität, ob man auch die richtigen Dinge tut (ob man Fluggäste aus Kostengründen überhaupt noch aufwändig bewirtet). Nach dem Motto »Wer einen Hammer hat, macht alle Welt zum Nagel« konzentrierte sich Carlzon in den folgenden Jahren auf die Momente der Wahrheit und auf die damit verbundenen innovativen Neuerungen. Dadurch führte er die SAS immer tiefer in die Verluste und wurde gefeuert. Carlzon gibt uns daher ein berühmtes Beispiel für die Effizienzfalle des Erfolgs.

Entsprechen sich Absicht und Wirkung nicht, befinde ich mich plötzlich auf der Stufe von Howells bewusster Inkompetenz. Nun besteht meine schwierige Aufgabe nicht nur darin, in diesem kurzen Moment herauszufinden, ob es daran lag, dass ich die Dinge nicht richtig (effizient) oder nicht die richtigen Dinge (effektiv) kommuniziert habe. Ich muss auch sofort die richtige Entscheidung treffen und entsprechend reagieren. Und das ist ausgesprochen schwer. Denn (und darauf hat ja Howell hingewiesen): Während des Kommunizierens entsteht etwas zwischen den Gesprächspartnern, das mehr ist als die Summe der einzelnen Teile. Es entsteht ein Bedeutungs- und Wirkungsgeflecht von expliziten und impliziten Informationen – nicht nur für den Empfänger meiner Botschaften, auch für mich selbst. Deshalb erinnern wir noch einmal an den »Baum der Rede« und den Unterschied zwischen Informationen und Exformation in BOX 12.

**Man besitzt kommunikative Kompetenz, wenn es in den Momenten der Wahrheit unter Zeitdruck gelingt, bei Berücksichtigung eventueller Mehrdeutigkeiten auf der Inhalts- und/oder Beziehungsebene wichtige Botschaften (Informationen) zu senden, zu empfangen und entsprechend zu reagieren. Mit anderen Worten: Wir müssen versuchen, in den Momenten der Wahrheit die eigenen und fremden Absichten und Wirkungen zur Deckung zu bringen.**

### ■ BOX 33: DA SEIN IN DEN MOMENTEN DER WAHRHEIT – DIE 9. CHANCE VON MR. CHANCE

Chance existiert ausschließlich in den Momenten der Wahrheit. Das ist wörtlich zu nehmen: Es ist seine einzige Art zu leben. Er lebt von den Impulsen, die er von Menschen oder Fernsehgeräten empfängt (wobei er Letztere eindeutig vorzieht). Darum läuft stets der Fernseher, auch wenn er allein ist. Denn seine Existenz erlischt, sobald diese Impulse fehlen. Aufgrund seiner beschränkten Intelligenz muss sich Chance auf alle diese Impulse konzentrieren und ist dadurch fast nur auf Außenwahrnehmung eingestellt. Chance erteilt daher stets eine aufmerksamkeitsorientierte Erlaubnis zum Senden. Ständig ist er empfangsbereit. (Dagegen ist seine inhaltsorientierte Erlaubnis zum Senden äußerst gering: Er versteht nur wenige Themen und das auch nur, wenn man sie in der richtigen Reihenfolge, kurz, einfach und direkt formuliert.) Wir dagegen ziehen uns oft nach innen zurück, wenn uns etwas missfällt, auffällt oder interessiert, oder wenden uns von unseren Gesprächspartnern ab und anderen Dingen zu. Es entsteht eine Musterunterbrechung. Und das erkennen und beurteilen unsere Gesprächspartner – bewusst oder unbewusst. Unsere Intelligenz macht uns da einen Strich durch die Rechnung und die einzige Möglichkeit, Musterunterbrechungen zu vermeiden, besteht im Kommunizieren mit unbewusster Superkompetenz im Flow-Zustand. Chance kommuniziert ständig im Flow (klammert man die emotionalen Aspekte aus): Ihm fehlt die Intelligenz für ablenkende Überlegungen, er kann nicht planen, Alternativen entwickeln, abwägen oder sich abwenden. Darum besteht nur selten die Gefahr, dass er abwesend wirkt – er ist immer »da«. Berücksichtigt man nun noch seinen permanenten Blickkontakt, seine ungewöhnlichen Sprachmuster und das Hellsehen seiner Gesprächspartner, dann verkörpert Chance in den Momenten der Wahrheit die personifizierte kommunikative Kompetenz.

## 8.3 Der Geist ist willig: Hindernisse beim Lernen

> *»Denn wer da hat, dem wird gegeben, und er wird die Fülle haben, wer aber nicht hat, dem wird auch, was er hat, genommen werden.«*
>
> Matthäus-Evangelium (25,29)

**Der Matthäus-Effekt**

Wie stellt man es am besten an, die eigenen kommunikativen Fähigkeiten bewusst und spürbar zu verbessern? Unbewusst basteln wir ja dauernd an unserer Kompetenz herum, aber bewusst? Wir alle – ich ausdrücklich eingeschlossen – haben schon viele Versuche gestartet und erfolglos abgebrochen. Aus diesem Grund legte ich Ihnen gleich zu Beginn des Buches ans Herz, sich die Mikromuster schrittweise anzueignen. Und ich stellte dazu auch verschiedene Techniken vor. Denn im Matthäus-Evangelium 26,41 steht nicht nur der pessimistische Spruch *»Der Geist ist willig, aber das Fleisch ist schwach«*, Matthäus macht uns auch darauf aufmerksam, was man durch Tun gewinnt und durch Nichtstun verliert. Diesen beim Lernen inzwischen nachgewiesenen Effekt nennt man deshalb *Matthäus-Effekt*. Werfen wir darum einen Blick auf die wichtigsten Punkte, die uns trotz zahlreicher Vorteile davon abhalten, »die Fülle zu haben«.

**Kommunikative Zauberstäbe fehlen**

Die erste Schwierigkeit besteht in der unausrottbaren Hoffnung, es gäbe kommunikative Zauberstäbe oder leicht zu erlernende Tricks zum perfekten Kommunizieren, damit man sich die Mühe des Lernens und Übens ersparen kann. Die gibt es zwar – aber nur für eng begrenzte Einsatzgebiete. Und sie funktionieren auch – aber nur auf der Grundlage eines Erfahrungspotenzials, das meist fehlt. Denken Sie an den Tipp »Runterschalten« bei Schumachers Ferrari. Wie schon mehrfach erwähnt, sind Techniken und Konzepte wie die dreiteilige Ich-Botschaft, das Vier-Ohren-Modell oder Neurolinguistisches Programmieren keine Dinge, die man handhaben könnte, sondern Nominalisierungen, die man sich zunächst selbst erklären muss.

**Wir sind bereits kompetent**

Die zweite bekannte Schwierigkeit: Befasst man sich mit neuen Methoden und Techniken, kollidieren diese mit der unbewussten kommunikativen Kompetenz und stoßen schmerzhaft an die Grenzen der Komfortzone. Warum machen sich Amerikaner und Engländer nicht die Mühe, eine Fremdsprache zu erlernen? Weil sie auch mit ihrer normalen Kompetenz im Leben zurechtkommen: Die übrige Welt spricht zu großen Teilen Englisch.

**Inhalte lenken von der Form ab**

Die dritte Schwierigkeit liegt in unserer grundsätzlichen Inhaltsfixierung beim Kommunizieren: Man richtet sein Augenmerk in erster Linie auf das Was seiner Kommunikation, nur in Ausnahmefällen auf das Wie, die Form. Aus diesem Grund ging das Feingefühl für die Bedeutung der wirksamen Prozessdetails verloren. Und je mehr wir vom Inhalt unserer Botschaft überzeugt sind, umso weniger achten wir auf formale Einzelheiten.

**Lernmotivation und Lerneffizienz widersprechen einander oft**

Auf unser viertes Problem macht Michael Grinder in seinen Seminaren aufmerksam: auf den negativen Zusammenhang zwischen Lernmotivation und Lerneffizienz. Erläutern wir das an der ABC-Methode aus dem Karbunkel-Verlag: Es ist höchst motivierend, wenn man sich mit seinen Wünschen, Zielen, Visionen und deren möglichen materiellen und immateriellen Früchten beschäftigt. Nach dem Motto »Was wäre wenn?« läuft unser Vorstellungsvermögen mit großer Begeisterung stundenlang auf Hochtouren, bis man den Bestellschein ausfüllt, um endlich die Früchte zu ernten. Warum enthält der Prospekt des Karbunkel-Verlags aber nur allgemeine, mehrdeutige und unspezifische Begriffe, die mit keinem Wort erkennen lassen sollen, dass es um Klavierspielen geht? Dort weiß man: Die Motivation nimmt rapide ab, sobald den Absichten konkrete Taten folgen. Es ist höchst motivierend, sich gedanklich damit zu beschäftigen, wie man seine Umwelt verzaubert – aber keinesfalls effizient. Dagegen ist es höchst effizient, geduldig und ausdauernd zu üben – aber keineswegs motivierend. Dieser Zusammenhang gilt nicht nur beim Klavierspielen – leider auch beim Kommunizieren.[10]

**Kommunikation lernt man stufenweise**

Unser fünftes Problem: Erfolgreiches Kommunizieren setzt zahlreiche Einzelfähigkeiten voraus. Beim Erlernen dieser Fähigkeiten scheint es eine natürliche Reihenfolge zu geben, die mit der Arbeitsweise unseres Gehirns zu tun hat. Machen wir uns das am Erlernen einer Fremdsprache klar: Zunächst beginnen wir mit dem Was, wir eignen uns Vokabeln an. Das entsprechende Wie, die Aussprache, lernen wir zwar gleich mit und darum hören sich die ersten Sprachversuche oft schon ganz gut an – solange man uns einzelne Vokabeln abfragt. Kaum beginnen wir mit dem »richtigen« Kommunizieren, kämpfen Anfänger mit Satzbau und Aussprache. Unser Gehirn hat anfangs genug damit zu tun, die richtigen Worte zu suchen (den Inhalt). Es hat kaum Kapazität frei, um sich auch noch um Aussprache (die Form) und Satzbau (die Struktur) zu kümmern. Je größer die unbewusste Was-Kompetenz ist, desto mehr Aufmerksamkeit kann das Gehirn dem Wie widmen. Und erst, wenn auch diese formale Kompetenz genügend groß ist, kann es sich dem Ausbau der nächsten Fähigkeit zuwenden: unserer Beobachtungsfähigkeit. Diese Ausdauer bringen aber nur wenige auf. Ein Grund liegt an der Arbeitsweise unseres Gehirns. Lassen Sie uns daher einen Blick auf das Organ werfen, das sowohl für die Schwierigkeiten als auch für deren Beseitigung zuständig ist: unser Gehirn. Es gibt viele Ansätze, um Übersicht und Ordnung in die Verarbeitungs- und Lernprozesse des Gehirns zu bringen. Einer stammt von Robert Jaffard (s. Abbildung Seite 278).

**Gedächtnisarten**

An dieser Aufstellung interessieren im Moment besonders das Fakten-Gedächtnis und das prozedurale Gedächtnis. Das *Fakten-Gedächtnis* gehört zum expliziten Gedächtnis, das heißt zu dem Teil unseres Gehirns, dessen Inhalte wir bewusst abrufen und erläutern können: etwa unsere Argumente zum Diskutieren (den Inhalt) und die dabei einzusetzenden verschiedenen Sprachmuster, die wir bei den Faselindikatoren behandelten (seine Form). Daher spricht man auch vom *semantischen Gedächtnis*. Laufen Reaktionen noch nicht automatisch ab, kann man immer nur nach dem einen oder anderen suchen. Sind bei neuen Themen die vorhandenen Argumente noch nicht präsent, muss man überlegen und hat kaum Zeit zum Auswählen wirkungsvoller Formulierungen – denn vor uns steht ein wartender Gesprächspartner. Vielleicht haben Sie davon gehört, dass unser Gehirn zu einer Art Multitasking fähig ist: Es kann mehrere Aufgaben gleichzeitig bearbeiten. Das setzt aber voraus, dass die Prozesse unbe-

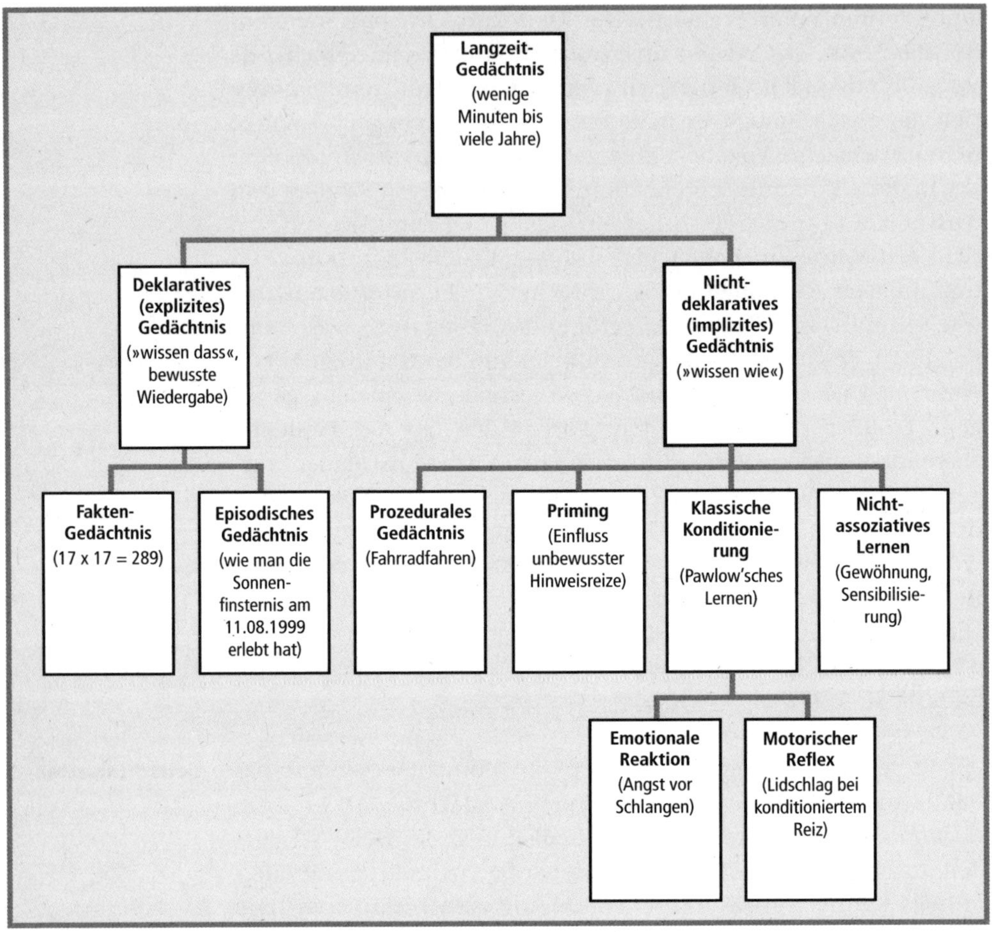


Abbildung 9: Das Langzeitgedächtnis[11]

wusst ablaufen. Darum können wir mit Hilfe des semantischen Gedächtnisses ein Lied singen, dabei gehen und Gitarre spielen: Denn die beiden körperlichen Fertigkeiten sind im *prozeduralen Gedächtnis* abgespeichert. Es enthält alle unbewusst und bewusst gelernten Verhaltensweisen wie unsere Gestik und Körperbewegungen sowie die Fingerbewegungen beim Klavier- oder Gitarrespielen. Dieser Gedächtnisteil ist implizit: Man weiß zwar, dass diese Fähigkeiten vorhanden sind, kann sie sich aber nicht im Detail bewusst machen. (Nun wissen Sie auch, warum es anfangs so schwerfällt, den Blickkontakt bewusst zu vermeiden: Diesen unbewussten Automatismus muss man wieder verlernen.)

Für unsere nonverbalen Muster ist diese Arbeitsteilung von Vorteil: Hat man sich ein Mikromuster antrainiert, stellt das prozedurale Gedächtnis dieses Verhalten beim Kommunizieren automatisch zur Verfügung. Für die Faselindikatoren ist diese Arbeitsteilung von Nachteil: Inhalt und Form unserer Argumente sind im gleichen Gedächtnis abgespeichert, müssten also gleichzeitig entschieden werden. Bereits bei ganz normalen Gesprächen besteht wegen des Zeitdrucks nur eine Alternative: Da ein geeignetes verbales Was vorliegen muss, bevor man über dessen Wie nachdenken kann, bleibt das verbale Wie aus Zeitmangel »auf der Strecke«. Diese Schwierigkeit zeigt sich auch in den kleinen Mikromuster-Berichten, die mir Leser und Seminarteilnehmer zusenden: Keine Handvoll der rund 10000 Berichte enthält Beispiele, in denen man Faselindikatoren bewusst verwendet, um eine bestimmte Wirkung zu erzielen. Zunächst setzt man seine Kenntnisse ein, um die unpräzisen Äußerungen anderer kritisch zu hinterfragen. Aber auch für dieses Problem gibt es eine Lösung: Computer machen sie uns vor. Während ich diesen Text am Computer schreibe, durchsucht er die Festplatte nach Viren. Diese beiden Prozesse verlaufen jedoch nur scheinbar gleichzeitig: Der Computer arbeitet sie so geschickt und schnell wechselseitig nacheinander ab, dass der Eindruck eines Multitaskings entsteht. Dieser Trick funktioniert auch beim semantischen Gedächtnis – sobald wir oft genug Faselindikatoren hinterfragt haben. Denn dann fallen uns auch die geeigneten Formulierungen spontan ein, um bestimmte Assoziationen auszulösen.

**Zusammenarbeit zwischen Was- und Wie-Gedächtnis**

Die Zusammenarbeit zwischen dem expliziten Was-Gedächtnis und dem impliziten Wie-Gedächtnis ist extrem begrenzt. Selbst wenn wir den Nutzen einer Tätigkeit verstanden haben, setzt das Beherrschen Trainieren voraus, wie das folgende Beispiel aus dem Sport belegt: Nach dem mühsamen 3:3 im Fußball-Länderspiel gegen Finnland am 10.9.2008 in Helsinki wurde Joachim Löw im Fernsehen gefragt, wie man den Neulingen in der Abwehr die Nachlässigkeiten und Abstimmungsprobleme erklären könne.

Seine Antwort: *»Das kann man nicht erklären; das muss man trainieren.«* Das Was-Gedächtnis hilft zwar beim Fassen eines Vorsatzes zum Lernen; es ersetzt jedoch nie das Einprägen im Wie-Gedächtnis durch Üben.

**Priming – unbewusste Impulse und Reaktionen**

Für alle, die noch immer nach dem kommunikativen Zauberstab für Verhaltensänderungen suchen, sind das natürlich traurige Botschaften, selbst wenn das Üben von Mikromustern erheblich geringere Anforderungen stellt. Darum noch ein Wort zu einer äußerst hilfreichen Spezialfunktion unseres Gehirns. Die These vom nicht kontextfreien Wahrnehmen durften Sie inzwischen so oft lesen, dass ich Ihnen natürlich nicht vorenthalten will, wo sich das im Gehirn niederschlägt: im *Priming*. Dieser englische Begriff umschreibt die damit verbundenen Aufgaben gut: Generell bedeutet er ein Vorbereiten, speziell das Grundieren einer Malfläche oder das Fertigmachen eines Geschützes. Und genau das beabsichtigt das Priming: Unser Gehirn bereitet die »Denkleinwand« vor oder ermöglicht schnelleres »Schießen«. Dazu stellt es Speicherinhalte vorsorglich griffbereit, die es wahrscheinlich benötigt, und orientiert sich dabei an Schlüsselreizen aus dem Umfeld, also dem Kontext oder Rahmen. Das ist Ihnen gerade beim Vorstellen der »glorreichen Sieben« begegnet. Dort konnten Sie lesen: Gerade unsere Gesten programmieren das Gehirn und machen es aufnahmefähiger für verbale Botschaften. Im nun folgenden Teil 4 des Hand- und Mundwerkzeugs – dem Beeinflussen der Aufmerksamkeit – ist dieser Effekt von enormer Bedeutung.

# 9 Das Hand- und Mundwerkzeug – Teil 4: Die Aufmerksamkeit beeinflussen

*»Walt Disney sagte: ›Das Publikum achtet auf die Augen.‹ Darum solltet ihr das auch tun.«*

Frank Thomas, einer der ganz großen Trickfilm-Zeichner aus den Disney-Studios [1]

Egal, ob man mit den Feinheiten des Kommunizierens vertraut ist oder nicht: Jeder weiß, die Aufmerksamkeit des Gegenübers ist Dreh- und Angelpunkt der eigenen kommunikativen Wirkung. Unaufmerksame Partner, Kinder, Mitarbeiter oder Kunden verschwenden unser Geld, unsere Zeit und unsere Nerven. Beim Vorstellen der Hitchcock-Strategie hatte ich bereits angekündigt: Während die ersten drei Teile zum Hand- und Mundwerkzeug das Rüstzeug des Darstellers betreffen, geht es im vierten Teil um die Regieanweisungen für den Kameramann und um die Kameraeinstellung. Im Folgenden befassen wir uns daher mit den Verhaltensweisen, die Einfluss darauf haben, auf was sich unser Gesprächspartner wie lange konzentriert. Selbstverständlich gewinnt, erhält und lenkt unser gesamtes Tun dessen Aufmerksamkeit: Stimme, Blick, Pausen, Gesten und Wortwahl – also alles, was bereits vorgestellt wurde. Manche Verhaltensweisen eignen sich jedoch besser als andere, um das Interesse Dritter auf das zu konzentrieren, was uns im Moment am Herzen liegt:

- Dabei besteht eine Aufgabe im *Erzielen und Erhalten der Aufmerksamkeit:* Nonverbal wollen wir sicherstellen, dass sich andere bewusst oder auch unbewusst auf das konzent-

**Schaffen, Bereinigen und Ergänzen von Wahrnehmungskontexten**

rieren, was wir ihnen übermitteln. Es geht um das Schaffen und Gestalten geeigneter Wahrnehmungskontexte.

- Gesprächssituationen und -inhalte ändern sich oft schnell. Und das, was jetzt hilfreich ist, stört Minuten später und lenkt ab. Eine zweite Aufgabe besteht daher im *Vermeiden und Ablenken der Aufmerksamkeit.* Es geht um das Bereinigen von Wahrnehmungskontexten.
- Die dritte Möglichkeit gehört eigentlich mit zur ersten Aufgabe: Es geht um ein *Erweitern und Erhöhen der Aufmerksamkeit,* also um das Ergänzen von Wahrnehmungskontexten. Die hier zum Einsatz kommenden Muster sind allerdings so interessant und wirksam, dass ihnen ein besonderes Kapitel gewidmet ist.
- Und da wir uns nicht nur aktiv um die Aufmerksamkeit unserer Gesprächspartner kümmern sollten, zeigen wir auch, wie wir ihnen während ihrer Ausführungen unsere eigene *Aufmerksamkeit signalisieren* können.

## 9.1 Wahrnehmungskontexte schaffen und gestalten

> *»Die Chance des ersten Eindrucks*
> *gibt es nicht ein zweites Mal.«*
> Sprichwort

### 9.1.1 Die Körperhaltung 09

**Der erste Eindruck**

Wie wir im gesamten Teil 4 sehen, kann man in einem Wahrnehmungskontext die Aufmerksamkeit auf die unterschiedlichsten Personen und Objekte lenken. An erster Stelle steht jedoch zunächst einmal die eigene Person. Und in vielen Situationen kommt es sogar darauf an, den ersten Eindruck bewusst zu gestalten: beim ersten Besuch eines potenziellen Arbeit- oder Auftraggebers, beim ersten Auftritt vor einer unbekannten Gruppe oder beim ersten Versuch, mit jemandem des anderen Geschlechts in Kontakt zu kommen. Die Bandbreite der möglichen Ausdrucksweisen ist zwar groß, die wichtigsten kennen Sie jedoch bereits aus

Tabelle 2 (siehe Seite 73), in der erfasst wurde, welche Eindrücke man unbewusst mit dem Stimmmuster auslöst. Während im Beruf häufiger die Eigenschaften der linken Spalte wichtig sind (z.B. Sachkompetenz und Entschlossenheit), geht es im Privatleben eher um die Eigenschaften der rechten Seite (wie Freundlichkeit und Offenheit). Das gilt aber nur grundsätzlich. Denn viele Menschen beginnen auch private Kontakte mit dem Senden verbaler und nonverbaler Kompetenzsignale – sie wollen gleich »Marken setzen« und »Pflöcke einschlagen«. Bleiben sie länger bei diesen Mustern, entsteht jedoch nur selten eine freund(schaft)liche Beziehung. Auch der glaubhafteste Mensch kommt irgendwann in eine Lage, in der ein zugänglicher Eindruck angebracht ist; wie auch der zugänglichste Mensch irgendwann von einem glaubhaften Eindruck profitiert.

**Glaubhafte und zugängliche Körperhaltung**

Alles das, was in puncto Glaubwürdigkeit und Zugänglichkeit für Stimme und Gesten gilt, trifft auch auf unsere Körperhaltung zu. Demzufolge illustrieren der eckige und der wellenförmige Stimmmuster-Pfeil auch die beiden Haupt-Haltungsvarianten: Eine *glaubhafte Körperhaltung* zeichnet sich aus durch einen im Sitzen oder Stehen geraden, aufrechten und symmetrisch wirkenden Körper. Arme und Beine sind dabei weitgehend parallel oder rechtwinklig gebeugt (z.B. im Stehen die Arme vor dem Körper oder im Sitzen die Beine vorne). Der Glaubhafte macht vergleichsweise wenige Bewegungen, die sehr deutlich ausgeführt werden und oft wie abgehackt wirken. Eine *zugängliche Körperhaltung* wirkt demgegenüber asymmetrischer und entspannter. Arme und Beine sind beliebig abgewinkelt (z.B. im Stehen in der so genannten Feigenblatt-Haltung, bei der die Hände vor dem Schoß mit schräg gehaltenen Armen gefaltet sind, oder im Sitzen, wenn man sich zurücklehnt und die Beine schräg nach vorn stellt oder ein Bein über das andere legt). Zugängliche bewegen sich erheblich häufiger, die Bewegungen wirken locker und flüssig. Unsere Aufstellung in Tabelle 2 enthält daher auch Eindrücke, die sich mit unserer Körperhaltung [MK09] erzielen lassen.

09

**Koverbales Muster**

## DIE KÖRPERHALTUNG [MK09]

Eine **glaubhafte Körperhaltung [MK09.1]** zeichnet sich aus durch einen im Sitzen oder Stehen geraden, aufrechten und symmetrisch wirkenden Körper. Arme und Beine sind weitgehend parallel oder rechtwinklig gebeugt (z. B. im Stehen die Arme vor dem Körper oder im Sitzen die Beine). Es gibt vergleichsweise wenige, kurze, knappe und deutlich ausgeführte Bewegungen.

Eine **zugängliche Körperhaltung [MK09.2]** wirkt demgegenüber asymmetrischer und entspannter. Arme und Beine sind beliebig abgewinkelt, z. B. im Stehen in der so genannten Feigenblatt-Haltung (bei der die Hände vor dem Schoß mit schräg gehaltenen Armen gefaltet werden) oder im Sitzen, wenn man sich zurücklehnt und die Beine schräg nach vorn stellt oder ein Bein über das andere legt. Die Bewegungen sind vergleichsweise zahlreicher und wirken locker und flüssig.

Viele Menschen hören zwar bewusst in einer entspannten Haltung zu, weil sie meinen, dies erleichtere das Aufnehmen und Verarbeiten des Stoffs. Aber eigentlich wissen sie: Das Zeichen für konzentrierte Aufmerksamkeit ist nicht nur bei allen Vierbeinern die deutlich aufrechte Haltung; sie selbst richten sich auch auf, wenn es interessant wird und Aufmerksamkeit gefordert ist. Daher wirkt dieses Signal zuverlässig. Um die »Linsen« der anwesenden »Kameraleute« auf sich zu fokussieren, ist die glaubhafte Haltung gepaart mit dem glaubhaften Stimmmuster die wirksamste Methode.

**Eine glaubhafte Haltung fokussiert die Aufmerksamkeit anderer. Und sie signalisiert diesen nicht nur, dass man aufmerksam ist – sie erhöht tatsächlich die Aufmerksamkeit.**

**Einen glaubhaften Eindruck erwecken**

Welcher erste Eindruck der zweckmäßigste ist, hängt von der Beziehung, der Situation und von kulturellen Erwartungen ab: Wie gut kennt man sich, um welche Themen geht es und – nicht zu unterschätzen – was erwartet man diesbezüglich vom anderen? Geht es darum, das Interesse anderer zu wecken, lautet die Frage beispielsweise: Wie stellt man sich glaubwürdig vor oder wie begrüßt man eine Gruppe glaubwürdig? Michael Grinder rät zu einem Makromuster, das er »hohe Erwartungen« nennt[2]: Körper und Kopf sind in symmetrischer, aufrechter, gerader Haltung den Zuhörern zugewandt, die Füße stehen zusammen und parallel auf dem Boden, die Arme hängen locker ausgestreckt an der Seite und die Stimme ist glaubhaft. Zu Beginn unterbleiben Bewegungen. (Achten Sie einmal im Fernsehen darauf: Diese Haltung hat in den letzten Jahren deutlich zugenommen. Inzwischen stehen auch viele Nachrichtensprecherinnen und -sprecher.) Aufgrund der ungewohnten Armhaltung und fehlender Gesten kostet das anfangs große Überwindung. Grinder rät daher, etwas in die nicht dominante Hand zu nehmen und unauffällig mit den Fingern zu drehen (z.B. einen Kugelschreiber), um Spannung abzubauen. Hält man etwas in der dominanten Hand, besteht das Risiko, später damit in Richtung Zuhörer zu gestikulieren. Als zweitbeste Möglichkeit schlägt Grinder das rechtwinklige Abwinkeln der Arme vor, so dass die Hände vor dem Bauchbereich übereinandergelegt werden können.

**Der glaubhafte Eindruck von Frauen**

Nach meinen Erfahrungen fällt vielen Frauen das glaubhafte Vorstellen anfangs schwer. Zum einen ist wie schon das Stimmmuster auch ihre Körperhaltung häufig asymmetrisch und damit zugänglich: Sie neigen den Kopf leicht zu einer Seite, ein Fuß ist nach vorn gesetzt, wodurch auch Schulter und Hüfte etwas gedreht sind. Viele Frauen fühlen sich daher in einer glaubhaften Haltung zunächst unwohl. Hinzu kommt: Einerseits ist es zwar wie bei den Männern wichtig, gleich zu Beginn einen sachkompetenten Eindruck zu vermitteln, andererseits laufen Frauen damit Gefahr, dass man sie durch das Verletzen von Rollenmustern als »Zimtzicke« abstempelt. Bei den Stimmmustern sind wir darauf eingegangen. Ich rate daher Frauen, dass sie auch beim Behandeln reiner Sachfragen regelmäßig kurz in eine zugängliche Haltung wechseln. Männer dürfen sich in unserer Kultur viel länger in einer glaubwürdigen Haltung präsentieren: *»Für Männer reicht es oft, respektiert zu werden, um an die Macht zu kommen. Eine Frau, die es bis ganz nach oben schaffen will, muss dagegen nicht nur respektiert, sondern auch gemocht werden, sie muss den Menschen in Augenhöhe begegnen«* – so Meryl Streep über ihre Rolle in *Der Teufel trägt Prada.*[3]

### 9.1.2 Das Visualisieren von Gesprächsinhalten 10

In diesem Kapitel geht es um die zahlreichen Varianten zum visuellen Präsentieren von Gesprächsinhalten. Das Wichtigste gleich vorweg:

**Die Vorteile des Visualisierens von Gesprächsinhalten sind so groß, dass Sie sich diese Technik zur Gewohnheit machen sollten.**

**Drei Arten der Visualisierung**

Grundsätzlich unterscheide ich drei Gruppen von Visualisierungen: Die erste besteht aus allem, was *bereits vorhanden ist:* Briefe, Berichte, Analysen, Fotografien, Prospekte, Kataloge, Produkte oder Produktmuster; selbstverständlich zählen dazu auch alle vorbereiteten Informationen, die man per Computerbildschirm, Beamer, Overhead-Projektor oder Flipchart präsentiert. Zur zweiten Gruppe gehört alles, was man erst während des Gesprächs *schriftlich oder bildlich erfasst:* z.B. unsere Notizen und Skizzen in einem Formular, auf einem Block, am Flipchart oder an der Tafel, im Restaurant auf einer Papierserviette. Die dritte Gruppe ist die interessanteste: Sie besteht aus »thematischen Platzhaltern«, die *Gesprächsinhalte symbolisch repräsentieren*. Das können beliebige *reale Objekte* sein – in einem Gespräch in der Kantine repräsentiert der Salzstreuer den klagenden Wettbewerber, der Pfefferstreuer den Handelsrichter und Gläser die Schöffen. Nimmt man den Begriff Platzhalter wörtlich, kann dieser aber auch virtuell sein: Auf eine bestimmte Stelle des Tisches platzieren wir mit Hilfe systematischer Gesten den aktuellen Testbericht über unser Produkt (der aus Geheimhaltungsgründen nicht mitgenommen werden durfte) – wir legen einen Raumanker oder Raumlageanker an.

Ganz unabhängig davon, ob man etwas zusätzlich in Schriftform oder per Abbildung präsentiert, detailliert oder zusammengefasst, in Originalform oder als Symbol, real oder virtuell: Jede Visualisierung bildet ein eigenständiges Medium, das an die zu besprechenden Themen erinnert – selbst wenn einzelne Informationen nicht zu erkennen sind und der Schall unserer Worte bereits verflogen ist.

**Vorhandene Unterlagen**

Beginnen wir mit der Gruppe der bereits vorhandenen Unterlagen. Diese verschaffen uns drei bekannte und oft genutzte Vorteile: Liegen Ausführungen in Schriftform allen Gesprächspartnern vor, erübrigt sich ausführliches Mitschreiben und Notizen stehen gleich an der richtigen Stelle. Man spart Zeit, Kosten und Energie. Außerdem hinterlassen inhaltlich und optisch gut vorbereitete Unterlagen einen guten Eindruck auch weit über das Gespräch hinaus. Der damit eng verbundene dritte Vorteil: Alles, was schriftlich vorbereitet ist und im Gespräch vorliegt, muss ich nicht im Kopf parat halten. Unterlagen sind Stichwortgeber. Viele Vortragende überspannen jedoch den Bogen. Für sie stellen Overhead-Projektor oder Beamer das dar, was der Teleprompter für Nachrichtensprecher im Fernsehen ist. Sprüche wie »Ab 24 Overhead-Folien pro Minute sagt man Film dazu« oder »Haben Sie PowerPoint oder etwas zu sagen?« hören sich zwar lustig an, verweisen aber auf ein ernstes Problem: Untersuchungen zeigen, dass die Verwendung eines Beamers zu einer Imageaufwertung des Referenten führt. Man vergisst dabei: Es handelt sich um den ersten (!) Eindruck. Wie aber sieht der Gesamteindruck am Ende einer Präsentation aus? In vielen Fällen ist er mit fünf Worten zu beschreiben: zu viel und zu langweilig. (Zum inhaltlichen und formalen Gestalten von Beamer-Präsentationen finden Sie daher in BOX 34 einige Grundregeln.)

## ■ BOX 34: HABEN SIE POWERPOINT ODER ETWAS ZU SAGEN?

Der Einsatz eines Beamers verbunden mit einem Präsentationsprogramm ermöglicht beeindruckende Vorführungen – oder gähnende Langeweile. Für Letzteres sind insbesondere vier Gründe verantwortlich: Der Referent vernachlässigt die Bedeutung seines Vortragsstils für den Gesamterfolg und degradiert sich zum Vorleser. Er überfrachtet seinen Vortrag mit Daten. Er gibt nicht genügend Zeit, die einzelnen Informationen zu lesen und zu verarbeiten. Und er übersieht, dass parallele mündliche und visuelle Informationen oft ablenken und Verwirrung stiften. Unter Hinweis auf die gebotene Vorsicht beim Anwenden finden Sie hier einige Grundsätze:

1. Unterminieren Sie nicht den stärksten Impulsgeber eines Vortrags – nämlich Ihre Person – durch einen informationsüberladenen Beamereinsatz. Der Beamer sollte als Ihr nützlicher Helfer erscheinen – nicht umgekehrt.
2. Es ist legitim, den Beamer als Souffleuse oder Stichwortgeber einzusetzen. Es wirkt jedoch hochgradig unprofessionell, ihn als Teleprompter zu verwenden, der Texte zum Ablesen liefert.
3. Ein häufiger Grund für das Überfluten mit überflüssigen Informationen besteht im Verwenden von Texten, die für andere Zwecke verfasst wurden. Streichen Sie diese unter Zeit- und Wirkungsaspekten rigoros zusammen.
4. Trennen Sie zwischen visuellen Informationen, die mündliche Ausführungen unterstreichen, und Informationen, die mündliche Ausführungen ergänzen oder sogar ersetzen sollen.
   - Unterstreichende Informationen verfolgen das Prinzip »doppelt genäht hält besser«: Gehört und gelesen ist besser als nur gehört. Achten Sie darauf, dass diese Texte so kurz wie möglich sind und nur in begründeten Ausnahmefällen Ihren genauen Wortlaut enthalten (z. B. bei Zitaten oder Gesetzestexten). Gut eignen sich einfache Schlüsselbegriffe, Cartoons oder Abbildungen, die Ihre Kernaussagen zusammenfassend enthalten oder illustrieren. Zu diesen Visualisierungen dreht man sich nur um, wenn es dazu etwas zu

sagen gibt (z. B. zu Details eines Cartoons). Und man gibt etwas Zeit zum Betrachten.

- Bei Inhalten, die mündliche Ausführungen ergänzen oder ersetzen, müssen Sie ausreichend Zeit zum Lesen geben und während dieser Zeit zumindest so tun, als ob auch Sie das still lesen. Ihr Reden lenkt die Aufmerksamkeit ab. Vermeiden Sie während dieser Zeit den Blickkontakt. Falls Sie Texte gemeinsam durchgehen, setzen Sie die durch einen Laserpointer verstärkte Auge-Hand-Koordination (vgl. 9.1.4) ein.

5. Nutzen Sie den wichtigsten Vorteil eines Beamers im Vergleich zum Overhead-Projektor: Blenden Sie Informationen nicht nur synchron zu Ihren Ausführungen ein (das tun bereits viele). Blenden Sie diese auch wieder aus oder deutlich ab, wenn ein neuer Punkt zur Sprache kommt (das tun nur wenige). Denn alles lenkt ab, was hinter Ihnen zu sehen ist und nicht zum Thema gehört.
6. Planen Sie deshalb auch inhaltslose, rein schwarze Abbildungen für Teile Ihres Vortrags, wenn Sie für eine Weile keinen Beamer benötigen. Das Aus- und Wiedereinschalten des Beamers wäre zu umständlich.
7. Animierte Texte oder Abbildungen erhöhen die Aufmerksamkeit und bescheinigen Professionalität – für eine Weile. Dann stören sie, weil sie die Aufmerksamkeit ablenken. Haben sie ihren Dienst getan, sollten sie im wahrsten Sinn des Wortes von der Bildfläche verschwinden.
8. Denken Sie stets daran: Jede hinter Ihnen erscheinende neue Information lenkt die Zuhörer ab, denn Bewegungen fokussieren sofort die Aufmerksamkeit. Machen Sie kurze Pausen – in diesem Moment hört Ihnen ohnehin niemand zu: Sie haben keine Sendeerlaubnis. Dies erkennen Sie an der Blickrichtung Ihrer Zuhörer.
9. Und der wohl wichtigste Tipp: Unterstützen Sie das Verarbeiten Ihrer mündlichen und visuellen Informationen durch Modulations-, Aufmerksamkeits- und Wartepausen. Wenn Sie diese konsequent planen und einhalten, erledigt sich das Problem der Informationsüberflutung meist von selbst. Sie bekommen ein Gespür für die Menge der Informationen, die sich in der vorgegebenen Zeit wirksam übermitteln lassen.

Einen anderen Vorteil visualisierter Gesprächsinhalte behandelten wir bereits beim Blickkontakt: Visualisierungen schaffen Möglichkeiten zum Abwenden des Blickkontaktes, sobald man sich im Gespräch darauf bezieht. Dadurch vermeidet oder vermindert man das Ankern negativer Erinnerungen und entlastet Beziehungen. Auch der nächste Vorteil ist bekannt: Genau wie Gesten aktivieren visuelle Objekte die Primingfunktion unseres Gehirns. Sie fördern daher Schnelligkeit und Umfang des Erinnerns und Assoziierens – allerdings auch bei Unterlagen mit unangenehmen Inhalten. Darum geht es im nächsten Kapitel um das bewusste Vermeiden visueller Impulse. Grundsätzlich profitieren wir von beiden Vorteilen sowohl bei den realen als auch bei den virtuellen Repräsentationen. Bei den virtuellen sollte man allerdings vorsichtiger beginnen. Und die Primingfunktion hängt davon ab, wie oft man einen Platz als Raumanker für ein bestimmtes Thema angesprochen hat (dazu später mehr).

**Trennen von Sender und Sendung**

Damit kommen wir zum letzten Vorteil des Visualisierens, den ich Ihnen besonders ans Herz lege: das Trennen von Sendung und Sender. Kaum jemand berücksichtigt, dass bei mündlichen Gesprächen fast immer die Botschaft seine Gefühle auslöst und nicht ihr Überbringer. Sendung und Sender bilden eine Einheit: Denn umgekehrt wie im Spruch »Man prügelt den Sack und meint den Esel« prügelt der Empfänger nun unbewusst den Esel, obwohl der Sack den Anlass gab. Bei guten Gefühlen kann das sogar von Vorteil sein – man verschenkt jedoch die Wirkung eines zusätzlichen Mediums. Bei schlechten Gefühlen ist es jedoch fast immer schädlich. Eine der einfachsten und sichersten Gegenmaßnahmen besteht im Visualisieren unserer Gesprächsinhalte:

> **Ist etwas zu sehen, das einen Inhalt repräsentiert, sind Botschaft und Botschaftsüberbringer getrennt wirkende Objekte, die sich einzeln nutzen lassen und zu denen man auch unterschiedliche Beziehungen aufbauen kann.**

**Symbolisches Visualisieren**

Das funktioniert auch symbolisch, wenn das reale Objekt nicht vorliegt. Diskutiert man die Inhalte eines Buches, das noch nicht erschienen ist, lässt sich anstelle des Buches die Verlagsankündigung vorlegen und zum nonverbalen und damit unbewussten Verstärken unserer Argumentation nutzen. Der Prospekt repräsentiert die Buchinhalte. Hat man weder einen Prospekt noch ein anderes Symbol zur Hand, besteht sogar die Möglichkeit, ein virtuelles Buch zu präsentieren – ein Phantombuch. Mit dieser interessanten Variante befassen wir uns ausführlich im Abschnitt 9.3.

**Koverbales Muster**

## DAS VISUALISIEREN VON GESPRÄCHSINHALTEN [MK10]

… umfasst alle Möglichkeiten, mündliche Informationen zusätzlich visuell zu präsentieren. Dabei sind drei Gruppen zu unterscheiden:
1. Bereits vor einem Gespräch verfügbare Objekte wie Briefe, Berichte, Fotografien, Prospekte, Kataloge, Produkte sowie alle vorbereiteten Informationen zum Präsentieren per Computerbildschirm, Beamer, Overhead-Projektor oder Flipchart.
2. Während eines Gesprächs gemachte Notizen oder Skizzen. 3. Thematische Platzhalter, die Gesprächsinhalte symbolisch repräsentieren, z. B. beliebige reale Objekte oder als Raumanker eingerichtete Plätze auf dem Tisch oder im Raum.

Bei Inhalten, die gute Gefühle auslösen (z.B. eine ansteigende Umsatzkurve), schafft das Trennen einen zusätzlichen positiven Impulsgeber neben dem Überbringer der Botschaft, bei Inhalten mit negativer Gefühlswirkung (z.B. eine abfallende Umsatzkurve) einen isolierten negativen Impulsgeber. Beide lassen sich nach Belieben taktisch einsetzen. Dazu lenken wir die Aufmerksamkeit auf sie, signalisieren, in welcher Beziehung wir zu ihnen stehen, und beziehen sie dann direkt oder indirekt beim Argumentieren mit ein. Da Bewegungen den stärksten Eindruck vermitteln, bedeutet das: Nicht nur unsere Bewegungen hin zu oder weg von den visualisierten Gesprächsinhalten sind wichtige Eindruck-Vermittler, sondern auch ihr Bewegen und Platzieren auf dem Tisch oder im Raum. Daraus ergeben sich drei Möglichkeiten, um visualisierte Informationen für Gesprächspartner zu markieren, die wir im folgenden Abschnitt näher betrachten:

**Visualisierungen markieren**

1. Das übliche *verbale Markieren* besteht im Mitteilen der erfreulichen oder unerfreulichen Inhalte. Das genügt bei negativen Botschaften jedoch fast nie: Sprachlich bilden Sack und Esel noch immer eine Einheit, obwohl der Sack jetzt auch sichtbar vor uns liegt. Wir sollten uns daher auch verbal davon distanzieren. Selbst das reicht aber oft nicht aus: Erst entsprechende nonverbale Signale schaffen einen weitgehend getrennten Eindruck von Sendung und Sender.

2. Deshalb markieren wir Visualisierungen auch *gestisch* durch verbindende oder distanzierende Gebärden (wir nehmen z.B. etwas in die Hand oder legen es demonstrativ weg).

3. Und als dauerhafte *visuelle* Markierung dient die Nähe zu uns, die wir verringern oder vergrößern (z.B. auf dem Tisch durch das Heranziehen oder Wegschieben einer Unterlage, im Raum durch das Verändern des körperlichen Abstands zum Flipchart mit den strittigen Themen).

### 9.1.3 Gestisches und verbales Markieren 11 10

Das grundsätzliche Vorgehen beim gestischen Markieren wurde bereits im Zusammenhang mit den »glorreichen Sieben« und den Fokuspunkten behandelt. Denn jeder visualisierte Inhalt stellt einen gesonderten Fokuspunkt dar, auf den ich mich gestisch ausdrücklich oder beiläufig beziehen kann. Sehen wir uns zunächst das Markieren positiver Inhalte an. Eine bekannte Möglichkeit bietet die *Beziehungsgeste* [MK04]. Mit ihr veranschauliche oder betone ich nonverbal sowohl die Beziehung zum Gesprächspartner als auch meine Beziehung zum visualisierten Inhalt. Entsprechendes gilt für die *Vertrauensgeste* [MK03]: Sie haben eine Aufstellung mit allen Vorteilen eines Projektes vorbereitet und wollen nonverbal betonen, dass erstens Ihr Gesprächspartner davon profitiert und dass zweitens Sie persönlich dafür sorgen wollen. In diesem Gespräch gibt es also drei Fokuspunkte: Sie, Ihren Gesprächspartner und die Aufstellung. Während Sie die Vorteile zum ersten Mal mündlich aufzählen, zeigen oder tippen Sie mit einer Hand auf die Liste. Sie können diese Aufstellung auch in der nicht dominanten Hand halten und – während Sie mit der dominanten Hand darauf zeigen oder tippen – auch dorthin blicken. Erwähnen Sie anschließend die Mithilfe Ihrer Person, zeigen Sie gleichzeitig mit einer verbindenden Geste vom dritten Punkt (Liste) über den ersten Punkt (Sie) zum zweiten Punkt (Gesprächspartner). Da die Liste und Ihre Person im Kontext »Projektvorteile« jetzt gestisch eindeutig markiert sind, können Sie mit beiden Fokuspunkten ab sofort auch indirekt argumentieren. Überlegt Ihr Partner, ob das Projekt überhaupt sinnvoll ist, erinnert ihn eine beiläufig wirkende Geste zur Liste nonverbal an die Vorteile. Grübelt er über das erfolgreiche Umsetzen nach, signalisiert eine Vertrauensgeste nonverbal, wer dafür ebenfalls zuständig ist (BOX 35). Grundsätzlich bieten daher alle einbeziehenden Gesten die Möglichkeit des indirekten und damit unaufdringlich wirkenden Argumentierens.

## ■ BOX 35: VERBALES CONTRA NONVERBALES ZUSICHERN – WENIGER IST WIRKLICH MEHR

Anlässlich einer kleinen Rundreise stellte sich der neue Gebietsvertreter meiner Versicherung auch bei mir vor. Er hatte sich gut vorbereitet: Ein dicker, prall gefüllter Aktenordner erhielt sämtliche Leistungen seines Unternehmens. Darüber hinaus hatte er viel Arbeit in das Erstellen eigener, mehrfarbiger Unterlagen gesteckt, die seine persönliche Arbeitsweise erläuterten sowie die hohen Ansprüche darlegten, die er an sich selbst zum Wohle seiner Kunden stellt. Nachdem er mir mit Hilfe dieser zahlreichen Visualisierungen seine Arbeitsethik ausführlich erläutert hatte, fragte er mich nach meiner beruflichen Tätigkeit. So kamen wir auf mein Spezialgebiet zu sprechen und – wie fast immer in solchen Fällen – es waren dann Beispiele gefragt. Ich erkundigte mich, ob ich diese Techniken an seinem kleinen Vortrag erläutern dürfe, und er stimmte zu.

Die Hauptschwierigkeit seines Vortrags bestand darin, dass er – zwar mit besten Absichten – zu viel von seiner Person und seinen Werten sprach und seine außergewöhnliche Kundenorientierung zu sehr betonte. Ich glaubte ihm das – trotzdem ging er mir damit auf die Nerven. Während ich mir aber meine Verärgerung erklären konnte (und ihm deshalb später auch), dürften bei vielen seiner Kunden irgendwann ungute Gefühle aufkommen. Dann setzt das Hellsehen ein – meist zu seinen Ungunsten. Zumal auch Betrüger diese Strategie einsetzen: Um Abhängigkeit zu schaffen, betonen sie überdeutlich den besonderen Nutzen, den gerade sie und nur sie bieten. Ich schlug deshalb vor, die gleichen Argumente unbestimmter zu formulieren (also Faselindikatoren zu verwenden) und dabei die Vertrauensgeste einzusetzen. Statt direkt »Ich biete Ihnen A, B, C, D …« sollte er sagen »Man legt heute Wert auf A, B, C, D …« oder »Anspruchvolle Kunden wollen heute A, B, C, D …« (was dem verbalen Muster »unbestimmtes Subjekt« entspricht). Je mehr er in der Ich-biete-Form aufzählt, umso größer ist das Risiko, unglaubwürdig oder überheblich zu wirken. Je mehr er in der Man-will-Form aufzählt, umso anspruchsvoller sind Kunden – und damit auch seine Zuhörer. Setzt er beim Aufzählen der nun als Ansprüche formulierten Vorzüge vorsichtig die Vertrauensgeste ein [MK09], übermittelt er nonverbal die gleiche Botschaft wie verbal in der Ich-biete-Form, allerdings indirekt und unbewusst: »… und übrigens, auch ich biete das …« Das Risiko von Ablehnung, Verärgerung oder Misstrauen sinkt deutlich.

Unter diesem Aspekt ist auch zu prüfen, ob man alle wichtigen Argumente überhaupt einzeln und gut lesbar visualisiert. Eine lange Aufstellung beeindruckt zwar mehr als ein kurze. Sie übt allerdings einen gewissen Zwang aus, alle aufgezählten Punkte zu besprechen. Das kostet nicht nur Zeit. Es schränkt auch die Möglichkeit ein, sich auf Argumente zu beschränken, die für den jeweiligen Gesprächspartner wichtig sind, zumal die übrigen, nicht besprochenen Punkte ablenken. Präsentiert man dagegen ein Blatt mit der großen Überschrift »Darauf legen anspruchsvolle Kunden Wert!« oder »Die Vorteile der Reprunsatoren«, bei dem die einzelnen Punkte mit etwas Abstand kaum noch zu lesen sind, erinnert dieses Blatt nur an diejenigen Argumente, die man mündlich erwähnte. Die gleiche Wirkung besitzen geschlossene Prospekte, Broschüren, Berichte oder Bücher. Sie vermitteln keine spezifischen Inhalte, sondern lösen Denkprozesse aus.

**Negative Inhalte markieren**

Das Markieren negativer Inhalte zeichnet sich durch einige Besonderheiten aus: Da Botschaft und Botschaftsüberbringer jetzt deutlich getrennt werden sollten, sind Gesten zu vermeiden, die eine Verbindung zwischen den visualisierten Informationen und dem Sender andeuten – also die Beziehungs- und Vertrauensgeste. Darum sollte man Unterlagen mit negativen Informationen (z.B. Aufstellungen von Fehlern, Mängeln, Nachteilen oder Problemaspekten) nicht zu lange in der Hand halten, sondern auf den Tisch legen. Das Markieren erfolgt durch hinzeigende Gesten während der verbalen Erläuterungen. Auch Nicht-Schauspielern fällt es leicht, diese Trennung mit Hilfe ihrer Stimme und Mimik, durch ein leichtes Kopfschütteln und abwinkende oder abfällige Gesten zu unterstreichen. Das beiläufig wirkende Einbeziehen während des Gesprächs geschieht wie bei den positiven Inhalten nur durch eine in Richtung der Visualisierung deutende Geste. Beim ausdrücklichen Einbeziehen blickt man außerdem in diese Richtung.

11

**Koverbales Muster**

## GESTISCHES MARKIEREN [MK 11]

**Gestisches Assoziieren [MK11.1]** betont mit Hilfe entsprechender Gesten die Übereinstimmung zwischen Sender und visualisiertem Inhalt, drückt also eine positive Beziehung aus. Ein direktes, ausdrückliches Einbeziehen des Verbindenden erfolgt mit entsprechenden verbalen Hinweisen und/oder einem unterstützenden Blick in Richtung Visualisierung. Das indirekte oder beiläufige und damit unbewusste Einbeziehen geschieht rein gestisch während des Gesprächs ohne verbale Bezugnahme und ohne Blick zu den visualisierten Inhalten.

**Gestisches Dissoziieren [MK 11.2]** betont die Trennung zwischen Sender und visualisiertem Inhalt mit Hilfe entsprechender Gesten und drückt damit aus, dass weder in sachlicher noch emotionaler Hinsicht eine Beziehung zwischen beiden besteht. Ein direktes oder ausdrückliches Betonen des Trennenden erfolgt mit entsprechenden verbalen Hinweisen und/oder mit einem Blick in Richtung Visualisierung. Das indirekte oder beiläufige und damit unbewusste Distanzieren geschieht rein gestisch während des Gesprächs ohne verbale Bezugnahme und ohne Blick zu den visualisierten Inhalten.

In der Hitze des Gefechtes passiert es oft, dass wir zwar den Abstand einer Unterlage zu uns bewusst verändern, aber den gewünschten Eindruck verbal unbewusst wieder aufheben. Schiebe ich meinen Berichtsentwurf auf dem Tisch von mir weg, weil ich aufgrund von Kritik nonverbal zeigen will »Ich distanziere mich jetzt davon«, nützt das wenig, solange ich verbal nach wie vor von »meinem Entwurf« spreche. Meist sind derartige Inkongruenzen für sich allein genommen nicht gesprächsentscheidend. Sie beeinträchtigen jedoch den Gesamteindruck, den der Gesprächspartner gewinnt, und irgendwann bringt der berühmte Tropfen das Fass zum Überlaufen und den Gesamteindruck zum Kippen. Um weitestgehend kongruent zu wirken, sollte man daher die Bedeutung von Gesten und Sprache aufeinander abstimmen:

10

**Verbales Muster**

**VERBALES MARKIEREN [MV 10]**

**Verbales Assoziieren [MV 10.1]** erreicht man durch das Verwenden von persönlichen Fürwörtern der ersten Person (ich, meiner, mir, mich oder wir, unser, uns).

**Verbales Dissoziieren [MV 10.2]** erreicht man durch das Verwenden von Personalpronomen der dritten Person (er, sie, es, ihr, ihm, sein, seiner, ihrer) oder durch hinweisende Fürwörter (der, die, das oder dieser, diese, dieses, jener, jene, jenes).

Geht es um den Wert eines von mir verfassten Entwurfs, markiere ich meine Beziehung zu diesem Papier verbal, gestisch und visuell in Abhängigkeit von den Diskussionsergebnissen: Stößt mein Bericht auf Ablehnung, lege ich ihn aus der Hand, schiebe ihn so weit wie unauffällig möglich von mir weg und bedauere, »dass *jene* Vorschläge nicht gefallen«. Stoßen meine Gedanken dagegen auf Zustimmung, kann ich diesen guten Eindruck durch Bemerkungen wie »Es freut mich, dass ihnen *meine* Ausarbeitung gefällt« verstärken und durch das In-die-Hand-Nehmen der Papiere mit meiner Person verbinden. Studenten rate ich in diesem Fall sogar, in einer Besprechung beim Professor Hausarbeit oder Referat abschließend an die Brust zu legen und den Blickkontakt zu suchen, um dadurch einen positiven Gesamteindruck von Arbeit und Person zu ankern. Der arme Mensch sieht so viele Studenten, dass man dem positiven Erinnern an die eigene Person ruhig nachhelfen kann. Vorgesetzte sollten das koverbale und verbale Identifizieren jedoch nur in Ausnahmefällen einsetzen (vgl. BOX 36).

## ■ BOX 36: VERBALES MARKIEREN DURCH VORGESETZTE

Viele Vorgesetzte nutzen bewusst oder unbewusst Mitarbeitergespräche, um ihre Kompetenz zu beweisen oder um sich zu profilieren. Langfristig schaffen sie dadurch jedoch unselbstständige Mitarbeiter. Kinder und sogar Haustiere erkennen schnell, von wem man am einfachsten Hilfe bekommt; Angestellte und Arbeiter sind sicher nicht dümmer. Vorgesetzte, die Wert auf Mit-Arbeiter legen, sollten daher vorsichtig mit dem verbalen Betonen der eigenen Person beim Vorschlagen von Lösungen sein. Der berühmte Psychotherapeut Milton Erickson vermied weitestgehend Formulierungen wie »Ich rate Ihnen, ...«, »Mein Vorschlag wäre ...« oder »Meiner Ansicht nach könnten Sie ...«. Ericksons Vorschläge für seine Klienten stammten oft von seinem Freund John, der angeblich vor einem ähnlichen Problem gestanden und mit einem bestimmten Vorgehen gute Erfahrungen gemacht hatte. Ericksons *My-Friend-John-Strategie* ist eine wirkungsvolle Technik zum verbalen Distanzieren von der eigenen Person. Zumal sich »mein Freund John« leicht durch eine angebliche Sendung im Fernsehen, eine Fachzeitschrift oder ein Fachbuch ersetzen lässt. Für Mitarbeiter oder Verkäufer ist es generell legitim, bei Chef oder Kunde einen positiven Gesamteindruck aus eigener Person und gelungener Problemlösung anzustreben. Vorgesetzte sollten das in Mitarbeitergesprächen jedoch grundsätzlich vermeiden: Diese Taktik ist effizient, denn jeder erinnert sich an den Autor dieses brillanten Vorschlags; sie ist aber nicht effektiv, da sie langfristig das Engagement der Mitarbeiter untergräbt.

**Unaufdringlich Komplimente machen**

Da gestisches Markieren verbale Hinweise mit realen oder virtuellen Objekten oder Plätzen verknüpft, kann man es auch zum indirekten Zuschreiben guter Eigenschaften verwenden, z.B. für unaufdringliche Komplimente: Der Vorgesetzte (oder ein Berater) zählt lobend alle guten Eigenschaften seiner Mannschaft auf (oder die hohen Ansprüche seiner Kunden) und adressiert diese mit einer Geste aus dem Handgelenk wie beiläufig an seinen Mitarbeiter (oder Kunden). Zählt mein Versicherungsvertreter aus BOX 35 auf, was »anspruchsvolle Kunden« heute erwarten, kann er all diese Werte auch unauffällig seinen Gesprächspartnern zuschreiben. Wollen Sie diese und andere nonverbale Techniken näher studieren, sollten Sie sich deutsche und amerikanische Prediger im Fernsehen ansehen, zumal die nonverbalen Unterschiede sofort ins Auge fallen. Vor einiger Zeit verfolgte ich die Predigt eines Hamburger Pfarrers, der sich darüber beklagte, dass so wenig Menschen in die Kirche gehen. Während er die seiner Ansicht nach dafür verantwortlichen Gründe aufzählte – fehlende Werte, Bequemlichkeit, Interesselosigkeit, Gedankenlosigkeit usw. –, wies er jeweils mit beiden offenen Händen in Richtung seiner Gemeinde. Auf einmal schien er jedoch zu merken, was er gerade tat: Obwohl er die Anwesenden nicht meinte, adressierte er gestisch alle negativen Eigenschaften an seine Zuhörer. Auf jeden Fall zögerte er einen Moment und korrigierte den nonverbal erzeugten Eindruck dann verbal: Natürlich gehörten die hier Anwesenden nicht zu diesen Personen; schließlich besuchten sie ja gerade einen Gottesdienst.

Häufig muss man in Gesprächen, Vorträgen und Seminaren wichtige negative Eigenschaften erwähnen. Und oft passiert es in der

**Negatives nach außen adressieren**

Erregung, dass man diese – wie unser Pfarrer – dann unbewusst den Zuhörern zuschreibt. Daher sollte man den Rat Michael Grinders befolgen und negative Eigenschaften grundsätzlich nach außen adressieren. Ich setze diese Technik auch ein, um kritische Bemerkungen in Richtung Zuhörer indirekt zu vermitteln. Zu Beginn einer Veranstaltung frage ich nach der Himmelsrichtung, die eine Alternative zum jeweiligen Standort bildet: Bei meinen Moskauer Seminaren erkundigte ich mich bei den Teilnehmern, wo Westen liegt; in Bayern frage ich z.B., wo Norden ist. (Da die meisten Anwesenden über den Sinn dieser Frage rätseln, bekommt man gratis eine Musterunterbrechung zum Heben der Stimmung.) Nehmen wir an, die Veranstaltung handelt von Impuls-Kommunikation. Komme ich zu den Schwierigkeiten, mit denen fast alle beim Lernen und Anwenden kämpfen, schreibe ich die zahlreichen Gründe und Ausreden verbal und nonverbal nur den nicht Anwesenden draußen zu: Den Moskauern teile ich mit, dass alle diese Schwierigkeiten nur da hinten bei den Westlern vorkommen und selbstverständlich hier vollkommen unbekannt sind. Den Bayern sage ich, dass diese Probleme natürlich nur da oben im Norden vorkommen. Dem Lachen der Zuhörer kann ich stets entnehmen, dass diese ironische Beschreibung ihr Ziel erreichte.

### 9.1.4 Die Auge-Hand-Koordination 12

**Wenn der andere unseren Ausführungen nicht folgt**

Da Kommunikation nie eigene Absicht, sondern stets Wirkung bei anderen ist, passiert es natürlich auch, dass einfache hinweisende Gesten wirkungslos bleiben. Der Gesprächspartner ist nicht bereit, mit seiner Aufmerksamkeit, seinem Blick ebenfalls zum visualisierten Inhalt zu wechseln. In diesem Fall fehlt die Erlaubnis zum Fortsetzen des Gesprächs: Unser Gegenüber ist mit seinen Gedanken noch beim letzten Thema oder – was besonders bei emotional aufgeladenen Gesprächen der Fall sein kann – ist grundsätzlich nicht bereit, sich mit Sachfragen zu befassen. Der andere reagiert zwar kurz auf unsere Geste, sucht aber sofort wieder den Blickkontakt. In diesem Fall ist ein stärkeres Mittel notwendig:

die *Auge-Hand-Koordination.* In einer perfekten 90°-Anordnung geschieht das folgendermaßen: Man blickt den Gesprächspartner an, sagt etwa »Ich habe hier etwas für Sie vorbereitet« oder »Lassen Sie uns jetzt auf den Grund unserer Besprechung kommen« und hebt seine dominante Hand so hoch, dass eindeutig zu erkennen ist: »Ich bitte jetzt um Aufmerksamkeit.« Die Hand befindet sich also zwischen Sender und Empfänger, meist in Brust- oder Schulterhöhe; die Finger sind normalerweise locker gefächert und gebogen, in Ausnahmefällen ist natürlich auch ein glaubhaft gestreckter Zeigefinger erlaubt. Dann wendet man den Blick nach unten und sieht auf seine erhobene Hand – was dazu führt, dass unser Gesprächspartner ebenfalls auf unsere Hand blickt. Nun bewegt man während des Sprechens (z.B. »Lassen Sie uns nun zu den Details kommen …«) die Hand in Richtung des visualisierten Inhalts, bis man auf ihn oder in seine Richtung zeigt, und behält während der gesamten Bewegung die eigene Hand im Blick. Man koordiniert also seine Hand- und Augenbewegung.

**Koverbales Muster**

**DIE AUGE-HAND-KOORDINATION [MK12]**



… ist eine Geste, mit der man den Blick und damit die Aufmerksamkeit von Gesprächspartnern auf einzelne Objekte lenkt. Zunächst blickt man den Gesprächspartner an, hebt vor ihm die Hand auf Brusthöhe und schaut dann auf die erhobene Hand. Der andere folgt diesem Blick und sieht ebenfalls auf die Hand. Nun bewegt man Hand und Blick zusammen in Richtung Objekt und die Augen des Gegenübers folgen dieser Bewegung.

Die Auge-Hand-Koordination wirkt fast immer – offen bleibt jedoch, wie lange. Es kann sein, dass Ihr Gesprächspartner nach wenigen Sekunden woanders hinblickt oder wieder Ihren Blick sucht, weil er aus welchen Gründen auch immer nicht bereit ist, sich mit dem neuen Thema zu befassen. In diesem Fall brechen Sie vorsichtig ab, wenden sich ihm wieder zu und versuchen, auf die Ihnen bekannten Gründe einzugehen oder die ihnen unbekannten Gründe herauszufinden. Ein weiteres Eingehen auf das Thema ist Zeitverschwendung – Ihr Gegenüber verweigert die Erlaubnis. Meinen Sie nach einiger Zeit, nun könne diese wieder vorhanden sein, versuchen Sie die Auge-Hand-Koordination erneut.

Üben Sie diese komplexere Geste aber zunächst nur im Schneckentempo. Wichtig ist, ein Gefühl für den richtigen Ablauf zu bekommen. Die Echtzeit-Darbietung probieren Sie später. Sollte das nicht so klappen wie geplant: Bedenken Sie, dass niemand außer Ihnen weiß, was Sie eigentlich vorhatten. Und im Vergleich zu früher zeigt jedes Erkennen eines Fehlers an, dass Sie Fortschritte machen.

**Wenn der andere nicht auf der Sachebene bleibt**

In einem firmeninternen Training für die Kundenberater einer Bank kam die Frage auf, was man mit jemand macht, der extrem aufgeregt ist. In diesem Fall ging es um eine ältere Dame, die nicht nur ihre gesamten Ersparnisse im »neuen Markt« angelegt und verloren hatte, sondern auch dazu aufgenommene Kredite. Der Berater hatte vergeblich versucht, seinen »Notfall-Plan« mit ihr zu besprechen. Sie war nicht fähig, auf der Sachebene zu kommunizieren. Ihre Augen verweilten nur kurz auf den Unterlagen und suchten dann wieder flehentlich den Blickkontakt. In solchen Situationen versagt selbst die Auge-Hand-Koordination, weil die emotionale Spannung zu hoch ist. Eine aus Sicht des Beraters sinnvolle Strategie könnte darin bestehen, das Gespräch zu vertagen, um die Zeit für sich arbeiten zu lassen. Als Grund für die Gesprächsverschiebung könnte er z. B. beruhigend sagen: »Mir ist da gerade etwas eingefallen, das ich noch berücksichtigen kann. Geben Sie mir ein paar Tage Zeit, das einzuarbeiten.« Selbst wenn das nicht den Tatsachen entspräche – es geschieht im Interesse seiner Kundin.

**Auge-Hand-Koordination beim Präsentieren**

Noch einige Hinweise zum Einsetzen der Auge-Hand-Koordination beim Arbeiten mit Gruppen: Entsprechend der bekannten Regel »Halten Sie stets Blickkontakt« stößt man in Büchern über Präsentationstechniken auf Ratschläge wie »Man sollte sich nicht nach seinen projizierten Texten oder Abbildungen umsehen« oder »Gute Präsentatoren drehen ihrem Publikum nicht den Rücken zu«. Aber nicht nur die Blickkontakt-Regel, auch die beiden Präsentationsgrundsätze lassen sich mit dem Hinweis einschränken: Es kommt darauf an, was Sie mit den gezeigten Texten oder Abbildungen bezwecken. Dienen projizierte Texte oder Abbildungen zum Untermalen oder Wiederholen Ihrer mündlichen Ausführungen, drehen Sie sich nicht danach um. Dienen Sie zum Übermitteln von Inhalten, sollten Sie sich danach umdrehen. Ihre Zuhörer schauen in der Regel dorthin, wo Sie hinsehen. Das können Sie bei Ihren nächsten Vorträgen leicht kontrollieren: Achten Sie einmal bewusst auf die Augenbewegungen Ihrer Zuhörer, wenn hinter Ihnen Texte erscheinen, die man lesen soll und zu denen Sie etwas sagen. Sie stellen schnell fest, dass Ihr Publikum aufgrund Ihrer Inkongruenz vor einem Zielkonflikt steht: Ihre mündliche Anweisung lautete »Lesen«, Ihr Tun und Ihre Augen sagen »Seht mich an und hört mir zu«. Ein Teil des Auditoriums wechselt hin und her (bekommt also weder den Text noch Ihre Erläuterungen komplett mit), ein Teil folgt Ihrem Tun (liest also nicht) und ein Teil folgt Ihrer mündlichen Anweisung und liest (hört Ihnen also nicht zu). Ist es das, was Sie wollten? Dieses Problem lässt sich dadurch lösen, dass man nicht nur zusammen mit dem Auditorium liest, sondern auch die Auge-Hand-Koordination einsetzt – allerdings mit einer durch einen Laserpointer verlängerten Hand. Da Sie einen einleuchtenden Grund zum Umdrehen haben, empfinden das nur die Zuhörer als unhöflich, denen Sie die Sicht versperren. Stellen Sie sich also an die Seite und gehen Sie von dort aus den Text per Laserpointer so durch, dass mündliche Ausführungen und Lesen des Textes weitgehend synchron verlaufen.

### 9.1.5 Taktisches Berühren

Eine spezielle Form des gestischen Markierens sind taktische Berührungen des Gesprächspartners, mit denen man – wie der Name vermuten lässt – etwas bezweckt: nonverbal auf etwas hinweist oder etwas unterstreicht, z. B. einzelne Argumente oder Instruktionen. Letzteres kann eine Bitte an Wildfremde bedeuten, aber auch eine Anweisung für eng vertraute Menschen; auf jeden Fall setzt dies im wahrsten Sinn des Wortes viel Fingerspitzengefühl voraus. Die extremste Form stellt das Umfassen beider Oberarme unseres Gegenübers mit den Händen dar, verbunden mit einem intensiven Blickkontakt. Das geht beim eigenen Sohn, in Ausnahmefällen bei einem Mitarbeiter und nur in extremen Ausnahmesituationen bei wildfremden Menschen (z. B. um jemand in einer Gefahrensituation zum unverzüglichen Handeln zu bringen). In den üblichen Gesprächssituationen ist eine kurze und leichte, fast unmerkbare Berührung mit den Fingerspitzen die beste Wahl – zumal selbst diese kaum spürbare Geste eine enorme Wirkung besitzt. Wichtig ist gerade bei Fremden, dass dieses Antippen während des Sprechens wie beiläufig erfolgt, also möglichst ohne Blickkontakt. Und selbstverständlich wählt man zum Berühren eine unverfängliche Stelle, z. B. den Arm des Angesprochenen.

**Koverbales Muster**

**TAKTISCHES BERÜHREN [MK13]**

**Beiläufiges Berühren [MK13.1]** verfolgt das Ziel, Gesprächsinhalte unbewusst unter Hinweis auf die Beziehung zu betonen. Es erfolgt daher ohne Blickkontakt.

**Nachdrückliches Berühren [MK 13.2]** verfolgt das Ziel, Gesprächsinhalte ausdrücklich und damit bewusst als Hinweis der eigenen Person zu markieren. Es erfolgt daher mit Blickkontakt.

## ■ BOX 37: DIE MACHT DER BERÜHRUNG

Robert-Vincent Joule und Jean-Léon Beauvois beschreiben ein interessantes Experiment aus den USA, das die Wirkung von Berührungen in Verkaufsgesprächen ermitteln sollte [4]. In einem Supermarkt in Kansas City bot ein Experimentator vorbeikommenden Kunden ein Stück Pizza zum Kosten an. In 50 Prozent der Fälle berührte er dabei den Unterarm der Kunden. Das Ergebnis: 79 Prozent der Berührten nahmen das Angebot an; bei den Nicht-Berührten waren es nur 51 Prozent. Als sich ein anderer Experimentator nach dem Verkosten erkundigte, wie es geschmeckt habe, ergaben sich zwar keine Unterschiede – aber von den Berührten kauften 37 Prozent diese Pizza, während es bei den Nicht-Berührten nur 19 Prozent waren. Das Berühren vor dem Verkosten verdreifachte die Kaufhäufigkeit bei den Verkostern: 29 Prozent der berührten, aber nur zehn Prozent der nicht berührten Verkoster kauften eine Pizza.

Joule und Beauvois führen dazu aus: »*Zunächst verblüfft einen die fehlende Verbindung zwischen der Beurteilung eines Produktes und dessen Kauf … Das Verkosten entspricht dem vorbereitenden Verhalten und das Vorbeikommen an den tiefgefrorenen Produkten entspricht der Gelegenheit, die das Individuum dazu verführt, das erwünschte Verhalten, in diesem Fall ein Kaufverhalten, zu zeigen … Das Experiment … zeigt, dass das Berühren zur Folge hatte, die Begleitumstände einer impliziten Bitte zu optimieren.*« Leider wird die Art der Berührung nicht beschrieben; ich vermute jedoch: Hauptgrund für dieses Ergebnis ist das Verstärken der impliziten Bitte durch eine beiläufige Berührung, also ohne Blickkontakt. Da sich Kunde und Experimentator gerade mit dem Produkt beschäftigen, sind alle Voraussetzungen gegeben, den Unterarm wie beiläufig kurz zu berühren. Dadurch meint der Kunde später, er habe den Kaufentschluss weitgehend selbstständig gefasst. Eine Berührung mit Blickkontakt kann dagegen Denkprozesse anstoßen, die sich mit den Absichten des Verkäufers beschäftigen und zum Ergebnis kommen: »Soeben wurde ich zum Kauf aufgefordert.« Beiläufig wirkende Berührungen verhindern die Reaktanz – den Widerstand gegen einen unangenehm empfundenen Druck. So ergab auch eine andere Untersuchung: Kurze und unauffällige Berührungen der Gäste durch das Bedienungspersonal führen beim Kassieren zu einem deutlichen höheren Trinkgeld. Da die griechische Sage vom König Midas berichtet, der durch seine Berührung alles zu Gold machte, spricht man auch von der *Midas-Berührung.*

### 9.1.6 Indirektes Beobachten 01

**Den peripheren Sehbereich einbeziehen**

Verwenden wir beim Kommunizieren visuelle Hilfsmittel wie Prospekte oder Berichte, dann richtet sich auch unser Blick auf diese Unterlagen und nicht auf den Gesprächspartner. Schließlich soll er mit uns zusammen dorthin blicken. Allerdings möchte man auch wissen, was er in diesem Moment tut, auf was seine Aufmerksamkeit gerichtet ist. Diesen scheinbaren Zielkonflikt löst unsere periphere Wahrnehmung. Autofahrer kennen diese Fähigkeit: Man sitzt am Steuer, hat die Straße vor sich im Blick – und ist trotzdem oft der Erste im Wagen, der ein Reh am Waldrand sieht. Der Grund liegt darin, dass der äußere Sehbereich des Auges – der periphere Bereich – im Gegensatz zum zentralen Sehbereich viel stärker auf Bewegungen reagiert, selbst wenn man bewusst ganz woanders hinsieht. Diese Eigenschaft können wir nutzen. *Wenn Sie jetzt beim Lesen Ihre Augen einmal nicht bewegen, sondern fest in Richtung dieses kursiv gesetzten Satzes blicken, können Sie Ihre Aufmerksamkeit auch auf Dinge im peripheren Blickfeld richten* – z.B. auf Ihre Hände und Unterarme oder auf das, was sich rechts oder links von diesem Buch befindet. Forschungsergebnisse des Deutschen Primatenzentrums erklären dieses Phänomen: Der bewusste Wille, die Aufmerksamkeit auf einen anderen Punkt des Blickfelds zu richten, scheint so etwas wie eine Lupe im Kopf des Betrachters zu aktivieren, die die visuelle Auflösung vergrößert[5].

Während Sie das Buchumfeld peripher betrachteten, erkannten Sie sicher: Man kann dabei nicht lesen und die im peripheren Sehbereich abgebildeten Dinge sieht man nur ungenau. Sollten andere Personen Sie jetzt von vorn ansehen, würden diese bei Ihnen den bereits erwähnten »glasigen Blick« feststellen – Ihre Augen sind defokussiert. Das bedeutet für den Kundenberater der Bank aus dem letzten Beispiel: Lenkt er die Aufmerksamkeit seiner Kundin auf die schriftlichen Unterlagen und will gleichzeitig peripher kontrollieren, ob sie ihm folgt oder nicht, sollte er wissen, was in den Unterlagen steht. Vorlesen und peripheres Beobachten geht nicht gleichzeitig. Aber selbst wenn man etwas vorlesen müsste: Unsere periphere Wahrnehmung registriert Bewegungen unserer Gesprächspartner – sofern sie im peripheren Blickfeld erfolgen. Auch darum ist die 90°-Anordnung von Nutzen. Das indirekte Beobachten von Gesprächspartnern ist jedoch nicht nur während des scheinbaren Betrachtens von Unterlagen wichtig. Später erfahren Sie noch, warum dies auch erforderlich ist, wenn man in Richtung seines Gesprächspartners blickt. Darum stelle ich bereits hier beide Arten des indirekten Beobachtens vor:

**01**

**Beobachtungsmuster**

### INDIREKTES BEOBACHTEN [MB01]

Beim **peripheren Beobachten [MB01.1]** blicken wir nicht in Richtung unseres Gesprächspartners, wenden die Aufmerksamkeit aber dem peripheren Bereich unseres Blickfelds zu, in dem er sich befindet, um möglichst alle seine Körperveränderungen zu erkennen.

Beim **defokussierten Beobachten [MB 01.2]** blicken wir zwar in Richtung unseres Gesprächspartners, defokussieren dabei jedoch vorsichtig den Blick, um im gesamten Blickfeld möglichst alle Körperveränderungen zu erkennen.

## 9.2 Wahrnehmungskontexte bereinigen

*»Aus den Augen, aus dem Sinn.«*
Deutsches Sprichwort

### 9.2.1 Sach- und Beziehungsebene aufräumen 14

**Den Tisch als »Gedankenbühne« nutzen**

Da Menschen nicht kontextfrei wahrnehmen, beeinflusst nicht nur das ihre Gedanken, *was* auf einem Tisch vor ihnen liegt. Natürlich spielt dabei auch eine Rolle, *wo* es auf dem Tisch liegt. Je näher ich z.B. ein Schriftstück zu mir heranziehe, umso mehr, je weiter ich es von mir wegschiebe, umso weniger wird es mit meiner Person in Beziehung gebracht. Grundsätzlich kann man daher sagen: In der 90°-Anordnung lässt sich die Beziehungsebene durch den Teil des Tisches illustrieren, der sich zwischen den beiden Gesprächspartnern befindet. Denn dies ist der Bereich, den man während des Blickkontaktes bewusst oder unbewusst wahrnehmen kann. Für die Sachebene steht dann der übrige Teil des Tisches zu Verfügung, der bei Rechtshändern links, bei Linkshändern rechts davon liegt und der ins Blickfeld kommt, wenn man den Blick vom Gegenüber abwendet. Sollen andere unsere Ausführungen möglichst frei von Störungen durch ablenkende Gedanken aufnehmen und verarbeiten, müssen wir in den beiden Ebenen für Ordnung sorgen: Alle Dinge, die Sachthemen repräsentieren und keinen Blickkontakt erfordern, gehören auf die Sachseite des Tisches; alles, was Beziehungsthemen darstellt, gehört auf die Beziehungsseite. In der Mehrzahl der Fälle – besonders bei beruflichen Gesprächen – läuft das darauf hinaus, dass die Beziehungsseite zunächst frei von Unterlagen ist.

Um auf unser letztes Beispiel zurückzukommen: Der Notfall-Plan des Bank-Kundenberaters befindet sich daher zunächst auf der Sachseite. Ist seine Kundin noch nicht bereit, sich damit zu befassen, kann er sich ihr wieder zuwenden, den Blickkontakt suchen und sie beruhigen – ohne dass der Notfall-Plan im eigentlichen und übertragenen Sinn zwischen ihnen liegt. Nehmen wir an, unserem Berater sei es gelungen, das Gespräch mit der aufgeregten Dame auf einen späteren Zeitpunkt zu verschieben und dann erfolgreich abzuschließen. Sie hat sich beruhigt, bedankt sich sogar gegen Ende des Gesprächs für seine Arbeit und Mühe. In diesem Moment besteht die Möglichkeit, den Notfall-Plan auf die Beziehungsseite zu holen: Man markiert ihn dadurch visuell als »meine geniale Lösung für Sie«. Schließlich ist es ein legitimes Interesse von Beratern, dass sich zufriedene Kunden an den Grund ihrer Zufriedenheit erinnern.

**SACH- UND BEZIEHUNGSEBENE AUFRÄUMEN [MK 14]**

In einer 90°-Anordnung bezeichnet man den Teil des Tisches als Beziehungsebene, der sich zwischen den Gesprächspartnern befindet und den man bei gegenseitigem Blickkontakt bewusst oder unbewusst wahrnehmen kann. Die Sachebene ist der Teil des Tisches, der außerhalb dieses Feldes liegt und dessen Betrachten das Abwenden des Blicks erfordert. Um ablenkende Gedanken zu vermeiden oder zu reduzieren, platziert man Objekte, die Sachthemen repräsentieren, auf der Sachebene des Tisches, und Objekte, die Beziehungsthemen darstellen, auf der Beziehungsebene.

**Koverbales Muster**

### 9.2.2 Inhalte trennen 15

In den meisten Gesprächen und Veranstaltungen kommen alternative Themen zur Sprache. Damit Sie diese ausdrücklich oder beiläufig ansprechen können, sollten Sie sie stets getrennt visualisieren. Das ermöglicht den Zuhörern eine saubere mentale Buchführung. Von den vielen trennbaren Alternativen führe ich hier nur einige der wichtigsten an: Probleme und Lösungen; Vorteile und Nachteile; Pro- und Contra-Argumente; Risiken und Chancen; Vergangenheit, Gegenwart und Zukunft; alte und neue Ansichten; wichtige und unwichtige Argumente; richtige und falsche Behauptungen.

15

**Koverbales Muster**

**INHALTE TRENNEN [MK15]**

… bedeutet das getrennte visuelle Präsentieren oder Erfassen von Inhalten, die sich gegenseitig ergänzen, widersprechen oder ersetzen.

**Raumanker setzen**

In Gesprächen bedeutet das Trennen alternativer Inhalte das Vorbereiten oder Mitschreiben auf separaten Blättern oder Flipchart-Bögen. In Veranstaltungen mit Gruppen, bei denen man keine schriftlichen Aufzeichnungen verwenden kann oder will, bietet sich ein anderer Weg an: Man verwendet Raumanker, indem man zum Behandeln der einzelnen Inhalte separate Präsentationsplätze aufsucht, die normalerweise dicht neben dem Hauptpräsentationsplatz liegen. Auf dem einen Platz erörtert man z.B. die Vorteile, auf dem anderen die Nachteile. Da die Mehrzahl der Menschen intuitiv die rechte Seite mit gut verbindet und die linke mit schlecht, präsentiert man die Vorteile aus Sicht der Zuhörer auf der rechten Seite und die Nachteile auf der linken. In Vorträgen über Kommunikationstechniken erläutere ich – wie in diesem Buch – am Schauspiel *Romeo und Julia* die unterschiedlichen Schwierigkeiten und Möglichkeiten aus Sicht von Autor, Regisseur und Schauspieler. Nach einer kurzen Einleitung, in der ich die drei Sichtweisen mit den dazugehörenden Plätzen ankündige und anzeige, nehme ich vor meinem Rednerplatz auf einer gedachten Linie nacheinander die drei Plätze ein, wenn ich zu den jeweiligen Besonderheiten komme. Vom »Regisseurs-Platz« kann ich bei entsprechenden Bemerkungen auf den »Autoren-Platz« zeigen, vom »Schauspieler-Platz« auf den »Regisseurs-Platz« und den »Autoren-Platz«. Und vom Hauptpräsentationsplatz aus lassen sich alle diese Plätze genau wie Schriftstücke mit Hilfe von Gesten einbinden oder direkt und indirekt adressieren. Ein wichtiger Unterschied besteht allerdings zwischen einer Visualisierung und einem Raumanker: Visualisierungen lassen sich im Gegensatz zu Raumankern beiläufig oder demonstrativ entfernen.

### 9.2.3 Inhalte entfernen 16

Da Menschen nie kontextfrei wahrnehmen, bezweckt man mit dem Entfernen von Inhalten das Vermeiden störender Impulse, die Gesprächspartner auf andere Gedanken bringen und damit vom eigentlichen Thema ablenken. Nehmen wir an, ein Verkaufstrainer will mit seiner Gruppe zunächst das letzte Rollenspiel kritisch aufarbeiten und dann seine neue Verhandlungstechnik vorstellen. In diesem Fall sollte er dafür sorgen, dass die negativen Gefühle und Gedanken einzelner Teilnehmer, die während des kritischen Aufarbeitens entstehen, nicht deren Bewertung der folgenden Trainingsinhalte beeinflussen. Natürlich könnte er auch mit dem Training beginnen – dann würde jedoch seine Kritik einen negativen Schlusspunkt setzen. Als geschulter Trainer legt er deshalb nach dem kritischen Teil eine Pause ein, die zum Abreagieren und weiteren Beruhigen dient. Er sollte daher am Ende des ersten Teils auch durch sein Tun signalisieren, dass nun etwas vollkommen Neues kommt, und demonstrativ alle Visualisierungen einsammeln, die Bezug zum abgeschlossenen Kritikteil haben. Dies verhindert nicht nur spätere ablenkende Impulse, sondern zeigt zugleich unmissverständlich an: Dieses Thema kommt nicht mehr zur Sprache.

**Positive Inhalte vor negativen schützen**

Seit der Fußball-Weltmeisterschaft 2006 wissen die meisten Deutschen dank Jürgen Klinsmann, dass Trainer ständig irgendwelche große Bögen mit anscheinend wichtigen Gedanken vorbereiten. Auch unser Verkaufstrainer hat auf solchen Bögen die Vorteile und Grundzüge seiner neuen Verhandlungstechnik notiert. Diese hängt er auf einen Flipchart-Ständer und deckt den ersten Bogen mit einem leeren Blatt ab, um vorzeitige Diskussionen zu vermeiden. Aber gerade, als er nach der Pause dieses Deckblatt nach hinten klappt und die ersten neuen Inhalte präsentiert, erhebt sich eine Hand und signalisiert eine Frage. Leider stellt sich heraus: Ein noch immer verärgerter Teilnehmer hat noch Fragen zur Kritik am Rollenspiel. Da der Trainer diese Frage weder ignorieren noch kurz beantworten kann, deckt er den sichtbaren Inhalt wieder mit dem leeren Deckblatt zu: Er schützt ihn vor den Auswirkungen eines möglichen negativen Kontextes.

**16**

**Koverbales Muster**

**INHALTE ENTFERNEN [MK16]**

… bedeutet das zeitweilige oder dauerhafte Beseitigen von visualisierten Themen aus dem Wahrnehmungsbereich der Gesprächspartner. Das zeitweilige Entfernen schützt Inhalte vor den bewussten und unbewussten Folgen von Ablenkungen und Störungen. Das dauerhafte Entfernen signalisiert das Beenden eines Themas und verhindert oder reduziert bewusste und unbewusste Einflüsse auf nachfolgende Themen.

All dies lässt sich auch bei den in Gesprächen verwendeten Unterlagen einsetzen – oft sogar viel leichter und beeindruckender: Widerlegt ein Mitarbeiter glaubhaft gegen ihn erhobene Vorwürfe, überzeugt ihn das demonstrative Zusammenknüllen und Wegwerfen unserer Notizen mehr als ein paar Worte, dass die Angelegenheit für uns erledigt ist. Inhalte schützt man vorübergehend durch das Zuklappen des Hefters oder Ordners, in dem sich die Unterlage befindet. Beseitigen lassen sich Visualisierungen recht einfach durch ein Übereinanderlegen von Schriftstücken. Sind z.B. Problem und Lösung getrennt erfasst, kann man das Problem zum Schluss elegant und symbolträchtig verschwinden lassen: Wir fragen unterstützt von einer verbindenden Geste, ob *diese* Lösungen *jene* Probleme zufriedenstellend aus der Welt schaffen. Kommt ein kongruentes »Ja«, legen wir das Lösungsblatt auf das Problemblatt. Entsprechendes gilt für das Verdecken der Nachteile, Contra-Argumente oder Risiken mit den dazugehörenden Vorteilen, Pro-Argumenten oder Chancen.

## 9.3 Wahrnehmungskontexte ergänzen

> *»Man soll nie vergessen, dass die Gesellschaft lieber unterhalten als unterrichtet sein will.«*
>
> Adolph Freiherr von Knigge

Wie bereits eingangs erwähnt: Im Folgenden geht es um Maßnahmen, die sachlich mit ins erste Kapitel gehören. Dass wir ihnen einen extra Platz einräumen, hat mit ihrer besonderen Attraktivität und Wirkung zu tun. Zunächst besprechen wir den realen Einsatz von Personen oder Objekten, die sich durch einen besonderen Ruf auszeichnen. Danach zeige ich Ihnen, wie man von diesen Medien sogar dann profitieren kann, wenn sie nicht anwesend oder vorhanden sind.

### 9.3.1 Bekanntheit und Ruf realer Medien nutzen 03

Alle Bücher und Broschüren, Untersuchungs- und Testberichte, Geräte und Messinstrumente und selbstverständlich auch alle Personen, die von anerkannt herausragender Bedeutung für ein Gesprächsthema sind, üben eine starke bewusste und unbewusste Wirkung auf die Zuhörer aus. Falls uns solche Medien zur Verfügung stehen, sollten wir sie auf jeden Fall präsentieren und verbal und nonverbal einbeziehen. Zumal ihre physische Anwesenheit auch dann noch wirkt, wenn sie ihre offizielle Aufgabe bereits erfüllt haben.

Ob und wie stark der erzielte Eindruck dieser Medien auf eine Person ist, hängt von vier Einflussfaktoren ab: Zum einen kommt es auf die Zahl der aufgeführten Informationsquellen sowie auf den Inhalt ihrer Botschaften an. Zum anderen spielen das Wissen der angesprochenen Person um die allgemeine Bekanntheit einer Informationsquelle sowie vorhandene Kenntnisse über ihren speziellen Ruf, also ihr Image, eine Rolle.

**Prominente als Impulsgeber**

Bezeugt F. K. aus N., er sei mit einem Produkt oder einer Firma voll zufrieden, so wirkt das deutlich geringer, als wenn Boris Becker oder Claudia Schiffer dies äußern. Von beiden weiß man nicht nur, dass sie allgemein bekannt sind. Man kennt auch ihren speziellen Ruf – so ist Boris Becker als exzellenter Tennisspieler berühmt und Claudia Schiffer als Mode- und Schönheitsexpertin. Je unbekannter die Informationsquellen sind, umso mehr reduziert sich ihr Einfluss auf ihre Anzahl und den Inhalt ihrer verbalen Botschaften. Je bekannter die Quellen sind und je besser ihr Ruf, umso größer ist auch ihr nonverbaler Einfluss. Sie wirken wie eigenständige Medien als zusätzliche unbewusste Impulsgeber. Dabei spielt es selbstverständlich eine Rolle, ob und wie das Image einer Person zu der von ihr geäußerten Meinung passt. Die Empfehlung eines Lippenstiftes durch Claudia Schiffer stößt auf andere Resonanz als ihr Rat, eine bestimmte Zündkerze zu kaufen.

**Der *Halo-Effekt***

Die Auswirkungen von Bekanntheit und Ruf sind das Ergebnis des so genannten *Halo-Effektes:* Unter einem »Halo« versteht man in der Physik einen Lichtring, der sich um die Sonne oder den Mond bildet und durch das Brechen des Lichtes entsteht. Von der Erde aus betrachtet erscheinen Sonne oder Mond größer und bilden so etwas wie einen Heiligenschein. Dementsprechend versteht man in der Psychologie unter dem Halo-Effekt eine Art Wahrnehmungsbrechung aufgrund einzelner positiver oder negativer Merkmale von Personen oder Objekten. Diese bewirkt, dass man auch ganz andere Eigenschaften entsprechend beurteilt, selbst wenn diese zu der eigentlichen Sache in keinerlei Beziehung stehen. Eine Werbekampagne mit Boris Becker illustriert dieses Phänomen sehr gut. Mit seiner inzwischen berühmt gewordenen Frage »Bin ich schon drin?« sollte er demonstrieren, wie leicht es sei, mit AOL ins Internet zu gelangen. Tennisspielen und Internet haben aber nichts miteinander zu tun – man erhoffte sich einen Halo-Effekt aufgrund seiner Bekanntheit und seines Images.

Das Präsentieren bekannter Medien – wie Prüfberichte anerkannter Institute oder renommierte Experten, die uns begleiten – bewirkt zusätzliche bewusste und unbewusste Impulse bei unseren Gesprächspartnern. Je größer die Bekanntheit ist und/oder je besser die Berühmtheit zum jeweiligen Gesprächsthema passt, umso nachhaltiger ist der Eindruck und umso mehr kann man auf eigene verbale Ausführungen verzichten und den Halo-Effekt der Informationsquelle wirken lassen.

**Koverbaler Imagetransfer**

Begleitet mich eine wichtige Person, kann deren Bedeutung dank des Halo-Effektes grundsätzlich auf mich abfärben. Im konkreten Fall bleibt allerdings stets zu fragen, ob überhaupt und wenn ja, wie stark und wie lange. Um diesbezüglich sicherzugehen, bietet sich ein *koverbaler Imagetransfer* an. Wie im Marketing verstehen wir darunter das Übertragen eines guten Rufs von einem Objekt auf ein anderes. Als Mercedes ankündigte, den Smart herauszubringen, ging in wenigen Wochen eine Vielzahl von Bestellungen ein, teilweise sogar mit Blankoschecks. Diese Käufer der ersten Stunde erwarteten fest, dass der unbekannte Smart dem bekannten Qualitätsimage von Mercedes entspricht.

Nehmen wir an, der Kundenberater eines Software-Herstellers kommt in Begleitung des Spezialisten für Datenbank-Programmierung zum Auftraggeber. Wenn er dem Kunden erläutert, welche besonderen Fähigkeiten dieser Spezialist besitzt und welche Vorteile sich daraus für ihn und sein Unternehmen ergeben, verbindet er während seiner Ausführungen Spezialist und Kunde mit Beziehungsgesten, um eine stärkere Wirkung zu erzielen. Der koverbale Imagetransfer entsteht nun dadurch, dass diese Geste beide Personen nicht direkt verbindet, sondern mit einem kurzen Zwischenstopp bei der eigenen Person. Man fügt also eine Vertrauensgeste ein, aus einer Zwei-Punkt-Geste wird eine Drei-Punkt-Geste. Spricht man während dieser Geste die eigene Person und ihre Beteiligung nicht an, liegt ein indirekter Imagetransfer vor; bezieht man sich verbal ausdrücklich mit ein, sprechen wir von einem direkten Imagetransfer. (Diese Vorgehensweise kennen Sie bereits vom gestischen Markieren [MK 11].) Die gleiche Vorgehensweise bietet sich selbstverständlich an, wenn nicht der Datenbank-Spezialist mit am Tisch sitzt, sondern das lobende Gutachten eines anerkannten Prüfungsinstitutes oder das Fachbuch eines berühmten Experten auf dem Tisch liegt.

03

**BEKANNTHEIT UND RUF REALER MEDIEN NUTZEN [MM 03]**

Das Präsentieren von bekannten Personen überträgt deren Bedeutung auf ein Gesprächsthema durch ihre verbale Einführung und Erläuterung sowie das gestische Einbinden mit Beziehungsgesten [MK 04], Vertrauensgesten [MK 03], gestischem Assoziieren [MK 11.1] oder der Auge-Hand-Koordination [MK 12]. Binden wir die eigene Person während des Gesprächs mit einer Vertrauensgeste ein, die vom dritten Fokuspunkt (Person, Objekt oder Unterlage) über den ersten Fokuspunkt (ich) zum zweiten Fokuspunkt (Gesprächspartner) verläuft, sprechen wir von einem koverbalen Imagetransfer.

An die Stelle von Personen können auch bedeutsame Medien treten wie Studien oder Buchveröffentlichungen, die unsere Ausführungen belegen.

### 9.3.2 Bekanntheit und Ruf virtueller Medien nutzen: Phantommedien einsetzen 04

Obwohl die Beteiligung bekannter Personen oder das Präsentieren wichtiger Unterlagen in fast allen Gesprächen einen enormen Vorteil besitzt: Jede zusätzliche Person kostet Zeit und Geld, nicht jeder Bericht darf aus Geheimhaltungsgründen das Unternehmen verlassen und nicht jedes Buch kann man wegen der Kosten allen Mitarbeitern zur Verfügung stellen. In den meisten Gesprächen muss man daher ohne diese Informationsquellen auskommen. Aber das ist keinesfalls so schlimm, wie es auf den ersten Blick scheint. Denn anstelle realer Medien lassen sich mit fast der gleichen Wirkung virtuelle Medien einsetzen. Unser Spezialist für Datenbank-Programmierung kann zwar aus Termingründen verhindert sein, trotzdem kann er als »Phantomperson« am Gespräch teilnehmen. Der Hauptunterschied zur realen Person besteht darin, dass Phantompersonen sich nicht aktiv am Gespräch beteiligen. Sie wirken durch die von uns geschaffene virtuelle Anwesenheit und unsere verbalen Erläuterungen aufgrund der Einbildungskraft unserer Gesprächspartner. Und was für Personen gilt, lässt sich selbstverständlich auch mit allen anderen nützlichen Informationsquellen durchführen.

**Phantome schaffen**

Wie erschafft man Phantommedien, also Phantompersonen, -bücher, -berichte oder -gutachten?

1. Zunächst sucht man sich einen geeigneten Platz für sie aus. Geeignet heißt in diesem Fall, dass sich diese Stelle vom eigenen Platz aus mit natürlich wirkenden Gesten markieren und einbinden lässt. Für Phantomobjekte wählt man meist einen Platz auf dem Tisch. Phantompersonen platziert man daneben; besonders gut eignen sich leere, am

Tisch stehende Stühle, weil man diese ohnehin mit Personen assoziiert.

2. Danach führt man das Phantommedium mit einer entsprechenden Frage oder Bemerkung verbal ein, z. B. »Sie haben wahrscheinlich von der umfangreichen Studie zu den Vorteilen der Reprunsatoren gehört …« oder »Kennen Sie Dr. Schneider? Er hat im vergangenen Monat eine Untersuchung über Reprunsatoren veröffentlicht …«

3. Während dieser Bemerkung platziert man mit einer beiläufig und natürlich wirkenden Geste – also ohne Blickkontakt zu dieser Stelle – die Studie oder Dr. Schneider an dem ausgewählten Platz. In einer perfekten 90°-Anordnung geschieht das grundsätzlich mit der nicht dominanten Hand, damit das Phantommedium nicht zwischen uns und dem Gesprächspartner liegt oder sitzt.

4. In dem folgenden Gespräch zeigt man zunächst immer dann wie beiläufig auf diesen Platz, wenn von der Studie oder Dr. Schneider die Rede ist. Hat man das einige Male getan, kann man auch schon einmal kurz dorthin blicken. Und nach einiger Zeit darf man diesen Platz sogar direkt ansehen und so behandeln, als wäre das Phantommedium dort real anwesend.

Natürlich weiß ich, dass das Platzieren von Phantompersonen und -objekten anfangs große Widerstände hervorruft: Man kann einfach nicht glauben, dass dies funktioniert, und fühlt sich demzufolge höchst unsicher. Aus diesem Grund schildere ich Ihnen in BOX 38 ein interessantes Beispiel aus der Praxis. Außerdem möchte ich Ihnen zeigen, dass es sich lohnt, sich mit Phantompersonen näher zu befassen, weil sie für viele Aufgaben einsetzbar sind.

## ■ BOX 38: DER PHANTOMPROFESSOR

Vor einiger Zeit beauftragte mich der Inhaber eines mittelständischen Pharmaunternehmens mit einem Kommunikationstraining für seine Pharmareferenten. Als ich den Veranstaltungsraum betrat, erlebte ich eine Überraschung. Aufgrund meiner langjährigen Tätigkeit für einen Pharmakonzern erwartete ich bei diesem Berufsbild keinen Saal voll junger, gut aussehender Damen. Der Grund fiel mir jedoch schnell ein: Diese Pharmareferentinnen sollten Dermatologen pflegende und kosmetische Spezialprodukte für die Haut empfehlen. Und zu diesen Produkten passen adrette Damen einfach besser. Allerdings kam mir während des Seminars auch der Gedanke, dass es diese nicht nur jungen, sondern auch hübschen weiblichen Pharmareferenten bei den »Göttern in Weiß« nicht gerade leicht haben dürften. Auf meine diesbezügliche Frage kam die einhellige Antwort »Ja, das stimmt!«. Darauf kündigte ich eine Änderung meines Trainingsprogramms und die Phantomperson an. Wie es der Zufall wollte: An dieser Veranstaltung nahm nicht nur der Firmeninhaber teil, sondern auch ein von ihm eingeladener Professor, dessen dermatologisches Forschungsinstitut in der Branche einen hervorragenden Ruf besitzt. Ich holte mir daher die Erlaubnis, seine Person als Phantomprofessor zu installieren. Und dann trainierten wir, wie man ihn platziert und aufbaut, wie man ihn nutzt und mit ihm unter Einbindung der Produkte argumentiert und – last but not least – wie man als junge Frau von seinem Image als berühmter dermatologischer Wissenschaftler per koverbalem Imagetransfer profitiert.

Einige Monate später hatte ich für dieses Unternehmen in Hamburg zu tun und wurde am Bahnhof von einer Pharmareferentin abgeholt. Auf meine Entschuldigung, dass ich mich nicht an sie erinnern könne, erwiderte sie, sie sei neu im Unternehmen, habe aber schon viel von mir und meinem Training gehört. »Ich hoffe, nur Gutes«, antwortete ich. »Ja«, sagte sie, »besonders von der Phantomperson.« Das interessierte mich natürlich sehr. Und so erzählte sie mir von einer Kollegin, die an meinem Training teilgenommen hatte, und wie diese den Phantomprofessor zum ersten Mal bei einem Arzt erscheinen ließ. Zu Beginn habe sich ihre Kollegin ausgesprochen unwohl und unsicher gefühlt. Das änderte sich jedoch schlagartig, als der Arzt über den Professor sprach und dabei mit einer entsprechenden Geste auf den Platz der Phantomperson deutete.

**Phantompersonen als Blitzableiter**

Phantompersonen stellen ideale Blitzableiter oder Sündenböcke dar, denn sie wehren sich nicht und nehmen zu nichts Stellung. Erinnern Sie sich noch an das unternehmensinterne Seminar, in dem meine Frau ihre Stimmmuster-Erleuchtung hatte? Diese Veranstaltung fand wegen der großen Teilnehmerzahl zweimal statt – aber am zweiten Termin konnte meine Frau nicht teilnehmen, weil unser Sohn schwer erkrankt war. Ich stand also vor der Aufgabe, nicht nur das Seminar allein durchzuführen, sondern auch das Fehlen meiner Frau zu entschuldigen und die daraus resultierende Enttäuschung der neuen Teilnehmer aufzufangen, die von Kollegen natürlich von unserem Training gehört hatten. Beim Seminar konnte mir meine Frau zwar nicht helfen, aber beim Erklären und Entschuldigen ihres Fehlens stand sie mir virtuell zur Seite und fing den sich anfangs abzeichnenden Ärger hervorragend auf. Ich habe sie nämlich gleich zu Beginn als Phantomperson neben mich platziert, ihre Grüße und ihre Entschuldigungen nicht nur verbal übermittelt, sondern gestisch auch von ihr kommen lassen und sie eine Weile so einbezogen, als wäre sie real anwesend. Dies alles hat dazu beigetragen, dass sich die Wogen schnell glätteten.

**Die virtuelle Assistentin**

Mit Ludmilla habe ich seit einiger Zeit auch eine virtuelle Assistentin und Versuchsperson in meinen Seminaren. Kommunikation setzt mindestens zwei Gesprächsteilnehmer voraus – was in einer Veranstaltung mit nur einem Trainer gewisse Schwierigkeiten beim Vorführen mit sich bringt. Darum habe ich mir Ludmilla zugelegt, die ich zu Beginn meiner Veranstaltungen als meine aus Moskau mitgebrachte Assistentin vorstelle. Ludmilla sitzt an einem kleinen Tisch in der perfekten 90°-Anordnung immer auf dem Platz rechts neben mir. Sie begeht alle Fehler, die man beim Kommunizieren machen kann, zeigt sich aber sehr geduldig und fällt nie aus der Rolle. Allerdings rächt sie sich ab und zu mit spitzen Bemerkungen über mich (die ich den Teilnehmern allerdings übermitteln muss). Sie ist nicht nur mir inzwischen richtig ans Herz gewachsen, den Briefen und E-Mails zufolge sind auch die Seminarteilnehmer von Ludmilla begeistert und richten ihr regelmäßig Grüße aus.

## BEKANNTHEIT UND RUF VIRTUELLER MEDIEN NUTZEN [MM 04]

04

**Makromuster**

… bedeutet das scheinbare Präsentieren nicht anwesender Personen, Objekte oder Unterlagen mit Bedeutung für ein Gesprächsthema durch das systematische Schaffen und Ansprechen eines Raumankers. Den Raumanker installiert man wie beiläufig während einer verbalen Einführung des nicht anwesenden oder vorhandenen Mediums durch zunächst indirektes Adressieren eines geeigneten Platzes. Dann lässt sich dieser Platz mit Hilfe von Beziehungsgesten [MK 04], Vertrauensgesten [MK 03], gestischem Assoziieren [MK 11.1] oder der Auge-Hand-Koordination [MK 12] indirekt und später auch direkt mit Blickkontakt einbeziehen. Binden wir die eigene Person während des Gesprächs mit einer Vertrauensgeste ein, die vom dritten Fokuspunkt (Phantomperson, -objekt oder -unterlage) über den ersten Fokuspunkt (ich) zum zweiten Fokuspunkt (Gesprächspartner) verläuft, sprechen wir von einem koverbalen Imagetransfer.

## 9.4 Aufmerksamkeit signalisieren

*»Zuhören können ist der halbe Erfolg.«*

Calvin Coolidge, 30. Präsident der Vereinigten Staaten von Amerika

### 9.4.1 Verbales Zuhören 11

Die bisher vorgestellten Muster helfen Sendern, die Aufmerksamkeit ihrer Empfänger zu beeinflussen. Allerdings sind Empfänger keine Marionetten, die nur reagieren, wenn man an ihren Fäden zieht. Getreu dem Motto »Gleiches Recht für alle« erwarten sie bei ihren Reaktionen ebenfalls eine möglichst ungeteilte Aufmerksamkeit. Diese Erwartungshaltung ist so mächtig, dass die Art unseres Zuhörens entscheidend dazu beiträgt, Musterunterbrechungen bei ihnen zu reduzieren und den Gesprächsrapport zu sichern. Daher sollten wir auch wissen, wie man anderen bewusst signalisiert: »Ich höre dir aufmerksam zu: Du besitzt meine Sendeerlaubnis.«

**Das Sichern der Aufmerksamkeit anderer und das Zusichern der eigenen Aufmerksamkeit ist eine Daueraufgabe zum Vermeiden von Musterunterbrechungen – sowohl für den Sender als auch für den Empfänger.**

Die enorme Bedeutung des Zuhörens und die Vielzahl der Veröffentlichungen zu diesem Thema führten dazu, dass die verwendeten Begriffe wie Kraut und Mohrrüben durcheinandergerieten. Sogar für das von Carl Rogers vor fast 70 Jahren beschriebene und weltweit bekannte *aktive Zuhören* finden sich die unterschiedlichsten Definitionen. Da es aber weniger um Begriffe als um Verhalten geht, sehen wir uns an, wie man mit welchen geistigen Anstrengungen anderen Sendeerlaubnis erteilen und bestätigen kann.

**Echo-Methode und Paraphrasieren**

Die simpelste Möglichkeit zum Bekunden von Aufmerksamkeit besteht im fast wörtlichen Wiederholen des Gesagten. Erzählt jemand, er habe einen neuen, hoch interessanten Bericht gelesen, kann man einwerfen »Oh, also ein interessanter Bericht«. Diese *Echo-Methode* erfordert nur ein Mindestmaß an eigener Aufmerksamkeit und Nachdenken. Beim Anwenden ist jedoch Vorsicht geboten: Spielt man zu oft Echo, fällt diese Passivität auf. Sie ist daher ein Notnagel für Situationen, in denen uns beim besten Willen nichts Passendes einfällt. Eine weitaus elegantere und wirksamere Möglichkeit besteht daher im sinngemäßen Wiederholen des Gesagten mit eigenen Worten, also z.B. »Sie sind wohl auf einen beeindruckenden Text gestoßen«. Diese Technik bezeichnet man als *Paraphrasieren*.

**Würdigen**

Bezieht man sich dabei auf die vom Gesprächspartner gezeigten Gefühle und äußert gleichzeitig Verständnis oder Bedauern für diese Reaktion, liegt eine *Würdigung* vor. BOX 23 (vgl. Seite 178) stellte diese Technik bereits dar und erläuterte auch den Unterschied zu einer Entschuldigung. Der in diesem Wort enthaltene Begriff »Würde« betrifft einmal die Person als solche, kann sich aber auch auf ihre Eigenschaften oder Taten beziehen. Daher bedeutet Würdigen im allgemeinen Sprachgebrauch auch Anerkennen im Sinne von Loben, Bestätigen oder Recht geben. Genau das meint dieses Muster jedoch nicht. Wir würdigen die Person auf der Beziehungsebene, zeigen ihr, dass wir sie achten – klammern dabei aber die Punkte aus, die Gegenstand der Sachebene sind (z.B. eine unpünktliche, unordentliche oder fehlerhafte Arbeit von ihr, von mir oder von anderen). Die sachliche Würdigung, Entschuldigung, Anerkennung oder Ablehnung erfolgt erst nach Klärung der Verantwortlichkeit.

**Mit einer Würdigung legt man sich bewusst sachlich noch nicht fest; sie soll beruhigen und mögliche Wogen auf der Beziehungsebene glätten.**

**Aktives Zuhören ist mehr als Paraphrasieren**

Auch Carl Rogers' Technik des aktiven Zuhörens basiert auf dem Paraphrasieren. Rogers' Ansatz entspricht dem, was Sie inzwischen als Prozesssteuerung und Einflussstrategie kennen. Worin besteht nun der Unterschied zwischen dem *aktiven Zuhören* und dem *Paraphrasieren* oder – anders gefragt – was genau ist »aktiv« am aktiven Zuhören? Paraphrasiert man in normalen Gesprächen, hat das meist nur zum Ziel, den Status quo oder den Gesprächsfluss des anderen zu erhalten. In der Tennissprache: Wir halten den Ball flach und im Spiel. Beim aktiven Zuhören paraphrasiert man die Aussagen eines Gesprächspartners dagegen mit zwei Hauptzielen. Das erste besteht darin, dass – um beim Tennis zu bleiben – unserem Partner der Eindruck vermittelt wird, mit jemand zu spielen, der ein gutes Ballgefühl besitzt, sich in das Spiel seiner Partner einfühlt und – ein wichtiger Aspekt – von dem man auch lernen kann. Den dadurch beim Tennis- oder Gesprächspartner entstehenden Gesamteindruck nennt man Einfühlungsvermögen oder Empathie. Empathie allein löst jedoch nur selten ein Problem. Der bekannte Spruch »Wie schön, dass wir mal drüber geredet haben« bemängelt ironisch das Fehlen konkreter Lösungen, zu denen man bei einem einfachen gefühlsmäßigen Paraphrasieren oder Würdigen meist nicht kommt. Der Unterschied zwischen diesen Techniken und dem aktiven Zuhören besteht darin, dass der aktive Zuhörer auch das Problembewältigen anstoßen möchte. Menschen äußern Probleme nur selten direkt, sondern meist verschlüsselt oder verklausuliert. Sie wollen sich nicht deutlicher artikulieren oder – für mich der häufigere Grund – sie können es im Moment nicht. Das zweite Ziel des aktiven Zuhörens besteht deshalb darin, anderen zu helfen, zum Kern ihres Problems vorzustoßen und eine Lösung zu finden. In der Tennissprache: Man spielt den Ball so zurück, dass der Mitspieler dadurch etwas lernt. Man könnte daher auch von *aktivierendem* Zuhören sprechen (vgl. BOX 39).

### ■ BOX 39: AKTIVES ZUHÖREN

In seinem Buch *Familienkonferenz* illustriert Thomas Gordon den Unterschied zwischen dem üblichen Vorgehen und dem aktiven Zuhören an einem Beispiel, das allen Eltern bekannt sein dürfte: am Nicht-Essen-Wollen[6]. Zunächst die übliche Variante:

**Tochter:** »Ich möchte heute Abend nicht essen.«
**Vater:** »Komm schon. Kinder in deinem Alter brauchen drei Mahlzeiten am Tag.«

**Tochter:** »Ich habe mittags doch viel gegessen.«

**Vater:** »Na, komm wenigstens an den Tisch und sieh dir an, was wir essen.«

**Tochter:** »Ich werde bestimmt nicht essen.«

**Vater:** »Was ist heute Abend mit dir los?«

**Tochter:** »Nichts.«

**Vater (befehlend):** »Na, dann setz dich an den Tisch.«

**Tochter:** »Ich habe keinen Hunger und will mich nicht an den Tisch setzen.«

Nun die Variante des aktiven Zuhörens:

**Tochter:** »Ich möchte heute Abend nicht essen.«

**Vater:** »Dir ist heute Abend nicht nach Essen zumute.«

**Tochter:** »Bestimmt nicht. Mein Magen ist wie zugeschnürt.«

**Vater:** »Du fühlst dich heute angespannt, stimmt's?«

**Tochter:** »Angespannt ist gar kein Wort dafür – ich fürchte mich richtig.«

**Vater:** »Du fürchtest dich richtig vor etwas.«

**Tochter:** »Ja, bestimmt. Bob rief mich gestern an und sagte, dass er mich heute Abend sprechen möchte. Es klang richtig ernst, gar nicht wie sonst.«

**Vater:** »Du hast das Gefühl, es ist etwas im Busch, hm?«

**Tochter:** »Ich fürchte, er will mit mir Schluss machen.«

**Vater:** »Es wäre dir nicht recht, wenn das geschieht.«

**Tochter:** »Das würde mir den Rest geben! Vor allem, weil ich glaube, er will mit Susanne gehen. Das wäre das Schlimmste.«

**Vater:** »Das ist es, wovor du eigentlich Angst hast – dass Susanne ihn bekommen könnte.«

**Tochter:** »Ja, sie kriegt alle netten Jungen, es kann einem übel werden – immer redet sie mit den Jungen und bringt sie zum Lachen ... Ich weiß nicht, wie sie das macht – mir fällt in Gegenwart von Jungen nie ein Gesprächsthema ein.«

**Vater:** »Du möchtest dich in Gegenwart von Jungen ebenso unbefangen wie Susanne unterhalten können.«

Auch wenn wir das Gespräch hier abbrechen, dieses Beispiel zeigt die Vorgehensweise beim aktiven Zuhören und illustriert gleichzeitig den wichtigen Punkt: Menschen äußern ihre Probleme meist verschlüsselt. Reagiert man direkt auf das verschlüsselte Signal (hier das Nicht-Essen-Wollen), kommt man – wenn überhaupt – nur sehr mühsam und missgestimmt zum Kern der Sache.

**Aktives Zuhören auf der Sachebene …**

Aktiv(ierend)es Zuhören muss nicht immer und überall die Gefühle der Gesprächspartner einbeziehen. Besonders im Berufsleben gibt es viele Gespräche über unklare Probleme, in denen Gefühle nur als Gesprächsauslöser dienen oder überhaupt keine Rolle spielen. Früher oder später geht es nur um die Sachebene. Was bedeutet das? Muss ich, um einem Manager zu helfen, Managementkenntnisse und -erfahrungen besitzen? Muss ich, um einem Verkäufer von Reprunsatoren zu helfen, Reprunsatoren-Kenntnisse und -Erfahrungen besitzen? Bei der Inhaltssteuerung heißt die Antwort grundsätzlich »Ja«; bei der Prozesssteuerung und damit beim aktiven Zuhören heißt sie grundsätzlich »Nein«.

**Beim *aktiven Zuhören auf der Sachebene* kann unsere Sprachkompetenz die problembezogene Sachkompetenz ergänzen oder ersetzen: Von unserer Fähigkeit, ungenaue Formulierungen zu erkennen und zu hinterfragen, profitiert auch der Gesprächspartner.**

**… durch Entdecken und Hinterfragen von Faselindikatoren**

Was darunter zu verstehen ist, wissen Sie bereits: Es geht um das Entdecken und Hinterfragen von Faselindikatoren. Nehmen wir an, während eines Gesprächs äußert ein Mitarbeiter: »Übrigens, die Reprunsator-Bedienung ist in vielen Fällen einfach zu kompliziert.« Unter der Voraussetzung, dass bereits Rapport besteht, ermöglichen die unspezifischen Angaben »in vielen Fällen« und »kompliziert« rein sachliche Fragen wie »Um welche Fälle handelt es sich denn?« oder »Was genau gefällt Ihnen denn nicht daran?«. Man hilft einem Gesprächspartner, seine in der Regel diffusen Gedanken selbst zu klären und zu einer Entscheidung zu kommen. All das, was in den Abschnitten *Bewerbung auf eine Stellenanzeige* (vgl. Seite 203) oder *Vorbereiten schriftlicher Arbeiten* (vgl. Seite 209) als Ihre Aufgabe beschrieben ist, lassen Sie nun einen Gesprächspartner mit Hilfe von Fragen oder Hinweisen selbst durchführen. Auch wenn es viele anfangs nicht glauben: Die Rolle eines »Denksprechpartners« reicht oft völlig aus, Menschen beim eigenständigen Lösen ihrer Probleme zu helfen. Wir stören nicht beim Denken, weil wir kaum ablenkende Inhalte anbieten, und stoßen gleichzeitig diesen Denkprozess permanent an – und zwar flexibel und zwanglos.

11

**Verbales Muster**

## VERBALES ZUHÖREN [MV 11]

| | |
|---|---|
|  | **Echo-Methode [MV 11.1]:** das fast wörtliche Wiederholen einzelner Ausführungen von Gesprächspartnern zum Signalisieren der eigenen Aufmerksamkeit und zum Bestätigen seiner Sendeerlaubnis. |
|  | **Paraphrasieren [MV 11.2]:** das sinngemäße Wiederholen einzelner Ausführungen eines Gesprächspartners mit eigenen Worten zum Signalisieren der eigenen Aufmerksamkeit und Bestätigen seiner Sendeerlaubnis. |
|  | **Würdigen [MV 11.3]:** eine verbale Reaktion, die Verständnis oder Bedauern für den gefühlsmäßigen Zustand des Gegenübers zu erkennen gibt, ohne dass man den Grund für dessen Emotionen akzeptiert. |

| | |
|---|---|
| 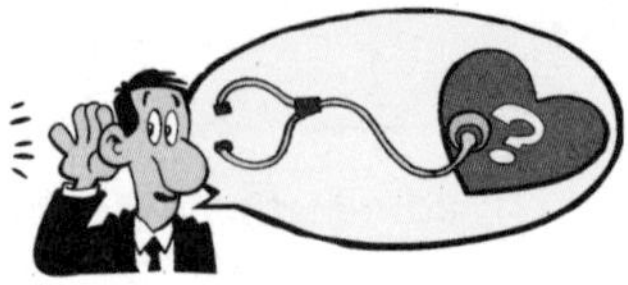 | **Gefühlsorientiertes aktives Zuhören [MV 11.4]:** das Paraphrasieren von Gefühlen eines Gesprächspartners, die dieser direkt oder indirekt äußert oder zeigt, um ihn auf der Basis eines empathischen Eindrucks zum eigenständigen Treffen von Entscheidungen anzustoßen und zwanglos zu steuern. |
| 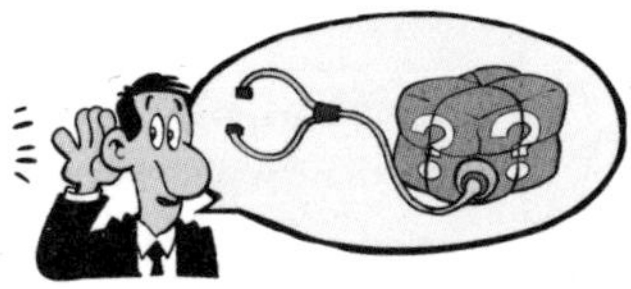 | **Sachorientiertes aktives Zuhören [MV 11.5]:** das Hinterfragen und Klärenlassen ungenauer Formulierungen eines Gesprächspartners mit dem Ziel, einen offenen Prozess zum eigenständigen Treffen von Entscheidungen anzustoßen und zwanglos zu steuern. |

### 9.4.2 Nonverbales Zuhören 03 17

**Paraverbales und koverbales Zuhören**

Das Senden nonverbaler Signale zum Zusichern der Aufmerksamkeit bezeichnen wir als nonverbales Zuhören. Eine dieser Techniken kennen Sie bereits: den *intelligenten Ausdruck.* Er ermöglicht uns sogar, beim Zuhören den Blick abzuwenden. Die Mehrdeutigkeit dieser Geste birgt jedoch ein Risiko: Es kann auch der Eindruck entstehen, dass jemand gerade an etwas anderes denkt. Wollen wir wegsehen und gleichzeitig anzeigen »Ich höre dir aufmerksam zu«, sind zusätzliche nonverbale Hinweise angebracht. Die erste Möglichkeit – *das paraverbale Zuhören* – basiert auf dem Einsetzen unserer Stimme. Statt ganzer Sätze gibt man bestätigende Laute, Geräusche oder einzelne Silben von sich, z.B. »Ah«, »Oh«, »Hmm« oder »Ts-Ts-Ts«. Dieses Verhalten setzen Sie bereits perfekt – wenn auch meist unbewusst – am Telefon ein. Dort ist es eine der wenigen Möglichkeiten, dem anderen zu übermitteln, dass man zuhört, ohne ihn dabei zu unterbrechen. Ob »Ach so«, »Tatsächlich« und andere Worte bereits zum verbalen Zuhören rechnen, ist unwesentlich. Wichtig ist allein, dass Sie diese Varianten beherrschen und daran denken, sie gegebenenfalls bei Gesprächen zum Signalisieren Ihrer Aufmerksamkeit einzusetzen, mit und ohne Blickkontakt. Demzufolge besteht die zweite Möglichkeit – *das koverbale Zuhören* – aus Veränderungen von Mimik, Gestik, Kopf- und Körperhaltung. Allgemein verbreitet sind zustimmende oder ablehnende Kopfbewegungen begleitet von einer entsprechenden Mimik. Bewohner der südlichen Länder Europas begleiten sogar die Ausführungen eines Gesprächspartners mit ausholenden Gesten und Bewegungen des Oberkörpers. Wichtig dabei ist:

**Die Stärke unserer Bewegungen sollte sich dem Grad der Erregung unseres Gesprächspartners anpassen.**

Vollkommen passives Zuhören ist ein sicherer Weg, andere aus der Fassung zu bringen (was durchaus gewollt sein kann). Ähnlich störend wirken auch zu schwache Reaktionen, wenn uns Menschen hochgradig erregt über etwas berichten. Denn Menschen erwarten nicht nur, dass man ihnen zuhört. Oft möchten sie auch am Verhalten erkennen, dass der andere das nachvollzieht, was sie beschäftigt. Sie erwarten eine nonverbale Bestätigung oder Würdigung ihrer Ausführungen. Und diese leiten sie von der Häufigkeit und Heftigkeit der nonverbalen Signale ab. Je zurückhaltender die nonverbalen Hinweise ausfallen, umso eher entsteht der Eindruck eines eher sachlichen Zuhörers. Je stärker die nonverbalen Hinweise sind, desto eher vermittelt man dem anderen, innerlich beteiligt zu sein und ihn zu würdigen.

Um eine innerliche Beteiligung auszudrücken, muss man keinen heißblütigen Sizilianer spielen. Unser Gegenüber sollte jedoch an der veränderten Häufigkeit und Stärke der Bewegungen erkennen: Jetzt verhält sich jemand anders als üblich. Ein von Natur aus ruhiger Mensch darf demzufolge sparsamer reagieren als eine insgesamt lebhafte Person.

### NONVERBALES ZUHÖREN UND WÜRDIGEN

**Paraverbales Muster**

**Paraverbales Zuhören und Würdigen [MP 03]** bedeutet das Begleiten der Ausführungen eines Gesprächspartners mit Hilfe einzelner stimmlicher Laute, Geräusche oder Silben, um zu zeigen, dass man mit seiner Aufmerksamkeit bei ihm ist. Der Unterschied zwischen Zuhören und Würdigen ist fließend und beruht auf der Art, Lautstärke und Häufigkeit der paraverbalen Signale.

**Koverbales Muster**

**Koverbales Zuhören und Würdigen [MK 17]** bedeutet das Begleiten der Ausführungen eines Gesprächspartners mit Hilfe einzelner Gesten und Bewegungen, um zu zeigen, dass man mit seiner Aufmerksamkeit bei ihm ist. Der Unterschied zwischen Zuhören und Würdigen ist fließend und beruht auf der Heftigkeit und Häufigkeit der koverbalen Signale.

# 10 Das Hand- und Mundwerkzeug – Teil 5: Hand- und mundwerkliche Meisterschaft

## 10.1 Erlaubniskontrolle mit Hilfe der Atmung

*»Wenn die Information nicht wie erwartet kommt, sind wir irritiert. Und das ist meist eine positive Irritation, denn sie erhöht unsere Aufmerksamkeit und die Bereitschaft zum Speichern.«*

David Pöppel[1]

Beim Vorstellen der Hitchcock-Strategie hatte ich betont, dass wir in einem Gespräch verschiedene Funktionen besitzen: Als Regisseur planen wir zunächst unseren Auftritt und übermitteln dann als Darsteller die notwendigen Botschaften. Gleichzeitig müssen wir jedoch sicherstellen, dass der Kameramann alles Wichtige mit seiner Kamera aufnimmt. Dabei haben wir es erheblich schwerer als Alfred Hitchcock. Wir können nämlich nicht davon ausgehen, dass unsere Kameramänner stets konzentriert bei der Sache sind: Die Aufmerksamkeit und damit meist auch die Augen unserer Gesprächspartner können ganz woanders sein. Dann fehlt uns die Sendeerlaubnis.

**Hauptaspekte kommunikativer Erlaubnis**

Die beiden Hauptaspekte der kommunikativen Erlaubnis kennen Sie bereits: Der *Inhaltsaspekt* betrifft die *grundsätzliche Fähigkeit* eines Gesprächspartners, unsere Botschaften aufzunehmen und zu verarbeiten. Es geht um die Frage, *was wie* verbal und nonverbal übermittelt werden darf, ohne ihn zu überfordern oder abzulenken. Der *Aufmerksamkeitsaspekt der Erlaubnis* betrifft die *momentane*

*Bereitschaft* eines Gesprächspartners, weitere Mitteilungen aufzunehmen. Hierbei geht es um die Erlaubnis, *ob* man *in diesem Moment* etwas übermitteln darf. Das bisher vorgestellte Hand- und Mundwerkzeug der Kommunikation soll sowohl die inhaltliche Erlaubnis zum Senden gewährleisten als auch die dazu erforderliche Aufmerksamkeit. In diesem Kapitel geht es erneut um die Frage, wie man das Erlöschen der Sendeerlaubnis erkennt, wenn keine verbalen Anhaltspunkte vorliegen. Bekannt ist bereits: Unser Hauptanhaltspunkt ist das nonverbale Verhalten. Allerdings wissen wir auch: Beim Überprüfen der Sendeerlaubnis steht uns nicht nur die Vieldeutigkeit nonverbaler Verhaltensmuster im Weg, sondern auch unsere chronische Inhaltsfixierung. Daher bildet das Kontrollieren von Erlaubnis den Gipfel der kommunikativen Kompetenz, sozusagen die Meisterstufe.

**Die höchste Stufe der kommunikativen Kompetenz zeichnet sich durch das Erkennen und Berücksichtigen störender Musterunterbrechungen aus und damit durch ein Höchstmaß an aufmerksamkeitsorientierter Erlaubnis.**

**Wechsel der Atmung als Erlaubnisindikator**

Michael Grinders sowohl verblüffender wie einfacher Ansatz zum Kontrollieren der Erlaubnis – im Sinn der Empfangsbereitschaft oder Sendeerlaubnis – besteht darin, den *Wechsel des Atemmusters* als Indikator für einen Erlaubniswechsel zu nehmen. Sind Menschen von etwas stark überrascht, atmen sie in der Regel tief ein und halten den Atem kurz an. Dieser Atemwechsel signalisiert, dass ein Gesprächspartner seine Aufmerksamkeit auf einen internalen Prozess gerichtet hat und unsere Sendeerlaubnis zeitweilig erloschen ist. Dies kann man anhand von Messungen nachvollziehen, die äußere und innere Reaktionen gleichzeitig erfassen. Bei Siegfried Freys Experimenten zum Eindruck von Politikervideos (vgl. BOX 30) waren die Testpersonen mit einer Messapparatur verbunden, die neben den geäußerten Politikerbewertungen auch ihre Augen- und Körperbewegungen sowie die begleitenden Reaktionen des Nervensystems protokollierte (wie z.B. Hautleitfähigkeit, Puls und Atemfrequenz)[2].

Nun lässt sich aus zahlreichen Gründen der Atemwechsel oft nicht beobachten: Die Überraschung war vielleicht nicht stark genug, im Winter verhindert die Kleidung genaues Beobachten oder der Gesprächspartner sitzt ungünstig. Da mit einem Atemwechsel jedoch meist – sofort oder verzögert – Bewegungen oder Haltungsveränderungen einhergehen, stehen uns auch diese als Indikator für einen positiven oder negativen Erlaubniswechsel zur Verfügung. Im Verkauf kennt man so genannte Abschlusssignale, mit denen ein Kunde angeblich seine Erlaubnis zum Abschließen des Vertrags ankündigt. Als wichtige nonverbale Kundensignale gelten etwa Körperbewegungen hin zum Verkäufer oder zu den Verkaufsunterlagen, entsprechendes Vorbeugen, häufiges Nicken, Berühren des Mundbereiches mit der Hand, Berühren und/oder Heranziehen eines schriftlichen Angebotes. Dies alles sind Hand- oder Körperbewegungen beziehungsweise Musterunterbrechungen aufgrund neuer Gedanken und Ideen, denen ein Wechsel der Atemfrequenz vorausging. Allerdings betonten wir auch: Musterunterbrechungen deuten nur an, *dass* jemand gerade einen Gedankenwechsel vollzog; sie zeigen nicht, *über was* er nun nachdenkt: Will er gerade unterschreiben oder fallen ihm fehlende Informationen auf?

**Atemwechsel indirekt erkennen**

Neben dem Wechsel der Atemfrequenz ist auch die *Tiefe der Atmung* interessant. Sie informiert nicht nur über den Gesamtzustand eines Menschen; sie ist auch ein wirksamer Ansatzhebel, um diesen Zustand zu verändern. Als Dachbegriff seiner nonverbalen Muster verwendet Michael Grinder den aus der Kunst stammenden italienischen Begriff *Pentimento*. Pentimenti sind feine Spuren auf Gemälden oder Grafiken, die auf Korrekturen des Künstlers schließen lassen. (Dieser Begriff ist jedoch irreführend: Pentimenti spiegeln nicht – wie die nonverbalen Signale – eine aktuelle Absicht, sondern weisen auf einen inzwischen geänderten Plan hin. Denn Pentimento bedeutet übersetzt Bedauern oder Reue.) Unter seinen so genannten Pentimento-Mustern bezeichnet Grinder das *BLIP-Muster* als *»das wichtigste aller Pentimento-Muster …, weil es der einzige zuverlässige Indikator dafür ist, wie viel Erlaubnis man gegenüber einer anderen Person oder Gruppe hat. Dies gilt quer über alle Kulturen«.*[3] BLIP ist ein Akronym für »**B**reathing **L**evel **I**ndicates

**Atemtiefe als Erlaubnisindikator**

Permission« (Atmungstiefe zeigt Erlaubnis an) und bedeutet so etwas wie eine »Waage der Erlaubnis«:

**Ist die Atmung tief, ist die Erlaubnis hoch;**
**ist die Atmung hoch, ist die Erlaubnis niedrig.**

Menschen, die in Gesprächen schnell und hoch atmen, sind erregt, was Einfluss auf ihre Aufmerksamkeit, auf die Gesprächsatmosphäre und sogar auf die persönliche Beziehung haben kann. Zusammenfassend lässt sich daher sagen: Die wichtigsten nonverbalen Indikatoren zum erfolgreichen Steuern zwischenmenschlicher Kommunikationsprozesse und zum Kontrollieren und Schaffen informativer und damit auch situativer und personenbezogener Erlaubnis stellen Höhe und Wechsel der Atemfrequenz dar.

## 10.2 Erlaubniskontrollen und ihre Konsequenzen

> *»Was ich mache: Ich höre auf den Atem …*
> *Ob jemand tief atmet oder flach, ob er schnell atmet*
> *oder langsam – das verrät viel über den Grad*
> *seiner Erregung.«*
>
> Viswanathan Anand, der im Oktober 2008 seinen
> Weltmeistertitel im Schach erfolgreich verteidigte[4]

Damit kommen wir zu den Techniken, deren Beherrschen das Eintreten in die Liga der Spitzenkönner erlaubt: das Umschalten unserer Wahrnehmung auf die nonverbalen Reaktionen eines Gesprächspartners zum Kontrollieren unserer Sendeerlaubnis. Die dazu erforderliche Beobachtungsfähigkeit besitzen wir bereits zu großen Teilen. Das Hauptproblem und die damit zusammenhängenden Schwierigkeiten liegen nicht im fehlenden Können, sondern im zu starken Konzentrieren auf andere Punkte. Außerdem ist dieses Beobachten eine Daueraufgabe in Gesprächen – und aufgrund allgemeiner Inhaltsfixierung beherrschen das nur wenige. Kommen wir daher zur Beantwortung der beiden Kernfragen: Was sollte man beobachten und was fängt man mit den Beobachtungsergebnissen an?

**Zustands- und Wechselhinweise**

Als *den* zentralen Indikator für einen Wechsel der Sendeerlaubnis haben wir gerade die *Unterbrechung des Atemmusters* kennen gelernt. Jede dieser Musterunterbrechungen signalisiert einen external oder internal ausgelösten Aufmerksamkeitswechsel, der normalerweise von Verhaltensänderungen begleitet ist. Ein external ausgelöster Wechsel löst z.B. eine andere Blickrichtung aus, ein internal verursachter Wechsel einen defokussierten Blick. Grinder unterscheidet insgesamt vier Indikatoren: jeweils einen für hohe und tiefe Atmung sowie einen für das Aus- und einen für das Einatmen.[5] Seine ersten beiden Punkte fasse ich als *Zustandshinweise* zusammen, die letzten beiden als *Wechselhinweise.*

02

**Beobachtungsmuster**

## DAS ATEMMUSTER BEACHTEN [MB 02]

**Zustandshinweise [MB 02.1]** informieren anhand grundsätzlicher Verhaltensweisen über die Atemfrequenz. Dazu bieten sich die **Sprechweise** sowie **Bewegungen** und die **Körperhaltung** an: Sind Sprache und Bewegungen flüssig und ist die Köperhaltung entspannt, spricht dies für eine tiefe Atmung und damit generell hohe Erlaubnis. Wirken Sprache und Bewegungen abgehackt und die Körperhaltung angespannt, spricht dies für eine hohe Atmung und damit generell niedrige Erlaubnis.

**Wechselhinweise [MB 02.2]** informieren anhand von Verhaltensänderungen beziehungsweise Musterunterbrechungen über eine Änderung der Atemfrequenz. Dazu bieten sich die **Bewegungen von Kopf, Schultern und Kleidung** an: Beim Einatmen geht der Kopf nach hinten, die Schultern bewegen sich hoch und zurück und die Kleidung glättet sich. Beim Ausatmen bewegt sich der Kopf nach vorn, die Schultern fallen nach unten und vorn und die Falten der Kleidung verstärken sich. Je schneller die Frequenz dieser Bewegungen, umso niedriger, je langsamer ihre Frequenz, umso höher ist die Erlaubnis.

**Defokussiertes Beobachten**

Eine Schwierigkeit beim Beobachten besteht – neben unserer Inhaltsfixierung – im Fokussieren unseres Blicks. Denn je sorgfältiger wir einen dieser Indikatoren beobachten, desto größer ist das Risiko, andere zu übersehen. Hier hilft das zweite bereits kurz erwähnte Beobachtungsmuster: das *defokussierte Beobachten* [MB 01.2]. Mit ihm lassen sich Bewegungen besser identifizieren, weil man die gesamte Person im Auge hat und das periphere Blickfeld besonders gut zum Erfassen von Körperveränderungen geeignet ist. Will man jemand auf diese Weise beobachten, fokussiert man den Blick auf einen Punkt, der sich etwas vor oder hinter der Person befindet. Aufgrund ihrer Bedeutung führe ich beide Varianten zum Erkennen von Musterunterbrechungen noch einmal an:

**INDIREKTES BEOBACHTEN [MB01]**

Beim **peripheren Beobachten [MB01.1]** blicken wir nicht in Richtung unseres Gesprächspartners, wenden die Aufmerksamkeit aber dem peripheren Bereich unseres Blickfelds zu, in dem er sich befindet, um möglichst alle seine Körperveränderungen zu erkennen.

Beim **defokussierten Beobachten [MB01.2]** blicken wir zwar in Richtung unseres Gesprächspartners, defokussieren dabei jedoch vorsichtig den Blick, um im gesamten Blickfeld möglichst alle Körperveränderungen zu erkennen.

01

**Beobachtungsmuster**

Der Hinweis, beim defokussierten Beobachten vorsichtig vorzugehen, hat einen einfachen Grund: Ein defokussierter Blick kann den Eindruck erwecken, man denke gerade über etwas nach und entziehe also dem Gegenüber die Sendeerlaubnis. Das kann zu unzweckmäßigen Fragen oder Unterbrechungen führen. Vorsichtig bedeutet daher, nicht zu stark und nicht zu lang zu defokussieren, öfter in den direkten Blickkontakt zu wechseln und vor allem beim Defokussieren durch nonverbales Würdigen zu beweisen, dass man aufmerksam zuhört.

Beantworten wir abschließend die zweite Kernfrage: Was fangen wir mit den Beobachtungsergebnissen an? Interessant, weil herausfordernd sind die Situationen, in denen die Sendeerlaubnis zeitweilig erlischt (durch einen external oder internal bedingten

Aufmerksamkeitswechsel) oder mehr oder weniger stark beeinträchtigt ist. Letzteres kann zwei Ursachen haben: eine außergewöhnliche Erregung oder inhaltliche Verständnisprobleme beim Aufnehmen und Verarbeiten.

**Mit Musterwechseln umgehen**

- Den ersten Fall – kurzzeitig fehlende Sendeerlaubnis – besprachen wir bereits: Hier bietet sich der intelligente Ausdruck [MK07] während einer Wartepause [MP02.3] an, um einen nicht nur intelligenten, sondern auch beschäftigten Eindruck zu erzielen.

- Im zweiten Fall – emotional beeinträchtige Aufnahmebereitschaft – können alle Techniken mit beruhigender Wirkung zum Einsatz kommen: verbales Würdigen [MV11.3], paraverbales Würdigen [MP03], koverbales Zuhören [MK17] sowie gefühlsorientiertes aktives Zuhören [MV11.4]. Begleitet werden all diese Muster von einer zugänglichen Stimme [MP01.2], von zugänglich ausgeführten Gesten sowie einer zugänglichen Körperhaltung [MK09.2] und Kopfhaltung [MK08.2]. Ist der Anlass der Erregung visualisiert, kann das Entfernen von Inhalten notwendig sein [MK16].

- Im Fall einer inhaltlich beeinträchtigten Aufnahmebereitschaft hilft das sachorientierte aktive Zuhören [MV11.5] – unter der Voraussetzung, dass Wissen, Können und Zeit ausreichen. Ist diese Voraussetzung nicht gegeben oder stark eingeschränkt, muss man zumindest zum Füllen der vorhandenen Lücken inhaltsorientierte Techniken einsetzen. Darunter finden sich sogar einige der Alternativen, die bei den zwölf Kommunikationssperren Gordons aufgezählt wurden (z.B. einzelne Möglichkeiten der Nummern 1, 2, 4, 5, 6, 9 und 11, vgl. BOX 27, Seite 217) – wenn man sie ohne den Ausdruck von Macht übermittelt.

Sieht man vom Fall der kurzzeitig fehlenden Sendeerlaubnis ab, dann stellt das geforderte Reaktionsspektrum enorme Anforderungen an unser Präsenzwissen und -können. So etwas kann man nicht bewusst planen und umsetzen. Wir würden dabei nicht nur einen unnatürlichen Eindruck machen, sondern auch mit vielen größeren und kleineren Denkpausen Unbeholfenheit und Unsicherheit signalisieren sowie den Gesprächsfluss zum Stocken bringen. Einziger Ausweg ist der hier vorgeschlagene Lernansatz: Trainieren Sie die Muster einzeln und überlassen Sie es Ihrer langsam anwachsenden unbewussten Kompetenz, die richtige Auswahl zu treffen. Das erfordert wenig Mühe und Intelligenz, aber Zeit, Konsequenz und Geduld – wie es bei allen Fähigkeiten der Fall war, von denen Sie heute unbewusst profitieren.

## 10.3 Der Erste-Hilfe-Kasten

*»Der schlimmste Weg, den man wählen kann, ist der, keinen zu wählen.«*

Friedrich der Große

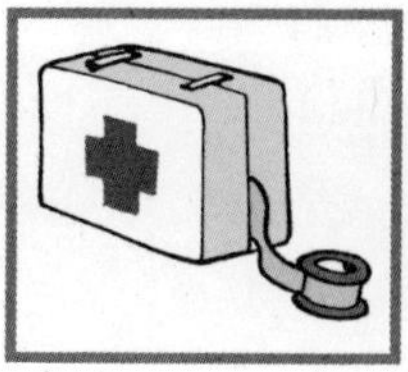

Auch wenn das bewusste kombinierte Anwenden verschiedener Mikromuster unter den realen Bedingungen von Beruf und Alltag viel Zeit, Konsequenz und Geduld erfordert, eine feste Musterkette sollten Sie sich sozusagen als Erste-Hilfe-Kasten einprägen. Unter dem Titel *Wie man sich aus der Schusslinie hält* empfiehlt Michael Grinder eine Strategie zum Abwehren verbaler Überrumpelungen oder Angriffe. Grinders Bordapotheke besteht aus den folgenden acht Einzeltechniken (meine erläuternden Ergänzungen finden Sie kursiv in Klammern)[6]:

**Angriffe abwehren**

1. Visuelle Repräsentation *(der Vorwürfe, um sie als realen Blickpunkt einsetzen und bewegen zu können)*.
2. Die Information zur Seite bringen *(um einen räumlichen Abstand zu den Vorwürfen zu schaffen, damit sie aus Ihrem normalen Kontext kommen)*.
3. Zuhörer folgen den Augen des Sprechers *(darum ist es für Sie wichtig, grundsätzlich dorthin zu sehen, wohin die Zuhörer sehen sollen)*.

4. Verwendung der 3. Person (*beim Sprechen über die Vorwürfe, damit Sie auch einen sprachlichen Abstand zu diesen schaffen*).
5. Das Problem von der Lösung trennen (*indem Sie beide getrennt schriftlich erfassen und Ihre problembezogenen Aussagen in Richtung visualisierter Vorwürfe und Ihre lösungsbezogenen Aussagen in Richtung Zuhörer oder Angreifer machen*).
6. Systematischer Einsatz der Stimmmuster (*indem Sie glaubwürdig in Richtung Vorwürfe und zugänglich in Richtung Zuhörer sprechen*).
7. Benutzung konkreter Beschreibungen (*um störende Bemerkungen oder Fragen zu vermeiden*).
8. Körper im Winkel von 90° (*um sowohl mit Ihrem Blick als auch mit Ihren Gesten einfacher und wirkungsvoller zwischen Vorwürfen und Zuhörern wechseln zu können*).

Diese höchst effiziente und effektive Strategie stellt natürlich nur eine Möglichkeit dar, seine Bordapotheke zu füllen. In den Erläuterungen Grinders zu seiner Methode empfiehlt er weitere, ebenfalls wichtige Verhaltensweisen, die von der Atmung über die Pause bis zur eingefrorenen Geste reichen. Und da die Zusammenstellung jedes Erste-Hilfe-Kastens die persönlichen Wehwehchen und Besonderheiten ihres Benutzers berücksichtigen sollte, rate ich Ihnen:

**Stellen Sie sich Ihren eigenen Erste-Hilfe-Kasten zum Abwehren überraschender Attacken zusammen.**

Dabei sollten Sie jedoch zumindest in der Anfangszeit keine Komplettlösung für alle denkbaren Fälle entwickeln. Fünf im Präsenzwissen fest verankerte Techniken geben Ihnen und vermitteln anderen mehr Sicherheit als zehn Muster, bei denen Sie im Notfall mit Schrecken merken, dass Ihnen einige inzwischen entfallen sind.

Das Hauptziel Ihrer Maßnahmen ist das Trennen von negativer Sachebene und Beziehungsebene oder von Verhalten und Person, um nachhaltige negative Effekte zu vermeiden. Deswegen sollten Sie sich und/oder die übrigen Anwesenden vom Angreifer beziehungsweise von den eingesetzten verbalen und nonverbalen Inhalten deutlich dissoziieren. Das geschieht mit fünf verbalen, gestischen und visuellen Mikromustern:

**Verhalten und Person trennen**

1. Der intelligente Ausdruck [MK07] verschafft Zeit und ermöglicht – wenn Sie vor Gruppen stehen – das Verlassen Ihres Platzes.
2. Das spezifische Beschreiben [MV09] sorgt dafür, dass Sie beharrlich beim Thema bleiben und Fakten von Bewertungen unterscheiden können.
3. Das Visualisieren von Gesprächsinhalten [MK10],
4. das Variieren des Blickkontaktes [MK01] sowie
5. die Auge-Hand-Koordination [MK12] ermöglichen das Dissoziieren von negativen Themen.

Falls Sie die magische Zahl 7 anstreben, können Sie die folgenden beiden Muster hinzunehmen:

6. das verbale Dissoziieren [MV10.2], um sich auch sprachlich von Vorwürfen und Problemen zu entfernen,
7. und das Trennen von Inhalten [MK15], um den Anwesenden eine saubere mentale Buchhaltung zu ermöglichen.

Dabei fehlt zwar ein wichtiges Muster für den Fall eines Angriffs: Selbstcontrolling durch direkte Atemkontrolle [MA01.1]. Ich gehe aber davon aus, dass dies ohnehin eines der ersten ist, die Sie sich zugelegt haben.

HINTERGRUND

# 11 Handwerkliche Grundaufgaben

## 11.1 Die sieben kommunikativen Hauptrollen

*»Gewohnheiten sind die Fingerabdrücke des Charakters.«*

Alfred Polgar

**Hellsehen und Steuern im Kommunikationsprozess**

Kommunizieren basiert auf einer Vielzahl dreistufiger Prozesse nach dem Prinzip »Empfangen – Verarbeiten – Senden«. Da Empfangen und Verarbeiten jedoch höchst subjektiv und kaum voneinander zu trennen sind, fasse ich die ersten beiden Stufen als *Hellsehen* zusammen. Und weil jedes Senden mit einer bewussten oder unbewussten Absicht erfolgt, bezeichne ich die dritte Stufe als *Steuern*. Damit kennen wir bereits unsere beiden Hauptaufgaben als Mitwirkende in jedem kommunikativen Schauspiel: Hellsehen und Steuern. Wie und wohin man im Einzelfall steuert, hängt von der Art des aufzuführenden Stücks ab – ob es z. B. eine Komödie oder eine Tragödie ist – und vom konkreten Inhalt. Und genauso, wie man am klassischen Theater bestimmte Fächer kennt wie den Liebhaber, den Helden, den Narren, die Naive oder die Verführerin, genauso sind im Kommunikationstheater verschiedene idealtypische Rollen zu besetzen. Neben der passiven Rolle des Hellsehers unterscheiden wir sechs aktiv steuernde Rollen:

1. Hellseher,
2. Schmeichler,
3. Nebelwerfer,
4. Taucher,
5. Dozent,
6. Initiator,
7. Magier.

Im normalen Theater treten meist viele Mitwirkende in jeweils nur einer Rolle auf. Im Kommunikationstheater gibt es häufig lediglich zwei Mitwirkende, die in bis zu sieben Rollen auftreten. Es gibt also Doppelbesetzungen. Und wie im Schauspiel erkennt man jede Rolle an bestimmten typischen Verhaltensweisen:

- Tritt jemand überwiegend als Sender oder als Empfänger auf?
- Agiert er auf der Sach- oder auf der Beziehungsebene?
- Bevorzugt er Inhalts- oder Prozesssteuerung?
- Sendet er Informationen oder fragt er danach?
- Verwendet er möglichst konkrete und präzise Sprachmuster oder abstrakte und unpräzise?
- Zeigt jemand ein eher glaubhaftes oder eher zugängliches Verhalten?

### 11.1.1 Der Hellseher

Zufällige Kommunikation gibt es nicht. Eine Information mag als zufälliger Anlass dienen – Sie finden eine Flaschenpost, erhalten eine falsch adressierte E-Mail oder reagieren auf ein nicht an Sie gerichtetes Winken. Ihre Reaktion – und damit beginnt erst das Kommunizieren – basiert jedoch auf bewussten oder unbewussten Schlussfolgerungen. Da diese Überlegungen selbst beim Analysieren des reinen Sachinhalts einer Botschaft auf Vermutungen angewiesen sind, sprechen wir von Hellsehen. Seltene Ausnahmen sind einfache beschreibende Sachinhalte wie »2 mal 2 gleich 4« oder »Heute ist Freitag« – aber selbst das ist situationsabhängig, wie Karl R. Popper zeigt. Natürlich weiß Popper, dass er fünf Finger an seiner rechten Hand hat. Er glaubt jedoch: Hänge das Leben seines besten Freundes davon ab, würde er sie wahrscheinlich aus der Tasche ziehen und die Finger nachzählen.[1] Eine der wichtigsten Aufgaben eines Hellsehers besteht deshalb darin, das *eigentlich Gemeinte* des Senders herauszufinden (seine *Tiefenstruktur*, also die ausgesonderten *Exformationen*) und die eigenen Reaktionen und Aktionen darauf einzustellen.

**Die Ausgangsfrage beim Hellsehen sollte stets lauten: Ist die Tiefenstruktur meines Gesprächspartners von Bedeutung für mich oder nicht?**

**Drei typische Hellseh-Situationen**

Drei typische Situationen sind denkbar: Die Tiefenstruktur eines anderen ist für mich bedeutungslos – z.B. bei unverbindlichen Plaudereien, in denen es um nichts geht. Sie ist von Bedeutung für mich und mir vertraut – z.B. bei Partnern, Freunden oder in langjährigen Geschäftsbeziehungen. Sie ist von Bedeutung für mich und mir nicht vertraut – bei neuen Themen und/oder mir bislang unbekannten Gesprächspartnern. Um das grundsätzliche Vorgehen beim Hellsehen für den letzten Fall noch einmal darzustellen, gehen wir von folgendem Beispiel aus: Im Laufe eines Beratungsgesprächs verspricht ein Verkäufer seinem Kunden »Unser bewährtes Angebot ist optimal für Sie« – das Musterbeispiel eines inhaltsleeren Satzes.

**Kunden-Hellsehen aufgrund des Verkäuferhinweises: »Unser bewährtes Angebot ist optimal für Sie!«**

| Hellseh-Aspekt | Hellseh-Frage | Mögliches Hellseh-Ergebnis |
|---|---|---|
| Sachinhalt | Was ist gemeint? | Dieses Angebot löst alle meine Probleme. |
| Beziehung | Wie sieht er mich? | Er hält mich für kompetent und zuständig. |
| Appell | Was will er von mir? | Ich soll sein Angebot annehmen. |
| Selbstoffenbarung | Was ist mit ihm? | Er ist der Experte für meine Probleme. |

Tabelle 5: Hellsehen im Vier-Ohren-Modell

**Vier Orientierungspunkte**

Grundsätzlich besitzt jeder Hellseher vier Ansatzpunkte: Er kann sich auf die Sach- oder die Beziehungsebene konzentrieren; und er kann sich dabei jeweils am Inhalt oder an der Form der erhaltenen Botschaft orientieren.

| | Botschaftsinhalt | Botschaftsform |
|---|---|---|
| Sachebene | 1 | 3 |
| Beziehungsebene | 2 | 4 |

Tabelle 6: Die vier Ansatzpunkte zum Hellsehen

**Hellseh-Ergebnisse prüfen**

Einer der Hauptgründe für Missverständnisse beim Kommunizieren und die wohl wichtigste Voraussetzung für erfolgreiches betrügerisches Manipulieren besteht darin, dass sich der Hellseher nach dem Empfangen einer Botschaft auf deren Inhalt konzentriert, mit dem Hellsehen beginnt, eine Aktion beschließt und diese auch sofort durchführt – z.B. einen Auftrag unterschreibt. Im Quadranten 1 interpretiert er den Sachaspekt, im Quadranten 2 eventuelle Beziehungs-, Appell- oder Selbstoffenbarungs-Aspekte. Nun ist Hellsehen an sich nichts Schlechtes – ganz im Gegenteil: Es ist eine der wichtigsten Voraussetzungen zum Kommunizieren. Das Problem besteht nicht im Hellsehen, sondern im Handeln ohne Prüfen der Hellseh-Ergebnisse. Dieser Verzicht kann eine bewusste Entscheidung sein, aber auch das Ergebnis blitzschnell und unbewusst ablaufender Denkprozesse. Auf jeden Fall wäre das Unterschreiben des Auftrags nach kurzem Überlegen ein Beispiel für das riskante inhaltsorientierte Reagieren ohne Rückfragen. Die deutlich risikoärmere Alternative ist das inhaltsorientierte Reagieren mit Rückfragen – der Kunde stellt Fragen, um seine Hellseh-Ergebnisse zu überprüfen. Dabei zeigt sich jedoch: Je direkter er nachfragt, umso größer ist im Fall von Betrug und Unwissen das Risiko, eine Fehlentscheidung zu treffen. Formulieren Sie einmal die vier Hellseh-Ergebnisse aus Tabelle 5 in direkte Fragen an den Verkäufer um. Man erkennt sofort: Damit räumen wir ihm noch mehr Möglichkeiten ein, Schaum zu schlagen.

**Negativbeispiel: Finanzkrise**

Die meisten Menschen, deren Wertpapier-Depot sich aufgrund der globalen Finanzkrise im Herbst 2008 in Luft auflöste, dürften ihren Anlageberater mit Fragen gelöchert und eine Unmenge an mündlichen und schriftlichen Antworten bekommen haben. Allerdings bemerkten sie nicht, dass sich ihr Risiko trotz der Fülle an Informationen nicht verringerte. Denn die für sie wichtigen Hinweise steckten in den – leider auch für viele Berater – unbekannten Exformationen! Man *fühlte* sich genügend informiert und traf eine verhängnisvolle Entscheidung.

Die sicherste Methode stellt daher die verbale Formreaktion mit Rückfrage von Quadrant 3 dar: Der Kunde pickt sich die Faselindikatoren der Botschaft heraus (unser, bewährt, Angebot, optimal) und stellt gezielte Fragen, um sie vom Verkäufer präzisieren und konkretisieren zu lassen. Dieses Verhalten bedeutet:

> **Als Empfänger bleibt man auf der Sachebene und hinterfragt dadurch indirekt auch eine mögliche Selbstoffenbarung des Senders – man geht aber weder auf eventuell versteckte Appelle von ihm noch auf Beziehungsfragen ein. Man dissoziiert sich vom Verkäufer und steuert das Gespräch.**

Für den letzten Ansatzpunkt zum Hellsehen aus Quadrant 4 schlagen wir das formorientierte Reagieren vor: Musterunterbrechungen dienen als Signale für das Entstehen, Erlöschen und Wiederkommen unserer Sendeerlaubnis. Während uns jedoch in Quadrant 3 mit den Faselindikatoren eindeutige Hinweise auf geeignete Reaktionen vorliegen, zeichnet sich Quadrant 4 durch ein breites Spektrum an Hellseh-Möglichkeiten aus: Es kann viele Gründe geben, warum jemand kurz stutzt oder sich vor- oder zurückbeugt. Das Dr.-Preise-Beispiel Vera F. Birkenbihls (vgl. Seite 129f.) zeigte das deutlich. Da ein direktes Erkunden dieser Gründe als Reaktion fast immer ausscheidet, bleibt nur ein vorsichtig fragendes Herantasten mit viel Fingerspitzengefühl – sofern man die Gründe erfahren möchte oder darf. Und das hängt davon ab, welche Ziele man überhaupt ansteuert. Sehen wir uns darum nun die sechs aktiv steuernden Rollen an.

### 11.1.2 Der Schmeichler

Nomen est Omen – ein typischer Schmeichler agiert auf der Beziehungsebene und zeichnet sich durch zugängliche Verhaltensmuster aus. Diese Rolle übernehmen wir automatisch beim Begrüßen, Entschuldigen, Würdigen, Loben und Bitten und in den vielen anderen Situationen, in denen es um eine Beziehung geht. Diese Beispiele zeigen auch, dass man oft nur kurzzeitig Schmeichler spielen muss, um helfend oder rettend einzugreifen.

Das Vorgehen eines Schmeichlers lässt sich am besten an der für ihn wohl typischsten Verhaltensweise erläutern: am Flirten. Flirten erfordert grundsätzlich ein zugängliches Stimmmuster, weiche und flüssige Bewegungen und eine entspannte Mimik und Körperhaltung. Und abgesehen vom telefonischen und schriftlichen Flirten ist Anbandeln ohne Blickkontakt kaum denkbar. In seinem Bestseller *Das Geheimnis des perfekten Flirts* weist Phillip von Senftleben zwar darauf hin, dass Männer mit möglichst tiefer Stimme sprechen sollten,[2] Studien von Vivien Zuta an der Universität Frankfurt belegen jedoch: Es ist weniger die Tiefe der Stimme, die sexy wirkt, als der Sprechstil – und zwar bei Männern und Frauen.[3] Besonders unsere drei Mikromuster *glaubhaftes Stimmmuster* [MP01.1], *Modulationspause* [MP02.1] und *Aufmerksamkeitspause* [MP02.2] scheinen auf das andere Geschlecht zu wirken. Erfolgreiches Flirten setzt also Stimmmuster-Variabilität voraus! Die mündlich oder schriftlich zum Einsatz kommenden verbalen Sprachmuster zeichnen sich durch fehlende Präzision aus. Beliebt sind *übertreibende Generalisierungen* [MV01] (»Noch nie sah ich ...«), *unspezifische Verben* [MV03.1] (»gefallen«, »spüren«, »empfinden«), *unspezifizierte Adjektive* und *Adverbien* [MV03.2] (»schön«, »angenehm«, »auffallend«, »begehrenswert«, »begeistert« oder »beeindruckend«), *objektivierende Projektionen* [MV04] (»wunderschöne Haare«, »empfindsames Wesen«, »verführerisches Kleid«) oder *unterschlagene Begründungen* [MV05] (»Das beste Gespräch, das ich jemals führte«, »Die beeindruckendste Frau, die mir jemals ...«). Die Strategie eines Schmeichlers basiert auf der Prozesssteuerung: Man bezweckt mit derartig generellen Impulsen das Auslösen positiver und weitgehend widerspruchsfreier Gedanken und Gefühle, ohne genau zu wissen, was sich auf der Tiefenstruktur des Gegenübers befindet und abspielt.

**Die Strategie eines Schmeichlers besteht aus Versuchen, sich den unbekannten Tiefenstrukturen seiner Gesprächspartner möglichst widerstands- und widerspruchsfrei anzupassen, um eine Beziehung aufzubauen und zu pflegen.**

### 11.1.3 Der Nebelwerfer

Auch hier lassen sich bereits aus dem Namen wichtige Eigenschaften ableiten: Nebel ist nicht greifbar, nicht konkret – wie beim Schmeichler treffen wir daher auf unpräzise Sprachmuster. Im NLP hat sich dafür der englische Begriff »Fluff« (für »Flocke« oder »Flaum«) oder »fluffen« (für »sich aufplustern«) eingebürgert. Außerdem sind Nebelwerfer reine Sender und stellen kaum Fragen. Bleiben zwei offene Punkte: Wie und warum verbreitet jemand Nebel? Da der erste Punkt am einfachsten zu erklären ist – Sachnebel wird mit glaubhafter Stimme und Körperhaltung verbreitet, Beziehungsnebel entsprechend zugänglich –, können wir uns der Frage nach dem Warum zuwenden.

**Die Strategie eines Nebelwerfers besteht im weitgehenden Vermeiden konkreter Informationen über seine Gedanken, also seine Tiefenstruktur. Aus diesem Grund verwendet er abstrakte und unpräzise Sprachmuster, um Gesprächspartner zum Hellsehen zu animieren.**

**Gründe fürs Nebelwerfen**

Hinter dieser Strategie stehen zwei Motive. Das erste: Der Nebelwerfer informiert mit allgemeinen und oberflächlichen Hinweisen, um Zeit, Energie und Kosten zu sparen. Denn je besser man sich kennt, umso eher genügen lückenhafte und ungenaue Informationen. Das Hellsehen des Empfängers ersetzt in diesem Fall ein ausführliches und genaues Beschreiben der Gedankenwelt des Senders. Trotz dieser spärlichen Andeutungen stimmen die

Tiefenstrukturen von Sender und Empfänger weitgehend überein. Der Empfänger kennt in etwa die Tiefenstruktur des Senders und damit auch dessen Exformationen. Darin unterscheidet sich der zweite Grund gravierend: Jetzt dienen die allgemeinen und ungenauen Formulierungen zum Ablenken von der eigenen Tiefenstruktur. Das Hellsehen soll einen Empfänger auf Gedanken bringen, die sich von der Tiefenstruktur des Senders unterscheiden, und eventuelle forschende Rückfragen verhindern. Man will die eigene Gedankenwelt verbergen, ohne dass es dem anderen auffällt. Dies ist das Prinzip der ABC-Methode, aller Aufschneider und Betrüger – und vieler Ausreden. Selbst Kinder erkennen die vielfältigen Möglichkeiten: »Es ging nicht« ist ein an Inhaltsleere und Kürze kaum zu überbietendes Nebelkerzen-Kunstwerk zur Frage »Warum sind die Hausaufgaben nicht gemacht?«.

**Politiker – Nebelwerfer par excellence**

Politiker sind die wahren Meister im Nebelwerfen – ob bewusst oder unbewusst, ob aus Effizienz- oder Verheimlichungsgründen sei dahingestellt. Auf jeden Fall profitieren sie vom Verwenden unpräziser Sprachmuster. Bei allgemeinen Formulierungen ist das Risiko am geringsten, dass man ihre Aussagen hinterfragt oder dass diese mit den konkreten Vorstellungen potenzieller Wähler kollidieren. Die Aussage »Ich bin für gerechte Steuern« findet überall Beifall; die Erklärung »Ich bin für einen Spitzen-Einkommenssteuersatz von 45 Prozent« stößt demgegenüber bei vielen Personen auf Widerstand: Der einen Gruppe ist er zu niedrig, der anderen zu hoch. Darum hat kaum jemand etwas gegen den aus nur drei Nominalisierungen bestehenden Klassiker »Freiheit, Gleichheit, Brüderlichkeit« oder gegen die Nebelkerze »Jetzt muss mit Entschlossenheit alles unternommen werden, damit es endlich vorwärtsgeht!«.

**Phrasen fallen immer weniger auf**

Die von unseren Medien geprägte Sprachkultur hat zur Folge, dass viele Menschen Einschränkungen des Inhalts und sogar die Inhaltsleere mancher Phrasen kaum noch erkennen. Sehen Sie sich Leitartikel in Zeitungen an, analysieren Sie Kommentare und Nachrichten, Zitate von Personen aus Wirtschaft, Politik und Kultur (vor allem in Talkshows) im Radio oder Fernsehen, oder – noch einfacher – untersuchen Sie einmal den Text dieses Absatzes: Es wimmelt überall von Faselindikatoren. Die allerwenigsten Menschen können diese Sprachmuster zwar identifizieren oder gar gezielt hinterfragen. Ihr Sprachgefühl signalisiert jedoch, dass *etwas* hier nicht stimmt. Dieses negative Empfinden verstärkt sich im Laufe der Zeit. Denn dem unguten Gefühl bei Wahlreden, Politiker-Interviews und Talkshow-Palavern folgt der Eindruck von politischer Hilflosigkeit beim Lösen brennender gesellschaftlicher Probleme.

**Politikverdrossenheit**

Dieses sprachliche Kaschieren von Problemen ist mit einer der Gründe für die ständig wachsende Politikverdrossenheit – nicht Politikerverdrossenheit! Da sich der einzelne Politiker meist mit sprachlich exzellenten Nebelkerzen aus der Affäre zieht, entsteht das diffuse Bild einer extrem inkonsistenten Politik, bei der sich der Einzelne machtlos fühlt. Titel und Inhalt des Buchs von Walter van Rossum *Meine Sonntage mit Sabine Christiansen – Wie das Palaver uns regiert* beschreiben diese Situation treffend. So verwundert es nicht, dass der *Spiegel* seit Heft 25/2008 einen »Münchhausen-Test« für Politiker-Statements veröffentlicht. (Ursprünglich verwendete man zum Bewerten eine vierstufige »Münchhausen-Skala«: leicht übertrieben; ziemlich übertrieben, Fakten bleiben unberücksichtigt; Widersprüche und erhebliche faktische Fehler; richtig falsch. Anstelle dieser Skala wird inzwischen aber nur noch ein Fazit gezogen.) Erschwerend kommt hinzu, dass man nun auch in Deutschland verstärkt so genannte Spin Doctors bei Wahlkämpfen einsetzt. Sie sollen – wie auch in den USA – herausfinden, auf welche Schlagworte Wähler am besten reagieren. Dass der Gebrauch dieser Faselindikatoren den Anteil der Nichtwähler laufend erhöht, scheint unwichtig zu sein. Theoretisch genügen auch 10000 Wähler (was einer Wahlbeteiligung von rund 0,02 Prozent entspricht), um die Wahlergebnisse bis auf zwei Stellen nach dem Komma zu berechnen, die Mandate zu verteilen und – an der Macht zu bleiben. Unter der Voraussetzung, dass man den Einfluss der Sprache kennt, besteht aber Grund zur Hoffnung: Die dann auch sinkende Wahlkampfkosten-Erstattung sowie der steigende Einfluss extremer Parteien könnten zu einem Überdenken der bislang praktizierten Nebelwerfer-Strategie führen.

**Nebelwerfer in der Wirtschaft**

Ich möchte hier betonen, dass Politiker nicht die einzigen hauptberuflichen Nebelwerfer sind. Während ich diese Zeilen schreibe, sind die weltweite Finanzkrise und die drohende Rezession seit einigen Wochen das Hauptthema aller Medien. Aus diesem Grund bedauere ich, die Ansichten des Querdenkers Nassim Nicholas Taleb zu den Ursachen dieser Krise nicht mehr genügend würdigen zu können. Ich bin gerade erst auf ihn gestoßen (worden). In seinem Buch *Die Narren des Zufalls* geht Taleb ausführlich darauf ein, wie – in meinen Worten – das Nebelwerfen von Wirtschaftswissenschaftlern, Wertpapierhändlern und Journalisten zu dieser Entwicklung beitrug. Und sein druckfrisch vor mir liegendes Buch *Der Schwarze Schwan* scheint in die gleiche Kerbe zu hauen. Da Taleb – genau wie ich – ein ausgemachter Popper-Fan ist, passt es gut, dass ich in BOX 40 ohnehin ein Beispiel bringen wollte, das aus dem Elfenbeinturm der Wissenschaft stammt und illustriert, was Taleb an den Sozialwissenschaften kritisiert.

### ■ BOX 40: DEUTSCH-DEUTSCHE ÜBERSETZUNGEN[4]

Der Philosoph – also Geisteswissenschaftlicher – Karl R. Popper bezeichnet das unklare, unverständliche Sprechen als die größte Sünde eines Wissenschaftlers. Das liegt wahrscheinlich daran, dass er eine Tischlerlehre absolvierte und sich mit naturwissenschaftlichen Themen wie Quantenphysik und Neurologie auseinandersetzte. Sein Ende der 60er-Jahre des letzten Jahrhunderts in Deutschland geführter Diskurs mit der *Frankfurter Schule* von Theodor W. Adorno, Jürgen Habermas und ihren Anhängern bezog deshalb auch die Sprache mit ein. Zu den folgenden deutsch-deutschen Übersetzungen bemerkt Popper: *»Manche Leser werden finden, dass es mir nicht gelungen ist, den Grundtext adäquat zu übersetzen. Das mag sein. Ich bin ein ziemlich erfahrener Übersetzer, aber vielleicht bin ich für diese Aufgabe zu dumm.«*

| Jürgen Habermas | Übersetzung von Karl R. Popper |
|---|---|
| Die gesellschaftliche Totalität führt kein Eigenleben oberhalb des von ihr Zusammengefassten, aus dem sie selbst besteht. | Die Gesellschaft besteht aus den gesellschaftlichen Beziehungen. |

| Jürgen Habermas | Übersetzung von Karl R. Popper |
|---|---|
| Sie produziert und reproduziert sich durch ihre einzelnen Momente hindurch. | Die verschiedenen Beziehungen produzieren irgendwie die Gesellschaft. |
| Adorno begreift Gesellschaft als Totalität in dem streng dialektischen Sinne, der es verbietet, das Ganze organisch aufzufassen nach dem Satz: Es ist mehr als die Summe seiner Teile; ebenso wenig aber ist Totalität eine Klasse, die sich umfangslogisch bestimmen ließe durch ein Zusammennehmen aller unter ihr gefassten Elemente. | Adorno sagt daher (sic!) nicht, dass das Ganze mehr ist als die Summe seiner Teile; ebenso wenig ist (sic!) das Ganze eine Klasse von Elementen. |
| Theorien sind Ordnungsschemata, die wir in einem syntaktisch verbindlichen Rahmen beliebig konstruieren. | Theorien sollten nicht ungrammatisch formuliert werden; ansonsten kannst du sagen, was du willst. |
| Sie erweisen sich für einen speziellen Gegenstandsbereich dann als brauchbar, wenn sich ihnen die reale Mannigfaltigkeit fügt. | Sie sind auf ein spezielles Gebiet dann anwendbar, wenn sie anwendbar sind. |

Tabelle 7: Deutsch-deutsche Übersetzungen

### 11.1.4 Der Taucher

Taucher stellen Fragen, um sich ungenaue Inhalte präzisieren zu lassen. Alle guten Verkäufer und Berater schlüpfen demzufolge für eine Weile in die Taucherrolle, um die vorhandenen Absichten und Wünsche genau zu erkunden. Natürlich kann man diese Rolle auch spielen, um andere zu nerven. Im Normalfall interessiert sich der Taucher aber für die Antworten, die er erhält, und er prüft sie auch sofort auf ihre Verwertbarkeit und schiebt gegebenenfalls eine weitere Frage nach.

**Die Strategie eines Tauchers besteht darin, die allgemeinen, unspezifischen und unvollständigen Ausführungen anderer so lange zu hinterfragen, bis er glaubt, die Tiefenstruktur des anderen beurteilen zu können.**

**Taucher bringen Nebelwerfer in Bedrängnis**

Als Alptraum für jeden Politiker stellt sich daher in einer Wahlversammlung die Diskussion mit jemand heraus, der ein meisterhafter Taucher ist. Denn dieser hinterfragt mit seinen Diskussionsbeiträgen nicht nur bohrend die – hoffentlich vorhandene – Tiefenstruktur des Redners. Er würdigt zunächst mit unspezifischen Ausführungen den Sprecher und bindet dabei auch das Auditorium ein: »Wir alle haben aufmerksam zugehört, wir durften Interessantes erfahren, manches Neue, aber auch manches, was bekannt ist. Mit vielen hier habe ich mich aber auch gefragt, was verstehen Sie unter ›gerechten Steuern‹? Wir alle wissen natürlich, welche Probleme knappe Redezeiten mit sich bringen, aber sehr viele hier sind sicher für niedrigere Abgaben. Viele glauben sogar, ein Recht darauf zu besitzen, damit man mehr sparen und sich etwas leisten kann. Ist dieser Wunsch falsch? Wie groß sind also Ihre Steuerkürzungen bei welchen Bevölkerungsgruppen?« Diese Kombination aus indirekter Gruppenansprache und Rednerbefragung lässt sich beliebig fortsetzen und mit der Frage beenden: »Für uns alle möchte ich nun doch noch einmal ganz genau von Ihnen wissen: Was heißt ›gerechte Steuern‹, welche Kürzungen sind eingeplant, wo genau …, wer genau …, was genau …?« Analysieren Sie den Inhalt dieser Schleifen anhand der Faselindikatoren, stellen Sie fest: Während der erste Teil einer Schleife Faselindikatoren wie Verallgemeinerungen, Unterstellungen und Verknüpfungen verwendet, die so vage gehalten sind, dass die meisten Anwesenden zustimmen können, hinterfragt der zweite Teil gezielt die gleichen Faselindikatoren der anderen Seite. Die Gesamtwirkung entsteht daher aus einer Mischung von Schmeichler, Nebelwerfer und Taucher.

Ob und wie aus einem eher unverbindlichen Frage-Antwort-Spiel der Eindruck einer Vernehmung oder gar eines Kreuzverhörs entsteht, entscheidet der Grad an Glaubhaftigkeit oder Zugänglichkeit der dabei verwendeten nonverbalen Muster, vor allem der Stimmmuster.

Normalerweise beschränken sich Taucher auf das Erkunden derjenigen Tiefenstruktur-Inhalte, die eng mit dem Sachthema des Gesprächs verbunden sind. So besteht in privaten und beruflichen Unterredungen meist keine Erlaubnis, nach rein persönlichen, intimen Ansichten und Erfahrungen zu »tauchen«. Diese Erlaubnis verändert sich meist parallel zur Entwicklung einer Beziehung. In machen Situationen ist sie jedoch auch von Anfang an vorhanden, z.B. bei Gesprächen mit Rechtsanwälten, Therapeuten oder Seelsorgern. Denn deren Aufgabe besteht auch darin, die Ursachen für ein zu häufiges und damit störendes Hören auf dem Beziehungs-, Appell- oder Selbstoffenbarungsohr zu analysieren.

### 11.1.5 Der Dozent

Dozenten sind Verfechter der Inhaltssteuerung, weil sie großen Wert auf das Wissen ihrer Zuhörer legen. Darum befinden sie sich in der Regel auf der Sachebene, zeigen ein überwiegend glaubhaftes Verhalten und stellen kaum Fragen (und wenn, dann vor allem, um zu kontrollieren, ob der Inhalt richtig aufgenommen wurde).

**Die Strategie eines Dozenten besteht im Senden von Informationen, um die Tiefenstruktur anderer gezielt und direkt zu erweitern.**

Natürlich treten Dozenten nicht mit durchgängig glaubhafter Haltung auf, da dies die Gesprächsatmosphäre und damit auch ihre Wirkung beeinträchtigte. Um den Gesprächspartnern eine saubere mentale »Buchhaltung« zu ermöglichen, sollte man kurzfristig mit Hilfe der Schmeichlerrolle auf die Beziehungsebene wechseln und das auch mit entsprechenden Inhalten zum Ausdruck bringen. Erläutert ein Arzt die geplante Therapie mit Blick auf die Röntgenbilder in glaubwürdiger Stimme, kann er dabei ab und zu den Blickkontakt mit seinem Patienten aufnehmen und dabei zugänglich seine persönlichen Erfahrungen und seine Unterstützung ansprechen.

Der Begriff »Vorlesung« trifft das Verhalten eines Dozenten sehr gut. Er stammt aus Zeiten, als das zu vermittelnde Wissen in nur einem Buch vorhanden war und deshalb in Klöstern anderen zum Abschreiben vorgelesen wurde. Nun hat sich diese Situation seit Gutenberg zwar drastisch gewandelt. Viele Dozenten und Studenten scheinen das jedoch noch nicht mitbekommen zu haben, obwohl Lesen oft eindeutig effizienter ist als Zuhören. Schon während meiner Studienzeit – und das ist Jahrzehnte her – habe ich nicht verstanden, warum ich mich in einen völlig überfüllten Hörsaal quetschen muss, um Inhalte mitzuschreiben, die ich in einem Bruchteil der Zeit zu Hause lesen kann. Und um die prüfungsrelevanten Hinweise der Dozenten nicht zu verpassen, lässt sich diese nicht sehr kreative Arbeit mit nur etwas organisatorischem Geschick auf verschiedene Schultern verteilen. Ganz abgesehen davon: Nützliches Hören setzt brauchbares Sprechen voraus.

**Was Naturwissenschaftler an Geisteswissenschaftlern monieren**

Selbstverständlich verwenden Wissenschaftler aller Bereiche für ihre Bewertungen und Erklärungen unspezifische Adjektive, Adverbien und Verben. Gleiches gilt für Generalisierungen und Nominalisierungen. Theorien befassen sich nun einmal verallgemeinernd mit *allen* Fällen eines Sachverhalts. Sozialwissenschaftlichen Nominalisierungen wie »Einstellung«, »Beziehung«, »Organisation« oder »Image« stehen darum naturwissenschaftliche Nominalisierungen wie »Adhäsion«, »Energie«, »Schwerkraft« oder »Feld« gegenüber. Ich behaupte: Das wichtigste Kennzeichen geistes- und sozialwissenschaftlicher Aussagen und der Hauptgrund für das vage ungute Gefühl der Naturwissenschaftler besteht im weitgehenden Fehlen von präzisen umsetzbaren Prozessbeschreibungen. Naturwissenschaftler sind es gewohnt, dass nach einer Beschreibung des Was mit Hilfe von Faselindikatoren irgendwann eine Beschreibung des Wie kommt. Was-Inhalte werden durch Wie-Inhalte präzisiert: Man bildet operationale Definitionen, die angeben, welche Prozesse oder Handlungen sich hinter einem Begriff verbergen. Und man setzt diese Anweisungen um und testet sie in der Praxis. Deshalb haben Naturwissenschaftler – im Gegensatz zu den meisten von uns – nicht das Gefühl dafür verloren, dass Nominalisierungen nur eine, nämlich die statische Seite eines Prozesses verkürzt darstellen. Für sie ist selbstverständlich, dass man sich früher oder später mit der Prozessdynamik zu beschäftigen hat. Geistes- und Sozialwissenschaftler erklären dagegen überwiegend die einen Was-Inhalte mit anderen Was-Inhalten. Und folgen Wie-Inhalte, sind diese meist so allgemein gehalten, dass man nicht sofort erkennen kann, was unter welchen Rahmenbedingungen wie zu tun ist.

Das Vernachlässigen konkreter Prozess-Inhalte ist meines Erachtens der Hauptgrund für das eingangs beschriebene Phänomen, dass man versprechen kann, aus Ihnen in wenigen Tagen einen Manager zu machen, dass es aber keine derartigen Versprechungen für naturwissenschaftliche Berufe gibt.

### ▪ BOX 41: ZUR SPRACHE VON DOZENTEN

Welche Sprachmuster Dozenten verwenden, hängt von verschiedenen Faktoren ab. Grundsätzlich lässt sich zwar sagen: Beim Beschreiben von Sachverhalten ist die Sprache eher spezifisch/konkret, beim Beurteilen oder Erklären ist sie eher allgemein/abstrakt. Im Einzelfall spielen allerdings auch die Art der Schule, das Fachgebiet und natürlich die persönliche Eigenart eine Rolle: Manche Menschen neigen von Haus aus zu deutlich mehr Verallgemeinerungen als andere. In einem der weltweit am häufigsten eingesetzten Typologie-Verfahren – dem Myers-Briggs-Type-Indicator – ist das z. B. der *N-Typ*.[5] N-Typen sehen eher Zusammenhänge und Muster (sie sehen den Wald), während ihr Gegenpart, die *S-Typen*, mehr auf Einzelheiten achten (ihnen fallen die Bäume auf). Das drückt sich auch in den verwendeten Sprachmustern aus: N-Typen sprechen allgemeiner und abstrakter. Was die Art der Schule anbelangt, so kann man davon ausgehen, dass mit der Höhe der Schulbildung auch die Höhe der Abstraktheit zunimmt. Tendenziell vermitteln Universitäten deutlich mehr abstraktes Wissen als Fachhochschulen und diese wiederum lehren allgemeineres Wissen als Berufsschulen.

Seitdem ich mich mit Sprachmustern befasse, ist mir ein interessantes Phänomen aufgefallen: Die Auswirkungen der sprachlichen Unterschiede zwischen den Fachgebieten beschränken sich nicht auf die mündlichen und schriftlichen Darstellungen der jeweiligen Wissensinhalte. Sie machen sich auch in den persönlichen Beziehungen bemerkbar. Um es auf den Punkt zu bringen: Aus der Sicht eines Naturwissenschaftlers – z. B. eines Physikers, Chemikers oder Maschinenbauers – sprechen Geistes- und Sozialwissenschaftler – z. B. Psychologen, Soziologen oder Betriebswirte – wie Nebelwerfer. BOX 40 lieferte bereits einige extreme Beispiele. Naturwissenschaftlern ist zwar nicht bewusst, was genau ihnen an den Ausführungen ihrer Kollegen missfällt. Wie bei Politikerreden sorgt jedoch ihr natürliches Sprachempfinden für ein ungutes Gefühl. Vor einigen Jahren hielt ich einen öffentlichen Vortrag zum Thema »Von Nebelwerfern und Schmeichlern – Sprachmuster zum Nachmachen von Menschen, die uns oft nerven«. Da dieser Vortrag auch an unserer Hochschule angekündigt wurde, saßen fünf Professorenkollegen unter den Zuhörern – vier davon aus dem Fachbereich Technik! Und diese schienen sich köstlich zu amüsieren. Natürlich fragte ich am Ende der Veranstaltung nach dem Grund ihrer Erheiterung. Die Antwort: »Jetzt wissen wir endlich, was uns an Ihren Kollegen so nervt!«

Diese Unterschiede zeigen sich auch in meiner täglichen Arbeit. Mein Kommunikationstraining ist eine fächerübergreifende Veranstaltung und die Ankündigung sagt eindeutig, dass es weniger um das Was der Kommunikation als um das praktische Wie des Kommunizierens geht, also ums Tun. Studenten, die wegen ihres Studienschwerpunkts eigentlich den größten Wert auf kommunikative Kompetenz legen müssten, waren jedoch über Jahre hinweg nur vereinzelt vertreten: Studierende der Schwerpunkte Marketing oder Personalwesen. Die Mehrzahl der Studenten stammt aus Schwerpunkten mit einer deutlichen Prozessbetonung wie Logistik, Steuern, Rechnungswesen und Wirtschaftsinformatik.

### 11.1.6 Der Initiator

Auch Initiatoren beschäftigen sich mit Prozessen. Im Gegensatz zu den Dozenten beschreiben sie diese jedoch nicht – sie stoßen sie durch Impulse bei anderen an oder lösen sie aus. BOX 2 stellte diese auf Sokrates zurückgehende Technik bereits als Hebammenkunst vor. Initiatoren ermöglichen also, dass Menschen eigenständig ihre Wissenslücken schließen, indem sie diesen ihr zwar vorhandenes und bekanntes, derzeit aber unbewusstes Wissen indirekt zugänglich machen.

**Die Strategie eines Initiators besteht darin, anderen mit gezielten Anregungen oder Fragen zu helfen, ihre Tiefenstruktur eigenständig mit neuen Inhalten oder neuen Aspekten bekannter Inhalte zu erweitern.**

**Initiatoren stoßen Entdeckungsprozesse an**

Initiatoren und Taucher haben gemeinsam, dass sie Fragen bevorzugen, auf die erhaltenen Antworten reagieren und daher nicht nur Sender, sondern zugleich auch Empfänger sind. Initiatoren und Dozenten haben gemeinsam, dass sie sich um Inhalte kümmern, allerdings auf unterschiedliche Art. Dozenten vermitteln Inhalte direkt und eher glaubwürdig; Initiatoren stoßen Prozesse zum Entdecken von Inhalten eher zugänglich an. Das liegt in der Natur ihrer Aufgabe und der Fragen: Sachfragen wirken bereits durch das Anheben der Stimme am Schluss zugänglicher als Sachhinweise, bei denen man die Stimme abschließend senkt. Und eine Strategie, die man auch Hebammenkunst nennt, deutet auf eine eher zugängliche Helferrolle hin, bei der alles zu vermeiden ist, was den freien Gedankenfluss des Gesprächspartners ver- oder behindert. Eine der wichtigsten bereits behandelten Techniken für Initiatoren – das aktive Zuhören – verliert mit glaubhafter Stimme enorm an Wirkung. Hinweise und Fragen versteht man dann nicht als helfende Anregungen, sondern als verbindliche Anweisungen oder prüfende Kontrollen, im Extremfall sogar als Verhör.

Da Initiatoren und Magier grundsätzlich die gleichen Techniken einsetzen, behandeln wir diese bei der letzten und anspruchsvollsten unserer sieben kommunikativen Hauptrollen: dem Magier.

### 11.1.7 Der Magier

Aus zwei Gründen verdient diese Rolle besondere Aufmerksamkeit: Sie verfolgt den hohen Anspruch, Verhaltensänderungen auszulösen. Und sie ermöglicht das durch eine besondere Form von Erlaubnis. Magier könnten sich beispielsweise mit der Frage befassen, warum jemand selbst bei normalen Unterhaltungen fast nur auf dem Appellohr hört, also geradezu zwanghaft von versteckten Aufforderungen ausgeht, und wie er dieses Verhalten ändern kann. Von den Magiern der Struktur sprachen wir schon im Kapitel 6. Wer professionell kommuniziert, indem er andere überzeugt und nachhaltige Verhaltensänderungen auslöst, beherrscht zumindest einen großen Teil der hier angeführten kommunikativen Techniken eines Magiers. Dazu gehören in positiver Hinsicht viele Lehrer, Therapeuten, Anwälte, Verkaufsberater oder Trainer, in negativer leider auch die großen Betrüger dieser Welt, wie z.B. Bernard Madloff, der auf der Basis eines vorgetäuschten Vertrauensverhältnisses 50 Milliarden Dollar einsammelte und damit den größten Betrugsfall der Finanzgeschichte inszenierte. Und nicht zu vergessen die vielen kleinen Betrüger, wie z.B. die kommunikativ hervorragend geschulten »Außendienstmitarbeiter« der Scientology-Sekte. Gerade weil wir oft nicht wissen können, mit welchen Hintergedanken sich jemand um uns kümmert, sollten wir uns mit den Erfolgsvoraussetzungen eines Magiers befassen, denn:

> **Die Strategie eines Magiers besteht darin, auf der Basis einer weitgehend unbeschränkten Erlaubnis mit gezielten Anregungen oder Fragen anderen zu helfen, ihre Fähigkeiten zu erweitern und/oder ihre Verhaltensflexibilität zu erhöhen.**

Initiator und Magier unterscheiden sich daher weniger in den eingesetzten Techniken. Beide setzen die Prozesssteuerung ein, verwenden Hinweise und Fragen, sind demzufolge Sender und Empfänger und zeichnen sich durch einen hohen Anteil an zugänglichen Mustern aus. Im Gegensatz zum Initiator stellen die durch einen Magier angeregten inhaltlichen Erweiterungen der

Tiefenstruktur aber nicht das eigentliche Ziel dar. Sie sind wichtig und notwendig, aber nur der erste Schritt auf dem Weg zu Verhaltensänderungen. Um auch den zweiten Schritt machen und erfolgreich abschließen zu können, bedarf es eines besonderen Abkommens zwischen Sender und Empfänger, einer außergewöhnlichen Erlaubnis. Da diese in den meisten privaten und in so gut wie allen normalen beruflichen Gesprächen fehlt, haben viele Menschen zu Unrecht Angst, von NLP-geschulten Verkäufern oder Beratern heimlich »umprogrammiert« zu werden. Denn diese ausdrücklich oder stillschweigend erteilte Erlaubnis ist nur gegeben, wenn folgende Voraussetzungen erfüllt sind:

**Voraussetzungen für kommunikative Magie**

1. Der Empfänger hat vollkommenes Vertrauen zum Sender.
2. Seine Aufmerksamkeit ist überwiegend nach innen gerichtet und er verzichtet bei den Anregungen und Fragen des Senders auf kritische Gedanken.
3. Auch sich selbst hat er eine weit gefasste Erlaubnis erteilt, alles das zu tun, was sinnvoll erscheint.
4. Der Sender beziehungsweise Magier muss die Fähigkeit besitzen, abstrakte und unverbindliche Hinweise und Anregungen zu formulieren. Und er muss die nonverbalen Reaktionen seines Gesprächspartners beobachten, um geeignet zu reagieren.
5. Außerdem muss der Empfänger bereit und fähig sein, alle Erinnerungen und Vorstellungen gefühlsmäßig und damit körperlich zu erleben oder zu durchleben – eine der wichtigsten Voraussetzungen für nachhaltige Veränderungen.

**Kommunikative Magie benötigt weit gefasste Erlaubnis**

Ausgangspunkt aller prozesssteuernden Interventionen des Senders ist ein weit gefasster personenbezogener, situativer und informativer Erlaubnisrahmen. Das Gespräch basiert also auf einer extrem vertrauensvollen Beziehung zwischen Sender und Empfänger, auf einem tiefen Rapport zwischen beiden während des Gesprächs sowie auf einer umfassenden Erlaubnis zum Ansprechen der verschiedensten Inhalte durch den Sender. Die meisten therapeutischen und seelsorgerischen Gespräche basieren auf einer solchen außergewöhnlichen Erlaubnis; in herkömmlichen Beratungs- und Verkaufsgesprächen fehlt sie. Sie ist aber Voraussetzung dafür, dass der Empfänger seine Aufmerksamkeit überwiegend nach innen richtet und das kritische Hinterfragen der Anregungen und Fragen des Senders weitgehend vernachlässigt. Wenn das geschieht, befindet sich der Empfänger im Flow-Zustand und die Grenzen zum Sender und zur realen Situation verwischen oder verschwinden. Dieser Zustand kommt im Leben häufiger vor, als man denkt: Beim Lesen eines fesselnden Buchs oder beim Verfolgen eines packenden Films verhalten wir uns oft wie im »richtigen« Leben – Herz und Puls rasen, Tränen fließen, unbändiges Lachen lässt uns auf die Schenkel klopfen. Sind sowohl Sender als auch Empfänger in diesem Zustand, befinden sie sich auf Howells 5. Kompetenzstufe (vgl. Seite 260 ff.). Nun kommt die Bereitschaft des Empfängers hinzu, sich gedanklich mit allen Aspekten des eigenen Wissens und Könnens prüfend zu beschäftigen, die beim Lösen einer Aufgabe nützlich sein könnten. Dies bedeutet eine weit gefasste Selbsterlaubnis: Der Empfänger geht davon aus oder erhofft, dass Lösungen grundsätzlich möglich sind und dass er sie nicht nur finden und umsetzen kann, sondern dass er das auch darf.

**Magier sind Meister der Prozesssteuerung**

Denkprozesse gehen von einer Vielzahl unbewusster Vorannahmen aus, besitzen subjektive Blickwinkel und lassen zwangsläufig nicht bekannte Fakten außer Acht. Die berühmten Schuppen, die nachträglich von den Augen fallen, das oft zitierte Aha-Erlebnis, der Wald, den man vor lauter Bäumen nicht sieht, die Scheuklappen, die man trägt – dies alles sind umgangssprachliche Bilder, die diese Problematik plastisch beschreiben. Magier sind deshalb keine Inhaltsvermittler, sondern Prozesssteuerer, und schlagen keine Lösungen vor – selbst wenn diese auf der Hand liegen sollten. Sie sind die Meister der Prozesssteuerung. Dieses zwangfreie Anstoßen von Gedankenketten lässt sich mit der Hilfe vergleichen, die man anderen Personen beim Suchen nach Werkzeugen und Hilfsmitteln in einem dunklen und unbekannten Lager gibt. Wir wissen zwar nicht, was sich genau im Lager befindet. Wir wissen und vermuten jedoch, dass dieses Lager verschiedene Abteilungen und Bereiche hat und dass diese Person aus welchen Gründen auch immer vieles davon bei den anstehenden Reparaturarbeiten gebrauchen kann. Wir schlagen ihr daher vor, mit einem Suchscheinwerfer in einzelne Abteilungen zu leuchten oder nach bestimmten Werkzeugen zu schauen. Ersetzen Sie jetzt Reparaturarbeiten durch Aufgabe, Lager durch Gehirn, Suchscheinwerfer durch Aufmerksamkeit und Werkzeuge durch Wissen und Können, dann haben Sie eine allgemeine Beschreibung der Prozesssteuerung, die bereits in Kapitel 2 kurz vorgestellt wurde. Eine ausführlichere Beschreibung finden Sie in BOX 42.

### ■ BOX 42: PROZESSSTEUERUNG – ODER: WIE HILFT MAN BEIM LÖSEN UNBEKANNTER PROBLEME?

Da die Prozesssteuerung mit ihren sprachlichen Besonderheiten anfangs nur schwer zu verstehen ist, erläutere ich das Prinzip an drei aufeinander aufbauenden Beispielen. Gehen wir zunächst davon aus, Ihr Partner sei vor ein paar Stunden nach Hause gekommen, muss überraschend wieder fort und findet seine Schlüssel nicht mehr. Die meisten Menschen helfen nun mit Fragen wie »Denk mal nach: Wo warst du überall, nachdem du die Haustür aufgeschlossen hast? Bist du erst in die Küche gegangen oder ins Wohnzimmer? Was hast du zuerst gemacht?«. Das ist Prozesssteuerung: Sie stoßen gezielt Denkprozesse an, damit jemand an Erinnerungen kommt, die momentan nützlich sein könnten. Allerdings geben Sie dabei auch konkrete Hinweise. Schließlich kennt man die eigene Wohnung.

Erschweren wir das Beispiel: Ein Freund ruft Sie von einer Dienstreise aus an und bittet um Ihre Hilfe. Er wartet in der Vorhalle seines Hotels auf einen Kunden, findet aber seine Unterlagen nicht mehr, die er vor kurzem noch in der Hand gehabt habe. Im ersten Beispiel wissen Sie genau, was und wo zu suchen ist. Diese Vorkenntnisse fehlen jetzt. Trotzdem könnten Sie Ihren Freund mit allgemeinen Hinweisen und Fragen per Telefon anleiten, um nach seinen Unterlagen zu suchen: Sie fragen mit vielen Pausen zum Nachdenken, wie und von wo er in die »Hotelhalle« gekommen ist, ob er sich an das Aussehen seiner »Unterlagen« genau erinnern könne, ob er an der »Rezeption« war und dort mit »jemand« gesprochen habe, ob er sich »irgendwo« hingesetzt habe und ob er einmal langsam die »Hotelhalle« überblicken könne, um sich klarzumachen, an »welchen Plätzen« er »überall« gewesen ist, was er »alles« gemacht habe usw. Bei der Schlüsselsuche gehen Sie und Ihr Partner von derselben Realität aus; Sie könnten sogar direkte Anweisungen geben wie »Schau doch mal auf dem Küchentisch nach«. Bei der Unterlagensuche entfällt das: Sie kennen das Hotel nicht. Während Ihr Freund die in Anführungsstriche gesetzten Worte mit konkreten Sinneswahrnehmungen verbindet (das Aussehen der Halle, die Person an der Rezeption, Form und Farbe der Unterlagen, der benutzte Sessel usw.), sind das für Sie abstrakte Begriffe ohne realen Bezug. Und diesen Realitätsbezug vermeiden Sie bewusst, um den Denkprozess des Freundes nicht zu unterbrechen. Sie fragen nicht nach dem Mann an der Rezeption – dort könnte auch eine Frau stehen. Sie fragen nicht nach dem Sessel, auf dem er gesessen hat – es könnte dort nur Stühle geben und vielleicht hat er sich überhaupt nicht hingesetzt. Deshalb unterbreiten Sie viele Ihrer Vorschläge als offene Möglichkeiten: »Kann es sein, dass du auch hinten rechts in der Halle warst?« Oder: »Gibt es da vielleicht Zeitungen oder Zeitschriften, die du dir angesehen hast?« Sie stellen also Fragen, auf die Ihr Freund nur kurz oder sogar überhaupt nicht antworten muss. Seine Antworten sind allein für ihn interessant, um sich die Vergangenheit immer stärker ins Gedächtnis zu rufen. Ihnen hilft bereits ein kurzes »Ja« oder »Nein« oder ein zustimmender Grunzlaut zum Formulieren weiterer sinnvoller Fragen und Anregungen. Hilfreiche Prozesssteuerung setzt daher nicht zwingend voraus, dass der Sender genau weiß, um was es dem Empfänger konkret geht. Wichtig ist allein, dass die Senderimpulse sinnvolle Reaktionen beim Empfänger auslösen.

Haben Sie dieses Prinzip verstanden, erschreckt Sie auch die dritte Aufgabe nicht: Einige Stunden später erbittet Ihr zerstreuter Freund erneut telefonisch Ihre bewährte Hilfe beim Suchen. Nun geniert er sich aber und will weder sagen, wo er sich befindet, noch, was er verlegt hat. Der einzige Unterschied zum vorhergehenden Beispiel besteht darin, dass Sie noch abstrakter und unspezifischer sprechen müssen. Anstelle von »Hotelhalle« sprechen Sie von »Ort«, »Raum« oder »dort«, anstatt nach einer »Unterlage« lassen Sie nach »etwas« oder »der verlegten Sache« suchen. Sie selbst haben nun keinerlei Anhaltspunkte mehr, was auf der anderen Seite der Telefonleitung vor sich geht – aber immer noch leisten Sie wertvolle Hilfe beim Suchen. Allerdings sollte man für die anzusprechenden unbekannten Dinge Begriffe vereinbaren, um sie einfach ansprechen zu können. Man kann den Freund z.B. fragen: »Hast du etwas dagegen, wenn ich deine verschwundene Sache einfach als ›Ding‹ bezeichne, damit ich dir geeignete Hinweise geben und Fragen stellen kann?« Sprachliche Flexibilität vorausgesetzt, ist es daher sogar möglich, Hilfestellung beim Lösen unbekannter Probleme zu geben.

An dieser extrem inhaltsfreien Prozesssteuerung erkennen wir:

> **Erfolgreiches Anleiten zum Suchen und Finden von Problemlösungen basiert auf dem gedanklichen Steuern von Menschen durch deren individuelle Um- und Gedankenwelt.**

**Magier regen die Gedankenwelt des Partners an**

Damit dies störungsfrei geschieht, ist die vierte Voraussetzung erforderlich: Magier formulieren abstrakte und unverbindliche Hinweise und Anregungen und beobachten die nonverbalen Reaktionen des Empfängers, um geeignet reagieren zu können. Sie versuchen also, mit möglichst allgemeinen, unspezifischen und offenen Sprachmustern Unbewusstes bewusst zu machen und kreative Ideen auszulösen – sie setzen gezielt Faselindikatoren ein, indem sie das so genannte *Milton-Modell* konsequent anwenden (vgl. BOX 43). Ihre Erfahrungen dienen nicht zum Unterbreiten konkreter Vorschläge; sie helfen beim Formulieren sprachlicher Impulse zum Auslösen nützlicher Gedankenketten unter Vermeidung von Musterunterbrechungen. Versetzen wir uns nun in die Lage des Ratsuchenden: Muss er sich nicht mit Empfehlungen »aus einer anderen Welt« auseinandersetzen, sinkt das Risiko auf ein Minimum, dass ungeeignete Ratschläge sein Nachdenken stören. Rückfragen erübrigen sich und das Überlegen von Antworten entfällt, weil man durch einfache nonverbale Zeichen wie Kopfschütteln, -wiegen oder -nicken mitteilen kann, ob und wie man gerade mit den unverbindlichen Anregungen des Sprechers umgeht. Deshalb ist die Aufmerksamkeit ständig nach innen gerichtet. Und man taucht immer tiefer in die eigene Erfahrungswelt ein, um sinnvolle Hinweise und Antworten zu finden.

## ■ BOX 43: DAS META-MODELL DER SPRACHE

Als ich in Kapitel 6 die Magier der Struktur vorstellte, erwähnte ich auch *The Structure of Magic*, das erste gemeinsame Buch von Richard Bandler und John Grinder. Dort systematisierten sie mit dem »Meta-Modell der Sprache« die Zusammenhänge zwischen Form und Wirkung des verbalen Kommunikationsanteils und ermöglichten, dass Noam Chomskys Gedanken zur Oberflächen- und Tiefenstruktur praktisch genutzt werden konnten.[6] In ihrem ersten Buch über das Neurolinguistische Programmieren erläutern und begründen sie den grundlegenden Nutzen[7]: *»Dem Meta-Modell liegt die Idee zugrunde, euch eine systematische Kontrolle der Sprache zu ermöglichen … Ihr könnt brillant sein, geistreich und scharfsinnig und mit den komplexesten Metaphern der Welt ankommen, aber wenn ihr nicht gut Informationen sammeln könnt, internal und external, wisst ihr nicht, was jeweils zu tun ist … Die Meta-Modell-Fragen sind diejenigen, mit denen ihr sofort an die relevanten Informationen herankommt. Sie stellen ein großartiges Handwerkzeug dar für diesen Zweck und sind sowohl außen als auch innen anwendbar. Sie verwandeln euren internalen Dialog in etwas Nützliches.«* All das, was Sie in Teil 5 über Faselindikatoren gelesen haben, basiert daher auf den Gedanken von Bandler und Grinder. Allerdings übernehme ich nicht die seit damals übliche Zweiteilung in ein »Meta-« und ein »Milton-Modell«: Für mich stellt das Meta-Modell ein allgemeines Basismodell dar, sozusagen die Grundlage, und das Milton-Modell eine von zwei speziellen Anwendungen.

Der Name »Milton-Modell« wurde von Bandler und Grinder in – wie sie schreiben – *»herzlicher Zuneigung«* für Milton H. Erickson verliehen. Erickson, einer der größten kommunikativen Magier, war Meister der Hypnosetherapie und setzte Sprache in geradezu genialer Weise ein (wie Sie in Kapitel 12 noch sehen werden). Sein Hauptziel war es, mit Hilfe indirekter, allgemeiner und unspezifischer Formulierungen die Wahrnehmungs- und Denkprozesse seiner Klienten möglichst widerstandsfrei anzustoßen. Alle Formulierungen, die in den mit »!« markierten Zeilen unserer Faselindikator-Beschreibungen stehen, sind daher das Mundwerkzeug des Milton-Modells und das Rüstzeug jedes kommunikativen Magiers.

Demgegenüber dienen unsere in den mit »?« markierten Zeilen stehenden Fragemuster dem genau entgegengesetzten Zweck: Man möchte die indirekten, allgemeinen und unspezifischen Formulierungen Dritter hinterfragen und/oder präzisieren. Hier findet also der kommunikative Taucher sein Rüstzeug. Mit ebenfalls herzlicher Hochachtung für John Grinder und Richard Bandler verleihe ich daher der zweiten Anwendung den Namen »JoRi-Modell« (abgeleitet von »John« und »Richard«).

| **Das Meta-Modell der Sprache**<br>erläutert die zwischen der Oberflächen- und Tiefenstruktur einer Sprache stattfinden Transformationsprozesse, ihre Ursachen, Gesetzmäßigkeiten, Elemente und Auswirkungen | |
|---|---|
| **Das JoRi-Modell**<br>beschreibt die Möglichkeiten zum *Aufdecken und Hinterfragen unpräziser Oberflächenstrukturen* zum Erkennen, Beseitigen und Berücksichtigen fehlender Informationen | **Das Milton-Modell**<br>beschreibt die Möglichkeiten zum Formulieren unpräziser Aussagen zum möglichst widerstandsfreien *Anstoßen von Wahrnehmungs- und Denkprozessen auf den Tiefenstrukturen* |

Tabelle 8: Das Meta-Modell der Sprache

Sind die ersten vier der fünf Voraussetzungen von Seite 360 erfüllt, können Sie die Prozesssteuerung bereits zum Lösen vieler privater und beruflicher Probleme einsetzen. Ob und wie stark sich dabei das Unbewusste ansprechen und anzapfen lässt, hängt vor allem von zwei Punkten ab: vom Anteil der Anregungen und Fragen, die ein bewusstes Reagieren verlangen, und vom tatsächlichen oder gefühlten Zeitdruck beim Suchen nach geeigneten Reaktionen. Denn je stärker das Bewusstsein eingeschaltet und je kürzer die Zeit zum Überlegen ist, umso geringer sind die Chancen, an die tiefer vergrabenen brauchbaren Erinnerungen zu gelangen – mit anderen Worten: um kreativ zu sein. Im Kapitel über den »purpurroten Magier« Milton Erickson (vgl. Seite 385ff.) kommt dieses Thema wieder zur Sprache.

**Emotionales Verankern ist Voraussetzung für Veränderung**

Kommen wir zur fünften und letzten Voraussetzung für »Kommunikationsmagie«. Sie beschreibt eine Grenze, die man in den meisten privaten und erst recht in beruflichen Gesprächen nicht überqueren darf: Der Empfänger muss bereit sein, sowohl seine Erinnerungen als auch die sich daraus ergebenden neuen Möglichkeiten gefühlsmäßig und damit körperlich zu erleben oder zu durchleben. Denn dieses emotionale Verankern erhöht die Chancen enorm, dass man Vorsätze nicht nur gedanklich fasst (was wir alle hervorragend beherrschen), sondern auch konsequent umsetzt (was uns allen schwerfällt). *»Es gibt nichts Leichteres, als das Rauchen aufzugeben – ich habe es schon zwanzigmal geschafft«*, dieser Spruch Mark Twains bringt es auf den Punkt: Verstandesmäßig gefasste Entschlüsse reichen fast nie, um unsere Komfortzone nachhaltig zu überwinden. Um Mark Twain dauerhaft zu helfen, müsste man ihn so anleiten, dass er seine vergangenen und erwünschten neuen Zustände intensiv und in aller Ruhe körperlich durchlebt. In diesem Fall kann man auch sagen: Mark Twain befindet sich in Trance oder er wird hypnotisiert. Denn die Hypnose stellt die extremste Form der Prozesssteuerung dar: Jemand blendet sein reales Umfeld so weit aus, dass er sich seine eigene virtuelle Welt schafft, darin wie in der realen Welt agiert und die dort gemachten Erfahrungen wie real erlebt abspeichert. Einzige Ausnahmen stellen für ihn die Anregungen des Hypnotiseurs dar. Darum können Menschen Brandblasen bekommen, wenn man ihnen unter Hypnose mitteilt, das soeben auf den Handrücken gelegte kalte Geldstück sei glühend heiß.

Ohne das enorme Können eines Magiers herabzuwürdigen, ist zu betonen: An der magisch erscheinenden Wirkung ist der Empfänger mindestens so beteiligt wie der Sender. Jede Art helfender Prozesssteuerung ist letztendlich ein Anleiten zur Selbsthilfe und jede Hypnose daher eine Selbsthypnose. Die Prozesssteuerung von Menschen verfolgt deshalb drei Hauptziele auf verschiedenen Intensitäts- und Bewusstseinsebenen. Und unser Beispiel zum aktiven Zuhören aus BOX 39 zeigte bereits, dass man in einem Gespräch alle Ziele gleichzeitig verfolgen kann.

**Drei Ziele der Prozesssteuerung**

1. Prozesssteuerung kann das *Ausweiten und Vertiefen von Wissen* bezwecken: Man hilft anderen Menschen mit eher rational-beschreibenden Impulsen beim eigenständigen Klären ihrer Sachfragen, zu denen natürlich auch Verhaltensprobleme gehören können. Mit Hilfe geeigneter Fragen, Hinweise und nonverbaler Muster spielt man den Denksprechpartner für sie und ermöglicht ihnen, die offenen Fragen ihrer Aufgabe selbst zu beantworten. Das hatten wir als sachorientiertes aktives Zuhören bezeichnet.

2. Prozesssteuerung kann das *Ausweiten und Vertiefen von Erlaubnis* bezwecken: Man verbessert mit eher emotional-beschreibenden Impulsen die informative, situative und personenbezogene Erlaubnis und erhöht dadurch indirekt die Effizienz des aktuellen Gesprächs für Sender und Empfänger. Mit Hilfe geeigneter Fragen, Hinweise und zugänglicher Muster verbessert man die Gesprächsatmosphäre und die Bereitschaft, sich mit den Sachfragen zu beschäftigen und eventuell sogar bislang unbeliebte Themen anzuschneiden. Das hatten wir als gefühlsorientiertes aktives Zuhören bezeichnet, die Basis für den Eindruck von Empathie.

3. Prozesssteuerung kann das *Ausweiten und Vertiefen von Fähigkeiten* bezwecken: Man löst mit Hilfe eher rational-beschreibender Impulse bei anderen emotional-erlebende Prozesse aus und verbessert dadurch direkt die Effizienz und Effektivität beim Lösen zukünftiger Probleme. Mit Hilfe geeigneter Fragen, Hinweise und nonverbaler Muster leitet man z.B. seine Tochter zu Hause an, sich in die Situation hineinzuversetzen, in der es um die anstehende Wahl zum Klassensprecher geht. Auf diese Weise kann sie für ihre Präsentation als mögliche Kandidatin prüfen, bei welchen der zuvor ausgewählten Verhaltensweisen sie sich vor der Klasse am sichersten und wirksamsten fühlt.

Zum Abschluss dieses Abschnitts einige Worte zur Prozesssteuerung in Alltag und Beruf: Sind Sie in diesem Buch erstmals auf die

Sprachmuster gestoßen, schlüpfen Sie vermutlich in absehbarer Zeit nicht in die Rolle des Magiers – es sei denn, Sie haben kleinere Kinder zu Hause. Auch in den rund 10000 kleinen Erfahrungsberichten meiner Studenten und Seminarteilnehmer findet sich kein Beispiel für eine zielorientierte Prozesssteuerung – weder als Magier noch als Initiator. Nur in wenigen Fällen setzte man einzelne ungenaue Formulierungen bewusst zum Auslösen bestimmter Assoziationen ein. Fast alle Anwendungs- und Beobachtungsbeispiele handelten vom nachträglichen Erkennen ungenauer Formulierungen. Natürlich setzt eine längere Prozesssteuerung häufig eine Form von Erlaubnis voraus, die ohne besondere Vereinbarungen z.B. nur zwischen Vorgesetzten und Mitarbeitern, Eltern und Kindern oder engen Partnern besteht.

**Prozesssteuerung ist auch im Kleinen möglich**

Vollkommen vergessen wird dabei, dass oft bereits ein kurzzeitiges erneutes Erleben einer Situation genügt, um sich vergessene wichtige Eindrücke wieder bewusst zu machen. Stoßen Sie darum solche Prozesse an, geben Sie einem Gesprächspartner etwas Zeit, um sich zu erinnern, und unterstützen Sie diesen Prozess vorsichtig durch einige allgemeine und lenkende Fragen. Man muss dazu niemand in tiefe Trance versetzen; es genügt, mit allgemeinen Hinweisen und entsprechenden Denkpausen die bisher gemachten Erfahrungen wieder ins Bewusstsein zu rufen. Jedes Anleiten eines anderen durch unverbindliche, allgemein gehaltene Anregungen und Hinweise ist hilfreich. Bitten Sie doch zu Beginn einer Besprechung am Arbeitsplatz oder in der Familie die Teilnehmer, sich einmal alle Vorkommnisse der letzten Zeit wieder in Erinnerung zu rufen, die für das heutige Thema von Interesse sein könnten: »Ich möchte, dass wir uns heute einmal mehr Zeit nehmen. Machen Sie sich ruhig Notizen. Denken wir doch zunächst an unsere Erlebnisse aus der letzten Zeit … (Pause) … an was alles können Sie sich erinnern … (Pause) … mit wem haben Sie darüber gesprochen … (Pause) … vielleicht haben Sie diesbezüglich mit jemand telefoniert … (Pause) … gab es vielleicht Briefe … (Pause) … es kann auch sein, dass Sie etwas von anderen gehört haben … (Pause) … haben Sie irgendwo etwas gelesen? …« Geben Sie zwischen Ihren eingestreuten Hinweisen Zeit zum Nachdenken, könnte man Ihr Vorgehen auch als Tranceinduktion bezeichnen. Besonders Kinder sind für diese Methode sehr empfänglich. Deren Verstand wehrt sich noch nicht gegen diese Strategie. Im Berufsleben ist das leider anders. Dass man dort fast nur auf das Bewusstsein setzt, ist ein Manko vieler Besprechungen, denn auf diese Weise schöpft man das kreative Potenzial nicht aus, vergeudet also wertvolle Ressourcen.[8] Leider berücksichtigt man zu selten: Unser Gehirn ist keine Festplatte, die nachgefragte Informationen verzögerungsfrei und vollständig zur Verfügung stellt. Es braucht Zeit und Hilfe.

## 11.2 Ensemblearbeit

> *»Der Sinn eines Ensembles ist doch die Zusammenarbeit.«*
>
> John Neumeier[9]

Als Ensemble bezeichnet man im Theater die in einem Stück gemeinsam auftretenden Schauspieler, Komparsen und Statisten. Schauspieler sind die Hauptakteure, Komparsen haben kleine Nebenrollen und Statisten sind einfach nur »da«. Im Schauspiel »Kommunikation« treten – zumindest in der hier bevorzugten Inszenierung – in der Regel nur zwei Personen auf, allerdings jeweils in bis zu sieben Rollen. Neben der passiven Rolle des Hellsehers sind bis zu sechs aktiv steuernde Rollen zu übernehmen: Man kann als Schmeichler, Nebelwerfer, Taucher, Dozent, Initiator oder Magier auftreten. Zu Beginn des Schauspiels gehen beide Personen zwar meist davon aus, dass sie Hauptakteure sind. Aufgrund fachlicher Dominanz oder subjektiver Unterordnung kann sich einer jedoch auch als Komparse oder gar Statist aufführen oder fühlen.

Grundsätzlich gilt: Je länger man eine dieser Rollen spielt, umso größer ist das Risiko, dass selbst positiv gemeinte Aktivitäten eine negative Wirkung beim Gegenüber zeitigen. Man kann alles übertreiben, selbst die Beziehungspflege. Natürlich gibt es Situationen, in denen es eine ausdrückliche oder stillschweigende

Ausnahmeerlaubnis gibt: In Zeiten des Verliebtseins kann man die Schmeichler-Rolle höchstens inhaltlich, aber kaum zeitlich übertreiben. Und begibt man sich bewusst in die Hände eines professionellen Magiers, um gravierende persönliche Probleme zu lösen, spielt die Dauer ebenfalls eine untergeordnete Rolle, weil das Zeitgefühl fehlt. Im Normalfall jedoch kommt es auf eine gute Rollenmischung an:

> **Erfolgreiches Kommunizieren erfordert den Einsatz des Ensembles, also das Auftreten in verschiedenen Rollen.**

**Rollenwechsel vollziehen**

Zwei der wichtigsten Rollenwechsel sind der verbale und nonverbale Wechsel von der Sach- auf die Beziehungsebene sowie der Wechsel vom aktiven Sender zum mehr oder weniger passiven Empfänger. Denn beide bestimmen die Gesprächsatmosphäre. Ob und wann man in welcher Rolle auftritt, hängt unter anderem von kulturellen Gepflogenheiten ab. So stellen deutlich sachliche Begrüßungen zwar immer die Ausnahme dar; deutsche Geschäftsleute sind aber nicht nur in Dänemark und den Niederlanden bekannt dafür, dass sie sehr schnell (für unsere Nachbarn zu schnell) von der Beziehungs- auf die Sachebene wechseln und »zum Thema kommen«. Und für den rangmäßig niedriger eingestuften Gesprächspartner ziemt es sich nicht, zu früh und zu lang in der Dozentenrolle aufzutreten. Anhand der spezifischen Merkmale einer Rolle kann man ableiten, welcher Rollenwechsel nützlich sein könnte, um den Gesprächserfolg nicht zu gefährden. In Tabelle 9 (vgl. Seite 374/375) sind deshalb alle Rollen mit ihren charakteristischen Eigenschaften zusammenfassend dargestellt. Ein zu langes Vermitteln von Sachinformationen mit glaubhafter Stimme legt einen Wechsel auf die Beziehungsebene mit zugänglicher Stimme nahe. Bei einem längeren Einsatz unbestimmter Sprachmuster zum Anstoßen von Denkprozessen sollte man nach einer Weile auch einmal konkrete Inhalte vermitteln. Auf viele Fragen (Informationen) sollten auch einmal Informationen (Fragen) folgen. Und ist ein Wechsel aus bestimmten Gründen für längere Zeit nicht möglich, wäre es ratsam, dies vorher zur Sprache zu bringen und bewusst zu machen. Daher noch einmal mein Rat:

**Immer wenn Sie wissen oder vermuten, dass im Kopf Ihrer Gesprächspartner Prozesse ablaufen, die Ihren Absichten im Wege stehen könnten, sollten Sie darauf eingehen – entweder direkt oder indirekt.**

**Hinweis für Dozenten**

In diesem Zusammenhang noch ein Hinweis für alle Menschen, die mit oder vor Gruppen arbeiten, wie z.B. Lehrer, Ausbilder, Seminarleiter oder Trainer. Diese sollten die hier aufgezeigten Wechselmöglichkeiten von Anfang an in ihren Konzepten berücksichtigen. Dies ist ein wichtiger Aspekt der unter dem Begriff »aktivierendes Lernen« in den letzten Jahren auch in Deutschland verbreiteten Lehrmethodik. Denn erfolgreiches und nachhaltiges Lernen ist nur möglich, wenn man die Dozentenrolle – in der sich die meisten Lehrenden zu wohl und sicher fühlen – inhaltlich und zeitlich deutlich begrenzt[10].

Tabelle 9 gibt auch Hinweise, wie Sie mit Mitmenschen umgehen können, deren Rolle Ihnen auf die Nerven geht. Wie Sie sehen, ist die Taucher-Rolle eine Art Universalmittel. Das hängt nicht nur mit dem Spruch zusammen »Wer fragt, der führt«. Als Taucher besitzt man die Gabe, blitzschnell die verbale heiße Luft aus den Sprechblasen anderer zu lassen. Außerdem lassen sich Fragen auch stellen, ohne dass man an den Antworten interessiert ist. In diesem Fall spricht man von rhetorischen Fragen. Mit ihrer Hilfe spielt man den Ball ins gegnerische Feld zurück und verbirgt, dass man keinerlei Interesse am Spiel besitzt.

## 11.3 Auf Wiedersehen, Mr. Chance!

*»Und darum wird beim Happy End im Film jewöhnlich abjeblendt.«*

Kurt Tucholsky

Sicher ist Ihnen aufgefallen, dass wir Mr. Chance vor langer Zeit aus den Augen verloren. Der Grund dafür leuchtet ein: Alle inzwischen behandelten kommunikativen Muster übersteigen seine Fähigkeiten. Sein nonverbales Repertoire ist genauso begrenzt wie sein verbales, zumal er ausschließlich auf der Sachebene kommuniziert. Nun ist der Zeitpunkt gekommen, um sich endgültig von ihm zu verabschieden. Wir begleiteten ihn in den vier wichtigsten Tagen seines Lebens, die mit dem Hinauswurf aus seiner vertrauten Umgebung und dem Verlust seines Gartens begannen und mit dem Entschluss führender amerikanischer Wirtschaftsgrößen endeten, ihn zum Vorsitzenden ihrer mächtigen Vereinigung zu machen. So wie diese vier Tage verliefen, ist davon auszugehen, dass Mr. Chance dieses Amt antreten wird. Aber wird er es auch behalten?

Im Gegensatz zu uns plagen Chance keinerlei Ängste, ob er den enormen Anforderungen dieses Amtes überhaupt gewachsen ist. Angst setzt voraus, dass man sich über mögliche Konsequenzen Gedanken machen kann; dazu ist Chance nicht fähig. Außerdem weiß er aus amerikanischen Fernsehserien: Alles hat eine Fortsetzung und geht gut aus. Und da er dort gelernt hat, wie man sich bei Tisch »in der feinen Gesellschaft« benimmt, kann er vielleicht auch so tun, als sei er ein brauchbarer Sitzungsleiter. Können wir daher vom Spruch »nomen est omen« ausgehen und unterstellen, Mr. Chance erhalte seine Chance nicht nur, sondern nutze sie auch?

Ich glaube das nicht. Im Gegensatz zu uns tritt Mr. Chance nur in einer Rolle auf, die man mit viel gutem Willen als glaubhafter Dozent bezeichnen könnte. Andere Rollen beherrscht er nicht, auch nicht die des Hellsehers, denn Hellsehen setzt Kreativität voraus. Darum wäre »Wiederkäuer« der bessere Begriff für

**Die kommunikativen Hauptrollen und ihre charakteristischen Merkmale**

| Kommunikative Hauptrollen | | Kommunikationsfunktionen | | Kommunikationsebenen | | Kommunikationsstrategien | |
|---|---|---|---|---|---|---|---|
| | | Sender | Empfänger | Sachebene | Beziehungsebene | Inhaltssteuerung | Prozes steueru |
| 1 | Schmeichler | • | | | • | | • |
| 2 | Nebelwerfer | • | | • | • | | • |
| 3 | Taucher | • | • | • | | • | |
| 4 | Dozent | • | | • | | • | |
| 5 | Initiator | • | • | • | | | • |
| 6 | Magier | • | • | • | | | • |
| 7 | Hellseher | | • | • | • | | |

*) Die Taucher-Funktion lässt sich auch als passive Abwehrmaßnahme einsetzen: Man stellt Fragen, an deren Antworten man eigentlich nicht interessiert ist, so genannte rhetorische Fragen.

Tabelle 9: Die kommunikativen Hauptrollen und ihre Merkmale

seine Rolle: Chance gibt Unverdautes wieder. Und daran wird er letztlich scheitern. Denn das, wovon andere in der Regel profitieren, dürfte für ihn den Untergang einläuten: die kommunikative Konsistenz. Bislang basiert der Ruf von Chance auf dem Hellsehen seiner Gesprächspartner und auf der Tatsache, dass er sein begrenztes Repertoire an Texten in den vier Tagen noch nicht oft wiederholen musste. Das passiert jedoch früher oder später zwangsläufig.

Halten uns andere für konsistent, dann erkennen sie: Wir meinen dasselbe, auch wenn wir es unter anderen Umständen anders formulieren. Bei Mr. Chance stellen sie dagegen fest: Er sagt stets

| Verbale Elemente | | Verbale Musterausprägung | | Nonverbale Musterausprägung | | Abwehrrollen bzw. -strategien*) |
|---|---|---|---|---|---|---|
| ıforma-tionen | Fragen | abstrakt, unspezifisch | konkret, spezifisch | glaubhaft | zugänglich | |
| • | • | • | | | • | 2, 3 |
| • | | • | | | • | 1, 3 |
| | • | | • | • | • | 2, 3 |
| • | | • | • | • | | 2, 3 |
| • | • | • | | • | • | 3, 4 |
| • | • | • | | • | • | **) |
| | | | | | | 3 |

) Die Magier-Funktion setzt definitionsgemäß voraus, dass keine bewussten Abwehrreaktionen auftreten, die den Prozess dauerhaft beeinträchtigen. Die einfachste Gegenmaßnahme besteht darin, die nach innen gerichtete Aufmerksamkeit wieder nach außen zu richten.

dasselbe, obwohl die Umstände etwas anderes erfordern. Und in diesem Moment registriert die Umwelt, dass des Kaisers Kleider auf Einbildung beruhen. Es ist wie bei der dreiteiligen Ich-Botschaft: Sobald der eigentliche Sinn einer Botschaft erkannt ist, fällt deren Wiederholung auf.

Für mich gibt es nur eine Bedingung, unter der Mr. Chance sogar diese Prüfung besteht: wenn er – wie in der Schlussszene des Films gezeigt – tatsächlich über Wasser gehen kann.

# 12 Handwerkliche Spitzenleistungen

In diesem Teil stelle ich Ihnen kommunikative Handwerker und Leistungen vor, die man als herausragend bezeichnen kann. Sicher finden Sie darunter das eine oder andere zum Nachahmen. Leider – das lehren uns die Geschichte wie auch die täglichen Nachrichten – ist die Welt auch voller Menschen, die ihr kommunikatives Ausnahmekönnen gezielt zum Nachteil anderer einsetzen. Die Grundlage ihrer Wirkung, ein enormes handwerkliches Geschick, eigneten sie sich stets mühevoll an. Das Analysieren handwerklicher Spitzenleistungen besitzt daher einen Vorteil: Man ist Betrügern und Demagogen nicht hilflos ausgeliefert. Gegen bekannte Wirkungsmechanismen kann man sich wehren. Dass diese Analysen die hier beschriebenen Leistungen weder abwerten wollen noch können, betonte ich bereits am Beispiel des Kochens. Selbst wenn alle Techniken und Rezepte eines Meisterkochs bekannt sind, bleibt sein auf Erfahrung beruhendes kreatives Können für die meisten Menschen unerreichbar und geheimnisvoll. Das gilt besonders für den legendären Milton H. Erickson, den »purpurroten Magier« des übernächsten Abschnitts. Über Jahrzehnte hinweg untersuchten und beschrieben kommunikative Experten akribisch sein Vorgehen. Und trotzdem ist weit und breit niemand zu sehen, dessen Können an ihn heranreicht.

## 12.1 Verkäufer, Astrologen und Politiker – oder: Die tiefen Brunnen

> *»Notwendigerweise schafft jeder Wahlkampf eine große Lücke zwischen Worten und Taten – das ist der Preis dafür, dass man eine breite Koalition mit unvereinbaren Interessen bilden will. Alle effektiven Politiker sind zuzeiten ehrlich unaufrichtig oder richtig unehrlich. Übertreibung, Ausschmückung, Doppelzüngigkeit, systematische Irreführung und als ›metaphorische‹ Wahrheiten präsentierte Lügen sind an der Tagesordnung.«*
>
> Fred Siegel[1]

Vor einiger Zeit klingelte es bei uns an der Haustür. Draußen stand ein Mann in mittleren Jahren, einfach gekleidet, bei dessen Anblick mir sofort »Drücker« – also Zeitungswerber – durch den Kopf schoss. In zugänglicher Haltung mit leicht geneigtem Kopf entschuldigte er sich mit zugänglicher Stimme für die Störung und erkundigte sich höflich, ob er mich etwas fragen dürfe. Ich war gespannt auf seine Vorgehensweise, ließ es darauf ankommen, nickte und sagte »Ja, natürlich«. Nach weit über fünf Minuten – anders kann man es nicht bezeichnen – wachte ich endlich auf. Der Mann hatte mich so kunstvoll in ein Gespräch über Gesellschaft und Politik verwickelt, dass mein Anfangsverdacht zunächst wie weggeblasen war. Dann aber meldete sich mein Verstand zurück und stellte mir die peinliche Frage: »Was machst du hier eigentlich?« Danach dauerte es nur wenige Minuten, bis ich ihn trotz seiner geschickten Nebelkerzen durch gezielte Fragen so weit in die Enge getrieben hatte, dass er zugeben musste, er wolle mir ein Zeitschriften-Abonnement verkaufen. Ich teilte ihm freundlich mit, dass wir bereits mehr als genügend Zeitschriften abonniert hätten, wünschte ihm viel Erfolg bei seiner Arbeit, verabschiedete mich und schloss die Tür. Von einem Fenster neben der Tür konnte ich ihn beim Weggehen beobachten. Sein Gesicht zeigte deutlich den Ärger darüber, dass ihm ein bereits sicher an der Angel geglaubter Fisch noch entschlüpft war.

**Von Scharlatanen lernen**

Ich erlebte bereits viele Drücker an der Haustür und kann daher sagen, dass ein solches kommunikatives Niveau in diesen Kreisen höchst selten anzutreffen ist. Die meisten bringen noch nicht einmal eine halbwegs verbindliche Begrüßung zustande. Aber solches Können ist auch keine Seltenheit. Bietet sich Ihnen die Gelegenheit, Verkäufern von »Wundermitteln oder -geräten« auf Wochenmärkten zuzuhören, sollten Sie das unbedingt tun. Sie können von deren Sprachmustern, dem geschickten Aufbau ihrer Argumentation und dem gekonnten Ausweichen zu früh gestellter Fragen nach dem Preis nur lernen. Gleiches gilt für viele Verkäufer, die auf mit Busreisen gekoppelten Verkaufsveranstaltungen auftreten (denen der Gesetzgeber aus guten Gründen inzwischen das Handwerk erschwert). Ich hatte die Gelegenheit, zwei dieser Künstler beim Anbieten ihrer völlig überteuerten Artikel zu beobachten. Der eine verkaufte Lamadecken mit Hilfe seines sympathischen Auftretens und dadurch, dass er die vermeintlichen medizinischen Vorteile überzeugend erläuterte. Der andere verkaufte elektrische Haushaltsgeräte auf der Basis seiner Fachautorität und eines durch angebliche Knappheit erzeugten Drucks[2]. Alle diese Könner verwenden die gleiche Strategie, genauer gesagt die gleichen Sprachmuster. Zu Beginn ihrer Ausführungen sprechen sie sehr allgemein und unspezifisch, so dass sich jeder angesprochen fühlt. Konkret und spezifisch werden sie erst dann, wenn sie davon ausgehen können, dass ein genügend großer Teil der Zuhörer bereits angebissen hat.

**Der »Brunnen-Effekt«**

Georges Charpak, Nobelpreisträger für Physik im Jahr 1992, und Henri Broch, Professor für Physik an der Universität Nizza, verwenden dafür den Ausdruck »Brunnen-Effekt«: *»Je vager eine Beschreibung ist – je tiefer, tief allerdings im Sinn von ›hohl‹ –, umso eher erkennen wir uns darin wieder.«* [3] Charpak und Broch illustrieren den Brunnen-Effekt mit der Wirkung astrologischer Horoskope: *»Der Erfolg der Horoskope lässt sich weitgehend mit dem Brunnen-Effekt erklären. ›Auf manchen Gebieten sind Sie wirklich gut‹: Dieser hohle, sinnlose Satz wird dennoch in einem Horoskop als völlig wahr akzeptiert, weil der Leser – jeder Leser – den Satz nur in seinem persönlichen Kontext, der ihm seine Bedeutung gibt, interpretiert: ›Ich bin gut in Englisch‹, ›Ich bin ein guter Bastler‹, ›Ich bin ein guter Sportler‹, ›Ich bin …‹.*

*Es gibt zu ihm einige Grundregeln, mit denen sich die Akzeptanzquote steigern lässt. So sollte man den Lesern beispielsweise nicht sagen, was man über sie weiß – oder zu wissen glaubt –, sondern man sollte ihnen sagen, was sie über sich hören möchten! … Selbstverständlich bedienen sich die Astrologen bei jeder Gelegenheit des Brunnen-Effekts. So etwa Madame Teissier: ›Bevölkerungsgruppen in aller Welt werden im folgenden Monat unter Gewalt leiden, da Venus und Pluto …‹ … Neben dem Brunnen-Effekt zögern die Astrologen auch nicht, zwei Eisen ins Feuer zu legen oder, genauer gesagt, ein Eisen mit gegensätzlicher Vorder- und Rückseite: ›Schließlich hängt es nur von uns ab, die dissonanten Planetenenergien umzuwandeln, indem wir eine positive Quintessenz daraus ziehen …‹ Eine Sache und ihr Gegenteil. Das ist kein Problem für Elisabeth Teissier in ›Vitro Horoskope‹ 1993.«*[4]

Charpak und Broch beschreiben ein Experiment, das einer von ihnen mit seinen Studenten durchführte: Diese mussten einen handgeschriebenen Zettel mit Namen, Geburtsort und den genauen Geburtsdaten sowie dem Thema des letzten Traums abgeben. Eine Woche später bekamen sie eine personalisierte Charakterbeschreibung. Für 69 Prozent der Studenten traf diese Beschreibung recht gut bis sehr gut zu – obwohl alle Texte völlig identisch waren und einer der Studenten sogar zuvor gebeten wurde, seine Charakterbeschreibung laut vorzulesen. Damit man den Brunnen-Effekt dieser hohlen Texte nachvollziehen und überprüfen kann, geben Charpak / Broch folgende Formulierungsbeispiele[5]:

**Geschickte Formulierungen von Astrologen**

- *»Sie wollen unbedingt von anderen geliebt und bewundert werden, aber Sie können auch kritisch gegen sich selbst sein.*
- *Obgleich Sie einige Schwächen haben, können Sie diese im Allgemeinen ausgleichen.*
- *Sie verfügen über erhebliche Ressourcen, die Sie bislang noch nicht genutzt haben.*
- *Einige der Ziele, die Sie sich gesteckt haben, sind unrealistisch.*
- *Während Sie nach außen hin diszipliniert und kontrolliert wirken, fühlen Sie sich innerlich oft besorgt und unsicher.*
- *Manchmal bezweifeln Sie ernsthaft, ob Sie die richtige Entscheidung getroffen haben.*
- *Sie mögen ein bisschen Veränderung und Abwechslung, und Sie*

*sind unzufrieden, wenn Sie durch Beschränkung oder Grenzen eingeengt werden.*

- *Bald sind Sie extrovertiert, emotional und gesellig, bald bedächtig und zurückhaltend.*
- *Sie möchten sich ein eigenes Urteil bilden, und Sie geben sich mit den Erklärungen anderer nicht zufrieden, wenn diese nicht hinreichend belegt sind.*
- *Sie halten es für unklug, sich allzu offenherzig anderen Menschen anzuvertrauen.«*

**Politische Nebelwerfer**

Astrologen sind Musterbeispiele für Magier – allerdings nur in sprachlicher Hinsicht: Ihr Ziel besteht nämlich häufig nicht darin, andere zum Lösen konkreter Probleme anzuleiten, sondern diese so zu beeindrucken, dass man ihnen eine Honorarrechnung überreichen darf. Auch Politiker zeichnen sich durch diese sprachliche Kunst aus. Für alle unter Ihnen, die davon profitieren wollen, halten Charpak und Broch einen Vorrats-Brunnen bereit, aus dem Sie eine Vielzahl hohler, aber wirksamer Redebeiträge schöpfen können (vgl. BOX 44). Nach diesem Redenentwickler fehlt zwar zunächst einmal der erforderliche Ernst, um die handwerkliche Kunst zu würdigen, mit der politische Anträge oder Grundsatzvereinbarungen formuliert werden. Bedenken Sie jedoch: Die daran arbeitenden Spezialisten sollten stets im Hinterkopf haben, welche konkreten Entscheidungs- und Handlungsfelder sich durch eine allgemeine Formulierung ein- oder ausschließen lassen, wer davon profitiert und wer nicht. Die nach den Bundestagswahlen 2005 beschlossene Koalitionsvereinbarung von CDU, CSU und SPD ist so ein Meisterwerk, das Sie sich von jeder Website dieser Parteien herunterladen können. Bereits der Titel berücksichtigt den allen Politikern bekannten Grundsatz: Der Grad der Zustimmung steigt mit der Allgemeinheit der Aussagen und fällt mit ihrer Konkretheit. *»Gemeinsam für Deutschland. Mit Mut und Menschlichkeit«* – gegen dieses Nebelkerzen-Motto hätte auch keine der im Bundestag vertretenen Oppositionsparteien etwas einzuwenden. Aber sicher stößt dort die fünfseitige Präambel auf Widerstand. Man setzt elf Schwerpunkte, über deren Zahl und Inhalt sich trefflich diskutieren lässt. So hat man sich z.B. beim Schwerpunkt *»Wohlstand sichern – Arbeit schaffen«* auf fünf Handlungsfelder im Umfang von insgesamt 25 Milliarden Euro geeinigt – ein Betrag, der für die Linkspartei / PDS eher Almosencharakter besitzen dürfte.

Unter der Überschrift »Existenzgründungsoffensive: Mehr Mut zur Selbstständigkeit« ist dann später zu lesen: *»Was an Beschäftigung durch Betriebsaufgaben, Insolvenzen und Verlagerung ins Ausland wegbricht, muss durch neue Beschäftigung ersetzt werden. Die Grundlagen dafür sind die Gründung neuer Betriebe sowie Innovationsschübe für die Entwicklung neuer Produkte und die Erschließung neuer Märkte. Mit Hilfe einer Gründeroffensive müssen der Strukturwandel ohne Brüche gestaltet und neue Beschäftigungsmöglichkeiten erschlossen werden. Unternehmensgründer wollen wir ermutigen, gesetzliche Hemmnisse für Neugründungen sollen beseitigt werden. Das gilt sowohl für innovative als auch für konventionelle Unternehmensgründungen. Wir brauchen wieder mehr Mut zur Selbstständigkeit. Die Selbstständigenquote muss wieder auf deutlich mehr als 10 Prozent steigen. Für Existenzgründer werden wir One-Stop-Anlaufstellen schaffen, sie von Statistikpflichten befreien und die Buchführungsgrenze von 350 000 Euro auf 500 000 Euro Umsatz erhöhen.«*[6] Mit Ausnahme des letzten Satzes, der ein Ziel im Sinn einer direkt umsetzbaren konkreten Zahl enthält, finden Sie zwar nur allgemein formulierte Absichten. Aber selbst ein so unbestimmtes Vorhaben wie »Unternehmensgründer wollen wir ermutigen« bedeutet: In den kommenden vier Jahren muss man sich auf konkrete Informationsmittel mit eindeutigen Aussagen zu festgelegten Kostenanteilen aus einem Gesamtetat einigen.

## ■ BOX 44: DER REDENENTWICKLER VON JACQUES POUSTIS *)

Beginnen Sie mit Feld A1 und fügen Sie ein beliebiges Feld der Spalten B, C und D hinzu. Beginnen Sie den nächsten Satz mit einem anderen Feld der Spalte A und hängen Sie wieder jeweils ein Feld der Spalten B, C und D an usw. Die manchmal erforderlichen kleinen sprachlichen Anpassungen dürften keine Schwierigkeiten bereiten.

| | A | B | C | D |
|---|---|---|---|---|
| 1 | Sehr geehrte Damen, sehr geehrte Herren, | die gegenwärtige Konjunktur | muss sich einfügen in die globale Zweckbestimmung | eines Prozesses, der mehr Gleichheit anstrebt. |
| 2 | Ich bleibe zutiefst davon überzeugt, dass | die Situation der Ausgrenzung, die einige von Ihnen erleben, | eine noch zielstrebigere Hinwendung erfordert auf | eine Zukunft, die auf die Förderung von Fortschritt und sozialer Gerechtigkeit ausgerichtet ist. |
| 3 | Sie sollten wissen, dass ich mich mit ganzer Kraft dafür einsetzen werde, dass | die Dringlichkeit der Probleme des Alltagslebens | mich als Bürger in die Pflicht nimmt und uns alle dazu nötigt, entschlossen weiterzugehen auf dem Weg | einer gesellschaftlichen Erneuerung, in der endlich jeder seine Würde wiederfindet. |
| 4 | Übrigens kann ich heute in voller Kenntnis der Sachlage behaupten, dass | der entschiedene Wille, unser Land aus der Krise zu führen, | zwangsläufig die dringliche Notwendigkeit mit sich bringt, | kompromisslos unsere besonderen Stärken zur Geltung zu bringen. |
| 5 | Ich möchte Sie hier meiner uneingeschränkten Entschlossenheit versichern, lauthals zu beteuern, dass | das vorrangige Bemühen zur Besserung der unsicheren Lage der Ausgegrenzten | meinem unbestreitbaren Wunsch entgegenkommt, hinzuarbeiten auf | einen Plan, der endlich den legitimen Forderungen aller gerecht wird. |

| | | | | |
|---|---|---|---|---|
| **6** | Ich setze mich – wie Sie wissen – seit langem für die Idee ein, dass | der aus unserer einzigartigen Geschichte hervorgegangene Partikularismus | uns mit unbedingter Notwendigkeit anhält zu | einer raschen Lösung, die den großen sozialen Anliegen gerecht wird. |
| **7** | Und ich gebe Ihnen hiermit mein Ehrenwort, dass | die mehr als berechtigte Forderung eines jeden nach Teilhabe am sozialen Fortschritt | bewirkt, dass die Sorgen der Bürger die Grundlage bilden | einer menschlicheren, brüderlicheren und gerechteren Politik. |
| **8** | Meine lieben Mitbürger, Sie werden mir gewiss nicht widersprechen, wenn ich Ihnen sage, dass | die Notwendigkeit, die alltäglichen Sorgen eines jeden von Ihnen – ob jung oder alt – ernst zu nehmen, | mir eine wahrhaft erhebende Verpflichtung auferlegt: die Erarbeitung | eines Projekts, das besonders für die Bedürftigsten größte Hoffnungen in sich birgt. |

*) Charpak, Bloch (2003): Was macht der Fakir, S. 43

Tabelle 10: Der Redenentwickler von Poustis

Unspezifische Aussagen dieser Art beruhen nicht nur auf Nichtwissen und Unfähigkeit. Sie können auch das Ergebnis leidvoller Erfahrungen beim Kämpfen um Inhalte und Etats sein, die man zum Erreichen der eigenen Ziele für notwendig erachtet. Je besser eine Partei die Kunst beherrscht, die eigenen Vorhaben hinter Faselindikatoren in einer Koalitionsvereinbarung zu verbergen, umso erfolgreicher könnte ihre spätere Politik sein. Stoßen jedoch zwei ausgefuchste Formulierungsmannschaften zusammen, bedeutet das nur ein Verschieben der Entscheidungen zum Lösen selbst drängender gesellschaftlicher Probleme. Der eigentliche Einigungsprozess dauert dann zwangsläufig länger und zielt meist auf den kleinsten gemeinsamen Nenner – zum Nachteil von Staat und Gesellschaft. Anlage 1 der Koalitionsvereinbarung ist unter diesem Aspekt eine sprachliche Meisterleistung mit einer Fülle von Faselindikatoren. Wahrscheinlich wollte man am 10.10.2005 unbedingt etwas zu Papier bringen, um nicht gleich zu Beginn mit leeren Händen dazustehen. Dies war das Ergebnis[7]:

**Faselbeispiel: Koalitionsvereinbarung**

*»Im Vorgriff auf angestrebte Verhandlungen zur Bildung einer Großen Koalition vereinbaren CDU/CSU und SPD:*

1. *Deutschland muss ab 2010 einen Anteil von mindestens 3 Prozent des Bruttoinlandsproduktes jährlich in Forschung und Entwicklung investieren.*
2. *CDU/CSU und SPD bekennen sich zur Erhaltung der Tarifautonomie. Sie sind sich einig, dass betriebliche Bündnisse für Arbeit im Rahmen der Tarifautonomie wichtig sind, um Beschäftigung zu sichern. Über die Ausgestaltung werden mit den Tarifvertragsparteien Gespräche geführt.*
3. *CDU/CSU und SPD stimmen darüber überein, dass das Einkommensteuerrecht vereinfacht wird, um mehr Transparenz, Effizienz und Gerechtigkeit zu erreichen. Dafür wollen wir Ausnahmetatbestände reduzieren. Die Steuerfreiheit von Sonn-, Nacht- und Feiertagszuschlägen bleibt erhalten.*
4. *CDU/CSU und SPD wollen die Lebensbedingungen für Familien verbessern. Deshalb werden wir sowohl über einen gleichen steuerlichen Grundfreibetrag für Eltern und Kinder als auch über die Einführung eines Elterngeldes sprechen.«*

Punkt 1 formuliert mit den Ausgaben für Bildung tatsächlich ein konkretes Ziel – das betrifft zum Glück für die Unterzeichner jedoch erst die kommende Regierung (außerdem sind Verträge zu Lasten Dritter ungesetzlich). Punkt 2 enthält Selbstverständlichkeiten und unverbindliche Absichten. Punkt 3 ist im ersten Teil so unspezifisch formuliert, dass selbst Steuerberater einverstanden sein können, die von einem undurchdringlichen Paragraphendickicht leben. Nur der letzte Satz zeigt ein Verhandlungsergebnis: CDU/CSU und SPD belassen es doch bei der Steuerfreiheit der Zuschläge. Punkt 4 ist wieder an Unverbindlichkeit kaum zu übertreffen. Wen wundert es da noch, dass die Unzufriedenheit mit der Großen Koalition laufend zunimmt. Kommunikation ist eben nicht nur Absicht, selbst wenn sie in einer Koalitionsvereinbarung auf über 200 Seiten sprachlich meisterhaft formuliert wurde, sondern konkrete Wirkung im Lebensbereich der Bürger.

## 12.2 Milton H. Erickson – oder: Der purpurrote Magier

> *»Was du dir nicht klarmachst, Sid, ist, dass in deinem Leben das meiste durch das Unbewusste bestimmt wird.«*
>
> Milton H. Erickson zu Sidney Rosen[8]

Milton Hyland Erickson (1901–1980) gilt vielen als »weltbester Kommunikator« oder »erster Therapeut seines Jahrhunderts«. Mit ein Grund für seinen legendären Ruf als kommunikativer Magier sind seine beispiellosen Erfolge auf dem Gebiet der Hypnose. Nachdem Freud diese abgelehnt hatte, führte Erickson sie wieder in die Psychotherapie ein und wurde damit zum Begründer der modernen *Hypnotherapie*. (Was man alles unter den Begriffen Trance oder Hypnose verstehen kann, haben wir in Kapitel 11.1.7 behandelt.) Sein Beitrag zur Praxis der Psychotherapie – Praxis im Sinne erfolgreicher Interventionen – ist mit dem Beitrag Freuds zu ihrer Theorie vergleichbar.[9] Erickson selbst betrachtete sich als tüchtigen Handwerker; er legte großen Wert auf sorgfältiges Arbeiten und auf das Weitergeben dieses Könnens.[10]

**Vom Leid geprägt**

Ericksons kommunikative Meisterschaft ist untrennbar verbunden mit seinen zahlreichen schweren Erkrankungen, mit den daraus resultierenden Behinderungen und seinen kreativen Ansätzen, diese zu kompensieren oder zu überwinden. Erickson kam als zweites von neun Kindern zur Welt. Mit vier Jahren sprach er noch nicht und nach seiner Einschulung stellte sich heraus, dass er an Legasthenie litt. So trainierte er sich die Fähigkeit an, sich die zu schreibenden Buchstaben und Wörter bildlich vorzustellen, zu speichern und abzurufen. (Ohne es zu wissen, haben viele Kinder eine falsche Rechtschreibstrategie: Sie merken sich die Wörter nicht visuell, sondern auditiv, indem sie sich am Klang orientieren. Ericksons Methode zum Überwinden seiner Rechtschreibschwäche setzt man daher heute in solchen Fällen ein.) Kurz nach Beendigung der Schule 1919 erkrankte Erickson schwer an Kinderlähmung. Als er die Ärzte im Nebenzimmer sagen hörte »Der Junge wird den nächsten Morgen nicht überleben«, bestand er darauf, dass seine Mutter die Kommode verschob: Sie versperrte ihm die Sicht auf den Sonnenuntergang »... *und ich wollte verdammt noch mal nicht sterben, ohne den Sonnenuntergang zu sehen. Ich sah nur die Hälfte davon. Ich war drei Tage bewusstlos.«* [11] Als er aus seinem Koma erwachte, konnte er nur noch sehen und hören und verbrachte vollkommen gelähmt die nächsten Monate zunächst im Bett, dann im Schaukelstuhl. Aufgrund seiner Vorstellungskraft gelang es ihm zu seiner Überraschung, kleinste Muskelveränderungen auszulösen, die er an den Bewegungen des Schaukelstuhls kontrollierte. Diese Übungen erweiterte er nach und nach, so dass er elf Monate später sich mit Krücken bewegen und ein Medizinstudium aufnehmen konnte. Den Vorschlag seines Arztes, sich viel an der frischen Luft zu bewegen, setzte er auf eigenwillige Weise um: Gegen den Rat der Experten unternahm er in den ersten Semesterferien eine anstrengende dreimonatige Kanufahrt, an deren Ende er ohne Gehhilfen laufen konnte. Nur ein leichtes Hinken blieb zurück.

**Kraft aus Einschränkung**

Von dieser schweren Zeit profitierte er sein gesamtes Leben: *»Wir lernen sehr viel ganz bewusst und vergessen dann, was wir lernen, und benutzen einfach die Fähigkeit. Ich hatte zum Beispiel einen unheimlichen Vorteil anderen gegenüber: Ich hatte Kinderlähmung und war vollständig gelähmt ... Ich fühlte mich sehr einsam, wenn ich im Bett lag, unfähig, irgendetwas zu bewegen außer den Augen ... Ich begann, die Leute und meine Umgebung zu beobachten. Ich lernte bald, dass meine Schwestern Nein sagen konnten, wenn sie Ja meinten, und sie konnten Ja sagen und meinten Nein. Sie konnten einer anderen Schwester einen Apfel anbieten und ihn für sich behalten. Und ich begann, nonverbale Sprache und Körpersprache genau zu beobachten. Ich hatte eine kleine Schwester, die gerade angefangen hatte zu krabbeln. Auch ich würde lernen müssen, aufrecht zu stehen und zu gehen. Und Sie können sich vorstellen, mit welcher Intensität ich meine kleine Schwester beobachtete, wie sie aus dem Krabbelstadium herauswuchs und dann zu stehen lernte.«* [12]

1953 erkrankte er erneut an Kinderlähmung in Verbindung mit Muskelschwund. Der sich verschlechternde Gesundheitszustand zwang ihn 1967 zum Gebrauch eines Rollstuhls, 1969 zum Aufgeben seiner Vortragsreisen und 1974 zum Schließen seiner Praxis. 1976 brach die Kinderlähmung ein drittes Mal aus. Sie lähmte sein Gesicht halbseitig und fesselte ihn ganz an den Rollstuhl. Aufgrund einer partiellen Farbenblindheit erkannte Erickson die Farbe Purpur besonders gut. Arbeitszimmer und Gästehaus waren daher in Purpurrot tapeziert, er trug purpurfarbene Anzüge, hatte viele Gegenstände in dieser Farbe im Haus und liebte Geschenke in Purpur, wie das von vier seiner Studenten unter großen Mühen besorgte Telefon oder den von einer jugendlichen Patientin gestrickten Tintenfisch. Trotz seiner schweren gesundheitlichen Beeinträchtigungen war Erickson bis zuletzt *»einer der lebensfreudigsten Menschen, die man sich vorstellen kann. Er war ein freundlicher, mitfühlender, rücksichtsvoller Mensch. Er lachte viel und konnte strahlen und liebenswürdig lächeln. Wenn ihn etwas amüsierte, hatte er eine ansteckende Art, in sich hineinzulachen.«* [13]

**Der Krankheit trotzend**

Die Erfolge Ericksons waren legendär, bildeten daher den Gegenstand vieler Untersuchungen und zeichneten sich durch verschiedene charakteristische Merkmale aus, von denen ich im Folgenden einige kurz vorstelle. Dabei demonstriere ich seine Genialität an Beispielen, von denen Sie in Beruf und Alltag profitieren können.

**Indirektes Vorgehen**

Erickson war *der* Experte für Prozesssteuerung und berühmt für sein indirektes Vorgehen, besonders für das Einsetzen von Anekdoten. Alle im Folgenden angeführten Beispiele verwendete er selbst als Lehrgeschichten für seine Klienten. Im Grunde nutzte Erickson damit die Wirkung von Sagen und Märchen, die länder- und völkerübergreifend seit Jahrtausenden zum plastischen und nachhaltigen Vermitteln von Werten und Weisheiten eingesetzt wurden. Er setzte sie jedoch nicht nur zum Anstoßen von Denkprozessen ein. Während des Erzählens achtete er genau auf die nonverbalen Reaktionen seiner Gesprächspartner, um Ansatzpunkte für sein weiteres Vorgehen zu erhalten.

**Mehrebenen-Kommunikation**

Er war ein Meister der *Mehrebenen-Kommunikation*, indem er durch gezieltes Kombinieren verbaler und nonverbaler Muster mehrdeutige Botschaften übermittelte, in denen die eigentliche Anweisung versteckt war. So verwendete er doppeldeutige Worte (wie z.B. Sechs und Sex), markierte bestimmte Teile oder Worte mit einem besonderen Stimmmuster, versteckte Anweisungen oder Fragen in längeren Ausführungen oder erteilte Nicht-Anweisungen (z.B. »Denken Sie jetzt einmal nicht an die Vorteile dieser Methode«). Nicht-Anweisungen lassen sich gedanklich nur dadurch befolgen, dass man zunächst an die Anweisung denkt und sich dann vorstellt, dies nicht zu tun. Damit ist jedoch das angestrebte Ziel bereits teilweise erreicht (in unserem Beispiel: an die Vorteile zu denken). Hauptgrund für die Mehrebenen-Kommunikation ist das bewusste Ansprechen und Nutzen des Unbewussten: *»Ja, was die Leute alles so nicht wissen … das geht fast ins Unendliche … es gibt so vieles, das sie tatsächlich können, von dem sie aber meinen, sie könnten's nicht.«* [14]

**Trance-Induktionen**

Um dies zu verstärken, nutzte Erickson weitestgehend die Möglichkeiten von *Trance-Induktionen*, ging dabei jedoch von einem sehr weit gefassten Trance-Begriff aus. Trance ist für ihn jeder Zustand, *»der so weit geht, dass dein Unbewusstes einen Blick, einen geistigen Blick auf die Geschehnisse werfen kann«*. Bereits ein störungsfreies und zwangloses gedankliches Beschäftigen mit den Aspekten eines vergangenen Erlebnisses rechnet er dazu. Hauptgrundlage aller Trance-Induktionen sind allgemein gehaltene, unspezifische verbale Impulse – die Sprachmuster des Milton-Modells (vgl. Seite 366).

**Außergewöhnliche Musterunterbrechungen**

Weiterhin verwendete Erickson außergewöhnlicher Musterunterbrechungen durch überraschende Aktionen, um jemand zu verwirren und seine Aufmerksamkeit neu zu fokussieren. Erickson benutzte dazu sogar eine alte Autohupe. Und das, was er seinen Therapeutenkollegen riet, sollte jeder von uns parat haben: willkürliche Bemerkungen, um den zu lang geratenden oder unwichtigen Gesprächsfaden eines anderen abzuschneiden. Erickson schreibt über seine Studentenzeit: *»Ich erinnere mich, dass ich im College … immer mit einer idiotischen und irrelevanten Frage kam,* *wenn ein Professor mir Vorwürfe machen wollte – und ihn so aus dem Gleis brachte. In einem Sommer fing ein Professor an: ›Erickson, ich mag nicht …‹, ›Ich mag den Schnee auch nicht‹, sagte ich. ›Von was redest du?‹ Ich sagte: ›Dem Schnee.‹ ›Welchem Schnee?‹ ›Diesem herrlichen Wunder – das keine zwei Schneeflocken gleich sind.‹«*[15] Eine andere von Erickson angewendete Musterunterbrechung leistet mir in meiner Vaterrolle noch heute wertvolle Dienste: Als sein Enkel schwer stürzte und blutete, tröstete er ihn, untersuchte die Wunde fachmännisch, bekundete dann sein großes Erstaunen darüber, dass das Blut nicht grün sei, und lenkte so die Aufmerksamkeit vom Sturz ab. Diese Technik lässt sich gut variieren, z. B. durch Hinweise auf das wirklich einmalig tolle Reagieren beim Hinfallen.

**Beispiellose Beobachtungsgabe**

Die bekanntesten Fähigkeiten Ericksons sind jedoch sicher seine beispiellose Beobachtungsgabe und die darauf aufbauende strickte Individualität und Kreativität seiner Lösungsvorschläge, die von seinen außergewöhnlichen Detailkenntnissen über die biologischen, psychologischen und kulturellen Einflüsse auf die menschliche Entwicklung profitierten. Für Erickson waren jeder Klient und dessen Problem einmalig, verdienten daher auch eine einzigartige Lösung. Und da er aufgrund seiner enormen Wahrnehmungsfähigkeit selbst kleinste Reaktionen erfasste, konnte er Ablehnung oder Zustimmung frühzeitig erkennen, entsprechend reagieren und kongruent handeln. Ein Paradebeispiel dafür ist die Geschichte von der jungen Frau, die unerwartet in seiner Sprechstunde auftauchte.[16] Nachdem sie sich gesetzt und einen Fussel mit der rechten Hand vom linken Ärmel gezupft hatte, erzählte sie ihm, sie habe schon in zahlreichen Städten erfolglos den richtigen Psychiater gesucht. Nun wolle sie herausfinden, ob er derjenige sei. Nach einigen Fragen stellte Erickson kurz und bündig fest: »Ich bin der richtige Psychiater für Sie.« Die Frau meinte, das klinge furchtbar eingebildet. Erickson antwortete, er könne das beweisen, er müsse dazu nur eine einfache Frage stellen. Allerdings glaube er, sie wolle diese nicht gern beantworten. Die Frau bat um die Frage und Erickson fragte: »Wie lange tragen Sie schon Frauenkleider?« Und der Mann erwiderte: »Woher wissen Sie das?« Erickson hatte das am Entfernen des Fussels erkannt:

Ein Mann greift direkt danach und macht dabei niemals »Umwege« – weil er keine Brüste hat. Mädchen lernen dies zu tun, noch ehe man Anzeichen der Veränderung ihrer Brüste sieht.

**Arbeit mit Kindern**

Die Individualität und Einfachheit Erickson'scher Empfehlungen zeigen sich besonders gut an den zahlreichen Kindern, die ihm zur Behandlung gebracht wurden. Ein zwölfjähriger Junge wurde wegen seines Bettnässens mit Verboten bestraft, ausgeschimpft und geschlagen. Erickson sagte den Eltern in dessen Beisein, dass der Sohn nun sein Patient sei und während dieser Zeit wie ein Musterknabe zu behandeln sei. In einer leichten Trance wies er den Jungen dann darauf hin, dass jeder seine Zeit brauche, um nachts trocken zu bleiben. Er brauche eben länger als üblich und er habe auch ein Recht darauf, sich dafür Zeit zu nehmen. Dies schon in den nächsten vier Wochen zu erlernen, sei wahrscheinlich übertrieben. In acht Wochen könnte es vielleicht gehen. Aber eigentlich gehe das niemand etwas an, ob er es bis dahin gelernt hätte, natürlich auch ihn nicht. Dies sei sein ganz privates Geheimnis. Fünf Monate später kam die Mutter und berichtete, der Junge bliebe jetzt nachts trocken, sie wüsste aber nicht wie lange schon. Erst jetzt sei es ihr aufgefallen.[17]

**Das Symptom verschreiben**

Bei einer 15-jährigen notorischen Daumenlutscherin, die alle Welt damit ärgerte, schickte er die Eltern in den Nebenraum und sagte ihr, sie sei mit dem Daumenlutschen sehr dumm. Das Mädchen erwiderte, er rede wie ihre Eltern. Nein, entgegnete Erickson, er rede klug. Dann erläuterte er dem Mädchen, dass sie bislang andere nur leicht ärgern würde, dass man das viel stärker könne. Und er unterwies sie detailliert, wie sie ihren Vater, ihre Mutter, den Busfahrer und die Schulkinder durch lautes Schmatzen richtig ärgern könne. *»In weniger als einem Monat hatte sie herausgefunden, dass es andere Dinge zu tun gab. Ich hatte das Daumenlutschen für sie zur Verpflichtung gemacht, und sie wollte nicht zu irgendetwas verpflichtet sein.«* [18]

**Kreativität trainieren**

Derartig ausgefallene Interventionen setzen mindestens zwei Dinge voraus: Kreativität, um ungewöhnliche Lösungen zu finden, und Mut, diese anzuwenden. Was die Kreativität anbelangt, hatte Erickson einen Rat: *»Eine Sache, die ich meinen Studenten beibringe, ist dies: Nimm ein gutes Buch von einem Autor, den du magst. Lies zuerst das letzte Kapitel. Spekuliere über den Inhalt des vorhergehenden Kapitels. Spekuliere in alle möglichen Richtungen. Bei vielen deiner Spekulationen wirst du falsch liegen. Lies das vorletzte Kapitel und dann spekuliere über das drittletzte. Du liest ein gutes Buch vom letzten bis zum ersten Kapitel, wobei du die ganze Zeit spekulierst ... Und du durchbrichst dein starres Denkmuster. Es ist äußerst hilfreich.«*[19] Um zu zeigen, was »starres Denkmuster« bedeutet, fragte Erickson seine Studenten, auf welche Arten sie von diesem Raum in den nächsten kommen könnten. Es wurden dann viele Möglichkeiten aufgezählt. Wenn schließlich keinem mehr etwas einfiel, sagte Erickson: *»Wenn ich von diesem Raum in jenen Raum gehen möchte, würde ich aus der Tür hinausgehen, ein Taxi zum Flughafen nehmen, ein Ticket nach New York, London, Rom, Athen, Hongkong, Honolulu, San Francisco, Chicago, Dallas Phoenix, in einem Taxi zurückkommen, auf den Hinterhof gehen, dann durch die hintere Pforte, die Hintertür und dann in jenen Raum. Und du hast nur an Bewegungen nach vorn gedacht! Du hast nicht ans Rückwärtsgehen gedacht, nicht wahr? Und nicht daran, hineinzukrabbeln ... Und auch nicht an das Rutschen auf dem Bauch. Wir beschränken uns selbst so fürchterlich in unserem Denken!«*[20]

## 12.3 Emil Steinberger – oder: Der Melitta-Mann

*»Wenn etwas neu ist, sagen die Leute: ›Das ist nicht wahr‹. Später, wenn diese Wahrheit offensichtlich wird, sagen sie: ›Das ist nicht so wichtig‹. Zum Schluss, wenn diese Wichtigkeit nicht mehr geleugnet werden kann, sagen sie: ›Na, das ist doch nichts Neues‹«*

William James

**Typische Merkmale von Werbespots**

Stellen Sie sich einmal vor, es gäbe einen Menschen, der noch nie in seinem Fernseher einen Werbespot verfolgt hat. Sie müssten ihm nun erklären, durch welche Besonderheiten sich diese Spots in der Regel von den übrigen Sendungen unterscheiden. Welche Unterschiede fallen Ihnen dann mit etwas Nachdenken ein? Sicher kommen Sie auf die »komischen« Inhalte zu sprechen – gekünstelte Gespräche in unnatürlichen Situationen mit unechten Problemen. (Oder haben Sie sich schon einmal am Sonntag laut mit Ihrer Familie darüber gefreut, dass nun auch bei Ihnen die Tütensuppe der Firma X endlich auf den Tisch kommt?) Und sicher kommen Sie dann auch auf die besondere Machart dieser Spots zu sprechen: laute und rhythmische Musik, viele Farben, schnelle Schnitte, bunte und bewegte Visualisierungen der Hauptargumente – kurz: all das, was jedem einfällt, wenn er vor der Aufgabe steht: »Sorge auf dem Bildschirm für Aufmerksamkeit!«

Als ich um das Jahr 1990 die ersten neuen Fernsehspots mit dem »Melitta-Mann« sah, traute ich meinen Augen nicht. Diese Spots unterschieden sich in ihrer Machart so von der gesamten übrigen Fernsehwerbung, dass ich sie in meinen Vorlesungen als die ersten »NLP-Spots« zur Sprache brachte. (Auf der Webseite der Agentur www.gramm.de können Sie sich einen der alten Spots ansehen.) Der Zufall wollte es, dass ich damals als Mitglied im Arbeitskreis für Wissenschaft und Praxis der Deutschen Marketing-Vereinigung Kontakt zu Peter Körfer-Schün hatte, seinerzeit Marketingleiter von Melitta. Von ihm erfuhr ich, dass diese Spots Melitta-Kaffee nicht nur hervorragend verkaufen würden (Steigerung des Marktanteils von 4 Prozent 1989 auf 12 Prozent 1995;

1991 Auszeichnung mit dem *Effie* in Gold durch den Gesamtverband Kommunikationsagenturen GWA). Man bekäme auch körbeweise Post von Fernsehzuschauern, die sich begeistert darüber äußerten, dass endlich einmal eine ganz andere Werbung (manche meinten sogar »endlich einmal keine Werbung«) gemacht würde. Herr Körfer-Schün sandte mir eine Video-Kassette mit knapp 30 Fernsehspots und legte auch Kopien der Werbekonzeption dieser Kampagne bei. Darin las ich unter anderem: *»Unser Melitta-Genießer und seine Geschichten um Melitta-Kaffee, Melitta-Filtertüten und die Melitta-Kaffeemaschine wirken durch seine Mimik, seine Gestik und seine Wortwahl so einzigartig und vor allem so amüsant. Selbst das langweiligste Argument und die noch so strategische Botschaft verpackt er mit Witz und Charme in eine Story, bei der man unwillkürlich schmunzeln muss. Unser Melitta-Genießer hat nicht den vordergründigen, sondern den intelligenten Witz.«* Die mich brennend interessierende Frage wurde jedoch nicht beantwortet: wie man von einer kreativen Idee – das Ansprechen von Kaffee-Genuss – zu dieser höchst ungewöhnlichen Umsetzung gekommen war, ganz zu schweigen von den formalen Besonderheiten der Spots.

**Was ist Kreativität?**

Einer meiner Freunde, damals Geschäftsführer einer großen Frankfurter Werbeagentur, löste dieses Rätsel zumindest zum Teil. Als ich ihn auf die Besonderheiten dieser Kampagne ansprach, zeigte er sich sehr verwundert. Ob ich denn nicht wisse, wer diese Spots gestaltet habe? Die stammten doch von Emil Steinberger. Natürlich kannte ich diesen Schweizer Kabarettisten aus vielen Fernsehauftritten. (Da er den Kabarettisten-Beruf vor Jahren an den Nagel gehängt hat, können viele Menschen heute mit seinem Namen zwar zunächst nichts verbinden. Die beiden Stichworte »Emil« und »Feuerwehrmann« lösen dann jedoch bei den meisten ein erfreutes »Ach der!« aus.) Und das erklärte mir auch sofort die oben wiedergegebene Beschreibung des Melitta-Genießers: Steinberger war es gelungen, seine in Jahrzehnten gewonnene Bühnenerfahrung beim direkten Ansprechen, Fesseln und Reagieren von Menschen auf Fernsehspots zu übertragen. Versteht man wie Milton Erickson unter Kreativität die Fähigkeit, bekannte Einzelelemente nicht nur auf eine neue, sondern auch auf eine deutlich wirksamere Art zu kombinieren, gehört Emil Steinberger zu einer verschwindend kleinen Gruppe von Kreativen. Zusammengefasst kann man sagen: Jeder Spot ist eine gelungene Einheit aus drastischen Musterunterbrechungen, die zu einem ungewöhnlichen Beziehungsaufbau sowie zu einer konsequenten Prozesssteuerung genutzt werden. Im Grunde setzte Steinberger viele der Erickson'schen Besonderheiten erfolgreich im Fernsehen ein. Und die wollen wir uns nun genauer ansehen.

**Akustische und visuelle Musterunterbrechungen**

Was macht diese Spots aus, was macht sie so anders als andere Werbeclips? Die Melitta-Spots zeichnen sich im Vergleich zur davor und danach laufenden Fernsehwerbung durch extreme Musterunterbrechungen aus, die – besonders zu Beginn der Kampagne – eine enorme Aufmerksamkeitsfokussierung bewirkt haben dürften. Diese Musterbrechungen betreffen alle im Fernsehen einsetzbaren Modalitäten. Die erste ist akustisch und dürfte als Initialzündung wirken: In einem Umfeld von überlauten und mit Musik untermalten Spots, die man häufig nur nebenbei verfolgt, herrscht auf einmal Stille. Unwillkürlich blickt man zum Fernseher, um die Ursache seines Schweigens zu erkunden. Außerdem fallen die Spots durch das Fehlen von untermalender oder betonender Musik auf. Die einzigen wahrnehmbaren Geräusche entstehen ganz natürlich durch das Agieren des Melitta-Manns. Die visuellen Musterunterbrechungen betreffen das Umfeld des Melitta-Manns: Es gibt keinen bunten Hintergrund (manchmal einige sanfte Farbspiele wie z.B. beim Spot »Quiz«), keinerlei helle oder grelle Farben und nur spärliche und natürliche Bewegungen. Kaum etwas lenkt daher die Aufmerksamkeit vom Melitta-Mann ab.

**Eine Beziehung zum Zuschauer entsteht**

Alles dies führt nicht nur dazu, dass der Spot aus dem üblichen Rahmen eines Werbeblocks fällt und die Aufmerksamkeit der Zuschauer auf sich zieht. Neu ist, dass die besondere Art der eingesetzten Musterunterbrechungen den Aufbau einer Beziehung mit dem Zuschauer ermöglicht. Häufig versucht die Werbebranche, Aufmerksamkeit nach dem Prinzip »lauter, schneller, bunter« zu erzielen, was einen Beziehungsaufbau erschwert, wenn nicht unmöglich macht. Steinberger setzt dagegen das Makromuster »Laut – Pause – Flüstern« ein: Der vorangehende Teil des Werbeblocks ist laut, der Melitta-Spot beginnt mit einer Pause und der Melitta-Mann spricht wie in einem persönlichen Vier-Augen-Gespräch direkt zum Zuschauer und wirkt deshalb subjektiv leise. Und da das TV-Bild akustisch und visuell aus dem Rahmen der übrigen TV-Werbung fällt, passt es sich gleichzeitig dem natürlichen Umfeld des Zuschauers an. Der Bildschirm-Inhalt ist kein Fremdkörper im Wohnzimmer des Zuschauers und besitzt trotzdem dessen Aufmerksamkeit! Das ist sonst genau umgekehrt: Je natürlicher es für den Zuschauer ist, dass in seinem Fernseher Werbung läuft, umso weniger schenkt er ihr Beachtung (wie in den USA sind auch bei uns schon viele Fernseher von früh bis spät an); je mehr Beachtung er ihr schenkt, umso unnatürlicher empfindet er die Situation. Und diese Unnatürlichkeit hat Auswirkungen auf das Umsetzen von direkten und indirekten Kaufanreizen: Je natürlicher und zwangfreier die Informationen, umso weniger fühlt man sich manipuliert (wie bei dem Muster »taktische Berührung« und der Pizza-Verkostung in BOX 37). Dies dürfte mit eine der Hauptursachen für die Umsatzerfolge des Melitta-Manns gewesen sein.

Wie viele TV-Kampagnen kennen Sie, in denen eine Art persönlicher Bindung zum Zuschauer aufgebaut wurde, die sich durch körbeweise Zuschriften an den Hersteller und Fan-Post an den Darsteller ausdrückt? Es ist ein Kinderspiel, die Aufmerksamkeit der Fernsehzuschauer kurzfristig zu erreichen. Das ließe sich durch einen lauten Knall erzielen, wenn eine Kaffeekanne oder ein Kaffeefilter auf dem Boden zerschellt. Es ist die hohe Kunst der Kommunikation, Aufmerksamkeit nicht nur zu erreichen, sondern sie als Basis für ein aktives Teilnehmen und eine langfristige Bindung zu nutzen. Die von Steinberger eingesetzten Techniken betreffen das *Umfeld*, den *Melitta-Mann*, die *Botschaftsinhalte* und die *Bildregie* beziehungsweise Kameraführung:

**Das Umfeld**

Das Umfeld ist weitestgehend natürlich, die beworbenen Objekte nehmen grundsätzlich eine Randstellung ein (eine der wenigen Ausnahmen bildet der Spot mit der Kaffeemaschine). Alles könnte sich auch real vor den Augen des Zuschauers abspielen, da man auf jeden Hintergrund verzichtet, der den Zuschauer in eine Beobachterrolle drängt, weil er sieht, dies findet woanders statt. Im Eingangsabschnitt zu diesem Kapitel sprachen wir von »hohlen« verbalen Inhalten, deren Wirkung darauf beruht, dass sie jeder Empfänger ganz persönlich interpretiert. Steinberger schafft das Kunststück, »hohle« visuelle Inhalte darzustellen und dadurch den Zuschauer einzubinden.

**Der Melitta-Mann**

Der Melitta-Mann wirkt und verhält sich vollkommen natürlich. Nur selten sieht man ein Jackett oder einen Schlips, meist trägt er legere Freizeitkleidung – wie die Zuschauer vor dem Fernseher. Er könnte der zum Plaudern eingeladene Nachbar sein. Sein gesamtes Verhalten ist von großer Natürlichkeit. Dabei dürften zwei Aspekte von besonderer Wirkung sein: seine Stimme und der Blickkontakt. Er spricht fast nur mit weicher, unaufdringlicher Stimme und verwendet oft zugängliche Stimmmuster. Oft verstärkt ein leichtes Neigen des Kopfes oder der Schulter diesen zugänglichen Eindruck. Der Melitta-Mann sitzt selten vollkommen aufrecht und symmetrisch. Den Blickkontakt mit dem (imaginären) Zuschauer setzt er perfekt ein. Besonders wirksam ist dabei der Wechsel zwischen dem Blick auf den Zuschauer und auf bestimmte Objekte, die er in der Hand hält – eine Sonderform der Auge-Hand-Koordination. Der Melitta-Mann spricht die Zuschauer stets direkt an, teilweise sogar mit entsprechenden Gesten – aber er wirbt so gut wie nie selbst. Falls dies doch passiert, spricht er es scherzhaft an. Das gesamte nonverbale Verhalten entspricht dem oben erwähnten Nachbarn: Schmunzeln, Lächeln, kleine Gesten und natürliche Mimik.

**Die Botschaftsinhalte**

Die Botschaftsinhalte – und auch das ist eine Musterunterbrechung – kommen weitestgehend ohne extreme Adjektive oder Adverbien aus. (Spräche einer Ihrer Nachbarn so wie die Menschen in der Werbung, zweifelten Sie an dessen Verstand.) Es geht zwar um Genießen, aber mehr um das normale und stille Vergnügen im Alltag. Erzählt werden dazu »stinknormale« Angelegenheiten mit einem gewissen Sprachwitz. Es wird gescherzt und geblödelt, aber stets mit Bezug zum Alltag und sprachlich ausgefeilt. Und gemäß unserem Motto »Wenn du weißt oder vermutest, dass im Kopf deines Gegenübers nicht zweckdienliche Prozesse ablaufen«, lässt der Melitta-Mann häufig scherzhaft durchblicken, dass es sich um Werbung handelt. Der eigentliche Slogan *»Melitta macht Kaffee zum Genuss«* kommt stets nur einmal am Ende jedes Spots und nie vom Melitta-Mann, sondern immer von einer Frauenstimme. Entsprechend dem Muster *alternative Inhalte* trennen trennt man dadurch säuberlich in der Zuschauerwahrnehmung die Alltags- von den Werbeinformationen. Der Melitta-Mann behält seinen nachbarlichen Charakter. Außerdem kommt der Slogan fast immer unmittelbar nach einer kleinen Pause im Anschluss an eine emotionale Musterunterbrechung. Man kann deshalb davon ausgehen, dass Fernsehzuschauer den Spruch nachhaltig ankern.

**Die Bildregie**

Im Hinblick auf die Wirkung des Spots spielt auch die Bildregie eine Rolle. Die ruhige Atmosphäre wird durch eine feste Kameraeinstellung unterstützt, die häufig den oberen Teil des Kopfes etwas anschneidet. Vielleicht wollte man dadurch den Eindruck einer Art Kaspertheaterbühne vermeiden. Auf jeden Fall agiert der Melitta-Mann so groß vor einem unauffälligen Hintergrund, dass er im Wohnzimmer präsent erscheint und einen Dialog führen kann. Kein Schnitt unterbricht diesen Dialog, jeder Spot basiert auf nur einer Einstellung. Unterhalten Sie sich mit Ihrem Nachbarn, ändert sich Ihr Blickwinkel auch nicht alle fünf oder zehn Sekunden. Interessant ist dabei der Winkel der Kamera: Der Melitta-Mann sieht meist ganz leicht nach unten, um Blickkontakt zu halten. Dieses geringe Neigen des Kopfes bewirkt jedoch wiederum eine natürliche Zugänglichkeit.

**Prozess- statt Inhaltssteuerung**

Nur aufgrund der bisher beschriebenen Besonderheiten ist es möglich, dass diese Kampagne auf die übliche Inhaltssteuerung – also auf das direkte, meist sogar überdeutliche Loben, Anpreisen und Auffordern – komplett verzichten und auf Prozesssteuerung setzen und damit jede Art von Kaufappell unterlassen kann. Fordert der Melitta-Mann ausnahmsweise den Zuschauer auf, *Melitta Auslese* doch einmal zum Probieren zu kaufen, ist ihm das »so peinlich«. Und damit sein humorvoller, leicht spöttischer Eindruck nicht verwässert wird, schiebt er sofort noch ein doppeldeutiges »Glauben Sie mir?« hinterher. Diese enorme Kongruenz von verbalen Hinweisen und nonverbalem Verhalten vor einem weder visuell noch akustisch ablenkenden Hintergrund, die langfristige Konsistenz sowie die in Inhalt und Form deutlich erkennbare Ausnahmestellung der Spots im Rahmen eines üblichen Werbeblocks sind der Grund für die außergewöhnliche Akzeptanz und Resonanz der Kampagne trotz fehlender Kaufappelle. Steinberger verschafft sich inhalts- und aufmerksamkeitsorientierte Erlaubnis, wandelt diese für die Dauer eines Spots in Rapport (vgl. Kapitel 4) um und gestaltet daraus eine langfristige Beziehung – und das alles in unpersönlichen Gesprächen via Fernseher in Werbeblocks, die bereits damals unter dem Problem des »Wegzappens« litten.

Nun hat jedes Ding zwei Seiten, auch die Konsistenz. Überraschen Sie jemand mit einer Rose, ist die Freude sicher groß. Das wird auch bei den nächsten zehn Rosen noch so sein. Irgendwann aber erfolgt ein Protest, zunächst nonverbal per Mimik, später außerdem deutlich verbal. Auch ein Melitta-Mann nutzt sich früher oder später ab, wie auch der gute Nachbar irgendwann nerven kann. Emil Steinberger sah das kommen und hatte, wie er mir sagte, etliche Ideen, um die Werbung frecher und moderner fortzuführen. Melitta wollte das nicht und machte ohne die Agentur Gramm und ohne Emil Steinberger mit dem Melitta-Mann weiter. Man glaubte, das Aufnahmestudio wisse inzwischen, »wie es geht« – ein schönes Beispiel für Howells unbewusste Inkompetenz. Der Marktanteil sank und die Marke verlor an Attraktivität. So wurde 1999 der Melitta-Mann durch eine neue Kampagne mit Melitta-Vater, -Sohn und -Mischlingshund ersetzt, die 2001 ebenfalls einen *Gold-Effie* erhielt.

Ein Wort noch: Mir ist schleierhaft, warum das Meta-Modell der Sprache und insbesondere das Milton-Modell den meisten Werbern unbekannt ist, obwohl sie es – unbewusst – durchaus einsetzen. Mein Lieblingsbeispiel ist der alte Werbeslogan von Peugot *»Der Rivale«* – das gekonnte Verwenden eines fehlenden Objektes [MV 02.2] zum Auslösen einer Prozesssteuerung. Die Frage, von wem der Peugot 307 ein Rivale ist, beantwortet der Leser oder Hörer selbst: vom Golf. Und das ist erheblich wirksamer, als es direkt zu formulieren. Nach dem gleichen Prinzip ist auch ein aktueller Spruch formuliert: *»Burger King ist mir lieber!«* Sie dürfen nun die Frage beantworten: »Lieber als was?«

## 12.4 Otto Rehagel – oder: Nicht nur der Ball muss rund sein

*»Wer heilt, hat Recht.«*

Hippokrates

Auch wenn Sie wie ich kein Fußballfan sind: Es gibt Anlässe wie die Fußball-Weltmeisterschaft 2006 oder die Fußball-Europameisterschaften 2004 und 2008, da sitzt man vor dem Fernseher und liest Berichte in den Tageszeitungen. Dabei bin ich über die außergewöhnlichen kommunikativen Möglichkeiten eines Jürgen Klinsmann oder Otto Rehagel gestolpert.

**Sprache ist nicht alles**

Das Musterbeispiel einer handwerklichen Spitzenleistung liefert das Abschneiden der griechischen Mannschaft unter dem deutschen Trainer Otto Rehagel, die am 4. Juli 2004 zur Überraschung aller Fachleute Europameister wurde. Am 25. Juni spielte der krasse Außenseiter Griechenland gegen den Favoriten Frankreich – und warf ihn mit 1:0 aus dem Wettbewerb. Während und nach der Übertragung dieses Spiels im Fernsehen äußerte Günter Netzer (inzwischen als Fernsehkommentator ebenso berühmt wie früher als Spieler) riesiges Erstaunen über die kommunikative Leistung Rehagels oder – wie ihn die Griechen inzwischen liebevoll nennen – Rehakles. Für Netzer war es geradezu unvorstellbar, wie ein deutscher Trainer diese Mannschaft formen, lenken und vor allem begeistern konnte. Wie könne man ohne griechische Sprachkenntnisse all die wichtigen Inhalte zu Strategie und Taktik mit einer derartigen Wirkung übermitteln? Schließlich müsste Rehagels griechischer Assistent alle Botschaften übersetzen. Was für uns bedeutet: Die Sprachmuster Rehagels werden nicht nur von dessen Verhaltensmustern getrennt, sondern auch noch in andere Sprachmuster übersetzt und mit den Verhaltensmustern eines anderen übermittelt – üben aber noch immer eine außergewöhnliche Wirkung aus.

**Muster schaffen Wirkungsrahmen**

Für Netzer (und auch für uns) gibt es für dieses Phänomen nur eine Erklärung. Rehagels mimische, gestische und körperliche Verhaltensmuster sind so ausgeprägt und auffallend, dass sie einen mächtigen kommunikativen Rahmen schaffen, der sogar die Mitarbeit Dritter und deren Interpretation lenkt. Dies kann dreierlei bedeuten: Rehagels Verhaltensmuster sind Vorbild für das Verhalten seines Assistenten. Rehagels Verhaltensmuster beeinflussen auch das Wahrnehmen und Interpretieren der Assistentenbotschaften durch die Mannschaft. Und außerdem kommt hinzu, was auch Deutschlands Fußball-Ikone Franz Beckenbauer während des Spiels der Griechen gegen Tschechien am 30. Juni anmerkte: *»Allein von der Gestik her erkennen sie (die Spieler), was er will.«* (Für Nicht-Fußballer sei angemerkt: Griechenland warf auch den haushohen Favoriten Tschechien mit 1:0 aus dem Rennen.) Die Konsequenz: Rehagel wirkt durch seine ausgeprägten para- und koverbalen Muster trotz aller Beeinträchtigungen beim Übermitteln seiner verbalen Muster in höchstem Maße überzeugend.

Darüber hinaus entstand auch eine Art Langzeitwirkung. Rehagels Verhalten war seit Antritt seines Traineramtes in Griechenland im Jahr 2001 absolut konsistent: Er widersprach sich nicht und hielt alle Versprechungen ein. Und vor allem: Bis zur EM 2004 bestätigten Erfolge seine Entscheidungen. So auch im Spiel gegen Tschechien: *»Die Spieler waren anschließend voll des Lobes über die taktischen Kniffe ihres Chefs. ›Wir haben sehr klug gespielt‹, sagte Dellas … Und Charisteas erklärte: ›Wir haben mit Strategie gespielt. Otto hat gesagt: Modern ist, wer gewinnt! Also haben wir modern gespielt.‹«*[21] Wenn Oliver Bierhoff (der Schütze des entscheidenden Tores zum deutschen Titelgewinn bei der EM 1996 und seit 2004 Teammanager der deutschen Nationalmannschaft) dazu sagt: *»Das Rezept von Otto Rehagel ist recht einfach: ›Spielt mit dem Herzen das, was ihr könnt, und helft euch gegenseitig‹«*[22], dann kann dieses »einfach« allenfalls bedeuten: Dieses Rezept ist einfach zu beschreiben, war vielleicht auch einfach zu planen – keinesfalls aber ist es unter den gegebenen Umständen auch einfach zu realisieren. Zum Verwirklichen mit einer anfänglich total zerstrittenen griechischen Mannschaft war ein Höchstmaß an kommunikativen Fertigkeiten sowie an Kongruenz und Konsistenz erforderlich, von den dazu erforderlichen strategischen und taktischen fußballerischen Fähigkeiten ganz zu schweigen.

**Ein Dachbegriff für die besondere und ausgesprochen seltene Kombination an kurz- und langfristig wirksamen verbalen und nonverbalen Verhaltensweisen, die andere zu erfolgreichen Taten anleiten, ist Charisma.**

Nun weiß man allerdings von Otto Rehagel, dass ihm während seiner Zeit als Trainer von Bayern München in den Jahren 1995/96 entsprechende Erfolge versagt blieben und dass sich sein Triumphzug mit der griechischen Nationalmannschaft nach der Europameisterschaft 2004 nicht fortsetzte. Sie schied in der Qualifikation zur Fußball-Weltmeisterschaft 2006 und auch in der Vorrunde der Europa-Meisterschaft 2008 aus. Ohne die Leistung Rehagels mit der griechischen Mannschaft anlässlich der EM 2004 schmälern zu wollen: Dies bietet Gelegenheit, um auf zwei grundsätzliche Bedingungen kommunikativer Erfolge hinzuweisen.

**Kommunikationserfolg ist situationsabhängig**

In Anlehnung an Fredmund Malik kann man sagen: *»Es gibt keine guten Trainer, sondern nur gute Trainer für …«*[23] Für die Situation der griechischen Nationalmannschaft von 2001 bis 2004 war der Kommunikations- und Führungsstils Rehagels, der auch viele Kritiker gefunden hat, eine Ideallösung. In Griechenland besaß Rehagel Charisma, beim Fußballverein Bayern München nicht. Hier schied er vorzeitig aus dem Amt, unter anderem wegen seines Umgangs mit den Medien. Kommunikatives Können ist aber ohne Berücksichtigung der gültigen Rahmenbedingungen in der Regel erfolglos. Ein Grund für den Ruf Milton Ericksons als weltbester Kommunikator war sein akribisches Erfassen und Analysieren der jeweiligen individuellen Situation und sein darauf abgestimmtes Reagieren. Konsistenz kann immer dann ein Problem sein, wenn sich die Rahmenbedingungen grundlegend ändern – wie das Können und die Taktik der Gegner Griechenlands bei der

Europameisterschaft 2008. Das hatte ich als die Effizienzfalle des Erfolgs bezeichnet, die zu einer zweiten kommunikativen Wirkungsgrenze überleitet:

**Kommunikative Interventionen helfen (nur) bei inneren Grenzen**

Besonders diejenigen, die davon leben, kommunikative Kompetenz als Allheilmittel für alle Probleme des täglichen Lebens zu verkaufen, verschweigen gern Folgendes: Handelt es sich bei den erfolgsverhindernden Einschränkungen um rein mentale, also internale Grenzen, helfen kommunikative Interventionen, diese zu überwinden. Bei allen Erfolgen Milton Ericksons ging es »nur« um ein Beseitigen innerer Begrenzungen – auch bei seinen Fällen aus der Welt des Sports: den Olympiasiegern im Kugelstoßen oder Schießen, zumal bei diesen Sportarten die Sportler nur indirekt miteinander im Wettkampf stehen. Sind jedoch auch reale externale Grenzen zu überwinden, stoßen rein kommunikative Maßnahmen schnell an ihre Grenzen – etwa wenn man es wie im Fußball mit einem direkten Gegner zu tun hat, sich die Leistung einer Maschine während einer Verkaufsvorführung als unzureichend erweist oder der Kunde nicht genügend Geld besitzt. Direktes Verändern von realen Grenzen durch kommunikative Maßnahmen geschieht leider nur in Mythen und Märchen. Das stellten auch Jürgen Klinsmann und die deutsche Fußball-Nationalmannschaft im Sommer 2006 bei der Fußball-Weltmeisterschaft vor heimischem Publikum fest. Man kann zwar die Einstellung der eigenen Mannschaft zur Stärke eines Gegners verändern, nicht aber dessen Stärke. Trotz einer ungeahnten Euphorie in der Bevölkerung und einer Welle der Begeisterung im Stadion verlor Deutschland das entscheidende Spiel gegen den späteren Weltmeister Italien am 7. Juli 2006 mit 0:2. Was keineswegs die Tatsache schmälert, dass die kommunikativen Spitzenleistungen von Jürgen Klinsmann nicht nur die mentalen Begrenzungen der deutschen Spieler veränderten, sondern auch die eines ganzen Volkes. Das Meer deutscher Fahnen an Häusern und Autos bereits im Vorfeld der Fußball-Europameisterschaft 2008 ist ohne die Ära Klinsmann undenkbar.

## 12.5 Wolf Hagen – oder: Der Phantomsündenbock

*»Das Problem ist eine Gelegenheit in Arbeitskleidung.«*
Henry J. Kaiser

**Beispiel: unerfreuliches Bankgespräch**

Vor einigen Jahren rief mich einer meiner engsten Freunde in sehr gedrückter Stimmung an: Er hatte einen geharnischten Brief von seiner Hausbank erhalten. Was war geschehen? Wolf Hagen – Name und Branche habe ich geändert – ist Inhaber eines sehr erfolgreich geführten Freizeitparks. Allerdings kämpfte er seit Jahren mit einem Problem: Aufgrund eines zu hohen Kaufpreises und zu wenig Eigenkapital litt er trotz hervorragender Besucherzahlen wegen der hohen Tilgungsleistungen stets unter einer zu knappen Liquidität. Daher war es kein Wunder, dass es seine Hausbank kategorisch ablehnte, auf den vorhandenen freien Flächen einige neue Attraktionen mit einem zusätzlichen Kredit zu finanzieren. Das käme erst in Frage, wenn er die bestehenden Verbindlichkeiten deutlich reduziert hätte. So schnell gab sich mein Freund allerdings nicht geschlagen. Er überlegte eine Weile, wie er seine Ideen trotzdem finanzieren könnte, fand eine Lösung in den gewohnt hohen Einnahmen während des Sommers und schritt zur Tat. Und dann machte er einen Fehler: Zur Einweihung des neuen Parkteils lud er auch seinen Bankberater ein. Er hatte das Gespräch bereits vergessen, in dem man jede Kreditausweitung abgelehnt hatte – nicht aber der Vertreter der Bank. Und so hielt er zwei Tage später einen Brief in den Händen, in dem man dem »sehr geehrten Herrn Hagen« Vertrauensbruch vorwarf und das Beendigen der Geschäftsbeziehungen ankündigte. In dieser Situation rief er mich an und bat um Rat für das anberaumte Gespräch.

Wenn ich dieses Beispiel zu den kommunikativen Spitzenleistungen zähle, hat das nichts damit zu tun, dass das Konzept von mir stammt. Wie es so schön heißt: Papier ist geduldig. Getreu unserem Motto »Kommunikation ist nicht Absicht, sondern Wirkung« besteht die eigentliche Spitzenleistung im Mut, dieses Konzept aufzugreifen, und im Können, es in einer höchst kritischen Gesprächssituation ohne größeres Training kongruent umzusetzen.

Hier ist zu ergänzen: Bei meinem Freund handelt es sich um ein kommunikatives Naturtalent, dem ich nur zu sagen brauchte, was er zu tun hat – zum perfekten Umsetzen benötigte er kein Coaching.

Von zwei Ausnahmen abgesehen haben Sie alles das, was ich Wolf Hagen am Telefon vorschlug und ausführlich erläuterte, in diesem Buch kennen gelernt. Zunächst machte ich ihm klar, dass die Entrüstung seines Bankberaters nachvollziehbar sei: Er hat eine berechtigte Auflage ignoriert, denn das Verwenden von Einnahmeüberschüssen im Sommer für Investitionen führt zwangsläufig zu einem entsprechenden Liquiditätsloch im Winter und damit zu einem höheren Bedarf an Fremdkapital. Den Vorwurf des Vertrauensbruchs muss er daher nicht nur akzeptieren, er muss sich dafür auch unmissverständlich entschuldigen – also nicht nur verbal, sondern auch nonverbal eindeutig. Da aber kommunikative Naturtalente wie er dazu neigen, ihre Stärken sehr früh in die Waagschale zu werfen, verbot ich ihm, seinen Gesprächspartner zu unterbrechen und kurze Pausen für Erwiderungen zu nutzen.

**Phase 1: Betroffen zuhören**

Die *Phase 1* des Gesprächs nenne ich daher *»deutlich betroffenes Zuhören«*. Deshalb sagte ich meinem Freund: »Lass ihn sein Tonband komplett abspielen. Und wenn ihm einmaliges Abspielen nicht reicht, lass es ihn so oft abspielen, wie er es für richtig hält. Du bist erst dran, wenn du an der Länge seiner Pause klar erkennst, dass er endgültig fertig ist und von dir eine Reaktion erwartet.« Natürlich habe ich ihm auch beschrieben, wie er sich während dieser Vorwürfe zu verhalten habe: weitgehendes Vermeiden des Blickkontaktes, Einsetzen des intelligenten Ausdrucks sowie deutliches und die Erregtheit seines Gesprächspartners spiegelndes nonverbales Zuhören. Die Schwere der Vorwürfe sollte sich in der Heftigkeit seiner Reaktionen widerspiegeln. Ist das nicht der Fall, besteht die Gefahr, dass sich der Kritisierende noch mehr erregt. Je besser sich eine heftige Kritik und das nonverbale Zuhören entsprechen, umso größer ist die Chance, dass sich der Kritiker bereits ganz oder teilweise abreagiert.

Sieht man einmal davon ab, dass es nicht jedermanns Sache ist, bei überdeutlichen Vorwürfen entsprechend deutlich nonverbal zu reagieren, habe ich bislang nichts Ungewöhnliches verlangt. Dies trifft auch für *Phase 2* zu, die *»Unterwerfung«:* Ich riet meinem Freund, seinen Banker zunächst direkt anzusehen, die vorgetragenen Vorwürfe sofort zu akzeptieren und seinem Gesprächspartner bedingungslos Recht zu geben, etwa mit folgenden Worten: »Herr Müller, was kann man dazu sagen? Sie haben mit allen Ihren Vorwürfen Recht. Das hätte einfach nicht passieren dürfen.« (Eine Würdigung im Sinne von »Ich kann verstehen, dass Sie sehr aufgebracht sind« wäre vollkommen fehl am Platz. Das klänge nach Relativierung und würde nur erneut Öl ins Feuer gießen.) Die Unterwerfung sollte sich jedoch durch verbales Distanzieren auszeichnen, also jedes persönliche Fürwort vermeiden, das auf die eigene Person weist. (Also nicht: »Herr Müller, was kann *ich* dazu sagen? Sie werfen *mir* das alles zu Recht vor. Das hätte *mir* einfach nicht passieren dürfen.«)

**Phase 2: »Unterwerfung«**

Das vorbehaltlose Akzeptieren der Vorwürfe ist wichtige Voraussetzung zum Einleiten von *Phase 3*, mit deren Erfolg die gesamte Transaktion steht und fällt: dem *Schaffen eines Phantomsündenbocks.* Sehen wir uns die hier verkürzt wiedergegebenen telefonischen Anweisungen für meinen Freund an, um einen imaginären Doppelgänger zu installieren: »Du beginnst mit einer kurzen Aufmerksamkeitspause, in der du den Blick abwendest und den intelligenten Ausdruck erneut einsetzt. Diese Geste gibt nicht nur Erlaubnis zum Unterbrechen des Blickkontaktes, sondern auch zum Verlassen des derzeitigen Platzes – und davon machst du jetzt Gebrauch: Du stehst mit intelligentem Ausdruck von deinem Stuhl auf und trittst etwas zur Seite, so dass du, dein Stuhl und der Mensch von der Bank ein Dreieck bilden. Natürlich kann man nicht einfach wortlos aufstehen. Du musst dabei irgendetwas von dir geben, was sich halbwegs sinnvoll anhört und ablenkt – z.B. sagst du nach einem deutlich hörbaren Durchatmen ›Herr Müller, glauben Sie mir bitte: Ich sehe das ein.‹ Du kannst auch deinen letzten Satz leicht abgewandelt wiederholen: ›Sie haben wirklich Recht. Ich weiß das nun.‹ Gut ist, wenn du während des Sprechens unmittelbar vor dem Aufstehen mit der noch freien Hand

**Phase 3: Schaffen eines Phantomsündenbocks**

eine deutliche Bewegung machst (die andere Hand benötigst du ja für dein intelligentes Aussehen), denn das lenkt zusätzlich vom Aufstehen ab. Jetzt stehst du etwas entfernt neben deinem Stuhl, zeigst auf ihn und fährst fort: ›Seit Tagen beschäftigt ihn das. Da sitzt er, Herr Müller. Er weiß, dass er Mist gebaut hat. Er hat die ganze Nacht nicht geschlafen. Seit zwei Tagen grübelt er, wie er das wieder gutmachen kann. Wie er Ihr Vertrauen wiedergewinnen kann.‹ Den Rest überlasse ich deinem Einfallsreichtum, deinem Können und Verhandlungsgeschick. Du kannst auf den Stuhl zeigen und auf ihn schimpfen, sein Verhalten kritisieren, vollkommenes Unverständnis äußern und seine Zerknirschung und Reue anführen. Und wenn du dabei immer an den Stuhl denkst, fällt es dir auch leicht, stets von ›ihm‹ und ›seinen Fehlern‹ zu sprechen und nicht von ›mir‹ und ›meinen Fehlern‹. Und dann kannst du mit dem Bankmenschen überlegen, was ihr mit ›ihm‹ machen könnt. Eins solltest du jedoch stets im Kopf behalten: Du darfst dich nie wieder auf diesen Stuhl setzen. Er ist vergiftet. Ist ein weiterer Stuhl da, setz dich dorthin. Ist kein Stuhl da, zieh den vergifteten Stuhl nach und nach auf deinen neuen Platz und zeige aber nach wie vor beim Reden über ›ihn‹ auf die Stelle, wo der Stuhl bisher stand.«

Weil diese Geschichte im Kapitel über handwerkliche Spitzenleistungen steht, dürfte der Ausgang klar sein: Der Vertreter der Bank und mein Freund waren sich nicht nur über »ihn« und sein Verhalten einig, sie einigten sich sogar über eine gemeinsame geschäftliche Zukunft. Und da ich außer Wolf Hagen keinen Menschen kenne, der diese Aufgabe ohne entsprechende Fachkenntnisse nach nur einem rund einstündigen Telefon-Coaching erfolgreich gelöst hätte, gehört seine Leistung zu Recht in dieses Kapitel. Weil ich vom Phantomsündenbock in fast allen meinen Trainings erzähle, kenne ich natürlich auch die ungläubigen Mienen, die sich in dem Moment einstellen, wenn ich beim Demonstrieren meinen Platz verlasse, auf den Stuhl zeige und sage: »Da sitzt er nun. Er weiß, dass er Mist gebaut hat. Er hat die ganze Nacht nicht geschlafen …« Viele glauben einfach nicht, dass so etwas funktioniert. Natürlich hätte es auch nicht klappen können; es gab keine Erfolgsgarantie. Aber wie mein Freund sagte: »Ich kannte keine Alternative. Also habe ich es einfach versucht.«

**Ungewöhnliche Musterunterbrechungen funktionieren nur in emotionalen Situationen**

Damit Sie eine wichtige Voraussetzung für das erfolgreiche Installieren dieses Phantomsündenbocks verstehen, lassen Sie mich eine Situation beschreiben, in der das sicher nicht geglückt wäre: Hätte der Vertreter der Bank kühl und nüchtern den Vertrauensbruch beschrieben, die Konsequenzen für die Bank aufgezeigt und die Kündigung der Kredite bereits vorbereitet, wäre meine Strategie ins Leere gelaufen. Stünde mein Freund in dieser Situation auf, um einen Phantomsündenbock zu installieren, bekäme er bestimmt zu hören: »Was machen Sie da eigentlich? Setzen Sie sich bitte wieder hin. Wollen Sie sich unser Kündigungsschreiben gleich hier durchlesen oder mit nach Hause nehmen?« Nur aufgrund seiner Empörung und Verärgerung fiel dem Vertreter der Bank am Verhalten meines Freundes nichts auf – für ihn stellte es keine Musterunterbrechung dar. Nicht nur Gier, jede Art von Erregung frisst Hirn. Es ist der gleiche Grund, der es uns erlaubt, die dreiteilige Ich-Botschaft mehrfach zu wiederholen, ohne dass es dem anderen auffällt. Sobald der Verstand wieder Oberhand gewinnt und die Situation emotionslos mit Abstand betrachtet, wird unübliches Verhalten unweigerlich als Musterunterbrechung erkannt und angesprochen.

Wie bereits gesagt: Es gibt keine Garantie für kommunikative Erfolge, auch nicht für Meister der Kommunikation. Milton Ericksons Antwort auf die Frage, ob er auch Fehler gemacht habe, lautete: *»Fehler habe ich nie gemacht. Aber manchmal hatte ich zu wenig Zeit.«*

# 13 Zum Abschluss – oder: Alle Beispiele hinken

## 13.1 Inhalt und Form

*»Und in dem Wie da liegt der ganze Unterschied.«*
Hugo von Hofmannsthal

An einigen Stellen dieses Buches begegnete Ihnen ein Reprunsator und sicher überlegten Sie stets kurz, was sich dahinter verbirgt. Leider bleibe ich Ihnen die Antwort auf diese Frage schuldig – ich weiß es nicht. Meiner Erinnerung nach hat ihn Heinz Erhardt erfunden. Auch Erhardt lüftete allerdings nie das Geheimnis; denn dass ein Reprunsator angeblich nur mit einem Itzmir funktioniert, hilft uns auch nicht weiter. Gerade deshalb ist er für mich aber ein wertvolles Hilfsmittel. Er eignet sich hervorragend für überraschende Musterunterbrechungen à la Milton Erickson. Als Gegenstand von Fragen oder Aufgaben verhindert er, dass bereits vorhandene Kenntnisse – also Inhalte – bewusst oder unbewusst in Antworten oder Lösungen einfließen. Es gibt keinerlei Vorwissen über ihn, er ist ein semantisches Geräusch, inhaltslose Form. Reagiert jemand auf diesen Begriff, stammt alles, was er dazu denkt und sagt, allein von ihm. Ein Reprunsator ist eine Art maschineller Mr. Chance.

**Beispiel: Anzeigentext**

Nehmen wir an, Sie sollen eine kleine Textanzeige für den »Sima« entwerfen, ein neu entwickeltes praktisches Küchengerät. Wahrscheinlich beschäftigen Sie sich zunächst intensiv mit diesem Gerät, führen Gespräche mit der Herstellerfirma, probieren das Gerät aus und befragen Testanwender. Aufgrund dieser Erfahrungen stellen Sie dann die wichtigsten Eigenschaften des Produktes zusammen und texten die Anzeige. Ihr Hauptziel besteht darin, einer möglichst großen Zahl von Menschen die Vorzüge des Sima zu erklären. Die Ergebnisse solcher kreativen Denkprozesse begegnen Ihnen tagtäglich in Zeitungen und Zeitschriften. Gehen wir nun davon aus, Ihre Aufgabe bestehe im Entwerfen einer kleinen Reprunsator-Anzeige. Über dieses Produkt wissen Sie nichts und können niemand um Rat fragen. Als Ausweg bietet sich eine weitgehend inhaltslose Prozesssteuerung an, bei der Sie als Nebelwerfer und Schmeichler auftreten. Zunächst stellen Sie eine Liste geeigneter Faselindikatoren aus allen »!«-Zeilen unserer verbalen Muster zusammen. Hier eignen sich besonders unspezifische Verben (gefallen, denken, spüren, glauben, ...), unspezifische Adverbien und Adjektive (schön, modern, preiswert, optimal, nützlich, ...), unauffällige Kommentare (offensichtlich, erstaunlicherweise, klar, ...) und Nominalisierungen (Funktionalität, Bequemlichkeit, Komfort, Zufriedenheit, Qualität, ...). Aus diesen und ähnlichen Sprachmustern formulieren Sie dann Ihre Anzeige. Und siehe da: Der ohne jeden realen Bezug formulierte Text unterscheidet sich kaum von Ihrer Sima-Anzeige und den vielen anderen Anzeigen, die Sie tagein, tagaus lesen können. Wie ist das möglich? Obwohl Sie sich im Falle des Sima intensiv um konkrete Eigenschaften gekümmert haben, verschwanden diese harten Fakten »irgendwie« beim Formulieren: Auf Ihrer Tiefenstruktur – also zwischen Ihren Ohren – waren diese spezifischen Sima-Informationen oder -Inhalte noch vorhanden; auf der Oberflächenstuktur – im Text der Anzeige – hinterließen sie aber kaum Spuren. Die Formulierungen der Sima-Anzeige ähneln weitgehend denen der Reprunsator-Anzeige, obwohl diese ohne konkrete Inhalte auf der Tiefenstruktur getextet wurde. Dieses Phänomen führt zu einem verwegenen Gedanken:

> **»Inhalt« scheint der *subjektive Aspekt* einer Botschaft zu sein, der über die Tiefenstruktur einer Person informiert und daher eigentlich während des Kommunizierens nicht wahrnehmbar ist. »Form« scheint dagegen den *objektiven Aspekt* einer Botschaft zu bezeichnen, den man auf der Oberflächenstruktur sinnlich wahr-**

**nehmen und deshalb übermitteln kann, der aber eigentlich inhaltsleer ist.**

Die Forschungsergebnisse der Neurologie zeigen immer deutlicher, dass eine der Hauptaufgaben unseres Gehirns im Finden und Aufstellen von Regeln liegt. Das äußert sich besonders beim Erlernen der Muttersprache und veranlasste Noam Chomsky, sogar von einer generativen – also angeborenen – Grammatik auszugehen. Aufgrund dieser Regeln interpretieren alle permanent ihre Umwelt – unbewusst und teilweise geradezu blitzartig. Und deshalb verlieren wir vollkommen aus den Augen und auch aus den Ohren, dass der vermeintliche Botschaftsinhalt stets das Ergebnis der eigenen Interpretation ist und nie übermittelt wurde. Die bereits an verschiedenen Stellen erläuterten Besonderheiten dieses Hellseh-Prozesses verdeutlicht die Abbildung auf Seite 411.

**Wir kommunizieren nur Formen**

Alles, was man anderen als sichtbare und hörbare Oberflächenstruktur übermittelt, ist nur äußere Form: Mitteilungen, Gesten, Zeichen, Signalschilder, Skulpturen oder moderne Bilder. Je besser die Interpretationsregeln eines Empfängers mit den Konstruktionsregeln eines Senders übereinstimmen und je weniger bewusst der Interpretationsprozess abläuft, umso weniger fällt auf, dass Mitteilungen inhaltslos sind oder wer einer Form wann welche Bedeutung verleiht. Diese Formen sind Impulse zum Auslösen von Erinnerungen an bereits vorhandenes Wissen. Darum empfinden wir die Aussage »Unser bewährtes Angebot ist optimal für Sie!« oder das STOP-Schild als inhaltsvoll. Und darum verbindet jeder mit einer dreiteiligen Ich-Botschaft zunächst etwas anderes als ihr Sender. Bei Rodins berühmter Skulptur *Der Denker* wird uns jedoch bewusst: Eigentlich lässt sich nur ansatzweise erahnen, was sich der Bildhauer alles dabei gedacht beziehungsweise als Exformation aussortiert hat. Bei dem abstrakten Bild besteht sogar die Möglichkeit, dass der Maler davon ausgeht, Bedeutung entstehe überhaupt erst im Auge eines Betrachters.

**Die Form ist inhaltslos**

Bei den übrigen vier Zeichen bemerkten Sie wahrscheinlich sofort, dass Ihnen Regeln fehlen, um die Bedeutung zu erkennen (es sei denn, Sie lesen Kyrillisch, Chinesisch oder verstehen die

Abbildung 10: Inhalt und Form

Gebärdensprache). Denn deren Form signalisiert: Dies sind keine zufällig entstandenen Muster, sondern Zeichen mit Bedeutung – also Informationen. Daher meinen auch die meisten Menschen, man benötige Regeln, um den vom Sender darin versteckten Inhalt zu finden. Der Sender konnte darin jedoch nichts »verstecken«. Es sind inhaltslose Muster, die allein anzeigen, *dass* sie Bedeutung besitzen. Ihre Inhaltslosigkeit wird deutlich, wenn man beim Interpretieren irrt und falsch reagiert. So bedeutet das abgebildete Handzeichen in der Gebärdensprache ein »r« und soll uns vielleicht nach rechts weisen – und nicht nach links, weil dort Vergiftungsgefahr besteht. Das kleine Schild rechts unter dem Denker bedeutet für Russen »STOP« – verstehen wir »Durchfahren«, sind Unfälle programmiert. Die beiden chinesischen Schriftzeichen sind zugleich ein schönes Beispiel für weit verbreiteten Bullshit: In vielen Büchern können Sie lesen, Chinesen benutzten das gleiche Zeichen für Chance wie für Krise. Wie Sie sehen, scheint daran etwas Wahres zu sein: Das obere Zeichen »Chance« und das untere »Krise« bestehen zur Hälfte aus derselben Form. Der für mich schlüssigen Begründung von Wolfgang Odendahl zufolge, von dem auch die beiden Schriftzeichen stammen, ist diese Sichtweise für Chinesen aufgrund ihrer Konstruktions- und Interpretationsregeln von Zeichen jedoch vollkommen unsinnig. Die Gleichheit von zwei Formen bedeutet nicht, dass darin ähnliche Inhalte versteckt sind. Genauso gut könnten Chinesen eine Verwandtschaft der deutschen Begriffe »Chance« und »Krise« behaupten, weil beide am Ende die Form »e« aufweisen[1].

Alle unsere großen und kleinen kommunikativen Probleme betreffen daher zwar erwartungsgemäß die Inhaltsebene: Meinungen unterscheiden sich, Antworten passen nicht zu Fragen, Informationen sind falsch oder fehlen. Vollkommen unerwartet dürfte jedoch sein, dass sich diese Ebene einer objektiven Wahrnehmung entzieht, weil das, was wir sehen oder hören – die Form –, an sich inhaltslos ist und nur signalisiert: Hier kommt etwas mit *irgendeiner* Bedeutung. Das, was Nørretranders als Exformation bezeichnet (vgl. BOX 12), umfasst daher eigentlich den gesamten Inhalt. Übrig bleibt allein die Form, denn nur diese können wir übermitteln. Und wenn wir Glück haben, löst sie genau die Inhalte aus, die der Sender komplett für sich behalten musste.

**Inhalt und Form sind komplementäre – also zusammengehörende und sich gleichzeitig widersprechende – Aspekte einer Information.**

Ich kann Sie jedoch gleich wieder beruhigen: Im normalen Leben spielt das keine Rolle. Wir verhalten uns auch in Zukunft so, als kämen die Informationen von uns, vom Gesprächspartner, aus der Zeitung, dem Radio oder dem Fernsehen. Schließlich sind wir alle mit dieser Annahme bislang ganz gut durchs Leben gekommen. Und darum schreibe ich in diesem Buch auch fast nur so, als ob Worte und Gesten nützliche Informationen übermittelten. Es gibt jedoch Situationen, in denen das Trennen von Inhalt und Form überaus hilfreich ist. Das sind die Momente, in denen sich jemand plötzlich auf Howells Stufe der bewussten Inkompetenz wiederfindet und wie Sokrates feststellt: »Ich weiß oder vermute, dass ich nichts weiß.« Dieser Jemand können wir selbst, aber auch unser Gesprächspartner sein. In beiden Fällen besteht dann eine wichtige Wahlmöglichkeit:

**Alternative 1:** Wir tun weiterhin so, als würden Informationen übermittelt, und überlegen, welche Bedeutung darin versteckt ist. Wir *reagieren inhaltsorientiert ohne Rückfragen* (vgl. Kapitel 5 und 11). Wir beantworten also die offenen Fragen – die eigenen im Stillen (typisches Hellsehen), die unserer Gesprächspartner hör- oder sichtbar. Dieses Bevorzugen eigener Informationen bildet unsere Alltagsstrategie. Ihr Erfolg hängt in erster Linie von unserem Wissen ab und – zumal sie meist unbewusst abläuft – von unseren Emotionen. Sie ist für uns höchst riskant und kann leicht zu einer Fehlentscheidung führen. Und das Unterstützen fremder Unkenntnis durch eigene Kenntnisse mag zwar kurzfristig effizient sein (es spart Nerven und Zeit), ist jedoch auf Dauer nicht effektiv.

**Alternative 1: Wir interpretieren**

**Alternative 2:** Auch hier gehen wir davon aus, dass man beim Kommunizieren bedeutende Informationen übermittelt. Weiß

**Alternative 2: Wir reagieren auf den Inhalt**

der andere etwas nicht, teilen wir es ihm mit wie bei Alternative 1. Wissen wir etwas nicht, fragen wir ihn danach. Hier handelt es sich also um *inhaltsorientiertes Reagieren mit Nachfragen* (vgl. Kapitel 5 und 11). Das senkt unser Risiko einer Fehlentscheidung deutlich – allerdings nur, solange unser Gesprächspartner keine geheimen Absichten verfolgt und wir seinem Wissen und Können vertrauen dürfen. Wie bereits erwähnt: Dass dieses Vertrauen in manchen Bereichen zu Unrecht unterstellt wird, mussten alle die erfahren, deren Wertpapier-Depot sich aufgrund der globalen Finanzkrise im Herbst 2008 in Luft auflöste. Selbst wenn der Finanzberater mit Fragen über die Sicherheit der Anlage gelöchert wurde: Man bemerkte nicht, dass sich nur die Informationsmenge erhöhte, nicht aber deren Aussagekraft. Und allein wegen der Menge bedeutungsloser Informationen wuchs ein Vertrauensgefühl, das den riskanten Kaufentschluss auslöste!

**Alternative 3: Wir reagieren auf die Form und achten auf Musterunterbrechungen**

**Alternative 3:** Jetzt gehen wir davon aus, dass an der Form einer Information eigentlich nur zu erkennen ist, *dass* etwas Bedeutung besitzt. Wir *reagieren formorientiert* (vgl. Kapitel 5 und 11). Da uns diese Bedeutung unbekannt sein könnte, erkunden wir, welche Inhalte der andere damit verbindet beziehungsweise, welche Exformationen er ausgesondert haben könnte. Offene Fragen lassen wir darum konsequent von ihm beantworten – sowohl unsere als auch seine. Geht es um unsere Wissenslücken, dienen uns seine verbalen Muster, seine Faselindikatoren, zum Entwickeln von Fragen, um damit herauszufinden, was wir alles noch nicht wissen. Geht es dagegen um seine Unkenntnis, regen ihn unsere verbalen Muster, unsere Faselindikatoren, an, selbst herausfinden, was er eigentlich doch schon alles weiß. Und in beiden Fällen lässt sich am Verändern der Form seiner nonverbalen Muster erkennen, ob noch Erlaubnis besteht oder nicht. Wir arbeiten also mit Impulsen. Zugegeben: Das Orientieren an der Form, um an die bewussten und unbewussten Informationen anderer zu gelangen, ist höchst gewöhnungsbedürftig. Es berücksichtigt jedoch am besten die Komplementarität von subjektivem Informationsinhalt und objektiver Informationsform. Und das verbessert Ihre Erfolgschancen nachdrücklich.

Ihr Erfolg hängt zwar bei allen drei Alternativen vom Können und Wollen des Gesprächspartners ab. Aber nur mit Alternative 3 haben Sie die Chance, diesen Ausgangszustand zu analysieren und zu verändern: Fehlt es am Wollen Ihres Gesprächspartners und damit Ihnen an Wissen, lässt sich herausfinden, ob und eventuell auch was er Ihnen bewusst verheimlicht. Fehlt es an seinem Können, können Sie ihm dabei helfen, sich diejenigen Aspekte wieder bewusst zu machen, die er unbewusst ausklammert oder vergisst.

**Wir können mehr, als wir wissen**

Mit Dirk Baecker bin ich der Ansicht, dass wir kommunikativ etwas können, das uns bewusst nicht zur Verfügung steht; deshalb sagt auch Howell, kommunikative Prozesse seien nie vollständig analysierbar. Auch bin ich Baeckers Meinung und habe das oft betont, dass man beim Kommunizieren nicht von kausalen Abhängigkeiten – also von strengen Ursache-Wirkungs-Prozessen – ausgehen sollte. Keinesfalls bin ich jedoch seiner Ansicht, es habe nur wenig Sinn, nach Absichten, Regeln und Normen zu fragen und an einem besseren Abstimmen kommunikativer Ursachen und Wirkungen zu arbeiten.[2] Wäre das der Fall, hätte Milton Erickson seine Kommunikationstechniken nicht systematisch mit großem Erfolg umgestalten können, um die Folgen seiner zahlreichen schweren Krankheiten zu überwinden, Emil Steinberger wäre Postbeamter geblieben – und Sie und ich könnten nichts von beiden lernen (um z. B. in Gesprächen mit Bankberatern das tatsächliche Risiko von Depots zu erkunden). Natürlich ist *Ihnen Ihre* und *mir meine* Kompetenz weitgehend unbewusst. Das heißt jedoch nicht, dass Ihnen ein bewusster Blick auf meine und mir ein bewusster Blick auf Ihre Kommunikationsfähigkeiten versagt ist. Auch Milton Erickson weist, darauf hin, dass Bandler und Grinder seine Arbeit besser beschrieben haben, als er selbst es könne – obwohl er wisse, was er tue.[3]

## 13.2 Klarheit und Präzision

> *»Das Komplement zu Klarheit ist Präzision.«*
>
> Niels Bohr[4]

**Mehrdeutigkeit von Informationen**

Das leitet über zu einem anderen komplementären Begriffspaar von ähnlicher Bedeutung wie Inhalt und Form: informative *Klarheit* und *Präzision* gemäß dem Eingangszitat von Niels Bohr. Für mich ist das kein Widerspruch, sondern eine sinnvolle Ergänzung. Mit diesem Spruch bringt Bohr ein wichtiges kommunikatives Problem auf den Punkt, das bereits bei vielen unserer Überlegungen eine Rolle spielte: *die Mehrdeutigkeit und Redundanz von Informationen*. Eine Nachricht ist redundant, sofern sie Teile enthält, die eigentlich überflüssig sind, um den Sinn zu deuten. Der berühmte Satz »Ich Tarzan, du Jane« ist daher nicht redundant, wobei »ich« und »du« sich auch durch eine Geste ersetzen lassen. Ließe Tarzan ein Wort oder eine Geste weg, müsste Jane den Sinn seiner Botschaft per Hellsehen entschlüsseln.

Die stilvolle Erläuterung »So wie Sie von vielen Jane genannt werden, nennt man mich im Allgemeinen Tarzan« ist erheblich länger und hört sich für viele sicher besser an. Sie ermöglicht jedoch Jane wegen der verwendeten Faselindikatoren auch zusätzliche Gedanken, die über die eigentliche Absicht hinausführen: Es scheint andere Menschen zu geben, die diese Person »Tarzan« nennen; stimmt das überhaupt, wer sind diese Menschen, sind es einige oder viele, kenne ich sie und wieso »im Allgemeinen«, gibt es auch Ausnahmen? Entsprechend dem Motto »Viele Wege führen nach Rom« besitzt Redundanz daher einen enormen Vorteil: Sie erhöht die Wahrscheinlichkeit, dass Sinn und Bedeutung einer Nachricht dem Empfänger klar werden, selbst wenn einige Teile unbekannt oder verloren gegangen sind. Sie besitzt aber auch den Nachteil, dass Nachrichten nun viele Hinweise enthalten, um auf ganz andere Gedanken zu kommen. Über den vielen angebotenen Wegen nach Rom kann man das Reiseziel aus den Augen verlieren.

**Klarheit (als subjektive Nachvollziehbarkeit) und Präzision (als objektive Eindeutigkeit) sind genau wie Form und Inhalt zwei komplementäre Aspekte von Informationen. *Erklärungen* ermöglichen Antworten auf Fragen nach der Effektivität, also danach, ob man die richtigen Dinge tut. *Beschreibungen* hingegen ermöglichen Antworten auf Fragen nach der Effizienz, danach, ob man die Dinge richtig tut.**

**Erklären und Beschreiben – die kommunikative Zwickmühle**

Da Erklärungen – daher der Name – etwas möglichst klar und einfach schildern sollen, sind sie meist nicht präzise. Die verwendeten Sprachmuster sollen das subjektive Verstehen erleichtern, sind darum allgemein gehalten. Deshalb »verstehen« wir ein Horoskop: Uns scheint sofort klar, was der Wahrsager aus seinem tiefen Brunnen schallen lässt. Und darum lässt sich in einer Anzeige der unbekannte Reprunsator scheinbar weitgehend widerspruchsfrei »erklären« – aber nicht beschreiben. Denn Beschreibungen sollen objektive Sachverhalte möglichst präzise wiedergeben. Diese sind jedoch oft nicht auf Anhieb klar, weil entsprechende spezielle Erfahrungen fehlen. Ohne Lesen der vorangehenden Texte hätten z.B. viele Menschen Schwierigkeiten, meine kurzen Mikromuster-Beschreibungen in den Kästen zu verstehen. Daher stehen wir beim Informieren anderer meist vor einer kommunikativen Zwickmühle: Achten wir auf Klarheit, erklären etwas, oder achten wir auf Präzision und beschreiben etwas? Beides geht sprachlich nur selten gleichzeitig.

Das zeigte sich an der dreiteiligen Ich-Botschaft: Dass es dabei »nur« um das Beschreiben von Verhalten und nicht um die Kritik an seiner Person geht, ist dem Empfänger so gut wie nie beim ersten Zuhören klar. (Wegen der nicht angreifbaren Präzision der Beschreibung darf man die Botschaft aber so lange wiederholen, bis Sinn und Bedeutung endlich klar geworden sind.) Formuliere ich eine Kritik jedoch allgemein, unspezifisch und damit unpräzise (wie Leiters Kritik an Kerlin in Kapitel 5), wird dem Empfänger sofort klar, um was es geht. Allerdings hilft der unpräzise Inhalt wenig, das angesprochene Problem zu lösen. Unter diesem Aspekt besitzen natürlich alle meine zum *Er-Klären* eingesetzten großen und kleinen Beispiele und Metaphern einen Pferdefuß und – daher die Kapitelüberschrift – hinken mehr oder weniger stark: des Kaisers neue Kleider, das Sprach-Puzzle, die kommunikativen Erlaubnisrahmen, der Zwischenraum vom Lattenzaun, Mr. Chance, die kommunikativen Hauptrollen wie Schmeichler und Dozent oder der Reprunsator. Sie erleichtern das Verstehen spezieller Aspekte des Kommunizierens. Sie enthalten aber aufgrund der dazu erforderlichen allgemeinen Sprache keine präzisen Hinweise zum erfolgreichen praktischen Kommunizieren.

**Das Dilemma des üblichen Kommunizierens besteht darin, dass Sender meist auf die Klarheit ihrer Inhalte (das Was) achten, um deren Effektivität betonen – zumal das motiviert. Auf Präzision achten sie seltener und damit kommt zwangsläufig die Effizienz (das Wie) beim Empfänger zu kurz. Wie an anderer Stelle jedoch bereits betont: Verstehen kann das Erarbeiten von Fähigkeiten nur unterstützen, nie ersetzen!**

**Sich für die Form von Botschaften sensibilisieren**

Wie, wann und warum dic Form von Nachrichten unter Effektivitäts- und Effizienzaspekten zu berücksichtigen ist, wurde ausführlich besprochen. Dabei ging es nicht um ein schlagartiges Verändern Ihrer kommunikativen Kompetenz – was ohnehin ein utopisches Vorhaben wäre. Es ging um das Sensibilisieren für die Bedeutung der Form kommunikativer Botschaften und um ein schrittweises praktisches Trainieren kleinster Techniken, die leicht zu realisieren sind und schnell zu konkreten Ergebnissen führen. Bei den *verbalen Mustern* legte ich deshalb das Schwergewicht auf das *Erkennen bei anderen* – was nach und nach dazu führt, dass Sie diese Muster auch gezielt selbst einsetzen. Bei den *nonverbalen Mustern* legte ich den Fokus auf das gezielte *Anwenden gegenüber anderen* – was nach und nach dazu führt, dass Sie diese Muster auch bei anderen erkennen und entsprechend reagieren.

Ich glaube nicht, dass es Zufall ist: In der Zeit, in der uns sprachliche Kompetenzen noch weitgehend fehlen, lernen wir am meisten und am schnellsten – in der Kindheit. Da wir aber nun wissen, dass präzise formulierte und damit effiziente Tipps leider nur wenig zum Tun motivieren: Wer oder was hindert uns eigentlich daran, die hier beschriebenen klitzekleinen Verhaltensweisen mit der Unbefangenheit neugieriger Kinder tagein, tagaus, Schrittchen für Schrittchen bewusst zu probieren? Es kostet weder zusätzliche Zeit noch Energie beim Kommunizieren. Denn wenn Sie nicht unangenehm auffallen wollen, müssen Sie irgendetwas sagen und sich dabei irgendwie bewegen. Ändern Sie davon bewusst nur ganz wenig, dann kostet das allenfalls ein bisschen Überwindung und ist völlig risikolos. Es verbessert jedoch Ihre Wirkung. Und es erweitert beiläufig Ihre Fertigkeiten und Fähigkeiten. Wäre es das nicht wert?

Foto: Keystone / Voller Ernst

Abbildung 11: Lernen

# Anhang

# Übersicht der Mikromuster

**Koverbale Muster**

- MK 01: Der Blickkontakt • S. 57
  - 1. Suchen und Halten
  - 2. Vermeiden
- MK 02: Die 90°-Anordnung • S. 245
- MK 03: Die Vertrauensgeste • S. 249
- MK 04: Die Beziehungsgeste • S. 251
- MK 05: Die Verpflichtungsgeste • S. 252
  - 1. Direkt
  - 2. Indirekt
- MK 06: Die eingefrorene Geste • S. 253
- MK 07: Der intelligente Ausdruck • S. 256
- MK 08: Die Kopfhaltung • S. 258
  - 1. Glaubhaft
  - 2. Zugänglich
- MK 09: Die Körperhaltung • S. 282
  - 1. Glaubhaft
  - 2. Zugänglich
- MK 10: Visualisieren von Gesprächsinhalten • S. 286
- MK 11: Gestisches Markieren • S. 293
  - 1. Assoziieren
  - 2. Dissoziieren
- MK 12: Die Auge-Hand-Koordination • S. 300
- MK 13: Taktisches Berühren • S. 304
  - 1. Beiläufig
  - 2. Nachdrücklich
- MK 14: Sach- und Beziehungsebene aufräumen • S. 308
- MK 15: Inhalte trennen • S. 310
- MK 16: Inhalte entfernen • S. 311
- MK 17: Koverbales Zuhören und Würdigen • S. 330

**Das Hand- un**
**der Impuls-**

**Makromuster**

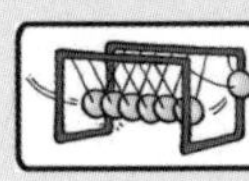

- MM 01: Konstruktives Kritisieren • S. 192
  - Beschreiben des kritisierten Verhaltens
  - Beschreiben der negativen Konsequenzen
  - Schildern der eigenen Empfindungen
- MM 02: Weitere dreiteilige Ich-Botschaften • S. 198
  - 1. Loben
  - Bitten
    - 2. Lock-Bitte
    - 3. Druck-Bitte
  - 4. Ermutigen
  - 5. Anleiten
  - 6. Entschuldigen
- MM 03: Bekanntheit und Ruf realer Medien nutzen • S. 314
- MM 04: Bekanntheit und Ruf virtueller Medien nutzen • S. 317
- MM05: Der Erste-Hilfe-Kasten • S. 339
  - MK 07: Der intelligente Ausdruck • S. 256
  - MV 09: Spezifisches Beschreiben • S. 200
  - MK 10: Visualisieren von Gesprächsinhalten • S. 286
  - MK 01: Der Blickkontakt • S. 57
  - MK 12: Die Auge-Hand-Koordination • S. 300
  - MV 10: Verbales Markieren• S. 293
  - MK 15: Inhalte trennen • S. 310

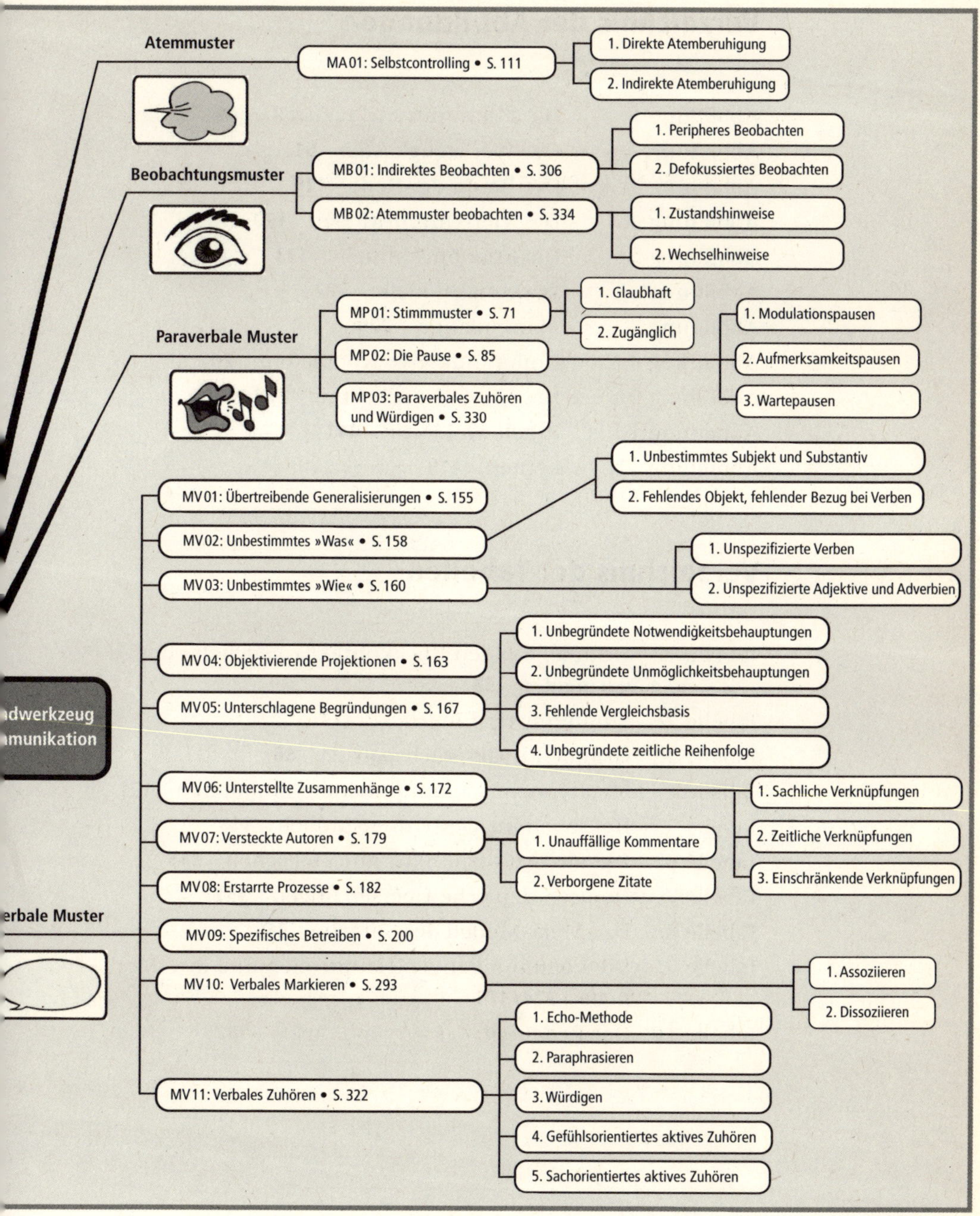

Atemmuster
MA 01: Selbstcontrolling • S. 111
1. Direkte Atemberuhigung
2. Indirekte Atemberuhigung
Beobachtungsmuster
MB 01: Indirektes Beobachten • S. 306
1. Peripheres Beobachten
2. Defokussiertes Beobachten
MB 02: Atemmuster beobachten • S. 334
1. Zustandshinweise
2. Wechselhinweise
Paraverbale Muster
MP 01: Stimmmuster • S. 71
1. Glaubhaft
2. Zugänglich
MP 02: Die Pause • S. 85
1. Modulationspausen
2. Aufmerksamkeitspausen
3. Wartepausen
MP 03: Paraverbales Zuhören und Würdigen • S. 330
MV 01: Übertreibende Generalisierungen • S. 155
MV 02: Unbestimmtes »Was« • S. 158
1. Unbestimmtes Subjekt und Substantiv
2. Fehlendes Objekt, fehlender Bezug bei Verben
MV 03: Unbestimmtes »Wie« • S. 160
1. Unspezifizierte Verben
2. Unspezifizierte Adjektive und Adverbien
MV 04: Objektivierende Projektionen • S. 163
MV 05: Unterschlagene Begründungen • S. 167
1. Unbegründete Notwendigkeitsbehauptungen
2. Unbegründete Unmöglichkeitsbehauptungen
3. Fehlende Vergleichsbasis
4. Unbegründete zeitliche Reihenfolge
dwerkzeug
munikation
MV 06: Unterstellte Zusammenhänge • S. 172
1. Sachliche Verknüpfungen
2. Zeitliche Verknüpfungen
3. Einschränkende Verknüpfungen
MV 07: Versteckte Autoren • S. 179
1. Unauffällige Kommentare
2. Verborgene Zitate
MV 08: Erstarrte Prozesse • S. 182
erbale Muster
MV 09: Spezifisches Betreiben • S. 200
MV 10: Verbales Markieren • S. 293
1. Assoziieren
2. Dissoziieren
MV 11: Verbales Zuhören • S. 322
1. Echo-Methode
2. Paraphrasieren
3. Würdigen
4. Gefühlsorientiertes aktives Zuhören
5. Sachorientiertes aktives Zuhören

## Verzeichnis der Abbildungen



## Verzeichnis der Tabellen

## Verzeichnis der Boxen

# Anmerkungen

## Zu Kapitel 1

1 Gernhardt, Bernstein et al. 1980, *Welt im Spiegel*, S. 5.
2 Ekman 2004, *Gefühle lesen*, S. 33.
3 Schulz von Thun 2006, *Miteinander reden 1–3.*

## Zu Kapitel 2

1 Andersen 2004, *Märchen*, S. 127.
2 Kosinski 1980, *Chance*, S. 87.
3 Damasio 2003, *Der Spinoza-Effekt*, S. 61.
4 Cialdini, Wengenroth 2002, *Die Psychologie des Überzeugens*, S. 24.
5 Leopold et al. 2006, *Norm-based face encoding by single neurons.*
6 Linker 2005, *Besprechungen moderieren*, S.115f.
7 Taleb 2008, *Narren des Zufalls*, S. 288.
8 Birkenbihl 2007, *Stroh im Kopf – Vom Gehirn-Besitzer zum Gehirn-Benutzer.*
9 Goleman, Boyatzis et al. 2002, *Emotionale Führung*, S. 314ff.
10 Schneider 2007, *Deutsch!*, S. 192ff.
11 Ebda., S. 67.
12 Edwards 1983, *Garantiert zeichnen lernen*, S. 121ff.
13 King, Fischer 2000, *Das Leben und das Schreiben*, S. 128f.
14 Poe 1966, *Werke*, Band I, S. 915ff.

## Zu Kapitel 3

1 Taleb 2008, *Narren des Zufalls*, S. 82.
2 Holzheu 1998, *Wer nicht lächeln kann*, S. 150.
3 Breier et al. 1999, *Functional Magnetic Resonanz Imaging*, S. 523.
4 Diamond, Vogel 2005, *Kollaps*, S. 344.
5 Kosinski 1980, *Chance*, S. 14f.
6 Benn 1984, *Gesammelte Werke II*, S. 156.
7 Binkert 2008, *Die Kränkbarkeit hat abgenommen*, S. 47.
8 Birkenbihl 1999, *Signale des Körpers*, S. 19.
9 Eagly, Carli 2007, *Im Labyrinth der Karriere*, S. 80.

10 Vgl. dazu insbesondere: Frey 1999, *Die Macht des Bildes,* S. 33 ff.
11 Frisch, Chandler 2006, *So gelingen Strategiekonferenzen,* S. 70 ff.
12 Schneider 2007, *Deutsch!,* S. 194.
13 Beier 2006, *Wir haben feinere Antennen,* S. 182.
14 Fiebich 2007, *Ein »Äh« bringt's rüber.*
15 Toro, Navarro et al. 2007, *Pans Labyrinth,* DVD II.

## Zu Kapitel 4

1 Nørretranders 1994, *Spüre die Welt,* S. 153.
2 Maturana, Varela 1987, *Der Baum der Erkenntnis,* S. 212.
3 Pinker 1998, *Der Sprachinstinkt,* S. 27.
4 Chomsky 1987, *Aspekte der Syntaxtheorie.*
5 Nørretranders 1994, *Spüre die Welt,* S. 148 ff.
6 Ebda., S. 149.
7 Watzlawick, Beavin, Jackson 1985, *Menschliche Kommunikation,* S. 50 ff.
8 Birkenbihl 1999, *Signale des Körpers,* S. 19.
9 Watzlawick, Beavin, Jackson 1969, *Menschliche Kommunikation,* S. 61.
10 Kick 2004, *Die Wirkung von Anglizismen*; Hecker 2004, *Komm rein und finde wieder raus.*
11 Samland 2003, *Powered by emotion.*
12 Schulz von Thun 2006, *Miteinander reden 1–3.*
13 Ebda.
14 Frey 1996, *Die Macht des Bildes,* S. 135 ff.
15 Mehrabian, Ferris 1967, *Inference of attitudes.*
16 Disney 2007, *Das Dschungelbuch,* DVD II.
17 Ehlers 2004, *Ohne Mitgefühl,* S. 34.
18 Goldberg 2007, *Cicero oder Wilhelm von Oranien?*
19 Grinder 2007, *Pentimento,* S. 99 ff.
20 Birkenbihl 1999, *Signale des Körpers,* S. 22 f.
21 *WELT AM SONNTAG* vom 23. Juli 2006.

## Zu Kapitel 5

1 Pinker 1998, *Der Sprachinstinkt,* S. 432.
2 Peterson 2003, *Meine Jazz-Odyssee,* S. 45.
3 Zitiert nach: Pinker 1998, *Der Sprachinstinkt,* S. 103.
4 Pinker 1998, *Der Sprachinstinkt,* S. 207.
5 Guareschi 2005, *Don Camillo und Peppone,* S. 32.
6 Maturana, Varela 1987, *Der Baum der Erkenntnis,* S. 32.
7 Malik 2005, *Gefährliche Managementwörter,* S. 19.
8 Rosenberg, Gandhi et al. 2003, *Gewaltfreie Kommunikation,* S. 79 ff.

## Zu Kapitel 6

1 Birkenbihl 1999, *Signale des Körpers,* S. 51.
2 Zur Trennung von Macht und Einfluss vgl. auch: Grinder 2006, *Schule erster Klasse,* S. 48 ff.
3 Deutsch 1973, *Politische Kybernetik,* S. 171.
4 Vgl. dazu auch: Bueb 2006, *Lob der Disziplin.*
5 Vgl. Gordon, Kober 2001, *Managerkonferenz,* S.76 ff.
6 Darnstädt 1997, *Der Ruf nach mehr Obrigkeit,* S. 48; Neffe 1998, *Das gezähmte Monstrum,* S. 124 ff.
7 Erickson, Rosen et al. 1990, *Die Lehrgeschichten,* S. 223.
8 Linker 1997, *Neurolinguistisches Programmieren an den Schulen.*

## Zu Kapitel 7

1 Peterson 2003, *Meine Jazz-Odyssee,* S. 161f.
2 Grinder 2007, *Pentimento,* S. 33 ff.
3 Frey 1996, *Die Macht des Bildes,* S. 135 ff.
4 Ebda., S. 136.
5 Noice, Noice 2006, *What Studies of Actors and Acting Can Tell Us.*
6 Goldin-Meadow, Nusbaum et al. 2001, *Explaining math: Gesturing lightens the load.*
7 Hornig, Rosenbach, *Absurder Wettbewerb,* S. 109.
8 Frey 1999, *Die Macht des Bildes,* S. 138.
9 Ebda.

## Zu Kapitel 8

1 Howell 1982, *The Empathic Communicator.*
2 Ebda., S. 30.
3 Ebda., S. 30f.
4 Popper 1984, *Objektive Erkenntnis,* S. 154.
5 Howell 1982, *The Empathic Communicator,* S. 32f.
6 Ebda., S. 33.
7 Csikszentmihalyi, Charpentier 1999, *Flow,* S. 74.
8 Edwards 1983, *Garantiert zeichnen lernen,* S. 39ff.
9 Carlzon 1992, *Alles für den Kunden.*
10 Linker 1999, *Vom Kochen, Klavierspielen und Kommunizieren.*
11 Jaffard 2002, *Das facettenreiche Gedächtnis,* S. 8.

## Zu Kapitel 9

1 Disney 2007, *Das Dschungelbuch,* DVD II.
2 Grinder 2007, *Pentimento,* S. 91ff.
3 Beier 2006, *Wir haben feinere Antennen,* S. 182.
4 Joule 1998, *Kurzer Leitfaden der Manipulation,* S. 89ff.
5 Badenschier 2006, *Sehen, ohne hinzusehen.*
6 Gordon 2002, *Familienkonferenz,* S. 81ff.

## Zu Kapitel 10

1 Reims 2006, *Corporate Language,* S. 26.
2 Frey 1999, *Die Macht des Bildes,* S. 86ff.
3 Grinder 2007, *Pentimento,* S. 99ff.
4 Kneip 2008, *Schach ist Schauspielerei.*
5 Grinder 2007, *Pentimento,* S. 106.
6 Ebda., S. 153ff.

## Zu Kapitel 11

1 Popper 1984, *Objektive Erkenntnis*, S. 80.
2 Senftleben 2008, *Das Geheimnis des perfekten Flirts*, S. 74.
3 Zuta 2007, *Männerstimmen müssen nicht tief sein.* (Außerdem hat Vivien Zuta ein Buch unter dem Titel *Warum tiefe Männerstimmen doch nicht sexy sind* angekündigt.)
4 Popper 1984, *Auf der Suche nach einer besseren Welt*, S. 110ff.
5 Eine leicht verständliche Einführung bietet: Bents, Blank 2005, *Typisch Mensch.*
6 Die Grundlagen, Elemente und Anwendungsbesonderheiten dieses Modells sind folgenden Büchern zu entnehmen: Grinder et al. 1977, *Patterns of hypnotic techniques;* Bandler, Grinder 1980, *Metasprache und Psychotherapie;* Bandler, Grinder 1982, *Kommunikation und Veränderung;* Bandler, Grinder 1989, *Therapie in Trance;* Bandler, Grinder 1996, *Patterns.*
7 Bandler, Grinder 1987, *Neue Wege der Kurzeit-Therapie*, S. 91.
8 Vgl. dazu Linker 2005, *Besprechungen moderieren*, S. 116f.
9 Interview im *Hamburger Abendblatt* vom 23.06.2008.
10 Rose, Gill et al. 1999, *MASTER-haft trainieren;* Monnet 2005, *Turbo-Workshops.*

## Zu Kapitel 12

1 Siegel 2008, *Unsichtbarer Mann.* Siegel ist Professor für Geschichte und Politik in den USA und Berater der Demokratischen Partei.
2 Diese Strategie und die entsprechenden Gegenmaßnahmen behandelt auch Cialdini, Wengenroth 2002, *Die Psychologie des Überzeugens*, S. 257ff. und 291ff.
3 Charpak, Broch et al. 2003, *Was macht der Fakir*, S. 31.
4 Ebda.
5 Ebda., S. 31f.
6 CDU, CSU, SPD 2005, *Gemeinsam für Deutschland*, S. 22.
7 Ebda, S. 167.
8 Erickson, Rosen et al. 1990, *Die Lehrgeschichten von Milton H.*, S. 25.
9 Ebda., S 23.
10 Richard van Dyck im Vorwort zu: Erickson, Zeig et al. 1992, *Meine Stimme begleitet Sie überall hin*, S. 17f.
11 Erickson, Rosen et al. 1990, *Die Lehrgeschichten von Milton H.*, S. 54.

12 Ebda., S. 48.
13 Ebda.
14 Ebda., S. 211.
15 Ebda., S. 233.
16 Ebda., S. 192.
17 Zeig et al. 1992, *Meine Stimme begleitet Sie überallhin,* S. 135f.
18 Erickson, Rosen et al. 1990, *Die Lehrgeschichten von Milton H.,* S. 165f.
19 Ebda., S. 224.
20 Ebda., S. 106.
21 *DIE WELT* vom 03.07.2004, S. 36.
22 Ebda.
23 Malik 2005, *Gefährliche Managementwörter,* S. 155.

## Zu Kapitel 13

1 Siehe dazu www.chinalink.de.
2 Baecker 2005, *Form und Formen der Kommunikation,* S. 8.
3 Bandler, Grinder 2005, *Patterns,* S. 10.
4 Erickson, Zeig et al. 1992, *Meine Stimme begleitet Sie überallhin,* S. 27.

# Literaturverzeichnis

Andersen, Hans Christian (2004): *Märchen*. Weinheim, Basel: Beltz und Gelberg.

Badenschier, Franziska (2006): *Sehen, ohne hinzusehen*. 17.08.2006. Online verfügbar unter http://www.spiegel.de/wissenschaft/erde/0,1518,431939,00.html.

Baecker, Dirk (2005): *Form und Formen der Kommunikation*. 1. Aufl., Frankfurt am Main: Suhrkamp.

Bagley, Dan S.; Reese, Edward J.; Karch, Franz (1990): *Beyond selling. Die neue Dimension im Verkauf; wie Sie Ihre persönliche Wirksamkeit voll entfalten können*. Freiburg im Breisgau: Verlag für Angewandte Kinesiologie.

Bandler, Richard; Grinder, John (1981): *Metasprache und Psychotherapie*. Paderborn: Junfermann (Innovative Psychotherapie und Humanwissenschaften, 11).

Bandler, Richard; Grinder, John (1987): *Neue Wege der Kurzzeit-Therapie. Neurolinguistische Programme*. 6. Aufl., Paderborn: Junfermann (Innovative Psychotherapie und Humanwissenschaften, 18).

Bandler, Richard; Grinder, John (2005): *Patterns. Muster der hypnotischen Techniken Milton H. Ericksons*. 3. Aufl., Paderborn: Junfermann.

Bandler, Richard; Grinder, John; DeLozier, Judith (1996, 1977): *Patterns of the hypnotic techniques of Milton H. Erickson*, M.D. Scotts Valley CA, Portland OR: Grinder & Associates; Master distributor Metamorphous Advanced Product Services.

Bateson, Gregory (1983): *Ökologie des Geistes. Anthropologische, psychologische, biologische und epistemologische Perspektiven*. 6. Aufl., Sonderausgabe. Frankfurt am Main: Suhrkamp.

Beier, Lars-Olav (2006): *Wir haben feinere Antennen*. Interview mit Meryl Streep. In: Der Spiegel, H. 28/2006, S. 182.

Benn, Gottfried (1984): *Gesammelte Werke in der Fassung der Erstdrucke*. Frankfurt am Main: Fischer.

Bents, Richard; Blank, Reiner (2005): *Typisch Mensch. Einführung in die Typentheorie*. 3., überarb. Aufl., Göttingen: Beltz-Test.

Berger, Doris Anna (o.Jg.): *Die Plaudertüte: Eine Werbegeschichte*. Düsseldorf: Werbeagentur Gramm.

Bierach, Barbara (2003): *Das herrschende Geschlecht. Warum Bosse zu Barbaren werden*. München: Econ-Verlag.

Binkert, Dörthe: *Die Kränkbarkeit hat abgenommen. Das Porträt: Tilmann Moser.* In: Psychologie heute, August 2008, S. 44ff.

Birkenbihl, Vera F. (1999): *Signale des Körpers. Körpersprache verstehen.* 14. Aufl., Landsberg: mvg.

Birkenbihl, Vera F. (2000): *Das »neue« Stroh im Kopf. Vom Gehirn-Besitzer zum Gehirn-Benutzer.* 36., vollkommen überarb. Aufl., Landsberg am Lech: mvg.

Birkenbihl, Vera F. (2007): *Stroh im Kopf. Vom Gehirn-Besitzer zum Gehirn-Benutzer.* 47., erw. Aufl., Heidelberg: mvg.

Breier, H. C.; Rosen, B. R. (1999): *Functional Magnetic Resonanz Imaging of Brain Reward Circuitry in the Human.* In: Annals of the New York Academy of Science, Jg. 29, H. 877, S. 523ff.; zitiert nach: Goleman, Daniel; Griese, Friedrich; Dalai Lama (2003): *Dialog mit dem Dalai Lama. Wie wir destruktive Emotionen überwinden können.* München: Hanser., S. 296.

Buckingham, Marcus; Clifton, Donald O. (2007): *Entdecken Sie Ihre Stärken jetzt! Das Gallup-Prinzip für individuelle Entwicklung und erfolgreiche Führung.* 3., aktualisierte Aufl., Frankfurt am Main, New York: Campus-Verlag

Bueb, Bernhard (2006): *Lob der Disziplin. Eine Streitschrift.* 1. Aufl., Berlin: List.

Calvin, William H. (1993): *Die Symphonie des Denkens. Wie aus Neuronen Bewußtsein entsteht.* München: Hanser.

Carlzon, Jan (1992): *Alles für den Kunden. Jan Carlzon revolutioniert ein Unternehmen.* 5. Aufl., Frankfurt am Main, New York: Campus-Verlag

Charpak, Georges; Broch, Henri; Schmidt, Thorsten (2003): *Was macht der Fakir auf dem Nagelbrett? Erklärungen für unerklärliche Phänomene.* München: Piper.

Chomsky, Noam (1983): *Aspekte der Syntax-Theorie.* 3. Aufl., Frankfurt am Main: Suhrkamp.

Christlich-Demokratische Union Deutschlands; Christlich-Soziale Union in Bayern; Sozialdemokratische Partei Deutschlands (2005): *Gemeinsam für Deutschland – mit Mut und Menschlichkeit. Koalitionsvertrag zwischen CDU, CSU und SPD für die 16. Wahlperiode des Deutschen Bundestages,* 18. November 2005.

Cialdini, Robert B.; Wengenroth, Matthias (2002): *Die Psychologie des Überzeugens. Ein Lehrbuch für alle, die ihren Mitmenschen und sich selbst auf die Schliche kommen wollen.* 2., vollst. überarb. und erw. Aufl., Bern: Huber.

Csikszentmihalyi, Mihaly; Charpentier, Annette (2007): *Flow. Das Geheimnis des Glücks*. 7. Aufl., Stuttgart: Klett-Cotta.

Damasio, Antonio R. (2003): *Der Spinoza-Effekt. Wie Gefühle unser Leben bestimmen*. München: List.

Damasio, Antonio R. (2004): *Descartes' Irrtum. Fühlen, Denken und das menschliche Gehirn*. Berlin: Ullstein Taschenbuch Verlag.

Damasio, Antonio R. (2007): *Ich fühle, also bin ich. Die Entschlüsselung des Bewusstseins*. 7. Aufl., Berlin: Ullstein Taschenbuch Verlag.

Darnstädt, Thomas (1997): *Der Ruf nach mehr Obrigkeit*. In: Der Spiegel, H. 28, S. 48ff.

Deutsch, Karl W. (1973): *Politische Kybernetik, Modelle und Perspektiven*. 3., unveränd. Aufl., Freiburg im Br.: Rombach (Sozialwissenschaft in Theorie und Praxis).

Diamond, Jared; Vogel, Sebastian (2005): *Kollaps. Warum Gesellschaften überleben oder untergehen*. 2. Aufl., Frankfurt am Main: Fischer.

Dimitrius, Jo-Ellan; Mazzarella, Mark (1999): *Der erste Blick. Anleitung zur Menschenkenntnis*. München, Düsseldorf: Econ.

Disney, Walt (2007): *Das Dschungelbuch. Zum 40. Jubiläum*. DVD. München: Walt Disney Home Entertainment.

Dörner, Dietrich (1989): *Die Logik des Mißlingens. Strategisches Denken in komplexen Situationen*. 9.–12. Tsd., Reinbek bei Hamburg: Rowohlt.

Eagly, Alice H.; Carli, Linda L. (2007): *Im Labyrinth der Karriere*. In: Harvard Business Manager, H. 12 / 2007, S. 76ff.

Edwards, Betty (1983): *Garantiert zeichnen lernen. Das Geheimnis der rechten Hirn-Hemisphäre und die Befreiung unserer schöpferischen Gestaltungskräfte*. Reinbek bei Hamburg: Rowohlt.

Ehlers, Simon: *Ohne Mitgefühl – und doch normal*. In: Psychologie heute, Juni 2004, S. 34.

Ekman, Paul (2003): *METT – Micro Expression Training Tool*. CD-ROM. Oakland.

Ekman, Paul (2003): *SETT – Subtle Expression Training Tool*. CD-ROM. Oakland.

Ekman, Paul (2004): *Gefühle lesen. Wie Sie Emotionen erkennen und richtig interpretieren*. 1. Aufl., Heidelberg: Spektrum Akademischer Verlag.

Erickson, Milton H.; Rosen, Sidney; Eckert, Brigitte (1990): *Die Lehrgeschichten von Milton H. Erickson*. 2. Aufl., Hamburg: iskopress.

Erickson, Milton H.; Zeig, Jeffrey K.; Krege, Wolfgang (1992): *Meine Stimme begleitet Sie überallhin. Ein Lehrseminar mit Milton H. Erickson*. 5. Aufl., Stuttgart: Klett-Cotta (Konzepte der Humanwissenschaften).

Fiebich, Anika (2007): *Ein »Äh« bringt's rüber.* In: Bild der Wissenschaft, H. 10/2007, S. 94ff.

Frankfurt, Harry G. (2006): *Bullshit.* Frankfurt am Main: Suhrkamp.

Frey, Siegfried (1999): *Die Macht des Bildes. Der Einfluß der nonverbalen Kommunikation auf Kultur und Politik.* 1. Aufl., Bern: Huber.

Frisch, Bob; Chandler, Logan (2006): *So gelingen Strategiekonferenzen.* In: Harvard Business Manager, H. 9/2006, S. 70ff.

Gardner, Howard (1994): *Abschied vom IQ. Die Rahmen-Theorie der vielfachen Intelligenzen.* Stuttgart: Klett-Cotta.

Gardner, Howard (2000): *Vielerlei Intelligenzen.* In: Spektrum der Wissenschaft Spezial »Intelligenz«, H. 1/2000, S. 18ff.

Gernhardt, Robert; Bernstein, F. W.; Waechter, F. K. (1980): *Welt im Spiegel.* 1964–1976. 7. Aufl., Frankfurt am Main: Zweitausendeins.

Goldberg, Eckhard (2007): *Cicero oder Wilhelm von Oranien? Die Geschichte des Gebets um Gelassenheit.* In: Nachrichten der Evangelisch-Lutherischen Kirche in Bayern, Jg. 62, S. 260–263 (zitiert nach: http://www.wlb-stuttgart.de/sammlungen/handschriften/bestand/nachlaesse-und-autographen/oetinger-archiv/oetinger-gebet/).

Goldin-Meadow, S.; Nusbaum, H.; Kelly, S. &. Wagner, S. (2001): *Explaining math: Gesturing lightens the load.* In: Psychological Science, H. 12, S. 516ff.

Goleman, Daniel (1996): *Emotionale Intelligenz.* München: Hanser.

Goleman, Daniel (1999): *EQ2 – Der Erfolgsquotient.* München: Hanser.

Goleman, Daniel (2006): *Soziale Intelligenz. Wer auf andere zugehen kann, hat mehr vom Leben.* München: Droemer Knaur.

Goleman, Daniel; Boyatzis, Richard; McKee, Annie (2002): *Emotionale Führung.* 1. Aufl., München: Econ.

Goleman, Daniel; Griese, Friedrich; Dalai Lama (2003): *Dialog mit dem Dalai Lama. Wie wir destruktive Emotionen überwinden können.* München: Hanser.

Gordon, Thomas (2002): *Familienkonferenz. Die Lösung von Konflikten zwischen Eltern und Kind.* 36. Aufl., München: Heyne.

Gordon, Thomas; Burch, Noel; Organ, Maren (2006): *Lehrer-Schüler-Konferenz. Wie man Konflikte in der Schule löst.* 18. Aufl., München: Heyne.

Gordon, Thomas; Edwards, William Sterling (1999): *Patientenkonferenz. Ärzte und Kranke als Partner.* München: Heyne.

Gordon, Thomas; Kober, Hainer (2001): *Managerkonferenz. Effektives Führungstraining.* 19. Aufl., München: Heyne.

Grinder, John; Bandler, Richard (1982): *Kommunikation und Veränderung.* Paderborn: Junfermann (Innovative Psychotherapie und Humanwissenschaften, Bd. 12).

Grinder, John; Bandler, Richard (1989): *Therapie in Trance. Hypnose: Kommunikation mit dem Unbewussten.* 4. Aufl., Stuttgart: Klett-Cotta (Konzepte der Humanwissenschaften).

Grinder, Michael (2006): *Führung durch Charisma. Eine Analogie von Hunden und Katzen.* Köln: Synergeia.

Grinder, Michael (2007): *Pentimento. Grundsteine der nonverbalen Kommunikation.* Köln: Synergeia.

Grinder, Michael; Schulte-Pelkum, Rudolf; Stroczynski, Sven (2006): *Schule erster Klasse. Nonverbale Kommunikation im Unterricht.* 2., verb. Neuaufl. von »Ohne viele Worte«. Köln: Synergeia (»Klassen«-Trilogie [Michael Grinder], Bd. 1).

Großmann, Gustav (1993): *Sich selbst rationalisieren. Lebenserfolg ist erlernbar.* 28. Aufl., München: Ratio-Verlag Treu Großmann.

Guareschi, Giovannino; Dalma, Alfons (2002): *Don Camillo und Peppone.* Reinbek bei Hamburg: Rowohlt.

Hecker, Joachim (2004): *Komm rein und finde wieder raus – Englische Werbesprüche lassen deutsche Kunden kalt.* In: mundo – das Magazin der Universität Dortmund, H. 3. Online verfügbar unter http://www.tu-dortmund.de/mundo/ausgaben/3/beitrag3.htm.

Hofstadter, Douglas R. (2008): *Gödel, Escher, Bach – ein Endloses Geflochtenes Band.* Stuttgart: Klett-Cotta.

Holzheu, Harry (1998): *Wer nicht lächeln kann, macht kein Geschäft.* Wien: Ueberreuter.

Hornig, Frank; Rosenbach, Marcel: *Absurder Wettbewerb,* Interview mit Larry King. In: Der Spiegel, Jg. 2007, H. 14/2007, S. 108ff.

Howell, William Smiley (1982): *The empathic communicator.* Belmont CA: Wadsworth Pub. Co.

Jaffard, Robert (2002): *Das facettenreiche Gedächtnis.* In: Spektrum der Wissenschaft Spezial »Gedächtnis«, H. 1/2002, S. 8.

Joule, Robert-Vincent (1998): *Kurzer Leitfaden der Manipulation zum Gebrauch für ehrbare Leute.* 1. Aufl., Berlin: Aufbau.

Joyce, William; Nohria, Nitin; Roberson, Bruce (2005): *Wie erfolgreiche Unternehmen arbeiten. Die 4 + 2-Formel für nachhaltigen Erfolg.* Stuttgart: Klett-Cotta.

Kamenz, Uwe (Hg.) (2003): *Applied Marketing. Anwendungsorientierte Marketingwissenschaft der deutschen Fachhochschulen,* mit 56 Tabellen. Berlin: Springer.

Kick, Isabel (2004): *Die Wirkung von Anglizismen in der Werbung. »Just do it« oder lieber doch nicht?* 1. Aufl., Paderborn: IFB-Verlag.
King, Stephen; Fischer, Andrea (2000): *Das Leben und das Schreiben.* Berlin: Ullstein.
Kneip, Ansbert; Großekathöfer, Maik (2008): *Schach ist Schauspielerei.* Interview mit Viswanathan Anand. In: Der Spiegel, H. 40/2008, S. 124ff.
Kosinski, Jerzy (1980): *Willkommen, Mr. Chance.* München: Droemer Knaur.
Kosinski, Jerzy (2003): *Willkommen, Mr. Chance.* DVD. Hamburg: Warner Home Video.
Leopold, David A.; Bondar, Igor V.; Giese, Martin A. (2006): *Norm-based face encoding by single neurons in the monkey inferotemporal cortex.* Online-Veröffentlichung der Zeitschrift *Nature* vom 05.07.2006; doi: 10.1038/nature04951.
Linker, Wolfgang J. (1997): *Neurolinguistisches Programmieren an den Schulen. Stellungnahme für den Bildungsausschuss des Schleswig-Holsteinischen Landtags.* Umdruck 14/533. Kiel.
Linker, Wolfgang J. (1999): *Vom Kochen, Klavierspielen und Kommunizieren – Oder: Die endlose Geschichte vom perfekten Kommunikator.* In: Marketing Journal, H. 2/99 bzw. 3/99, S. 92ff. bzw. 140ff.
Linker, Wolfgang J. (1999): *Wirksam und stressfrei kommunizieren. Effiziente Verhaltensmuster zum nachhaltigen Verändern von Lernatmosphäre und Lernkultur; ein Trainingsset nicht nur für Lehrerinnen und Lehrer mit den 31 ENVoY-Mustern von Michael Grinder.* Flensburg: Focus Marketing.
Linker, Wolfgang J. (2000): *Nonverbale Gesprächssteuerung.* In: Außendienst Informationen, H. 791 vom 21.10.2000.
Linker, Wolfgang J. (2003): *Nonverbales Verkaufen – alte Probleme und neue Wirkungen.* In: Kamenz, Uwe (Hg.): Applied Marketing. Anwendungsorientierte Marketingwissenschaft der deutschen Fachhochschulen, mit 56 Tabellen. Berlin: Springer, S. 685ff.
Linker, Wolfgang J. (2005): *Besprechungen moderieren.* In: Monnet, Claudia (Hg.): *Turbo-Workshops. AL – Accelerated Learning zum Nachmachen. Fünf starke Kurzworkshop-Lösungen schaffen nachhaltigen Eindruck bei Ihren Kunden.* 1. Aufl., Bonn: ManagerSeminare, S. 106ff.
Malik, Fredmund (2002): *Führen, Leisten, Leben. Wirksames Management für eine neue Zeit.* 14. Aufl., Stuttgart: DVA.
Malik, Fredmund (2005): *Gefährliche Managementwörter und warum man sie vermeiden sollte.* 4. Aufl., Frankfurt am Main: Frankfurter Allg. Buch im FAZ-Inst.

Matschnig, Monika (2008): *Körpersprache. Verräterische Gesten und wirkungsvolle Signale.* München: Gräfe und Unzer.

Maturana, Humberto Romecin; Varela, Francisco J. (1987): *Der Baum der Erkenntnis. Die biologischen Wurzeln des menschlichen Erkennens.* 2. Aufl., Bern: Scherz.

Mehrabian, Albert; Ferris, Susan R. (1967): *Inference of attitudes from nonverbal communication in two channels.* In: Journal of Consulting Psychology, Jg. 31, H. 3, S. 248ff.

Meier, Dave; Monnet, Claudia (2004): *Accelerated Learning. Das Handbuch zum schnellen und effektiven Lernen in Gruppen.* 1. Aufl., Bonn: ManagerSeminare.

Milton, Richard (1996): *Verbotene Wissenschaften.* Dt. Erstausg., 1. Aufl., Frankfurt am Main: Zweitausendeins.

Molcho, Samy (1998): *A–Z der Körpersprache.* CD-ROM. Frankfurt am Main.

Molcho, Samy (2005): *Körpersprache des Erfolgs.* Kreuzlingen: Hugendubel.

Molcho, Samy (2007): *Alles über Körpersprache. sich selbst und andere besser verstehen.* München: Goldmann Verlag.

Molcho, Samy (2008): *Das 1x1 der Körpersprache der Kinder.* Kreuzlingen: Hugendubel.

Monnet, Claudia (Hg.) (2005): *Turbo-Workshops. AL – Accelerated Learning zum Nachmachen. Fünf starke Kurzworkshop-Lösungen schaffen nachhaltigen Eindruck bei Ihren Kunden.* 1. Aufl., Bonn: ManagerSeminare.

Morris, Desmond (1995): *Bodytalk. Körpersprache, Gesten und Gebärden.* München: Heyne.

Neffe, Jürgen (1998): *Das gezähmte Monstrum.* In: Der Spiegel, H. 49, S. 124ff.

Noice, Helga; Noice Tony (2006): *What Studies of Actors and Acting Can Tell Us About Memory and Cognitive Functioning.* In: Current Directions in Psychological Science, Jg. 15, H. 1, S. 14ff.

Nørretranders, Tor (1994): *Spüre die Welt. Die Wissenschaft des Bewußtseins.* 1. Aufl., Reinbek bei Hamburg: Rowohlt.

Peterson, Oscar; Palmer, Richard; Dedekind, Henning (2003): *Meine Jazz-Odyssee. Die Autobiografie von Oscar Peterson.* Höfen: Hannibal.

Pinker, Steven (1998): *Der Sprachinstinkt. Wie der Geist die Sprache bildet.* Vollst. Taschenbuchausgabe, München: Droemer Knaur.

Poe, Edgar Allen (1966): *Werke.* 2. Aufl., Olten: Walter-Verlag.

Popper, Karl R. (1984): *Objektive Erkenntnis. Ein evolutionärer Entwurf.* Dt. Fassung d. 4., verb. u. erg. Aufl. nach e. Uebers. von Hermann Vetter. Hamburg: Hoffmann und Campe.

Popper, Karl R.; Eccles, John C. (1997): *Das Ich und sein Gehirn.* 6. Aufl., ungekürzte Taschenbuchausgabe. München: Piper.

Popper, Karl Raimund (1984): *Auf der Suche nach einer besseren Welt. Vorträge und Aufsätze aus dreißig Jahren.* München: Piper.

Reims, Armin (2006): *Corporate Language.* Mainz: Verlag Hermann Schmidt.

Rose, Colin; Gill, Mary Jane; Monnet, Claudia; Linker, Wolfgang J. (1999): *Trainings- & Entwicklungsprogramm – MASTER-haft trainieren.* Flensburg: Focus Marketing und mehr GmbH.

Rosenberg, Marshall B.; Gandhi, Arun; Birkenbihl, Vera F.; Holler, Ingrid (2003): *Gewaltfreie Kommunikation. Eine Sprache des Lebens; gestalten Sie Ihr Leben, Ihre Beziehungen und Ihre Welt in Übereinstimmung mit Ihren Werten.* 4. Aufl., Paderborn: Junfermann.

Samland, Bernd (2003): *»Powered by emotion« heißt »Kraft durch Freude«? Englischsprachige Werbeslogans werden nur selten richtig verstanden.* Online verfügbar unter http://www.uebersetzerportal.de/nachrichten/n-archiv/2003/2003-09/2003-09-08.htm.

Schneider, Wolf (2007): *Deutsch! Das Handbuch für attraktive Texte.* Reinbek bei Hamburg: Rowohlt Taschenbuch Verlag.

Schulz von Thun, Friedemann (2006): *Miteinander reden 1–3. Störungen und Klärungen/Stile, Werte und Persönlichkeitsentwicklung/Das »Innere Team« und situationsgerechte Kommunikation.* Reinbek bei Hamburg: Rowohlt Taschenbuch.

Senftleben, Phillip von (2008): *Das Geheimnis des perfekten Flirts. So werden Sie unwiderstehlich.* Orig.-Ausg. Reinbek bei Hamburg: Rowohlt Taschenbuch Verlag.

Siegel, Fred (2008): *Unsichtbarer Mann: Barak Obama, der Gewissenlose.* In: Die Welt, 26.04.2008.

Taleb, Nassim Nicholas (2008): *Der Schwarze Schwan. Die Macht höchst unwahrscheinlicher Ereignisse.* München: Hanser.

Taleb, Nassim Nicholas (2008): *Narren des Zufalls. Die verborgene Rolle des Glücks an den Finanzmärkten und im Rest des Lebens.* Weinheim: WILEY-VCH.

Thiele, Johannes (Hg.) (1994): *Die allerschönsten Katastrophen. Heitere Geschichten.* 3. Aufl., Hamburg: Hoffmann und Campe.

Toro, Guillermo del (2007): *Pans Labyrinth.* Weitere Beteiligte: Navarro, Guillermo; López, Sergi; Verduú, Maribel; Baquero, Ivana (Red.). DVD. München: Universum Film.

Twain, Mark (1994): *Der Schrecken der deutschen Sprache.* In: Thiele, Johannes (Hg.): *Die allerschönsten Katastrophen. Heitere Geschichten.* 3. Aufl., Hamburg: Hoffmann und Campe, S. 430ff.

van Rossum, Walter (2004): *Meine Sonntage mit Sabine Christiansen. Wie das Palaver uns regiert.* Köln: Kiepenheuer & Witsch.

Vögele, Siegfried (1984): *Dialogmethode. Das Verkaufsgespräch per Brief und Antwortkarte.* Landsberg am Lech: Verlag Moderne Industrie.

Watzlawick, Paul; Beavin, Janet H.; Jackson, Don D. (1985): *Menschliche Kommunikation. Formen, Störungen, Paradoxien.* 7. unveränd. Aufl., Bern: Huber.

Weinberg, Steven (1993): *Der Traum von der Einheit des Universums.* 1. Aufl., München: Bertelsmann.

Wilson, Robert Anton (1985): *Der neue Prometheus. Die Evolution unserer Intelligenz.* Basel: Sphinx-Verlag (Neue Dimensionen).

Zuta, Vivien (2007): *Männerstimmen müssen nicht tief sein.* Online verfügbar unter http://www.muk.uni-frankfurt.de/pm/pm2007/0207/013/index.html.

Zuta, Vivien (2008): *Warum tiefe Männerstimmen doch nicht sexy sind. Das Geheimnis unserer Stimme.* München: Scherz.

## Register

## Über den Autor

**Professor Dr. Wolfgang J. Linker** war nach dem Studium zehn Jahre lang als Marketingforscher tätig. Dreißig Jahre Hauptgesellschafter eines mittelständischen Industrieunternehmens, davon zehn Jahre als Geschäftsführer. Ab 1987 Professor für Marketing an der FH Flensburg. Seit 1990 Spezialisierung auf Kommunikationstechniken, insbesondere auf Mikromuster. Seit der Pensionierung ist er dort Lehrbeauftragter und Mitarbeiter der ALS - Aktivierende LernSysteme.

- Näheres zum Thema »Mikromuster« – z.B. über die **Trainingsseminare** von Prof. Linker – finden Sie auf der Website www.aktivierende-lernsysteme.de.
- Dort gibt es auch die im Buch auf S. 38 erwähnten **Trainingskarten** im Spielkartenformat (auch im Edelstahlständer) für erfolgreiches »Micro-Learning by Micro-Doing«.
- Elektronische Unterstützung gibt eine spezielle Lernmaschine (vgl. die folgende Seite).

## Haben Lügen kurze Beine?

2010 startete auf VOX die Serie **»Lie to me«**. Dort zeigt die Hauptfigur Dr. Cal Lightman u.a., wie man mit Hilfe von »micro expressions« Verbrecher entlarvt. Und der Medienstar **Thorsten Havener** demonstriert in Fernsehsendungen und Büchern damit das »Lesen« von Gedanken. Da Mikroausdrücke in seinem Buch nur kurz erwähnt werden, bietet Prof. Linker allen Lesern den ergänzenden **Download-Beitrag »Mikromuster und Mikroausdruck – oder: Haben Lügen kurze Beine?«** an. Eine eMail mit dem Stichwort »Mikrolügen« an kk@aktivierende-lernsysteme.de genügt.

GABAL

**Die Lernmaschine zum Buch Kommunikative Kompetenz**

# Die Lernmaschine – Kommunikative Kompetenz

**CD-ROM mit Lerninhalten**
**ISBN 978-3-89749-965-2**

Mit der Lernmaschine „Kommunikative Kompetenz" sollen drei Ziele erreicht werden:

- Die nachhaltige Verbesserung der kommunikativen Fähigkeiten.
- Das Vermitteln von wichtigem Hintergrundwissen.
- Das Aufzeigen eines besonders einfachen und wirksamen Weges zur Veränderung des kommunikativen Verhaltens.

Die Lernmaschine verfolgt das Ziel, die praktische Umsetzung von kommunikativen Mustern und Mikromustern zu vereinfachen. Die angebotene Lerntechnik hilft bei der Verbesserung des Kommunikationsverhaltens.

Informationen über weitere Titel unseres Verlagsprogrammes erhalten Sie in Ihrer Buchhandlung, unter **info@gabal-verlag.de** oder **www.gabal-verlag.de.**